本书出版得到中央高校基本科研业务费专项资金资助

（supported by "the Fundamental Research Funds for the Central University"）

中国政法大学图书馆

CHINA UNIVERSITY OF POLITICAL SCIENCE AND LAW LIBRARY
RESOURCES AND SERVICES REPORT 2018

资源与服务报告2018

副主编 ◎ 刘鸿霞　宋姗姗　曹奇敏　王　婷

主　编 ◎ 时建中

中国政法大学出版社

2019·北京

图书在版编目（ＣＩＰ）数据

中国政法大学图书馆资源与服务报告.2018/时建中主编.—北京：中国政法大学出版社，2019.12
ISBN 978-7-5620-9457-9

Ⅰ.①中… Ⅱ.①时… Ⅲ.①院校图书馆－图书馆服务－研究报告－北京－2018 Ⅳ.①G258.6

中国版本图书馆 CIP 数据核字(2019)第 301558 号

出　版　者　　中国政法大学出版社

地　　　址　　北京市海淀区西土城路 25 号

邮寄地址　　北京 100088 信箱 8034 分箱　　邮编 100088

网　　　址　　http://www.cuplpress.com (网络实名：中国政法大学出版社)

电　　　话　　010-58908285(总编室) 58908433（编辑部）58908334(邮购部)

承　　　印　　北京中科印刷有限公司

开　　　本　　889mm×1194mm　1/16

印　　　张　　16

字　　　数　　460 千字

版　　　次　　2019 年 12 月第 1 版

印　　　次　　2019 年 12 月第 1 次印刷

定　　　价　　115.00 元

中国政法大学图书馆青年学术创新团队项目组

项目负责人 刘鸿霞

参 加 人 员 中国政法大学图书馆青年学术创新团队成员

项目组成员

刘鸿霞　宋姗姗　曹奇敏　王　婷　夏振华　李雪梅　武　莹　张　玲
翟羽佳　赵　巍　陈　蕊　于　洁　张馨文　张严心　晋月培　贺博文
王思远　浦燕妮　滕　艳　于佳信　刘婉怡　王亚男　路霖钰　戚军舰
董晓娇　田云芳　李　杨　韩正琪

序　数字技术驱动大学图书馆服务能力提升

　　图书馆是收集、整理、保存文献信息并提供查询、借阅及相关服务的文化设施。图书馆通过保存文献亦即知识的载体，为人类保存着知识。回溯图书馆的历史，可以发现，图书馆的文献资源规模、服务模式、服务流程、组织架构乃至空间结构均与知识产品的载体形式及技术的演变密切相关。图书馆的历史演进可以概述为如下的变迁路径：由封闭到开放，由被动服务到主动合作。

　　在活字印刷术发明之前，只能依靠抄写来制作图书，图书馆的藏书量非常有限。例如，从公元760年开始，圣加仑修道院的修道士们就开始用羊皮纸抄写经文，以便诵读、保存和流传。到9世纪晚期，作为欧洲最古老的图书馆之一，位于瑞士东北部的圣加仑修道院图书馆积累了约300册藏书。英语library一词源于拉丁语librarium，原义即为藏书之所。即使是欧洲早期大学图书馆的规模也不大，藏书主要是靠抄写或赠送。例如，创建于1424年的剑桥大学图书馆现在是世界上最大的图书馆之一，但在建立之初只有76卷捐赠的图书。英语世界中最古老的大学——牛津大学成立于1167年，然而，其总图书馆直到1602年才正式建成于伦敦西北的牛津，藏书2000多册。早期大学图书馆的管理方式极其简单。例如，16世纪宗教改革运动之前，剑桥大学图书馆一直由大学的牧师会兼管，直到1577年才聘任了专门的图书馆员和馆长。早期图书馆的图书目录类似于财产登记簿，图书呈经台式地摆放，大部分图书都用铁锁链牵在书桌上。知识的载体被禁锢了，其应有的知识传播价值就难以得到充分实现。

　　随着造纸术和印刷术的发展，纸张取代了羊皮，活字印刷技术取代了抄写，对图书的生产和传播产生了革命性的影响。图书的生产和藏存服务不再合一，图书出版和图书馆分野为两个专门行业，大规模、大范围传播知识成为可能。印刷型图书的大量出版使图书馆藏书以空前的速度增加。藏书量的激增促使图书馆的管理方式日益专门化。书桌已难以容纳摆放馆内日益增多的藏书，高大的书柜取而代之。铁链加锁的图书和读经台式的书籍放置方式逐渐被废弃。大阅览室式的图书馆被分隔出众多小间。图书馆的建筑结构出现了较大的变化。图书馆的建筑设计也因此有了特殊的要求，诸如，要求图书馆采光充足，便于读者阅览；防止潮湿，利于纸质文献的保存；对图书馆尤其是书库楼板的承重也有了特别的安全标准和要求。

　　保存知识的载体本身并不是图书馆的最终目的。图书馆通过专业能力对图书进行系统的、科学的组织和管理，将知识信息有效地分享给读者，进而推进知识的进步才是图书馆特别是大学图书馆的使命和价值。学者们希望把图书馆变成他们学术研习的场所、学术休闲的栖息之地。大学图书馆及其保存的文献资源构成了大学的核心必要设施。由水泥钢筋建筑而成的图书馆融入了师生和校友的情感，不再冰冷。

回顾 20 世纪 90 年代之前的国内图书馆，纸质文献是馆藏文献资源的主体，服务模式以人工为主，服务流程主要是围绕"纸质文献"与"人工服务"来设计和不断优化。不夸张地讲，这种模式甚至可追溯至 17 世纪乃至之前的图书馆。

然而，从 20 世纪 90 年代开始，随着现代信息技术的进步，特别是移动信息技术和硬件设备的进步，尤其是近几年大数据、云计算和人工智能等技术的进步，文献资源的载体发生了前所未有的数字化变革，知识产品的提供模式发生了前所未有的变革，知识的生产模式发生了前所未有的变革，读者的阅读模式和习惯发生了前所未有的变革，读者的需求也发生了前所未有的变革。图书馆文献资源的馆藏结构及服务模式也随之开始发生着变革。尽管纸质图书依然散发着独特魅力，但是，数字化驱动发展是所有图书馆的必然选择。

因此，在做好目前工作的同时，我们有必要展望 10 年乃至 20 年之后大学图书馆的可能样态。坦率地讲，任何预测都难以精准，甚至失误得贻笑大方。但是，图书馆的数字化是一个不可逆转的大趋势。基于现代信息技术的发展对于知识服务的影响，对知识产品表现方式的影响，对知识产品提供方式的影响，对知识生产模式的影响，同时也基于读者的文献信息素养、信息技术素养以及阅读习惯和对文献资源的个性需求等影响，对如下问题的思考有助于对图书馆未来的展望和谋划：图书馆与知识产品生产者之间的关系会有哪些变革？图书馆与知识产品提供者之间的关系会有哪些变革？图书馆与知识产品需求者（包括知识产品的学习者和未来生产者）之间的关系会有哪些变革？这些变革，对于图书馆既是机遇也是挑战，图书馆的服务模式应该主动因应甚至引导前述系列变革。

毫无疑问，大学图书馆不同于公共图书馆。教育部于 2015 年印发的《普通高等学校图书馆规程》第二条明确，"高等学校图书馆是学校的文献信息资源中心，是为人才培养和科学研究服务的学术性机构，是学校信息化建设的重要组成部分，是校园文化和社会文化建设的重要基地。图书馆的建设和发展应与学校的建设和发展相适应，其水平是学校总体水平的重要标志。"数字化的文献资源内容和数字服务技术，意味着大学图书馆应该更加主动地为师生的教学科研提供文献资源服务，助推大学人才培养、科学研究、社会服务、文化传承、国际交往能力的提升。具体而言，大学图书馆应该借助数字化技术，更加主动地进行文献资源及服务的"供给侧结构性改革"，高效地供给更多的服务内容和方式，有针对性地激发、引导并满足不同类别读者对文献信息服务内容的个性需求，为读者提供个性化的精准的文献资源服务：对于学生读者，图书馆可以提供与教学过程融为一体的文献资源服务，服务于学校的人才培养工作；对于学者读者，图书馆可以提供与其科研全过程融为一体的文献资源服务，通过服务学者服务科研工作、服务学科建设。

在数字化的过程中，图书馆持续生成并积累海量的读者行为数据。如何利用这些数据，发现问题进而解决问题，反映了不同的工作理念和工作目标。基于数据，可以分析馆藏文献资源对读者需求的满足程度、优化文献资源结构、合理配置资源经费比例、强化特色资源建设；可以分析不同读者对馆藏文献资源的利用情况，分析不同类别读者的文献资源需求。本校读者进出图书馆次数、在图书馆驻留时长、借阅及下载文献资源的类型、数量以及学位论文的注释和参考文献等各类行为数据，可以折射出学风、教风乃至校风。

在数字化的过程中，图书馆不断积累的校本文献资源数据持续增加，可以搭建本馆的特色资源数据库，彰显校本文献资源的特色优势和学科竞争力；图书馆还可以对既有的内外部数字资源进行不同专题类型的再生产，生成更加富有特色和针对性的数据文献资源。换言之，图书馆的数字化，还意味着图书馆有了这样的可能：不仅是文献资源接受者、储藏者、服务者，而且可以成为数字文献资源产品的再生产者。甚至，数字文献资源的再生产能力将成为图书馆的核心服务能力之一。

总之，未来的图书馆应该是一个以知识产品服务为内核的集知识产品的使用、供给、创新于一体的多边平台，链接着出版商、供应商、作者和读者，成为学术生态环境的核心部分。作为这个多边平台的运营者，图书馆与读者、供应商、出版商和作者之间不再是被动的服务关系，而是主动的合作关系。由于文献资源的数字化、服务模式的数字化以及读者行为的数字化，图书馆拥有了前所未有的积累、分析、发现和满足不同类别合作者对知识产品的使用、供给和创新的需求的能力，迎来了重新回到大学中心的机会。

中国政法大学的图书馆能否借助数字技术高效完成数字化的转型，提升服务能力，创新服务模式，最为关键的因素就是馆员队伍的素质、能力和态度。我馆全体馆员秉承艰苦奋斗的传统、爱岗敬业的精神，甘于奉献，勤于创新，乐于服务。特别是学院路校区的同事，更是顾全大局，任劳任怨。他们自2012年9月就转入科研楼地下二层甚至三层工作，在非常糟糕的工作环境下已经坚持了整整7年。我本人自2012年5月起兼任馆长，对此，我心怀歉意。我期盼着我的这些同事早一天像其他部门的同事一样，能够在工作时间享受一丝阳光，即使不一定和煦充沛；能够呼吸着地面之上的空气，即使有时候PM2.5的浓度令人窒息。我馆有一支充满了活力的年轻队伍，他们有着良好的教育背景，有着美好的职业向往，有着奉献于大学图书馆事业的愿望。为了持续打造一支能够主动迎接图书馆数字化挑战的馆员队伍，图书馆大力支持刘鸿霞作为团队负责人，携宋姗姗、曹奇敏作为核心成员，吸收了本馆近年新入职的全体新同事组成图书馆青年学术创新团队，在学校的支持下，围绕现代信息技术背景下大学图书馆的转型进行研究，服务于本馆的工作。创新团队自组建以来，就高效地开展多方面研究工作。这次出版的《中国政法大学图书馆资源与服务报告（2018）》是创新团队的、又一阶段性成果，展示了这一团队职业能力、职业精神和职业向往。《中国政法大学图书馆资源与服务报告（2018）》从文献资源和读者行为两个主要的维度，对本馆资源与服务数据、读者行为数据进行了颇有新意的深度挖掘与分析。对于《报告》所提改进工作的建议，我照单接收；对团队的工作作风和成效，我深感欣慰。只有深入挖掘并分析各类乃至每一种文献资源与各类乃至每一个读者的相关性，才能够不断优化馆藏文献资源的结构、优化图书馆的服务流程、优化图书馆的内部治理结构，不断创新服务模式，图书馆作为"学校的文献信息资源中心，是为人才培养和科学研究服务的学术性机构"的定位方可名至实归，并下自成蹊。

对于中国政法大学而言，图书馆青年学术创新团队的许多工作是探索性质的，作为一位兼任馆长，奉行"包容审慎"的态度对待创新团队的工作和工作成果，应该就是对这一团队的最大支持！

时建中
2019 年 6 月 27 日
于蓟门桥校区老三号楼 116 室

前　言

　　中国政法大学图书馆资源与服务报告是中国政法大学图书馆青年学术创新团队承担的一项重大研究任务。

　　中国政法大学图书馆青年学术创新团队是第五批中国政法大学青年教师学术创新团队之一。该团队成员来自图书馆的各个业务部门，是图书馆工作业务骨干和核心人员，且成员专业涵盖图书情报、计算机科学与技术、法学、信息资源管理、档案学等相关学科。

　　借助数据及其统计分析来提高图书馆管理与服务是近年来中国政法大学图书馆的重点工作。图书馆通过馆藏资源利用的分析报告为图书馆馆藏发展、藏书布局、流通借阅规则设置、服务人员配置提供参考，更好地满足读者的需求。同时客观掌握读者需求和阅读偏好，及时调整馆藏政策、优化服务模式，更好地为我校师生教学科研提供优质和个性化服务。

　　信息作为当前社会最活跃、最先进、最有发展前景的因素，信息素养直接体现的是人们的自主学习能力。通过对信息素养的调查和分析，我们不仅能够直观地感受到高校师生整体的信息素养实际状况，更重要的是能够引起师生和学校两方面的关注。对于师生而言，要在注重加强信息意识和提高信息获取能力的同时，更加注重信息道德的提高；对于学校而言，要提高对信息素养教育的重视程度，将其列为与学科教育同等重要的地位。

　　随着新时代科学技术水平的不断提高，信息资源的不断丰富，图书馆用户的需求不断变化发展，因此图书馆的功能也应随之不断地变化发展，应该将"用户需求"放在第一位。通过对更多数据及其内涵的挖掘，找寻到新的信息和提高管理与服务水平的新办法，努力将我校图书馆建设成为为师生服务的文献资源中心和学术科研机构。

　　《中国政法大学图书馆资源与服务报告2018》共包含四个报告：

　　《中国政法大学图书馆馆藏资源利用报告》主要是对我校2018年图书馆馆藏资源、读者进馆、纸质图书借阅、电子资源利用情况、自助服务等方面的情况进行汇总，同时采用数据与图表相结合的方式进行多维度的分析，深入挖掘全校师生整体的阅读倾向和不同层次读者的阅读特色。

　　《信息素养与人才培养过程质量分析报告》是通过对法大学生信息素养进行问卷调查，具体从信息意识、信息技能及信息道德三个方面进行分析，并围绕本校图书馆利用情况及图书馆在信息素养培育方面的辅助作用进行调查。通过对调查结果进行分析研究，探求解决问题的方法，从而为高校信息素养教育提供借鉴作用。

《中国政法大学博硕士学位论文年度分析报告》以我校收录的博硕士电子学位论文数据为基础，呈现2018年博硕士学位论文的收录情况、学科分布情况，对比2015年、2016年、2017年、2018年毕业的研究生人数与收录的博硕士学位论文数，对比2017年和2018年各学院和各学科的学位论文收录情况，对比2015年至2018年我校博硕士学位论文主题词的权重分布，通过对比结果，分析我校教学科研的发展变化以及教学质量的成果。

《中国政法大学图书馆用户需求分析报告》采用了教师版、学生版两种用户需求调查问卷，针对图书馆的馆藏资源和服务的了解程度、资源和服务的实际满足率以及用户评价和需求设计问题，采用了单选题、填空题、多选题、矩阵量表题和开放性问题等多种形式，主要采用定量分析和定性分析的方法，对问卷进行整体性和交叉性分析。深刻总结图书馆服务中存在的问题，分析读者的实际需求，提出了切实改善环境、资源、服务、制度等新举措，提高图书馆为高校教学科研服务的水平。

在过去的一年中，参加本书编写的青年创新团队的同事们，为了给读者提供一份高质量的报告，都处在高度繁忙的工作状态当中，每个成员都以认真细致的态度撰写自己负责的部分，并不断修改完善，以便更好地满足广大读者的需求。在此，我衷心地感谢创新团队的各位同事，对他们的执着精神和认真负责的工作态度表示敬意！

感谢中国政法大学副校长兼图书馆馆长时建中教授，他在百忙之中对图书馆青年学术创新团队给予指导，并对报告多次给出修改意见。时建中教授的题序不仅肯定了本书的价值，也是对我们青年学术创新团队莫大的鼓舞和鞭策。

本书在编写的过程中，得到了中国政法大学图书馆领导以及图书馆各部门其他各位同仁的大力支持和帮助，在此表示衷心的感谢。

同时感谢中国政法大学出版社的工作人员，正是他们的辛勤付出，使此书得以早日问世。

限于我们的学识和水平，本书错谬之处，敬请读者批评指正。

刘鸿霞
2019年6月

目 录
CONTENTS

第一篇

中国政法大学图书馆资源与服务概览

中国政法大学图书馆是新中国成立后国内最早建立的以政治法律资料信息为重点的高校图书馆。其前身是 1952 年成立的北京政法学院图书馆。1978 年学校复办后发展至今，是全国政法院校图书馆协作委员会主任馆，中国高等教育文献保障系统成员馆。

一、馆舍

中国政法大学图书馆由学院路校区图书馆和昌平校区图书馆两个分馆组成，昌平校区图书馆有文渊阁和法渊阁两个馆舍。图书馆总面积为 20 390 平方米。图书馆采用开放的借、阅、藏合一的管理模式，共有 10 余个阅览室，可为读者提供阅览座位近 1500 余个；电子阅览采取分散式管理，250 多台电脑分布在图书馆各个阅览室供读者免费使用。两校区馆藏图书可通借通还。阅览室每周开放 94 小时，自习室每周开放 112 小时，网络资源全年每天 24 小时不间断服务。

二、图书文献分类标准及图书排架体系

图书馆主要采用《中国图书馆分类法》（简称《中图法》）和《中国人民大学图书馆分类法》（简称《人大法》）类分文献资料。2002 年（含）以前入藏的图书采用《人大法》分类排架，2003 年（含）以后入藏的图书采用《中图法》分类排架。

三、馆藏资源

截止到 2018 年年底我校图书馆及各院系所资料室拥有的纸质图书达 253.69 万册，电子图书 301.68 万册，拥有计算机 350 台。目前可供师生检索与利用的电子资源有几十种（在校园网 IP 范围内的任一台电脑都可以直接使用图书馆的电子资源，无需用户名和密码）。

常用的中文电子资源有：中国知网 CNKI 系列；万方数字资源系统；读秀学术搜索；百链云图书馆；超星数字图书馆；中华数字书苑；方正电子图书；中国资讯行；中文社会科学引文索引（CSSCI）；北大法宝（中国法律检索系统）；民国时期期刊全文数据库（1911 年～1949 年）；晚清期刊全文数据库；中国政法大学卓越法律人才学习平台；NoteExpress 文献管理软件；慧科新闻数据库；新东方网络课程多媒体数据库；移动图书馆；元照月旦法学知识库；中文学术资源发现系统等。

常用的外文电子资源有：EBSCOhost 全文数据库；Westlaw Next 数据库；Lexis Advance 法律资料库；美国法律期刊全文数据库 HeinOnline；西文过刊数据库 JSTOR；JSTOR 现刊库；JSTOR 电子书；ProQuest

Ebook Central 电子书；KluwerArbitration 仲裁库；SAGE 回溯期刊数据库；SAGE Journals 期刊数据库；《海牙国际法演讲集》网络版；NSTL 全国开通电子资源；ProQuest 学位论文全文数据库；剑桥期刊回溯库；OCLC FirstSearch 数据库；国家图书馆 Emerald 回溯内容全国在线；外文学术资源发现系统等。

中国政法大学图书馆的馆藏特色资源主要有：沈家本木刻；政法博硕论文库；法大教师文库；中国政法大学政治学参考文献；法学文献题录索引；中国法律法规大典；《法律评论》周刊等。

四、读者服务概况

图书馆为读者提供的服务主要包括有：电话咨询；QQ 咨询；BBS 咨询；邮件咨询；自助服务；用户培训；馆刊馆讯；CALIS 联合目录公共检索目录；微信服务；远程访问；论文提交；查收查引；图书捐赠；原文传递；馆际互借；图书馆记忆等。

自助服务主要包含：自助借还服务、图书馆座位预约、自助打印与扫描服务。

用户培训的服务内容主要包含：开设《文献信息检索与论文写作》、《法学文献检索》等课程，开展面向课程、面向专业的嵌入式信息素养培训以及每学期举办图书馆资源与服务利用专题讲座、每学期举办数据库宣传月等。

第二篇

中国政法大学图书馆馆藏资源利用分析报告

图书馆馆藏资源利用报告主要是对我校 2018 年图书馆馆藏资源、读者进馆、纸质图书借阅、自助服务等方面的情况进行汇总，同时采用数据与图表相结合的方式进行多维度的分析，深入挖掘全校师生整体的阅读倾向和不同层次读者的阅读特色。

2018 年馆藏资源利用报告新增电子资源的统计分析，2014 年～2018 年新入藏图书零借阅情况，各年级读者人均借阅量及借阅比例，读者借阅文献与专业关联性分析以及学科保障率分析（标＊部分为本次新增统计数据）。通过调查报告的数据分析，客观地掌握读者需求和阅读偏好，及时调整馆藏政策、优化服务模式，更好地为我校师生教学科研提供优质和个性化服务。

图书分类标准

我馆目前主要采用《中国图书馆分类法》（简称《中图法》）和《中国人民大学图书馆分类法》（简称《人大法》）进行图书分类。2002 年（含）以前入藏的图书采用《人大法》分类排架，2003 年（含）以后入藏的图书采用《中图法》分类排架。

Ⅰ. 中图法

《中国图书馆分类法》简称《中图法》，包括马列主义、毛泽东思想、哲学、社会科学、自然科学、综合性图书五大部类，22 个基本大类，具体情况见表 1。

表 1　中国图书馆分类法

类号	类名
A	马克思主义、列宁主义、毛泽东思想、邓小平理论
B	哲学、宗教
C	社会科学总论
D	政治法律
E	军事类
F	经济
G	文化、科学、教育、体育
H	语言、文字
I	文学

类号	类名
J	艺术
K	历史、地理
N	自然科学总论
O	数理科学和化学
P	天文学、地球科学
Q	生物科学
R	医药、卫生
S	农业科学
T	工业技术
U	交通运输
V	航空、航天
X	环境科学、安全科学
Z	综合性图书

Ⅱ．人大法

《中国人民大学图书馆图书分类法》简称《人大法》，设立了总结科学、社会科学、自然科学、综合图书等四大部类，总共17个大类。具体情况见表2。

表2　中国人民大学图书馆图书分类法

类号	类名
1	马克思主义、列宁主义、毛泽东思想
2	哲学
3	社会科学 政治
4	经济
5	军事
6	法律
7	文化、教育、科学、体育
8	艺术
9	语言、文字
10	文学
11	历史
12	地理
13	自然科学
14	医药卫生
15	工程技术
16	农业科学
17	综合参考

一、馆藏基本情况

数据说明：

（1）数据来源于汇文文献信息服务系统统计模块。

（2）数据范围截至 2018 年 12 月 31 日。

（一）馆藏文献类型分布

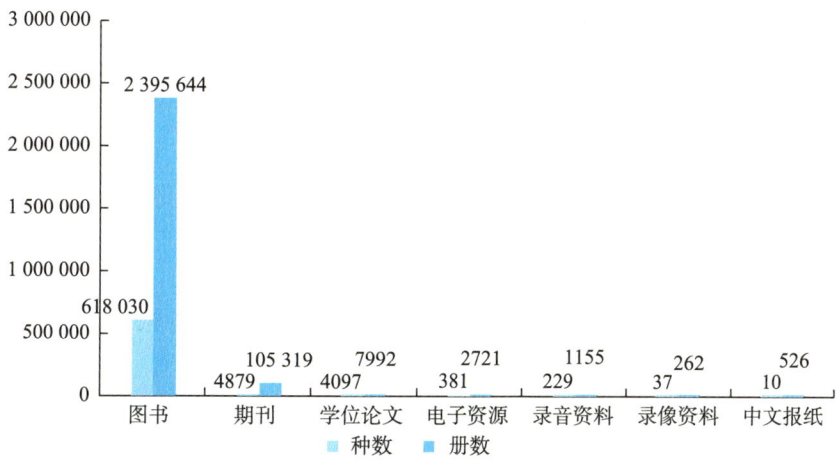

图 1　馆藏文献类型分布

表 3　馆藏文献类型具体情况

文献类型	图书	期刊	学位论文	电子资源	录音资料	录像资料	中文报纸	总计
种数	618 030	4879	4097	381	229	37	10	627 663
册数	2 395 644	105 319	7992	2721	1155	262	526	2 513 619

　　截至 2018 年底，我馆保有馆藏纸质文献 62.7 万种，251 万册。其中图书 61.8 万种，约 239 万册；期刊 4879 种，10.53 万册。图书和期刊的保存量（按册）占到全部馆藏总量的 99.5%。录音录像资料等其他文献类型在 2018 年未有新增，与 2017 年数值一致。

（二）馆藏中外文文献分布

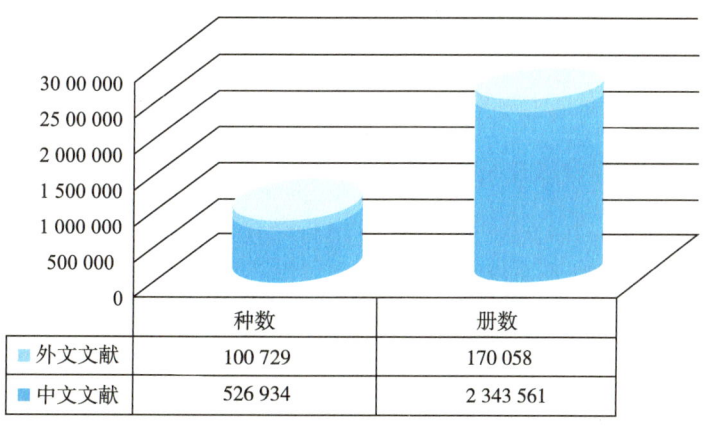

	种数	册数
外文文献	100 729	170 058
中文文献	526 934	2 343 561

图 2　馆藏中外文文献分布

我馆馆藏文献中，中文文献共计 52.7 万种，约 234 万册；外文文献共计 10.07 万种，17 万册。按种数来看，中文文献占全馆文献的 83.9%，外文占 16.1%；按照册数来看，中文文献占全馆文献的 93.2%，外文占 6.8%。

（三）馆藏文献语种分布

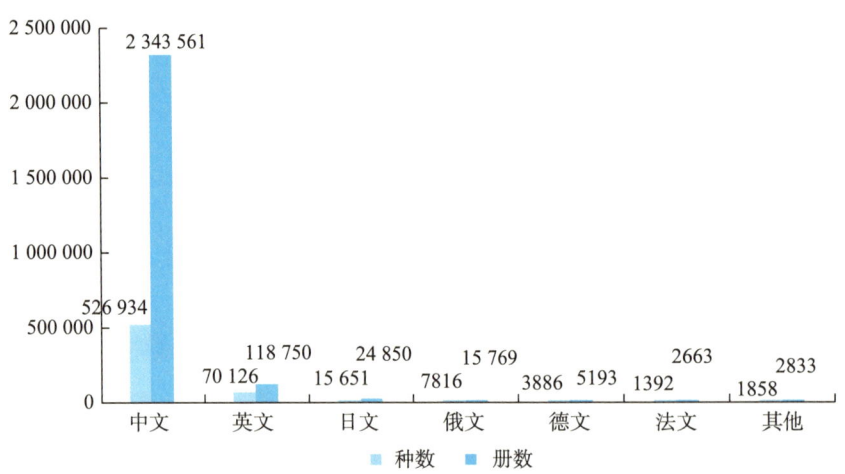

图3　馆藏文献语种分布

表4　馆藏文献按语种分布具体情况

语种	种数	册数	种%	册%
中文	526 934	2 343 561	84.0%	93.2%
英文	70 126	118 750	11.2%	4.7%
日文	15 651	24 850	2.5%	1.0%
俄文	7816	15 769	1.2%	0.6%
德文	3886	5193	0.6%	0.2%
法文	1392	2663	0.2%	0.1%
其他	1858	2833	0.3%	0.1%
合计	627 663	2 513 619	100.0%	100.0%

馆藏文献按语种统计，中文文献共计 52.7 万种，约 234 万册，中文文献按种数占全馆文献的 84%，按册数占全馆文献的 93.2%。英文文献 7 万种，约 11.9 万册，中英文文献合计占到全馆文献种数的 95.2%，册数的 97.9%。其他外文图书中，日文图书的种数和册数最多，约 1.56 万种，2.48 万册。相较于 2017 年，日文、俄文、德文以及法文文献基本保持一致，没有显著增长。

（四）新增文献按类别分布

数据说明：新增文献数据范围为 2018 年。

2018 年新增馆藏文献 31 327 种，64 916 册，比 2017 年减少 13 457 种，30 218 册。新增馆藏平均每种 2 册，最多的为 D 类（政治法律），平均每种 2.6 册；最少的 R 类（医药卫生），平均每种 1.6 册。新增馆藏数量排名前五的分别是政治法律、经济类、文学类、历史地理类、哲学类，共占据全馆馆藏的 82.6%。

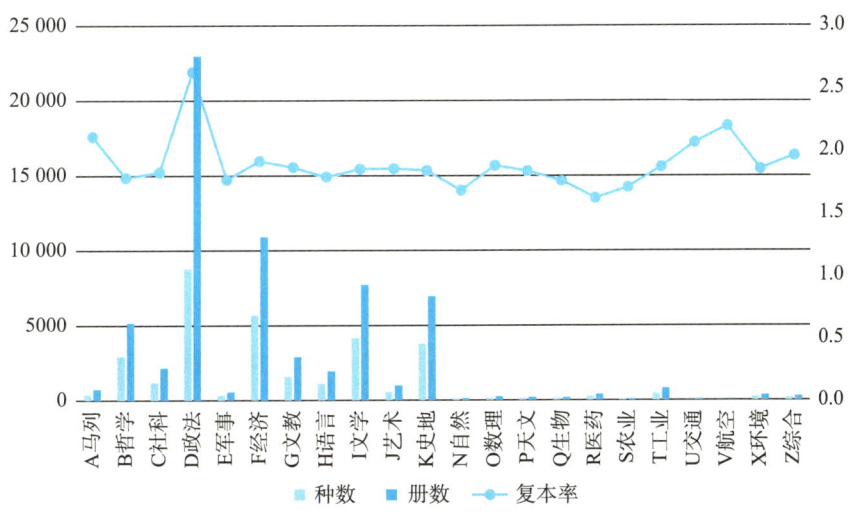

图 4　新增馆藏文献按类别分布

表 5　新增馆藏文献按类别分布具体情况

类别	A 马列	B 哲学	C 社科	D 政法	E 军事	F 经济	G 文教	H 语言	I 文学	J 艺术	K 史地
种数	337	2882	1161	8757	288	5656	1528	1061	4136	508	3758
册数	713	5152	2122	22 974	505	10 870	2853	1902	7679	945	6917
种%	1.08%	9.20%	3.71%	27.95%	0.92%	18.05%	4.88%	3.39%	13.20%	1.62%	12.00%
册%	1.10%	7.94%	3.27%	35.39%	0.78%	16.74%	4.39%	2.93%	11.83%	1.46%	10.66%
类别	N 自然	O 数理	P 天文	Q 生物	R 医药	S 农业	T 工业	U 交通	V 航空	X 环境	Z 综合
种数	56	111	85	71	215	17	398	15	5	165	117
册数	94	209	156	125	349	29	745	31	11	306	229
种%	0.18%	0.35%	0.27%	0.23%	0.69%	0.05%	1.27%	0.05%	0.02%	0.53%	0.37%
册%	0.14%	0.32%	0.24%	0.19%	0.54%	0.04%	1.15%	0.05%	0.02%	0.47%	0.35%

（五）电子资源基本情况

表 6　2015 年~2018 年图书馆电子资源基本情况

	2015 年	2016 年	2017 年	2018 年
中文数据库	大库 14，小库 45	大库 14，小库 45	大库 14，小库 48	大库 16，小库 51
外文数据库	大库 16，小库 29	大库 17，小库 30	大库 16，小库 29	大库 17，小库 29
馆藏特色资源	17	17	17	17
电子图书（册）	2 251 806	2 338 406	2 551 340	3 113 901
电子期刊（册）	356 410	400 655	445 100	483 306

（备注：2016 年新增了 JSTOR 电子书，2017 年停了 world trade law net，增加了民国 9 辑~11 辑，2018 年增加了超星期刊、超星发现、summon 发现、法信，停了 Westlaw China）

（备注：此表的统计标准参照教育部事实数据库的统计标准）

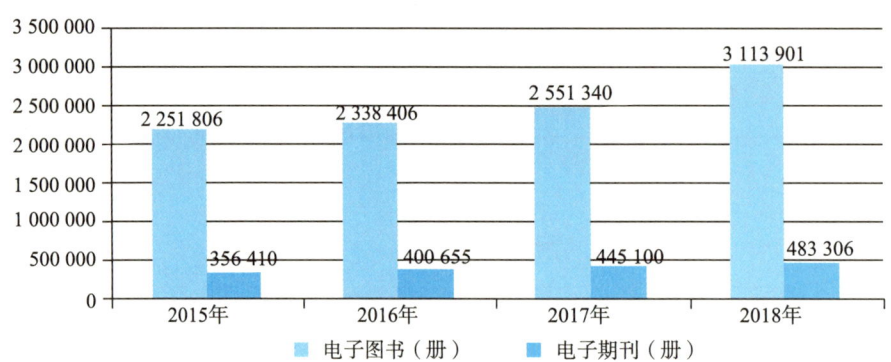

图5　电子图书（册）及电子期刊（册）年度累积量

二、进馆情况

数据说明：

（1）门禁系统的"可选类型"按照如下规则选取：

本科生：本科生、双学士、双学位、双学位（4+2）

硕士生：法律硕士、硕士研究生、研究生

博士生：博士、博士后、博士研究生

教职工：编外人员、初级职称、访问学者、副高职称、干部、工人、教工、教师、人才派遣、正高职称、中级职称

其他："可选类型"选择除以上之外的所有类型，也可通过总人次减去以上各类型进馆人次得出。

（2）数据范围截至2018年12月31日。

（一）当年进馆人次

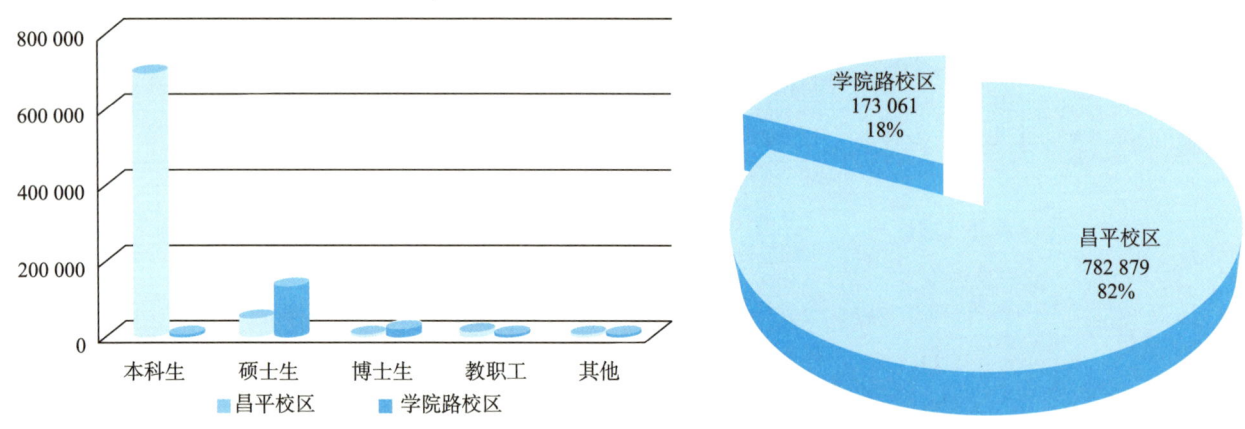

图6　进馆人次及两校区比例

表7　各类型读者进馆人次

2018 年	本科生	硕士生	博士生	教职工	其他
昌平校区	700 190	54 592	1365	14 878	11 854
学院路校区	5188	136 405	21 329	7493	2646

从 2018 全年的进馆数据看，本科生进馆人次远远大于硕士、博士生的进馆人次；昌平校区的进馆人次远远大于学院路校区的进馆人次。学院路校区的图书馆环境因素在一定程度上影响了进馆人次。但学院路校区图书馆以软件环境的加强弥补硬件环境的不足，相较于 2017 年，2018 年学院路校区进馆人次比上年度提高了 19%。

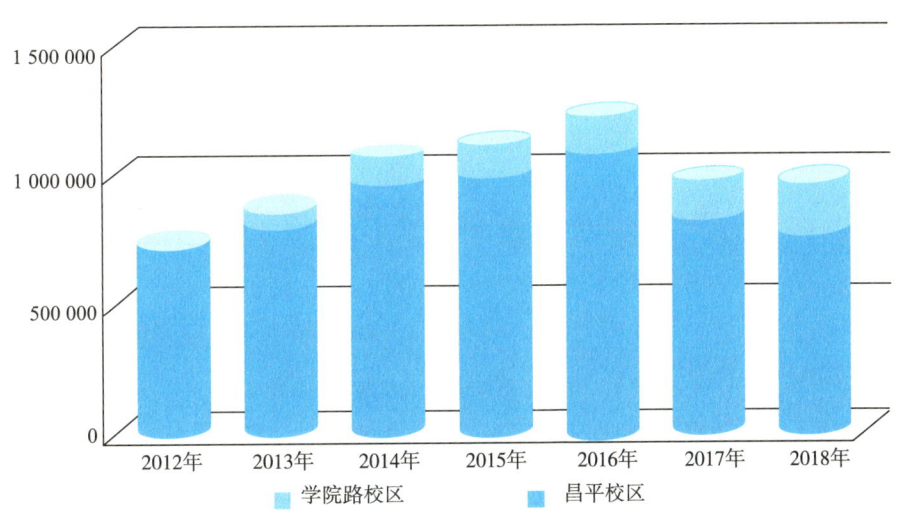

图 7　历年进馆人次比较

（二）历年进馆人次

表 8　历年进馆人次具体情况

	2012 年	2013 年	2014 年	2015 年	2016 年	2017 年	2018 年
昌平校区	728 467	810 436	948 150	998 311	1 010 217	829 892	782 879
学院路校区	—	46 875	114 368	124 415	125 296	145 223	173 061
总人次	728 467	857 311	1 062 518	1 122 726	1 135 513	975 115	955 940

从 2012 年至 2016 年期间，图书馆的进馆总人次处于上升状态。2017 年起，进馆总人次开始下降，2018 年又比 2017 年下降了 2%。学院路校区的进馆人次有明显的提升。

单从教职工群体来看，近三年教职工的进馆人次呈现上升状态。2018 年教学机构的教师进馆人次相比校部机关和科研机构的教师而言较高，且各机构类型的教师进馆人次比 2017 年均有所增加。

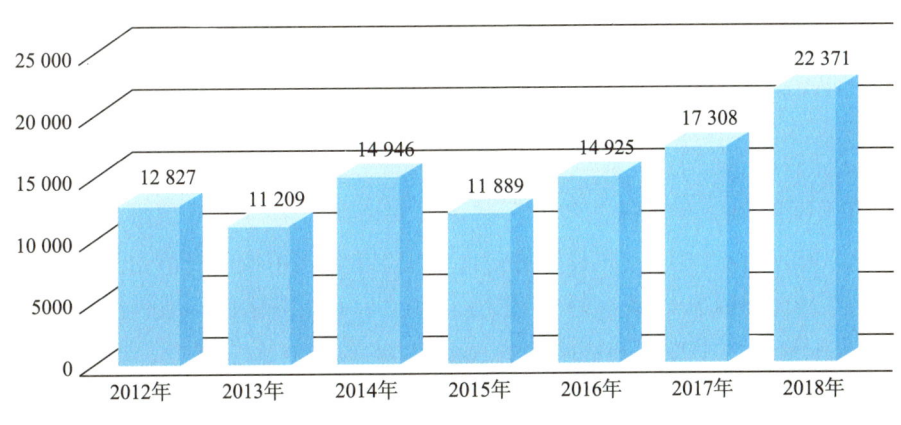

图 8　教职工历年进馆人次

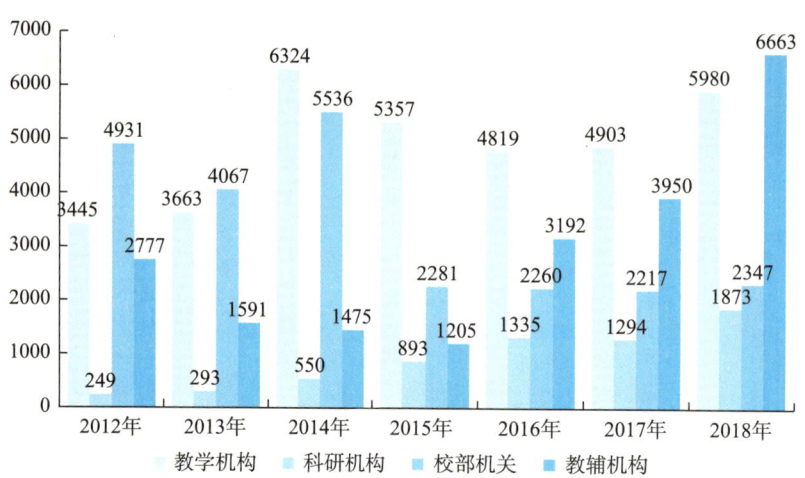

图9　教职工历年进馆人次按机构分布

表9　教职工历年进馆人次按机构统计

	2012 年	2013 年	2014 年	2015 年	2016 年	2017 年	2018 年
教学机构	3445	3663	6324	5357	4819	4903	5980
科研机构	249	293	550	893	1335	1294	1873
校部机关	4931	4067	5536	2281	2260	2217	2347
教辅机构	2777	1591	1475	1205	3192	3950	6663

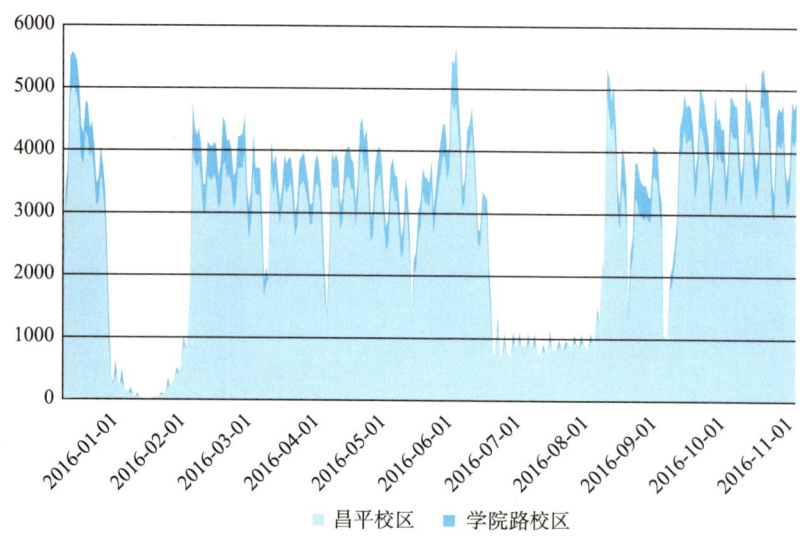

图10　两校区每日人次统计（2016 年）

（三）进馆人次日情况

从 2016 年、2017 年和 2018 年连续三年的日进馆人次情况来看，每学期初和学期末到馆人数最多。2018 年昌平校区峰值 4207 人次（11 月 9 日星期五），较 2017 年昌平校区峰值 4641 人次（2 月 27 日星期一）以及 2016 年昌平校区峰值 5012 人次（1 月 5 日星期二）均有所减少；学院路校区峰值 1070 人次（6 月 21 日星期四），相比较 2017 年学院路校区峰值 1063 人次（10 月 24 日星期二）以及 2016 年学院路校区峰值 903 人次（6 月 29 日星期三）均有所上升。

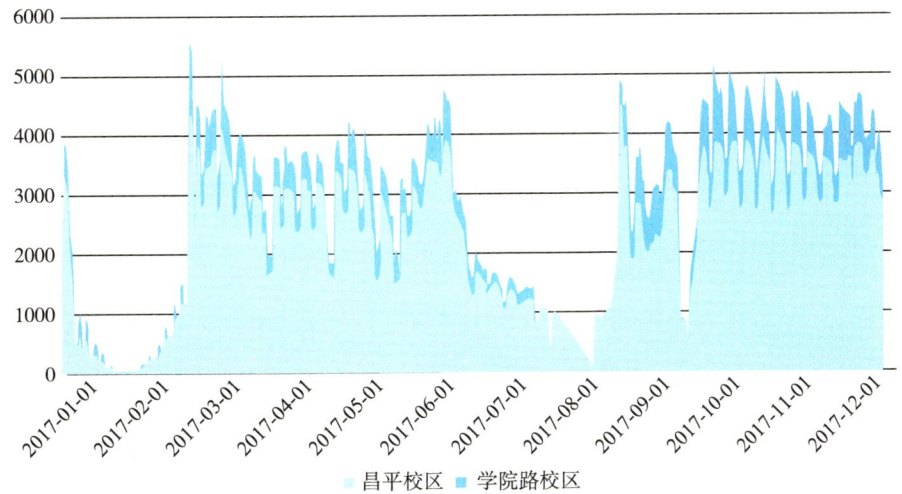

图11　两校区每日人次统计（2017年）

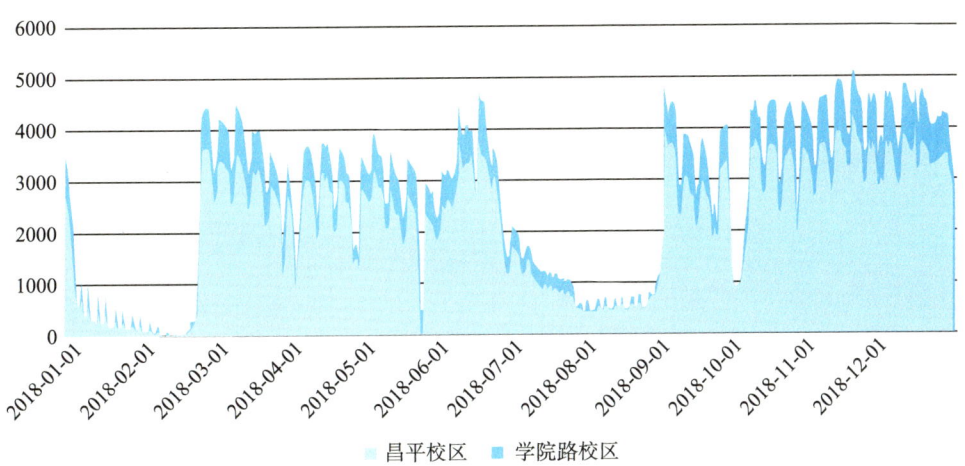

图12　两校区每日人次统计（2018年）

（四）进馆人数

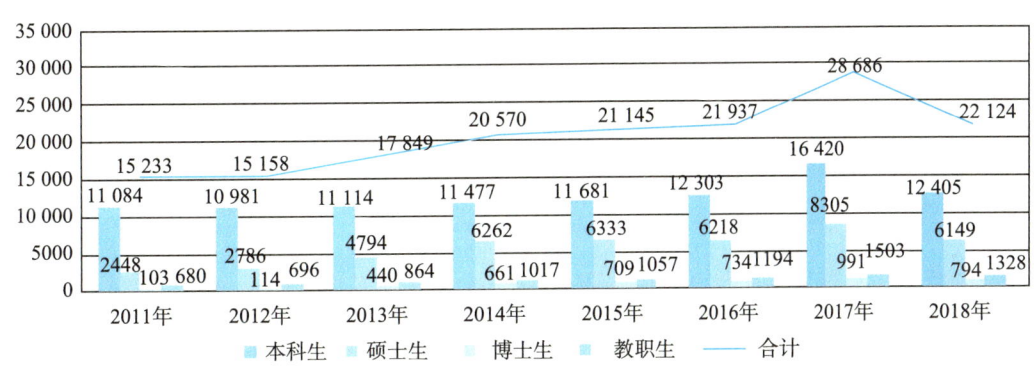

图13　2011年～2018年各类型读者进馆人数趋势

表10　各类型读者历年进馆人数

	2011年	2012年	2013年	2014年	2015年	2016年	2017年	2018年
本科生	11 084	10 981	11 114	11 477	11 681	12 303	16 420	12 405
硕士生	2448	2786	4794	6262	6333	6218	8305	6149

续表

	2011 年	2012 年	2013 年	2014 年	2015 年	2016 年	2017 年	2018 年
博士生	103	114	440	661	709	734	991	794
教职工	680	696	864	1017	1057	1194	1503	1328
其他	918	581	637	1153	1365	1488	1467	1448
合计	15 233	15 158	17 849	20 570	21 145	21 937	28 686	22 124

2011 年至 2017 年，进馆人数总数逐年增加，各类型读者的进馆人数也呈一个逐年增加的态势。由于2013 年下半年学院路才启用图书馆门禁统计，因此，硕士生、博士生的进馆人数在 2013 年有一个显著的增高。

比较 2017 年的进馆人数，2018 年各类型读者进馆人数均有所降低，本科生的进馆人数减少了24.5%；硕士生的进馆人数减少了 26.0%；博士生进馆人数减少了 19.9%；教职工进馆人数减少了 11.6%。

（五）各类型读者进馆比例

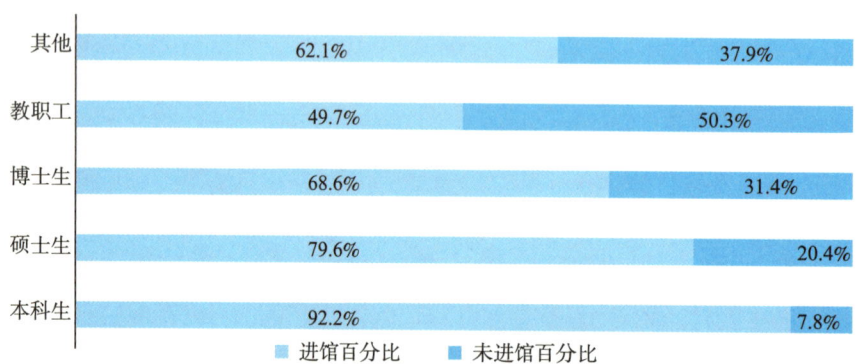

图 14　2018 年各类型读者进馆比例

表 11　2018 年各类型读者进馆情况

2018 年	本科生	硕士生	博士生	教职工	其他
各类读者人数	13 065	8196	1227	2479	2394
进馆人数	12 042	6522	842	1232	1486
进馆比例	92.2%	79.6%	68.6%	49.7%	62.1%
未进馆比例	7.8%	20.4%	31.4%	50.3%	37.9%

2018 年，包括教师、学生、职工、临时人员等在内的全体读者的进馆比为 80.9%。其中，本科生的进馆比例最高，可以达到 92.2%，硕士、博士的进馆百分比均低于本科生，分别为 79.6% 和 68.6%，教职工的进馆比例最低，为 49.7%。

单从教职工群体的部门来看，科研机构教职工的进馆比例略高于教学机构和校部机关教职工的进馆比例：教学机构的进馆比例为 47.5%；科研机构为 56.1%；校部机关为 47.8%。

在教学机构中，去掉总人数小于 5 的极端情况，中欧法学院、法律硕士学院和马克思主义学院的教职工群体的进馆百分比最高，分别为 92.9%、88.9%、62.2%；而体育教学部和科学技术教学部的进馆百分比最低，分别为 17.9% 和 38.2%。

在科研机构中，去掉总人数小于5的极端情况，人权研究院、全球化与全球问题研究所、中美法学院的教职工群体的进馆百分比最高，分别为73.3%、71.4%、66.7%；法与经济学研究院和法律史学研究院的进馆百分比较低，均为35.7%。

在校部机关中，除去人数较少部门的极端情况外，发展规划与学科建设处和资产管理处的教职工进馆百分比较高，分别为63.6%和62.5%；后勤办公室和校工会的教职工进馆百分比较低，均为11.1%。

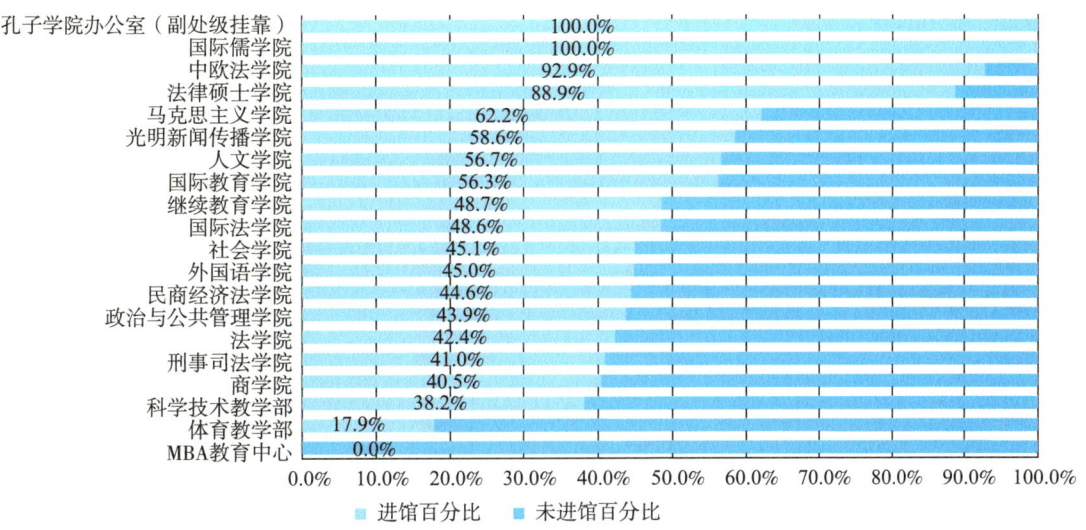

图15　教职工群体进馆比例（教学机构）

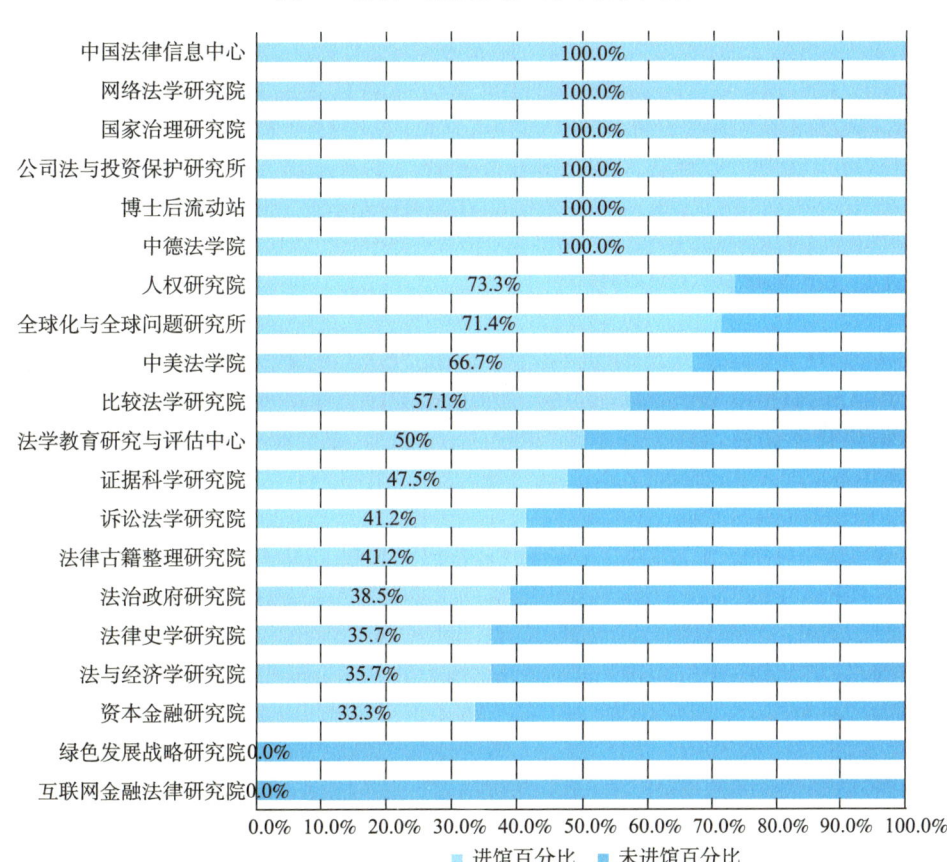

图16　教职工群体进馆比例（科研机构）

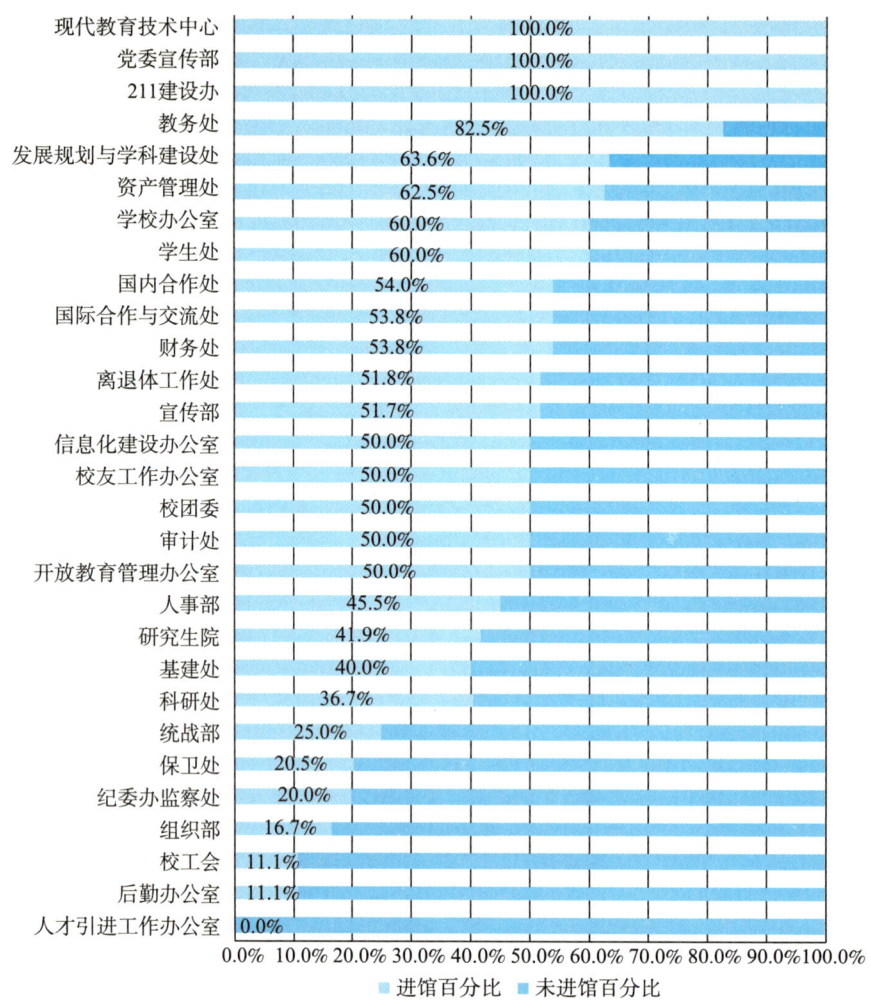

图17　教职工群体进馆比例（校部机关）

（六）各学院读者进馆比例

从2018年的数据来看，法治信息管理学院、继续教育学院和国际儒学院的进馆百分比最高，分别达到了93.4%、93.3%和92.9%。所有学院的平均进馆率为84.2%，有14个学院达到了平均进馆率，占教学机构总数的63.6%。进馆率较低的学院为MPA教育中心和体育教学部，分别为8.3%和17.1%。此外，低于平均进馆率的教学机构还有：科学技术教学部（34.2%）、商学院（72.2%）、政治与公共管理学院（72.3%）、法学院（75.9%）以及国际教育学院（78.3%）。

三、借阅情况

数据说明：

（1）读者类型划分：

本科生：本科生、双学士

硕士生：法律硕士、硕士研究生、MPA公共管理硕士

博士生：博士后、博士研究生

教职工：干部、工人、教师、退休教工、图书馆

其　　他：担保类等

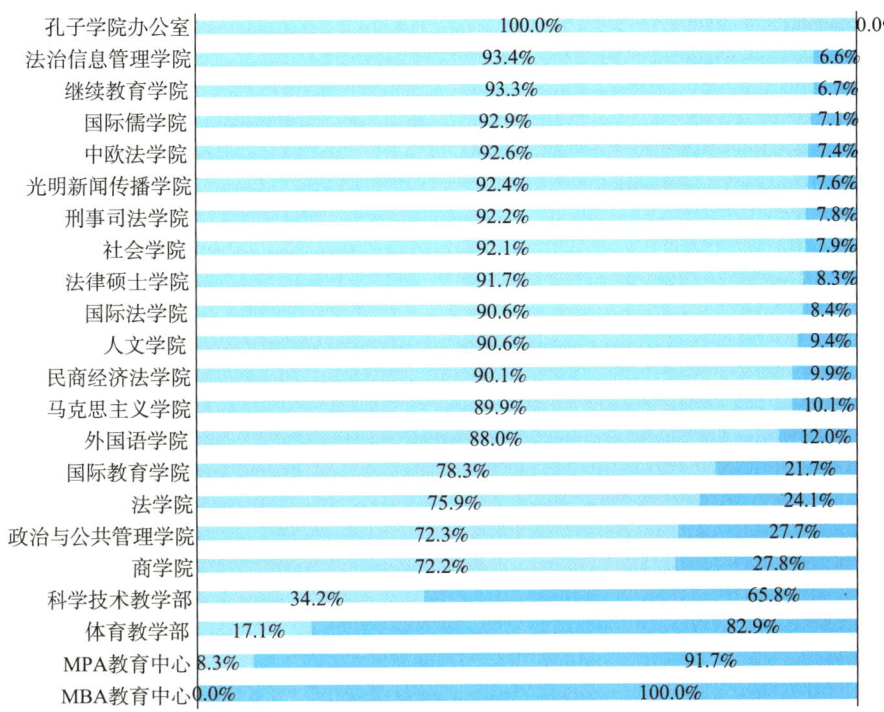

图18　各学院读者进馆比例

（2）数据范围为 2018 年 1 月 1 日至 2018 年 12 月 31 日。

（一）2014 年～2018 年借还总量对比及 2018 年借还情况

1. 2014 年～2018 年借还总量对比

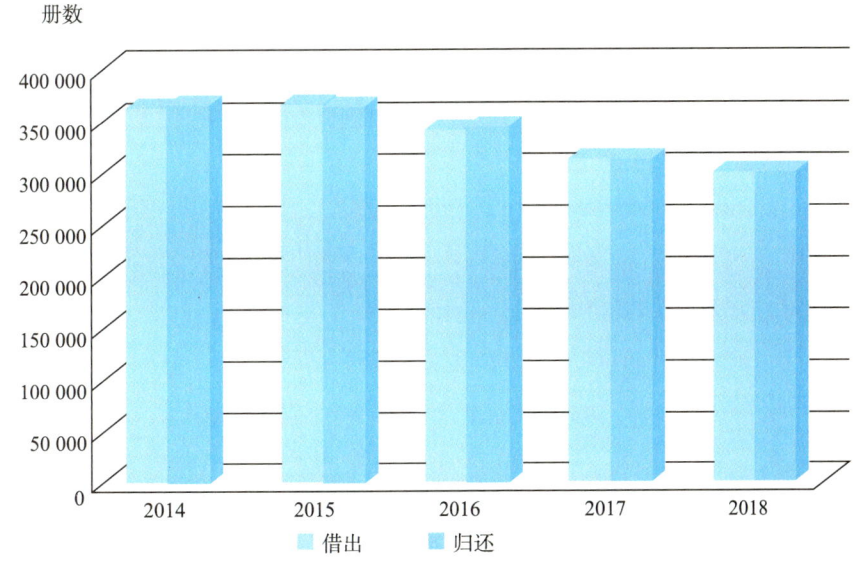

图19　2014 年～2018 年借还情况

表12　2014 年～2018 年借还总体情况

年度	2014	2015	2016	2017	2018
借出	351 505	352 835	341 339	300 788	293 829
归还	354 155	351 997	344 646	299 873	294 873

从 2014 年～2018 年近五年的数据来看，每年的借出和归还图书数量趋于一致，但是借出和归还的数量逐年下降。借书量从 2014 年的 35.1 万册下降至 2018 年的 29.3 万册，下降幅度约为 16.4%；归还图书从 2014 年的 35.4 万册下降至 2018 年 29.4 万册，下降幅度约为 16.7%。

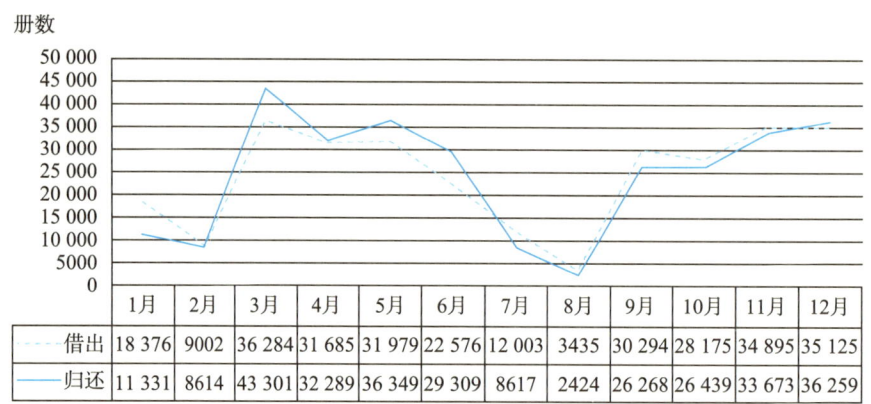

	1月	2月	3月	4月	5月	6月	7月	8月	9月	10月	11月	12月
借出	18 376	9002	36 284	31 685	31 979	22 576	12 003	3435	30 294	28 175	34 895	35 125
归还	11 331	8614	43 301	32 289	36 349	29 309	8617	2424	26 268	26 439	33 673	36 259

图 20 2018 年借还情况

2. * 2018 年借还情况按月度分析

2018 年借出和归还图书整体保持一致，总量均不足 30 万册。借阅活动基本与开学、放假时间保持对应，借阅图书的峰值在 3 月（3.6 万册）和 12 月（3.5 万册），同时从 5 月份持续下降，直至 8 月达到低谷（0.34 万册）。归还图书的峰值仍然在 3 月（4.3 万册），最低月份也为 8 月（0.24 万册）。

（二）可外借文献总量及 2018 年外借量

指标说明：

文献利用率：借阅量与可外借文献量的比值。

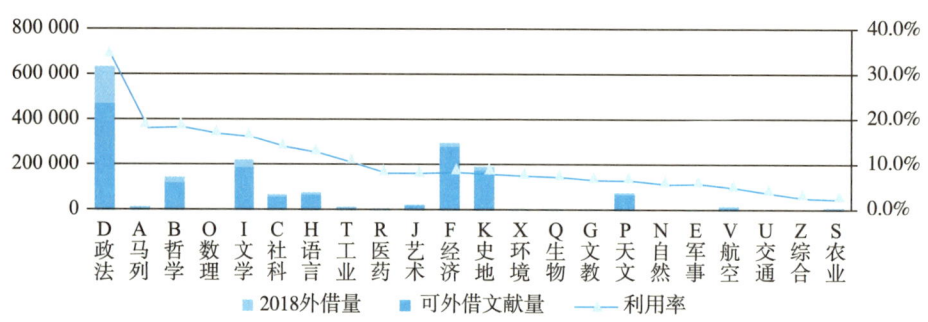

图 21 可外借文献量及 2018 年外借量

表 13 可外借文献量、2018 年外借量及利用率

分类	可外借文献量	2018 外借量	利用率	分类	可外借文献量	2018 外借量	利用率
D 政法	472 334	162 976	34.5%	K 史地	177 782	14 038	7.9%
A 马列	13 283	2497	18.8%	X 环境	2620	200	7.6%
B 哲学	123 977	23 019	18.6%	Q 生物	2307	168	7.3%
O 数理	4714	809	17.2%	G 文教	4026	282	7.0%
I 文学	190 281	32 036	16.8%	P 天文	75 064	5233	7.0%
C 社科	62 903	8977	14.3%	N 自然	266	16	6.0%

续表

分类	可外借文献量	2018 外借量	利用率	分类	可外借文献量	2018 外借量	利用率
H 语言	70 546	9214	13.1%	E 军事	4557	270	5.9%
T 工业	15 234	1648	10.8%	V 航空	11 620	590	5.1%
R 医药	6028	523	8.7%	U 交通	628	22	3.5%
J 艺术	21 623	1843	8.5%	Z 综合	681	20	2.9%
F 经济	280 177	22 581	8.1%	S 农业	9651	238	2.5%
总计	1 550 302	287 200	18.5%				

2018 年全馆可借中图分类法文献约 155 万册，共借阅了 28.72 万册，全馆文献外借率为 18.5%，相对于 2017 年降低了一个百分点。意味着有 81.5% 的文献并没有读者使用。

通过分类统计，可以看出政治法律类图书利用率最高，为 34.5%，其次为马列类、哲学类图书分别占据了 18.8%、18.6%，说明随着国家对大学生思想教育的重视，我校读者对当前形势的思想政治有了更深入的认识。22 大类图书中，有 8 个类别图书的利用率超过了 10%，其余 14 个大类的图书利用率不足 10%，整体利用率较低。

（三）2014 年～2018 年新入藏图书零借阅情况

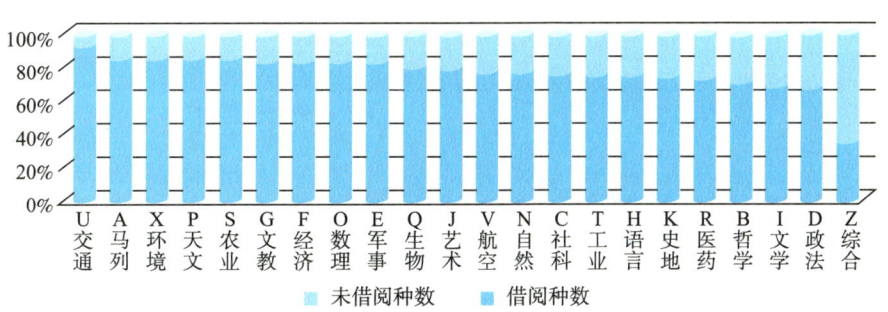

图 22　2014 年～2018 年新增图书零借阅情况（按种）

表 14　2014 年～2018 年新增图书零借阅总体情况

类别	未借阅种数	种%	总种数	未借阅册数	册%	总册数
U 交通	50	94.3%	53	93	79.5%	117
A 马列	1394	85.8%	1625	2632	66.8%	3940
X 环境	657	85.1%	772	1111	74.6%	1489
P 天文	295	85.0%	347	535	76.1%	703
S 农业	56	84.8%	66	101	80.2%	126
G 文教	7217	83.8%	8616	12 526	72.8%	17 198
F 经济	28 946	83.1%	34 832	51 278	70.7%	72 519
O 数理	365	83.0%	440	573	68.5%	836
E 军事	1343	81.7%	1643	2402	72.7%	3303
Q 生物	205	79.8%	257	357	71.7%	498
J 艺术	2216	79.2%	2799	3805	70.5%	5399
V 航空	16	76.2%	21	32	72.7%	44

续表

类别	未借阅种数	种%	总种数	未借阅册数	册%	总册数
N 自然	233	75.9%	307	407	66.2%	615
C 社科	5481	74.8%	7326	9537	64.6%	14 763
T 工业	1031	74.6%	1382	1636	62.1%	2635
H 语言	4739	74.1%	6395	7869	61.8%	12739
K 史地	14 375	73.3%	19 620	27 145	64.4%	42 119
R 医药	600	72.4%	829	885	63.8%	1387
B 哲学	11 380	70.2%	16 221	19 501	59.5%	32 780
I 文学	13 888	67.6%	20 534	25 949	57.7%	44 938
D 政法	37 508	66.7%	56 269	66 386	41.8%	158 886
Z 综合	589	34.1%	1727	1506	18.9%	7951
合计	132 584	72.8%	182 081	236 266	55.6%	424 985

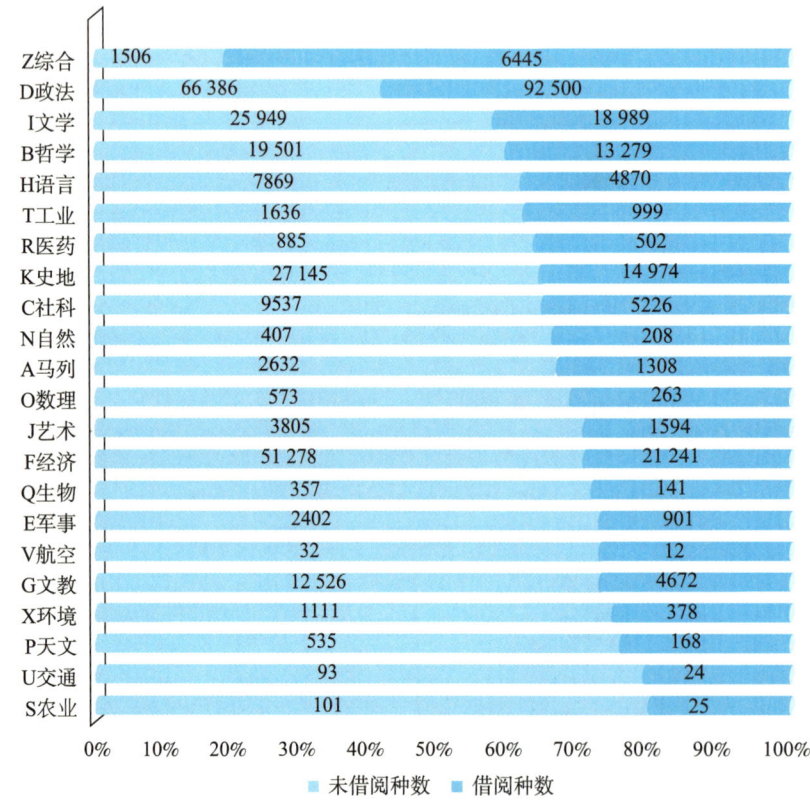

图 23　2014 年~2018 年新增图书零借阅情况（按册）

　　2014 年~2018 年，我馆共新增图书 18.2 万种，42.5 万册。从种数上来看，其中共有 72.8% 的图书未被读者借阅，从册数上来看，有 55.6% 的图书未被借阅。从类别上来看，零借阅率最高的三种分别为 U 交通、A 马列、X 环境类图书，零借阅率最低的为 Z 综合类、D 政法、I 文学。

　　（四）读者借阅量分析

　　指标说明：

　　中位数：是指在借阅量中对于中间位置（记录数/2）的记录中的值。

众　　数：是指在借阅量中出现频率最大的值。

平均值：有借阅记录的老师平均借阅图书的册数。

1. 读者借阅量个体分析

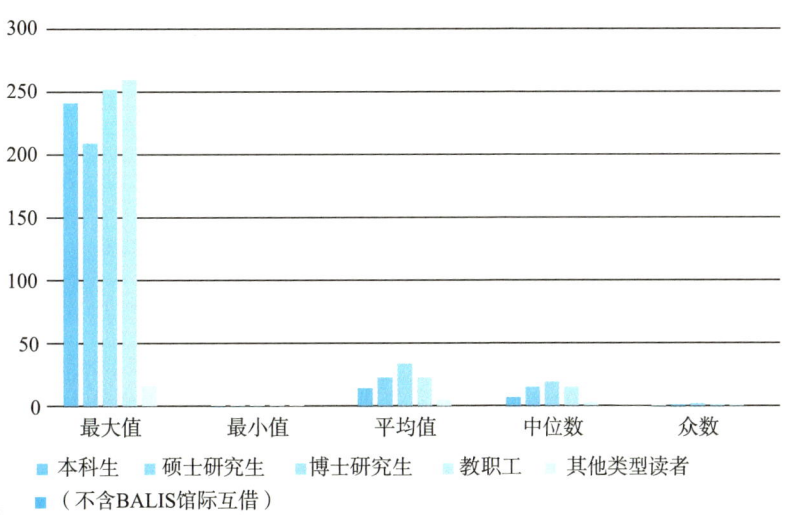

图 24　读者借阅量个体分析

表 15　读者借阅量个体情况

	最大值	最小值	平均值	中位数	众数
本科生	242	1	15.0	8	1
硕士研究生	210	1	23.7	16	2
博士研究生	253	1	34.8	20	3
教职工	261	1	23.7	16	2
其他类型读者 （不含 BALIS 馆际互借）	17	1	5.8	4	2

2018 年在有借阅记录的读者群体中，借阅量保持最大的是教职工，最大的借阅值为 261 册，博士研究生与本科生的最大借阅值紧随其后。在借阅的平均值中，博士研究生居于榜首，平均借阅 34.8 册，硕士研究生和教职工的平均借阅册数均为 23.7 册。

2. 读者借阅量分组分布

表 16　读者借阅量整体情况

	0 册～15 册	16 册～30 册	31 册～50 册	51 册～99 册	>99 册	小计（人次）
本科生	5798	1434	669	344	71	8316
硕士研究生	2702	1363	807	561	90	5523
博士研究生	302	118	102	103	64	689
教职工	342	103	67	76	13	601
其他读者	30	3	0	0	1	34
小计（人次）	9174	3021	1645	1084	239	15 163
所占百分比	60.5%	19.9%	10.8%	7.1%	1.6%	100.0%

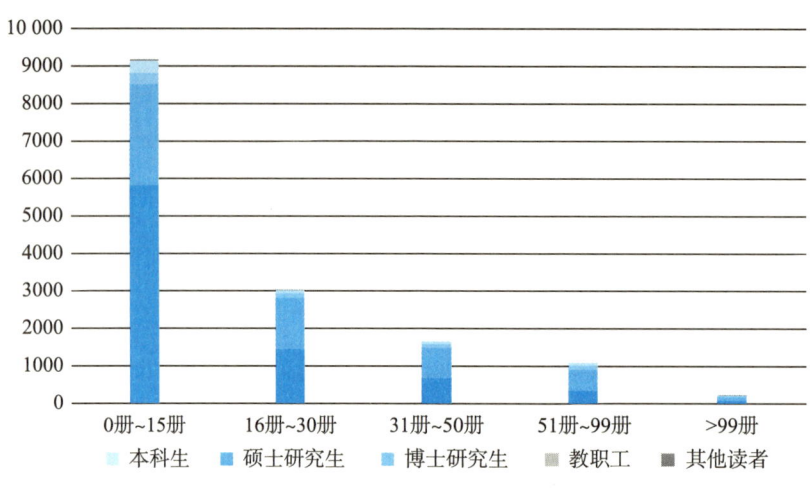

图25　读者借阅量分组分布

为了鼓励读者借阅图书，2018 年图书馆将本科生的借阅权限由 10 册变更为 15 册。从有借阅记录的读者群体来看，大部分读者 2018 年借阅册数在 15 册以内，这部分读者占到全体借阅人次的 60.5%；借阅册数分布在 16 册～30 册的占据了 19.9%，借阅册数超过 99 册的借阅人次最少，仅占所有借阅人次的 1.6%。

从读者类型上来看，有 69.7% 的本科生读者借阅册数在 15 册以内，17.2% 的本科生借阅册数在 16 册～30 册以内。在硕士研究生群体中有 48.9% 的读者借阅册数在 15 册以内，24.7% 的读者借阅册数在 16 册～30 册以内。博士研究生中有 9.3% 的读者借阅册数超过了 99 册。教职工中有 74% 的读者借阅册数在 30 册以内。

（五）借阅周期分析

指标说明：

借阅周期：文献借出至归还的时间，即书刊在读者手中停留的时间。所有的借阅周期均按归还时间统计。

1. 借阅周期个体分析

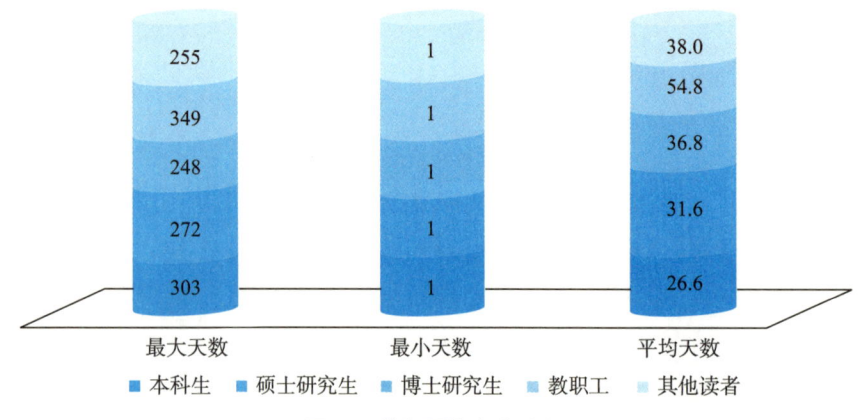

图26　借阅周期个体分析

2018 年在有借阅记录的读者群体中，全馆读者持有图书的平均天数为 32 天。说明随着我馆规章制度的完善，读者借阅流程越来越规范，按时还书的意识也有所提高。本科生的平均天数最少保持在 26.6 天。

根据教职工的借阅规则，中文图书教师的借阅周期为 60 天，所以教职工平均归还图书的天数符合我馆的规章制度。2018 年全校读者归还图书的最长时间仍然超过 250 天，归还时间最长的，是教职工所借阅的，该书在读者手中持有了 349 天。

2. 借阅周期分组分布

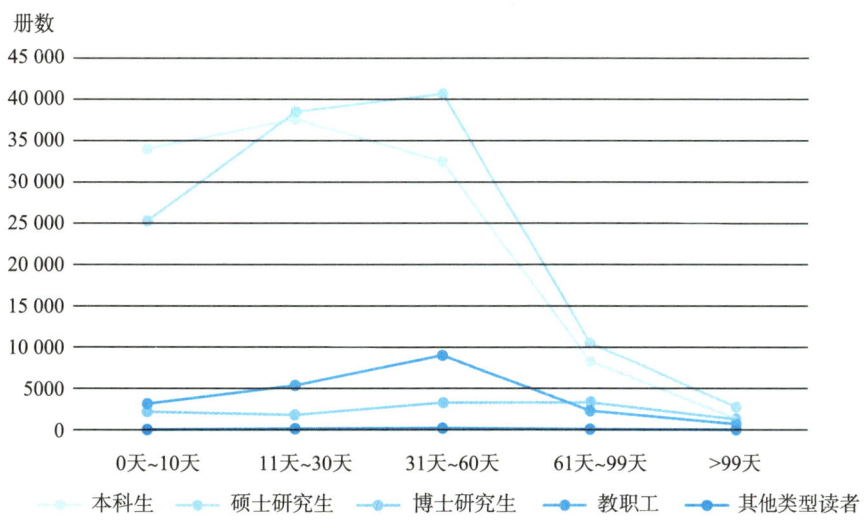

图 27　借阅周期分组分布

表 17　读者借阅周期具体情况

区间划分	0 天~10 天	11 天~30 天	31 天~60 天	61 天~99 天	>99 天
本科生	34 107	37 840	32 602	8384	1372
硕士研究生	25 424	38 554	40 748	10 634	2817
博士研究生	2331	1910	3381	3280	1245
教职工	3285	5486	9152	2448	731
其他类型读者	73	268	305	91	10
小计	65 220	84 058	86 188	24 837	6175
所占百分比	24.5%	31.5%	32.4%	9.3%	2.3%

根据图书馆图书借阅的规章制度，中外文图书基本借期为 30 天（教师中文图书的借阅周期为 60 天）。2018 年从借阅周期来看，周期在 11 天~30 天和 31 天~60 天的图书最多，占据所有归还图书周期的 63.9%，周期在 99 天以上的图书最少，仅为 2.3%，基本上符合我校的借阅规定。

从读者类型上来看，本科生、硕士研究生的借阅周期基本上在 60 天以内，约 60% 集中在 30 天以内。博士研究生借阅的图书有 54.8% 集中于 31 天~60 天以及 61 天~99 天，有 10.2% 的图书借阅周期超过了 99 天。教职工所借阅的图书借阅周期相对于 2017 年有一定的变化，85% 的图书集中于 60 天以内。

（六）各学院借阅人数比例

指标说明：

借阅人数百分比：借阅人数与总人数的比值。

表18　各类型读者借阅人数及借阅册数

	借阅人数	借阅人数百分比	未借阅人数	总人数	借阅册数
本科生	8316	65.1%	4450	12 766	123 995
硕士研究生	5523	68.0%	2596	8119	130 729
博士研究生	689	57.1%	518	1207	23 958
学生读者小计	14 528	65.8%	7564	22 092	278 682
教职工	601	27.6%	1576	2177	14 260
其他类型读者	34	4.1%	792	826	887
总计	15 163	60.4%	9932	25 095	293 829

　　2018年全馆共有本硕博读者2.2万，其中有65.8%的读者借阅图书，借阅量达27.8万余册，占全馆总借阅量的94.8%，学生读者还是全馆借阅的主力军。本科生、硕士研究生均有超过65%的读者借阅图书，教职工中仅有27.6%的读者借阅图书。各学院读者的借阅人数比例详见以下分析。

1. 本科生各学院借阅人数比例

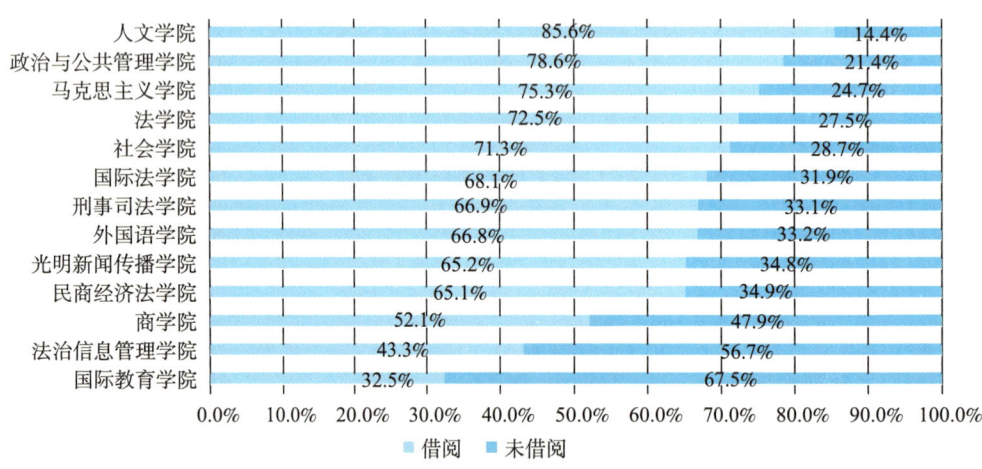

图28　本科生各学院借阅人数比例

表19　本科生各学院借阅人数及借阅册数

	总人数	借阅人数	未借阅人数	借阅百分比	借阅册数
人文学院	361	309	52	85.6%	7553
政治与公共管理学院	994	781	213	78.6%	16 004
马克思主义学院	178	134	44	75.3%	2615
法学院	1193	865	328	72.5%	15 089
社会学院	400	285	115	71.3%	4313
国际法学院	1932	1316	616	68.1%	17 762
刑事司法学院	1839	1231	608	66.9%	18 678
外国语学院	708	473	235	66.8%	6539
光明新闻传播学院	330	215	115	65.2%	2778
民商经济法学院	2251	1465	786	65.1%	19 218

	总人数	借阅人数	未借阅人数	借阅百分比	借阅册数
商学院	2024	1055	969	52.1%	11 895
法治信息管理学院	60	26	34	43.3%	252
国际教育学院	496	161	335	32.5%	1299
小计	12 766	8316	4450	65.1%	123 995

2018 年本科生各学院借阅比例的整体趋势与 2017 年保持一致，人文学院的本科生借阅图书的比例最高，占据了该院的 85.6%，政治与公共管理学院以及马克思主义学院分列二、三名。国际教育学院的读者借书比例最低，全院仅有 32.5% 的读者借阅了图书。有 6 个学院的本科生借阅人数比例集中在 50% ～ 70%，有 5 个学院的本科生借阅人数比例超过 70%。

2. 硕士研究生各学院借阅人数比例

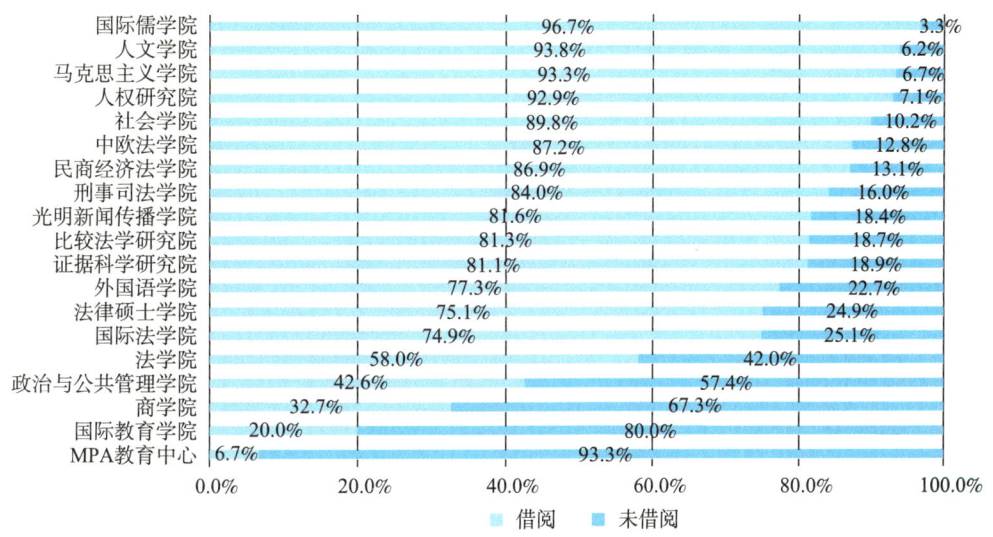

图 29　硕士研究生各学院借阅人数比例

表 20　硕士研究生各学院借阅人数及借阅册数

	总人数	借阅人数	未借阅人数	借阅百分比	借阅册数
国际儒学院	30	29	1	96.7%	945
人文学院	193	181	12	93.8%	6164
马克思主义学院	105	98	7	93.3%	3843
人权研究院	42	39	3	92.9%	1235
社会学院	128	115	13	89.8%	2701
中欧法学院	430	375	55	87.2%	8403
民商经济法学院	1088	946	142	86.9%	24 766
刑事司法学院	567	476	91	84.0%	12 311
光明新闻传播学院	174	142	32	81.6%	2514
比较法学研究院	246	200	46	81.3%	4975

	总人数	借阅人数	未借阅人数	借阅百分比	借阅册数
证据科学研究院	243	197	46	81.1%	3987
外国语学院	132	102	30	77.3%	1830
法律硕士学院	1215	912	303	75.1%	16 840
国际法学院	350	262	88	74.9%	5233
法学院	1309	759	550	58.0%	20 355
政治与公共管理学院	970	413	557	42.6%	10 835
商学院	832	272	560	32.7%	3751
国际教育学院	5	1	4	20.0%	2
MPA 教育中心	60	4	56	6.7%	39
小计	8119	5523	2596	68.0%	130 729

2018 年有 68% 的硕士研究生借阅了图书，其中国际儒学院的硕士研究生借阅图书的比例最高，该院有 96.7% 的读者借阅了图书，人文学院与马克思主义学院分列二、三名。MPA 教育中心的读者借书比例最低，全院仅有 6.7% 的读者借阅了图书。目前仅有 5 个学院的硕士研究生借阅人数比例低于平均比例 68%，14 个学院的硕士研究生借阅人数比例集中在 70%～90%。

3. 博士研究生各学院借阅人数比例

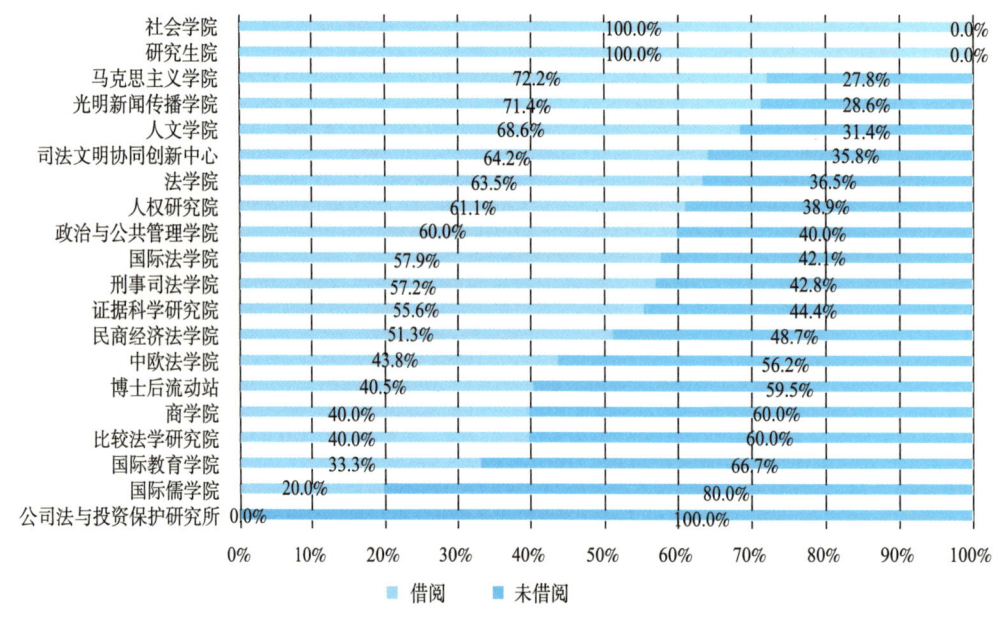

图 30　博士研究生各学院借阅人数比例

表 21　博士研究生各学院借阅人数及借阅册数

	总人数	借阅人数	未借阅人数	借阅百分比	借阅册数
社会学院	2	2	0	100.0%	12
研究生院	1	1	0	100.0%	11
马克思主义学院	36	26	10	72.2%	873
光明新闻传播学院	7	5	2	71.4%	143

	总人数	借阅人数	未借阅人数	借阅百分比	借阅册数
人文学院	35	24	11	68.6%	851
司法文明协同创新中心	53	34	19	64.2%	1237
法学院	230	146	84	63.5%	6617
人权研究院	18	11	7	61.1%	351
政治与公共管理学院	125	75	50	60.0%	2893
国际法学院	140	81	59	57.9%	2100
刑事司法学院	173	99	74	57.2%	2864
证据科学研究院	36	20	16	55.6%	538
民商经济法学院	224	115	109	51.3%	4219
中欧法学院	16	7	9	43.8%	178
博士后流动站	42	17	25	40.5%	501
比较法学研究院	30	12	18	40.0%	302
商学院	30	12	18	40.0%	202
国际教育学院	3	1	2	33.3%	3
国际儒学院	5	1	4	20.0%	63
公司法与投资保护研究所	1	0	0	0.0%	0
合计	1207	689	517	57.1%	23 958

2018 年社会学院、研究生院的博士研究生人数虽然很少，但是完成了百分百的借阅。公司法与投资保护研究所仅有一名博士研究生，该学生 2018 年未借书。国际儒学院全院仅有 20% 的博士生读者借阅了图书。共有 5 个学院的博士研究生借阅人数比例维持在 30%～50%，另 11 个学院的博士研究生借阅人数比例超过平均借阅比例。

（七）各学院读者人均借阅量

指标说明：

（1）"院均借阅量"：指学院所有读者（本科生、硕士研究生、博士研究生）人均借阅量。

（2）"平均借阅量"：指有借阅记录的读者（本科生、硕士研究生、博士研究生）人均借阅量。

表 22 各类型读者借阅人数、借阅册数以及平均借阅量

	借阅人数	未借阅人数	总人数	借阅册数	平均借阅量	院均借阅量
本科生	8316	4450	12 766	123 995	14.9	9.7
硕士研究生	5523	2596	8119	130 729	23.7	16.1
博士研究生	689	518	1207	23 958	34.8	19.9
小计	14 528	7564	22 092	278 682	19.2	12.6
教职工	601	1576	2177	14 260	23.7	6.6
其他类型读者	34	792	826	887	26.1	1.1
合计	15 163	9932	25 095	293 829	19.4	11.7

2018 年，全校读者共借阅 29.3 万册图书，其中学生读者借阅 27.8 万册，占所有借阅量的 94.8%，平均借阅量 19 册。博士研究生整体的平均借阅量最高，达到了 34.8 册，高于整体平均借阅量 15 册。本科生的平均借阅量低于整体平均借阅量 4 册左右，说明虽然本科生的借阅人数比较多，但是每人的借阅量不多。硕士研究生平均借阅量 23 册，高于平均借阅量 4 册。

各学院读者人均借阅量及院均借阅量详见以下分析。

1. 本科生各学院读者人均借阅量

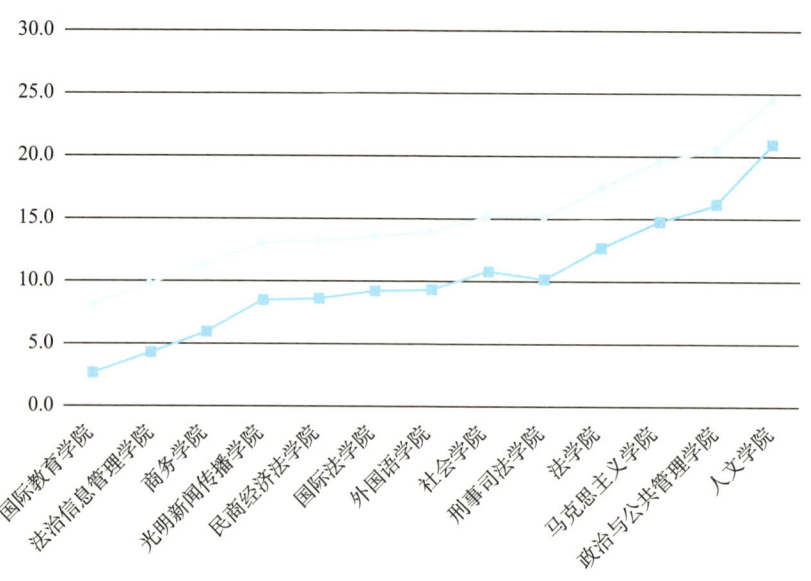

图 31　本科生各学院读者人（院）均借阅量

表 23　本科生各学院平均（院均）借阅量

学院名称	平均借阅量	院均借阅量	学院名称	平均借阅量	院均借阅量
国际教育学院	8.1	2.6	社会学院	15.1	10.8
法治信息管理学院	9.7	4.2	刑事司法学院	15.2	10.2
商学院	11.3	5.9	法学院	17.4	12.6
光明新闻传播学院	12.9	8.4	马克思主义学院	19.5	14.7
民商经济法学院	13.1	8.5	政治与公共管理学院	20.5	16.1
国际法学院	13.5	9.2	人文学院	24.4	20.9
外国语学院	13.8	9.2	小计	14.9	9.7

2018 年本科生院均借阅册数 9.7 册，比 2017 年增加近 2 册，有借阅记录的读者平均借阅 14.9 册，比 2017 年增加 3 册。其中人文学院和政治与公共管理学院无论是平均借阅量还是院均借阅量均保持领先的水平，高于平均值 8 至 9 册。国际教育学院人均借阅量较低，约 8 册，学院的平均借阅量低于 3 册。

2. 硕士研究生各学院读者人均借阅量

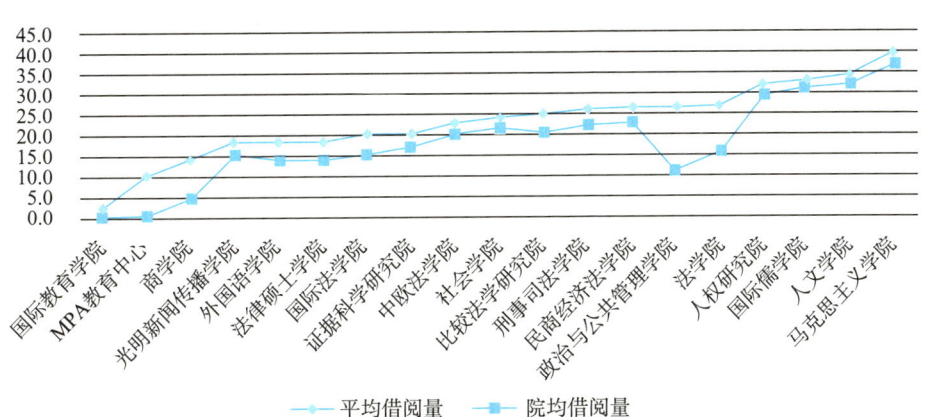

图 32 硕士研究生各学院读者人（院）均借阅量

表 24 硕士研究生各学院平（院）均借阅量

学院名称	平均借阅量	院均借阅量	学院名称	平均借阅量	院均借阅量
国际教育学院	2.0	0.4	比较法学研究院	24.9	20.2
MPA 教育中心	9.8	0.7	刑事司法学院	25.9	21.7
商学院	13.8	4.5	民商经济法学院	26.2	22.8
光明新闻传播学院	17.7	14.4	政治与公共管理学院	26.2	11.2
外国语学院	17.9	13.9	法学院	26.8	15.6
法律硕士学院	18.5	13.9	人权研究院	31.7	29.4
国际法学院	20.0	15.0	国际儒学院	32.6	31.5
证据科学研究院	20.2	16.4	人文学院	34.1	31.9
中欧法学院	22.4	19.5	马克思主义学院	39.2	36.6
社会学院	23.5	21.1	总计	23.7	16.1

2018 年硕士研究生院均借阅册数与 2017 年保持一致，均为 16 册，有借阅记录的读者平均借阅 23.7 册。其中马克思主义学院无论是平均借阅量还是院均借阅量均保持领先的水平，平均借阅量约 37 册，有借阅记录的读者平均借阅 39 册。政治与公共管理学院与法学院人均借阅数量远远高于院均借阅量，说明这两个院系未借阅的读者人数相对来说较多，未借阅的比例较高。由于国际教育学院的学生以外文借阅为主，而我校规定外文图书的借阅量限借 3 册，导致该院的人均借阅量最少，这和学院的性质与图书馆的规章制度有关。9 个学院的人均借阅量超过了平均水平。

3. 博士研究生各学院读者人均借阅量

表 25 博士研究生各学院平（院）均借阅量

学院名称	平均借阅量	院均借阅量	学院名称	平均借阅量	院均借阅量
公司法与投资保护研究所	0.0	0.0	博士后流动站	29.5	11.9
国际教育学院	3.0	1.0	人权研究院	31.9	19.5
社会学院	6.0	6.0	马克思主义学院	33.6	24.3
研究生院	11.0	11.0	人文学院	35.5	24.3

续表

学院名称	平均借阅量	院均借阅量	学院名称	平均借阅量	院均借阅量
商学院	16.8	6.7	司法文明协同创新中心	36.4	23.3
比较法学研究院	25.2	10.1	民商经济法学院	36.7	18.8
中欧法学院	25.4	11.1	政治与公共管理学院	38.6	23.1
国际法学院	25.9	15.0	法学院	45.3	28.8
证据科学研究院	26.9	14.9	国际儒学院	63.0	12.6
光明新闻传播学院	28.6	20.4	合计	34.8	19.8
刑事司法学院	28.9	16.6			

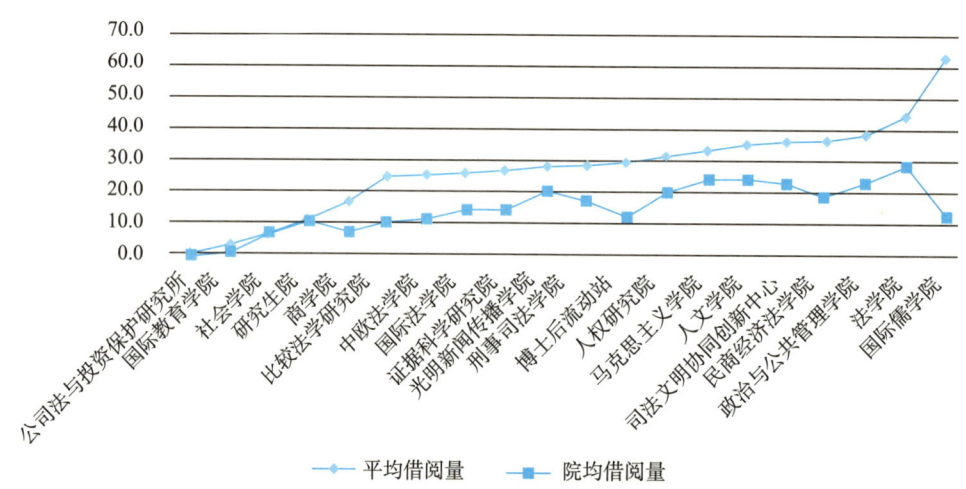

图33 博士研究生各学院读者人（院）均借阅量

2018 年博士研究生整体借阅册数较高，平均借阅量达到 35 册，院均借阅量约 20 册。有 6 个学院的平均借阅量超过了全体博士生的平均借阅量。其中国际儒学院的平均借阅量达到了 63 册，保持领先水平，但是该院的院均借阅量偏低，说明该院借书的读者人数少但是借阅量多。有 7 个学院的平均借阅量集中于 20 册~30 册。有 3 个学院平均借阅量低于 10 册，其中公司法与投资保护研究所由于仅有一名博士生，同时该生并未借阅图书，导致该院的平均借阅量为 0。

（八）各年级读者借阅情况

指标说明：

（1）"年级均借阅量"：指年级所有读者（本科生、硕士研究生、博士研究生）人均借阅量。

（2）"平均借阅量"：指有借阅记录的读者（本科生、硕士研究生、博士研究生）人均借阅量。

（3）由于统计报告是以年度为节点进行统计，借阅数据中会包含每年毕业生借阅数据，为了统一数据，在本次按照年级统计的过程中仅统计目前仍然在读的学生读者。本科生按照年级统计的过程中会包含每年度的交流生群体以及双培读者，2018 级的读者仅有半年的借阅数据。

1. 本科生各年级读者借阅比例及人均借阅量

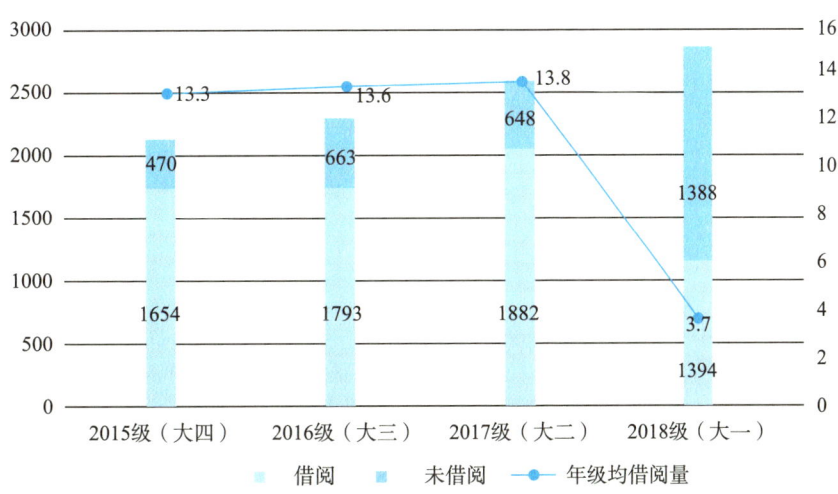

图34 本科生各年级读者借阅情况

表26 本科生各年级读者借阅人数、借阅册数以及平均借阅量

本科生	借阅人数	未借阅人数	总人数	借阅百分比	借阅册数	平均借阅量	年级均借阅量
2015 级（大四）	1654	470	2124	77.9%	28 316	17.1	13.3
2016 级（大三）	1793	663	2456	73.0%	33 523	18.7	13.6
2017 级（大二）	1882	648	2530	74.4%	35 035	18.6	13.8
2018 级（大一）	1394	1388	2782	50.1%	10 199	7.3	3.7
合计	6723	3169	9892	68.0%	107 073	15.9	10.8

2018 年各年级的本科生共有 68% 的读者借阅图书，总计借阅 10.7 万册，年级均借阅量约 11 册。由于 2018 级的读者仅有半年的借阅数据，所以相对来说均借阅量会比较少。从借阅百分比来看，在本科生阶段大四的读者借阅的百分比最高，为 77.9%，大一读者最低，仅为 50%，意味着有一半的大一本科生没有借阅图书。从借阅册数来看，大二至大四的读者整体趋势保持一致，年级的均借阅量都在 13 册～14 册之间。

2. 硕士研究生各年级读者借阅比例及人均借阅量

表27 硕士研究生各年级读者借阅人数、借阅册数以及平均借阅量

硕士研究生	借阅人数	未借阅人数	总人数	借阅百分比	借阅册数	平均借阅量	年级均借阅量
2016 级（研三）	1420	690	2110	67.3%	39 948	28.1	18.9
2017 级（研二）	1569	350	1919	81.8%	48 009	30.6	25.0
2018 级（研一）	1376	709	2085	66.0%	22 809	16.6	10.9
合计	4365	1749	6114	71.4%	110 766	25.4	18.1

2018 年各年级的硕士研究生中共有 71.4% 的读者借阅图书，总计借阅约 11.07 万册，年级均借阅量约 18 册。从借阅百分比来看，研二的读者借阅的百分比最高，为 81.8%，研一和研三的借阅百分比基本一致，在 66% 左右。这和研究生群体的性质有很大的关系，研二的群体需要写毕业论文，而大部分研三的读者即将面临找工作的问题。从借阅册数来看，研二的读者无论在平均借阅量还是年级均借阅量方面都相对较高，研一的读者由于仅有半年的数据，所以相对来说比较低，但是相对于同样是入学半年的本科生

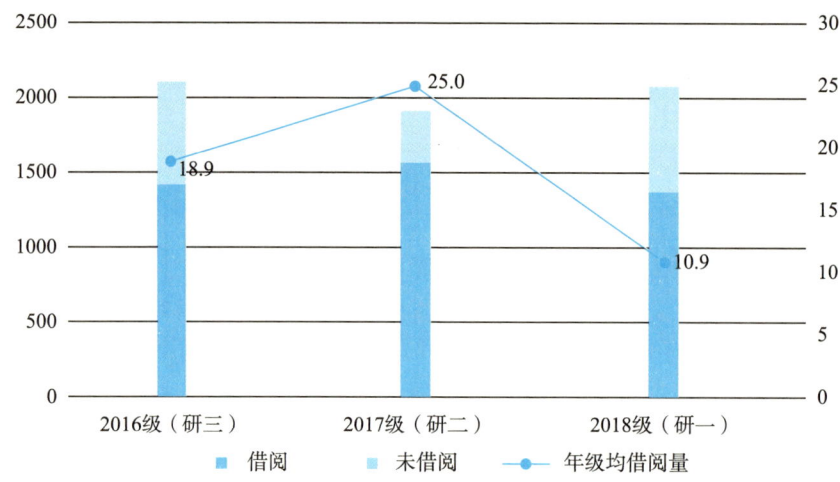

图35　硕士研究生各年级读者借阅情况

来说，研一读者无论是在借阅百分比还是在平均借阅量上都要保持领先。

3. 博士研究生各年级读者借阅比例及人均借阅量

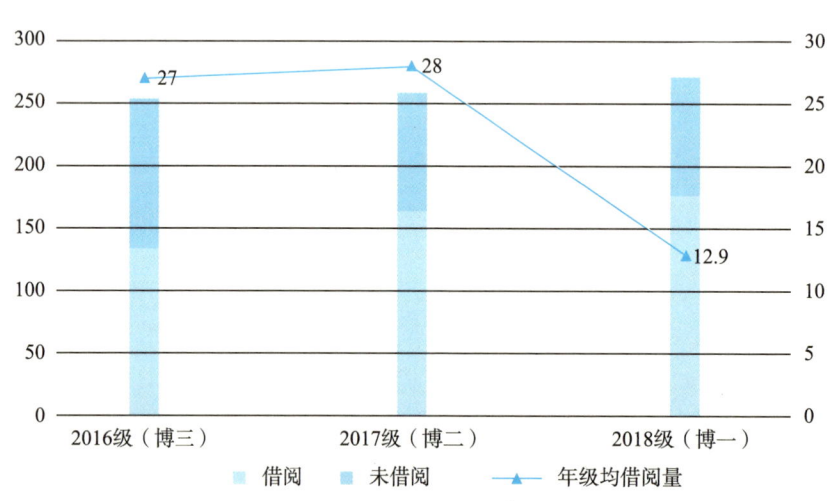

图36　博士研究生各年级读者借阅情况

表28　博士研究生各年级读者借阅人数、借阅册数以及平均借阅量

博士研究生	借阅人数	未借阅人数	总人数	借阅百分比	借阅册数	平均借阅量	年级均借阅量
2016级（博三）	134	120	254	52.8%	6857	51.2	27.0
2017级（博二）	164	95	259	63.3%	7249	44.2	28.0
2018级（博一）	177	95	272	65.1%	3521	19.9	12.9
合计	475	310	785	60.5%	17 627	37.1	22.5

　　2018年各年级的博士研究生中共有60.5%的读者借阅图书，总计借阅约1.8万册，年级均借阅量约22.5册。从借阅百分比来看，博一的读者借阅的百分比最高，为65.1%。博三的借阅百分比虽然仅为52.8%，但是有借阅记录的读者平均借阅量达到了51册，说明尽管借阅的人数少，但是借阅的册数非常高。博一的读者由于仅有半年的数据，所以相对来说比较低，但是相对于同样是入学半年的读者来说，博一的学生无论是在借阅百分比还是在平均借阅量上都高于硕士生、本科生。

（九）教职工借阅情况

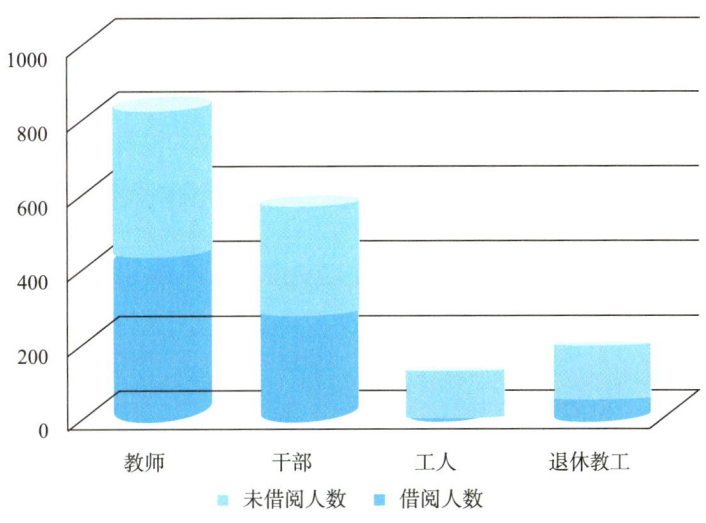

图 37　教职工借阅情况

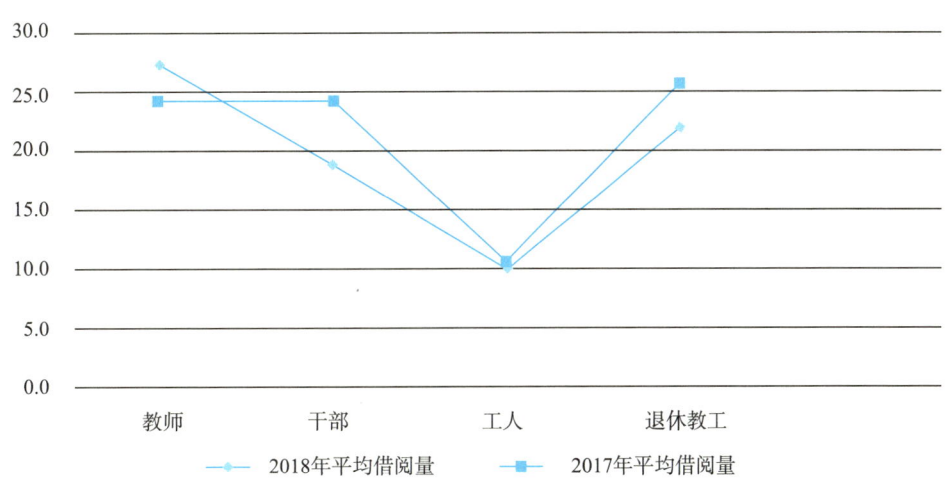

图 38　教职工平均借阅量

表 29　各类型教职工借阅人数、借阅册数及平均借阅量

读者类型	借阅人数	未借阅人数	总人数	借阅册数	2018 平均借阅量	2017 平均借阅量
教师	360	735	1095	9725	27.0	24.0
干部	228	550	778	4263	18.7	24.1
工人	1	126	127	10	10.0	10.8
退休教工	12	156	168	262	21.8	25.6
总计	601	1567	2168	14 260	23.7	23.9

　　2018 年全校教职工共计 2168 名，其中有 601 名教职工共借阅了 14 260 册，平均借阅量为 23.7 册，与 2017 年平均借阅量持平。退休教工虽然借阅人数较少，但是人均借阅量达到了 21.8 册。教师人均借阅量 27 册，比 2017 年均增长了 3 册，其他教职工平均借阅量均比 2017 年有所降低。127 名工人中仅有一名借阅了 10 册图书。

四、借阅文献与读者借阅行为分析

数据说明：

（1）2018 年我校读者共借阅 293 829 册图书，其中中图分类法图书 287 200 册（中文图书 283 686 册，西文图书 3514 册）；人大分类法图书 6629 册。

（2）下述分析以中图分类法图书为主。

（3）册%：该类别图书借阅的册数占所有借阅图书册数的比值。

（一）中文图书借阅分类分析

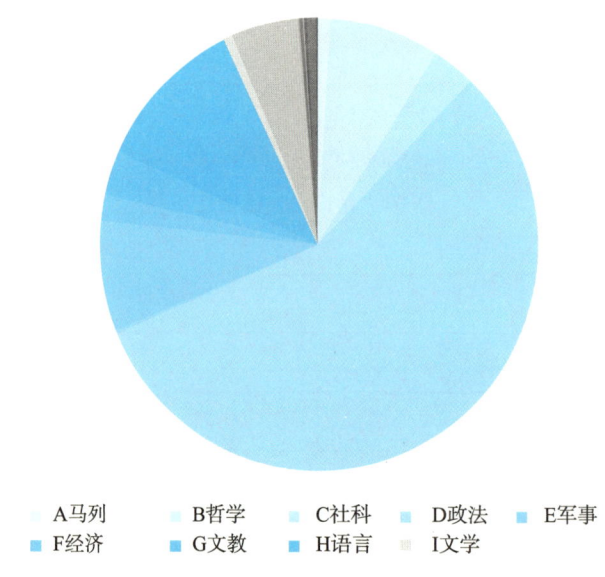

A马列　　　B哲学　　　C社科　　　D政法　　　E军事
F经济　　　G文教　　　H语言　　　I文学

图 39　中文图书借阅类别分布

表 30　中文图书按类别借阅册数及所占比例

类别	A 马列	B 哲学	C 社科	D 政法	E 军事	F 经济	G 文教	H 语言	I 文学	J 艺术	K 史地
册数	2495	22 889	8922	160 239	585	22 411	5209	9124	31 826	1837	13 986
册%	0.88%	8.07%	3.15%	56.48%	0.21%	7.90%	1.84%	3.22%	11.22%	0.65%	4.93%
类别	N 自然	O 数理	P 天文	Q 生物	R 医药	S 农业	T 工业	U 交通	V 航空	X 环境	Z 综合
册数	278	806	167	197	520	22	1640	20	15	263	235
册%	0.10%	0.28%	0.06%	0.07%	0.18%	0.01%	0.58%	0.01%	0.01%	0.09%	0.08%

在所有借阅的中文图书中，政治法律类占据了总体借阅量的一半，借阅百分比约为 56.5%，其次文学类图书占据了 11.2%，哲学类和经济类紧随其后，分别占据 8.1%、7.9%。借阅比例最少的为航空航天类、交通类和农业类。上述的借阅规律与 2017 年借阅的规律保持一致，比较符合我校的办学特色，突出体现我校以法学为特色和优势的办校理念。

（二）西文图书借阅分类分析

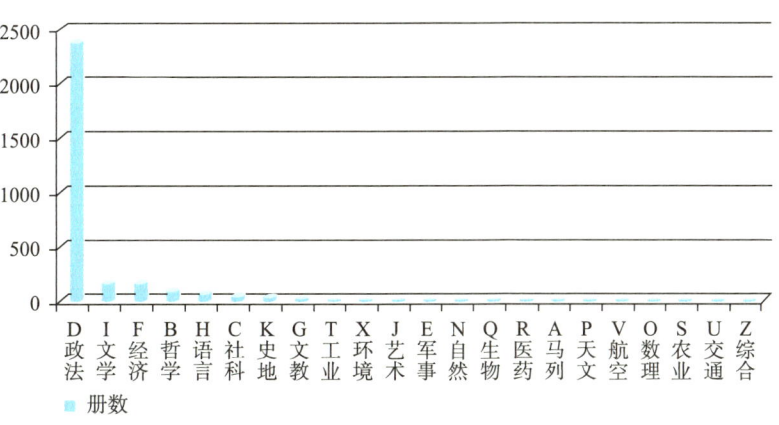

图 40　西文图书借阅类别分布

表 31　西文图书按类别借阅册数及所占比例

类别	A 马列	B 哲学	C 社科	D 政法	E 军事	F 经济	G 文教	H 语言	I 文学	J 艺术	K 史地
册数	2	97	46	2365	5	164	24	72	172	6	28
册%	0.07%	3.23%	1.53%	78.65%	0.17%	5.45%	0.80%	2.39%	5.72%	0.20%	0.93%
类别	N 自然	O 数理	P 天文	Q 生物	R 医药	S 农业	T 工业	U 交通	V 航空	X 环境	Z 综合
册数	4	0	1	3	3	0	7	0	0	7	0
册%	0.13%	0.00%	0.03%	0.10%	0.10%	0.00%	0.23%	0.00%	0.03%	0.23%	0.00%

在所有借阅的西文图书中，政治法律类占据了西文总体借阅量的78.7%，说明在西文图书中，法律类图书的需求非常大，符合我校的专业特性。文学类图书排在第二位，说明学校和学生个人都比较重视提高人文素养。经济类、哲学类、语言类约占总体的11.1%。根据中图分类法的类别，余下的17个大类英文图书，借阅总计不足全部借阅量的5%，其中综合类、农业类、交通类、数理类西文图书没有读者借阅。西文图书的整体利用趋势和2017年一致。

（三）读者借阅文献与学院关联性分析

指标说明：

最大类别：读者借阅的中图法分类图书册数最多的类别。

最大借阅量：最大类别的册数借阅总量。

总借阅量：读者借阅的中图法分类图书册数总量。

最大借阅率：最大借阅量与总借阅量的比值。

1. 本科生借阅文献与学院关联性分析

表 32　本科生按学院借阅最大类别、最大借阅量及借阅率

单位（本科生）	最大类别	最大借阅量	总借阅量	最大借阅率
法学院	D9	7579	15 089	0.50
国际法学院	D9	8523	17 762	0.48
刑事司法学院	D9	8745	18 678	0.47
民商经济法学院	D9	8989	19 218	0.47

单位（本科生）	最大类别	最大借阅量	总借阅量	最大借阅率
国际教育学院	D9	603	1299	0.46
外国语学院	D9	1911	6539	0.29
人文学院	I2	1948	7553	0.26
光明新闻传播学院	G2	604	2778	0.22
商学院	D9	2406	11 895	0.20
社会学院	D9	723	4313	0.17
法治信息管理学院	I2	38	252	0.15
政治与公共管理学院	D0	2082	16 004	0.13
马克思主义学院	D9	289	2579	0.11

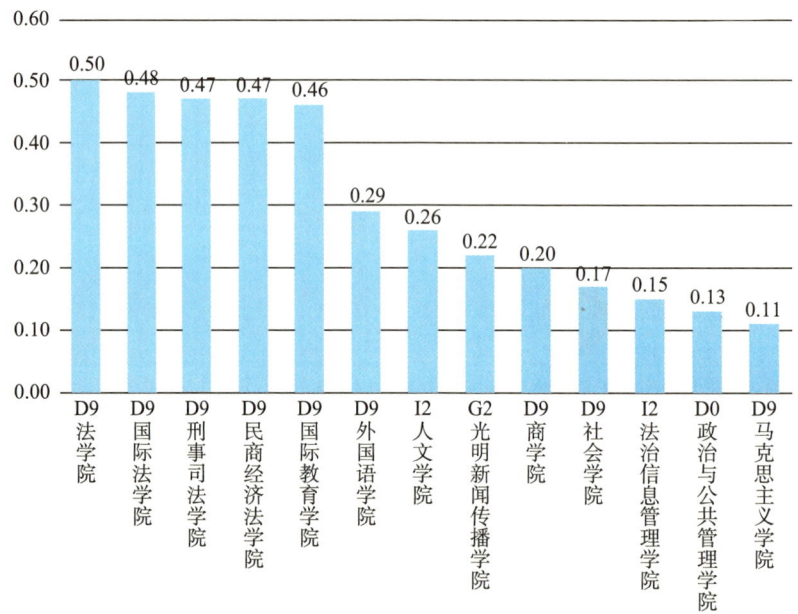

图41　本科生按学院借阅最大种类情况

本科生借阅类别与学院具有一定的相关性。法学院、国际法学院、刑事司法学院、民商经济法学院本科生 D9 法律类图书借阅量最多；人文学院本科生 I2 中国文学类图书借阅量最多；光明新闻传播学院本科生 G2 信息与知识传播类图书借阅量最多。

外国语学院、商学院、马克思主义学院等非法学相关的学院借阅量最多的也是 D9 类，这与我校法学教学特色相关。

最大类别借阅率较高的学院集中在法学相关的学院，这表明这部分本科生对图书借阅的类别比较集中。

2. 硕士研究生借阅文献与学院关联性分析

表33　硕士研究生按学院借阅最大类别、最大借阅量及借阅率

单位（硕士研究生）	最大类别	最大借阅量	总借阅量	最大借阅率
国际教育学院	D9	2	2	1.00
证据科学研究院	D9	3123	3987	0.78

单位（硕士研究生）	最大类别	最大借阅量	总借阅量	最大借阅率
法律硕士学院	D9	12 527	16 840	0.74
比较法学研究院	D9	3691	4975	0.74
中欧法学院	D9	6174	8403	0.73
民商经济法学院	D9	17 968	24 766	0.73
刑事司法学院	D9	8858	12 311	0.72
国际法学院	D9	3562	5233	0.68
法学院	D9	13 602	20 355	0.67
国际儒学院	B2	549	945	0.58
人权研究院	D9	570	1235	0.46
MPA 教育中心	D9	16	39	0.41
外国语学院	H3	649	1830	0.35
光明新闻传播学院	D9	773	2514	0.31
人文学院	D9	1569	6164	0.25
商学院	F2	919	3751	0.25
社会学院	D9	463	2701	0.17
政治与公共管理学院	D0	1492	10 835	0.14
马克思主义学院	A8	361	3843	0.09

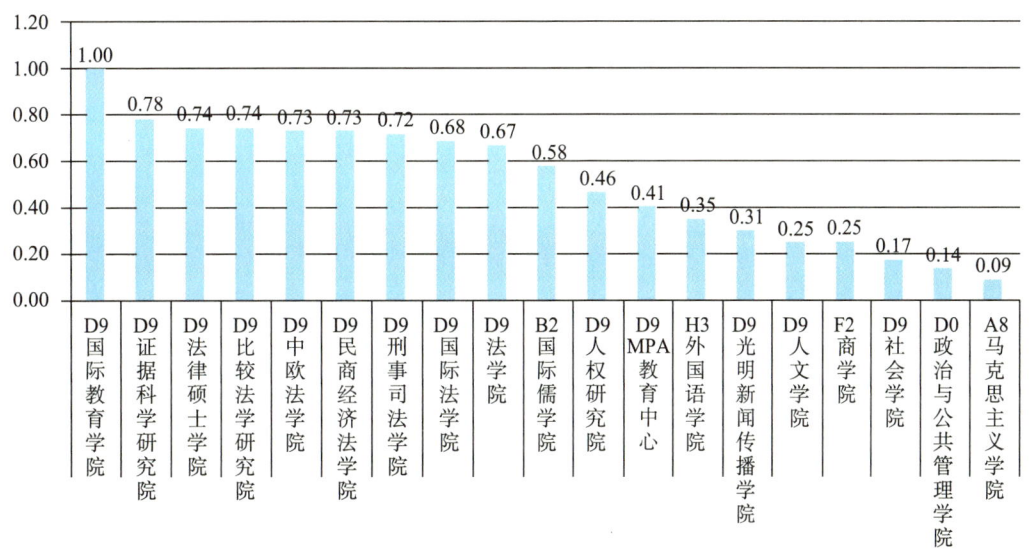

图 42　硕士研究生按学院借阅最大种类情况

硕士研究生借阅类别与学院具有相关性。法律硕士学院、比较法学研究院、中欧法学院、民商经济法学院、刑事司法学院、国际法学院、法学院等学院都是 D9 法律类图书借阅量最多；国际儒学院 B2 中国哲学类图书借阅最多；外国语学院 H3 常用外国语类图书借阅最多；政治与公共管理学院 D0 政治学、政治理论类图书借阅量最多。

　　部分非法律相关学院如光明新闻传播学院、人文学院、社会学院借阅量最多的也是 D9 法律类，与我校法学教学特色相关。国际教育学院有一名读者借阅了 2 本图书，且这 2 本图书均为 D9 类图书，借阅率达到了 1，此数据是因样本数据少产生的极端情况。整体来看，硕士生的最大借阅率要高于本科生。

3. 博士研究生借阅文献与学院关联性分析

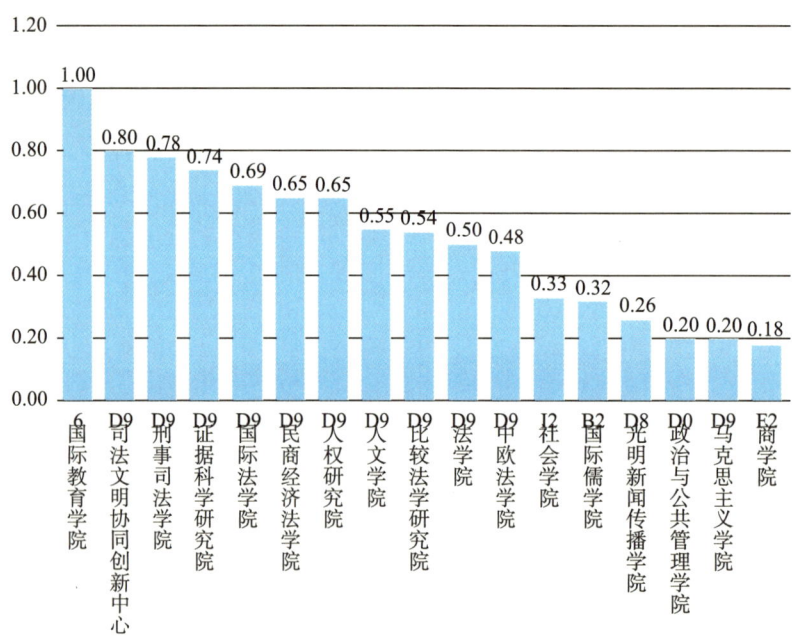

图 43　博士研究生按学院借阅最大种类情况

表 34　博士研究生按学院借阅最大类别、最大借阅量及借阅率

单位（博士研究生）	最大类别	最大借阅量	总借阅量	最大借阅率
国际教育学院	6（人大法法律类）	3	3	1.00
司法文明协同创新中心	D9	988	1237	0.80
刑事司法学院	D9	2236	2864	0.78
证据科学研究院	D9	400	538	0.74
国际法学院	D9	1454	2100	0.69
民商经济法学院	D9	2738	4219	0.65
人权研究院	D9	227	351	0.65
人文学院	D9	465	851	0.55
比较法学研究院	D9	162	302	0.54
法学院	D9	3296	6617	0.50
中欧法学院	D9	85	178	0.48
社会学院	I2	4	12	0.33
国际儒学院	B2	20	63	0.32
光明新闻传播学院	D8	37	143	0.26
政治与公共管理学院	D0	580	2862	0.20
马克思主义学院	D9	176	873	0.20
商学院	F2	36	202	0.18

博士研究生的最大借阅率比硕士生略高，主要因为博士各专业人数少，借阅量本身比较高，而且借阅种类相对比较集中。博士生中大部分学院的最大借阅类别都是 D9 法律类。

社会学院最大借阅类别为 I2 中国文学，国际儒学院最大借阅类别为 B2 中国哲学，光明新闻传播学院最大借阅类别为 D8 外交、国际关系，政治与公共管理学院最大借阅类别为 D0 政治学、政治理论，商学院最大借阅类别为 F2 经济管理类。

（四）读者借阅文献与专业关联性分析（以 2018 级本硕博为例）

指标说明：

借阅率：借阅量与借阅人数的比值。

借阅前三类：读者借阅的中图法分类图书册数最多的前三个类别。

备注：由于专业信息从 2018 年起比较规范，因此分析主要以 2018 级本硕博为例。

1. 本科生借阅文献与专业关联性分析

表35　本科生各专业借阅册次及借阅率情况

专业名称	总人数	借阅册次	借阅人数	借阅率（册次/人数）
汉语言文学	40	849	39	21.8
哲学	26	287	23	12.5
政治学与行政学	50	458	38	12.1
新闻学	30	212	20	10.6
思想政治教育	30	161	17	9.5
网络与新媒体	30	122	14	8.7
德语	20	60	7	8.6
社会学	25	169	21	8.0
行政管理	69	345	45	7.7
法学（涉外法律人才培养模式实验班）	48	251	34	7.4
法学（法学人才培养模式改革实验班）	199	837	117	7.2
法学	1296	4907	689	7.1
工商管理	466	941	134	7.0
国际商务	79	238	34	7.0
国际政治	32	143	22	6.5
应用心理学	30	82	13	6.3
侦查学（网络犯罪方向）	41	68	11	6.2
公共事业管理	34	91	15	6.1
金融工程（成思危现代金融菁英班）	51	141	29	4.9
社会工作	15	34	7	4.9

续表

专业名称	总人数	借阅册次	借阅人数	借阅率（册次/人数）
信息管理与信息系统（法治信息管理方向）	30	37	8	4.6
翻译	41	67	15	4.5
经济学	42	103	23	4.5
英语	62	130	35	3.7
汉语言	17	0	0	0

2018 级本科生中，汉语言文学、哲学、政治学与行政学专业的借阅率较高，分别为 21.8、12.5、12.1。汉语言（此为国际教育学院的汉语言专业）、英语、经济学、翻译专业的借阅率较低，分别为 0、3.7、4.5、4.5。各个专业借阅图书类别前三名的情况如下表。

表36 本科生各专业借阅率排名前三的图书类别

专业名称	借阅率（册次/人数）	借阅总册次	第1类别	第2类别	第3类别
汉语言文学	21.8	849	I2	I5	I7
			589	59	40
哲学	12.5	287	B2	B5	I2
			89	79	15
政治学与行政学	12.1	458	D0	I2	K8
			95	72	44
新闻学	10.6	212	G2	I2	K8
			58	28	16
思想政治教育	9.5	161	D8	C9	I5
			18	18	18
网络与新媒体	8.7	122	G2	I2	I7
			25	23	11
德语	8.6	60	I2	I5	H3
			15	11	7
社会学	8.0	169	C9	I5	B8
			49	21	19
行政管理	7.7	345	D0	I2	D7
			98	45	18
法学（涉外法律人才培养模式实验班）	7.4	251	D9	I2	D6
			145	14	13
法学（法学人才培养模式改革实验班）	7.2	837	D9	I2	K8
			258	131	57
法学	7.1	4907	D9	I2	I5
			1243	680	278

专业名称	借阅率（册次/人数）	借阅总册次	第1类别	第2类别	第3类别
工商管理	7.0	941	D9	I2	F0
			272	97	58
国际商务	7.0	238	I2	K8	F2
			47	34	24
国际政治	6.5	143	D8	K8	D5
			35	19	16
应用心理学	6.3	82	B8	I2	R3
			27	14	12
侦查学（网络犯罪方向）	6.2	68	TP	D9	I2
			23	9	4
公共事业管理	6.1	91	D0	I5	C9
			33	13	7
金融工程（成思危现代金融菁英班）	4.9	141	F2	F8	I2
			30	28	23
社会工作	4.9	34	I2	B8	B9
			7	6	5
信息管理与信息系统（法治信息管理方向）	4.6	37	I2	B5	D7
			10	5	4
翻译	4.5	67	I2	H3	B5
			18	10	5
经济学	4.5	103	I2	I5	F0
			19	14	12
英语	3.7	130	H3	I2	D9
			23	15	15

2018级本科生借阅类别与所在专业基本具有相关性。从借阅率高的五个专业看：

（1）汉语言文学专业所借阅最大类别为：I2 中国文学、I5 各国文学与 I7 各国文学；

（2）哲学专业所借阅最大类别为：B2 中国哲学、B5 欧洲哲学、I2 中国文学；

（3）政治学与行政学专业所借阅最大类别为：D0 政治理论，I2 中国文学，K8 传记、文物考古、风俗习惯；

（4）新闻学专业所借阅最大类别为：G2 信息与知识传播，I2 中国文学，K8 传记、文物考古、风俗习惯；

（5）思想政治教育专业所借阅最大类别为：D8 外交、国际关系，C9 社会学、人口学、管理学，I5 各国文学。

从借阅率低的五个专业看：

（1）英语专业所借阅最大类别为：H3 常用外国语、I2 中国文学、D9 法律；

（2）经济学专业所借阅最大类别为：I2 中国文学、I5 各国文学、F0 经济学；

（3）翻译专业所借阅最大类别为：I2 中国文学、H3 常用外国语、B5 欧洲哲学；

（4）信息管理与信息系统（法治信息管理方向）专业所借阅最大类别为：I2 中国文学、B5 欧洲哲学、D7 各国政治；

（5）社会工作专业所借阅最大类别为：I2 中国文学，B8 思维科学、逻辑学、伦理学、美学，B9 宗教。

除此以外，I2 中国文学、I5 各国文学、D9 法律种类的图书能被较多专业借阅，其中，I2 中国文学被 20 个专业所借阅，说明文学类图书具有通用性。而 B2 中国哲学，B9 宗教，D5 世界政治，D6 中国政治，F8 财政、金融，R3 基础医学，TP 自动化技术、计算机技术等只被一个专业借阅，这表明本科生对非自己专业相关图书的借阅量有待提高。

2. 硕士研究生借阅文献与专业关联性分析

表 37　硕士研究生各专业借阅册次及借阅率情况

专业名称	总人数	借阅册次	借阅人数	借阅率（册次/人数）
马克思主义中国化研究	5	297	5	59.4
国际关系	6	343	6	57.2
国际政治	6	337	6	56.2
外国哲学	3	83	2	41.5
马克思主义发展史	4	164	4	41.0
马克思主义基本原理	5	195	5	39.0
政治学理论	15	506	13	38.9
中国哲学	13	471	13	36.2
经济史	2	68	2	34.0
国际贸易学	2	34	1	34.0
俄语语言文学	3	98	3	32.7
中国近现代史基本问题研究	5	163	5	32.6
社会保障	3	95	3	31.7
中国古代史	2	63	2	31.5
法律史	7	208	7	29.7
宗教学	3	89	3	29.7
国外马克思主义研究	4	115	4	28.8
金融学	4	114	4	28.5
公共人力资源管理	4	112	4	28.0
美学	5	140	5	28.0
思想政治教育	9	251	9	27.9
环境与资源保护法学	16	383	14	27.4
中共党史	3	82	3	27.3
法治文化	10	271	10	27.1
应用心理学	1	27	1	27.0
宪法学与行政法学	73	1799	69	26.1

续表

专业名称	总人数	借阅册次	借阅人数	借阅率（册次/人数）
纪检监察学	3	72	3	24.0
中国近现代史	4	93	4	23.3
社会工作	14	266	12	22.2
西方经济学	3	65	3	21.7
德语语言文学	3	62	3	20.7
专门史	4	82	4	20.5
人权法学	13	264	13	20.3
世界经济	4	81	4	20.3
经济法学	82	1374	69	19.9
知识产权法学	28	511	28	18.3
比较法学	77	1200	66	18.2
会计学	4	72	4	18.0
民商法学	113	1640	92	17.8
法学理论	17	281	16	17.6
中外政治制度	5	70	4	17.5
诉讼法学	110	1697	97	17.5
法律（法学）	266	1191	69	17.3
国际法学	92	1143	71	16.1
马克思主义哲学	3	32	2	16.0
行政管理	15	222	14	15.9
法语语言文学	3	47	3	15.7
社会学	10	135	9	15.0
刑法学	96	1185	79	15.0
犯罪心理学	10	142	10	14.2
政治经济学	8	95	7	13.6
企业管理	7	90	7	12.9
英语语言文学	8	73	6	12.2
法律（非法学）	370	3338	276	12.1
证据法学	15	141	12	11.8
工商管理	240	536	46	11.7
逻辑学	3	34	3	11.3
军事法学	6	56	5	11.2
公共管理	183	680	64	10.6
传播学	7	70	7	10.0
翻译	22	178	18	9.9
基础心理学	2	19	2	9.5

专业名称	总人数	借阅册次	借阅人数	借阅率（册次/人数）
法与经济学	14	113	12	9.4
网络法学	7	54	6	9.0
法商管理	2	16	2	8.0
历史文献学	2	15	2	7.5
社会法学	6	42	6	7.0
全球学	3	21	3	7.0
新闻学	17	80	13	6.2
产业经济学	3	11	2	5.5
区域经济学	2	0	0	0

　　2018级硕士生中，马克思主义中国化研究、国际关系、国际政治专业的借阅率较高，分别为59.4、57.2、56.2。值得一提的是，这三个专业所有的硕士生都借阅图书，并且借阅量较高。区域经济学、产业经济学、新闻学专业的借阅率较低，分别为0、5.5、6.2。各个专业借阅图书类别前三名的情况见下表。

表38　硕士研究生各专业借阅率排名前三的图书类别

专业名称	借阅率（册次/人数）	借阅总册次	第1类别（册次）	第2类别（册次）	第3类别（册次）
马克思主义中国化研究	59.4	297	D6	D8	K8
			51	49	22
国际关系	57.2	343	D8	D7	D9
			103	48	38
国际政治	56.2	337	D8	D7	D9
			94	76	38
外国哲学	41.5	83	B5	B8	I5
			48	8	6
马克思主义发展史	41.0	164	A1	A8	B0
			38	33	24
马克思主义基本原理	39.0	195	A8	B0	F0
			63	31	23
政治学理论	38.9	506	D0	B2	D6
			149	85	28
中国哲学	36.2	471	B2	B5	K8
			327	53	22
经济史	34.0	68	F0	F2	F1
			21	19	11
国际贸易学	34.0	34	4	F0	F2
			6	6	4

专业名称	借阅率（册次/人数）	借阅总册次	第1类别（册次）	第2类别（册次）	第3类别（册次）
俄语语言文学	32.7	98	H3 38	D9 37	H0 12
中国近现代史基本问题研究	32.6	163	D6 32	K2 24	K8 22
社会保障	31.7	95	D6 15	D0 13	C9 12
中国古代史	31.5	63	D9 24	D6 15	K2 6
法律史	29.7	208	D9 121	6 35	D6 18
宗教学	29.7	89	B9 40	TP 20	B5 14
国外马克思主义研究	28.8	115	A8 19	F0 13	A1 13
金融学	28.5	114	F8 25	I2 15	F0 13
公共人力资源管理	28.0	112	D0 34	F2 14	D6 12
美学	28.0	140	B8 36	B5 17	K8 16
思想政治教育	27.9	251	B8 62	B2 44	I5 18
环境与资源保护法学	27.4	383	D9 280	I2 11	F1 11
中共党史	27.3	82	D6 20	K2 18	D2 16
法治文化	27.1	271	D9 163	I2 21	H3 13
应用心理学	27.0	27	B8 11	D9 9	K8 3
宪法学与行政法学	26.1	1799	D9 1334	D0 68	D7 61
纪检监察学	24.0	72	D6 18	D2 10	D9 10
中国近现代史	23.3	93	K2 18	K9 11	D6 9

专业名称	借阅率（册次/人数）	借阅总册次	第1类别（册次）	第2类别（册次）	第3类别（册次）
社会工作	22.2	266	C9	D9	B8
			121	42	30
西方经济学	21.7	65	F0	F1	F2
			21	17	11
德语语言文学	20.7	62	D9	H3	H0
			23	10	9
专门史	20.5	82	K2	D9	11
			15	12	11
人权法学	20.3	264	D9	D0	I2
			99	40	23
世界经济	20.3	81	F0	F8	H3
			30	17	9
经济法学	19.9	1374	D9	F8	F2
			945	110	48
知识产权法学	18.3	511	D9	F2	F7
			381	22	17
比较法学	18.2	1200	D9	H3	B8
			918	39	27
会计学	18.0	72	F2	F8	C8
			38	8	8
民商法学	17.8	1640	D9	F2	F8
			1164	72	55
法学理论	17.6	281	D9	B5	B8
			146	28	23
中外政治制度	17.5	70	D6	D0	B2
			14	12	10
诉讼法学	17.5	1697	D9	61	I2
			1330	58	52
法律（法学）	17.3	1191	D9	F2	H3
			913	43	38
国际法学	16.1	1143	D9	H3	I2
			777	62	25
马克思主义哲学	16.0	32	A8	B0	B5
			7	6	5
行政管理	15.9	222	D0	D6	B8
			55	23	19

续表

专业名称	借阅率（册次/人数）	借阅总册次	第1类别（册次）	第2类别（册次）	第3类别（册次）
法语语言文学	15.7	47	H3	D9	H0
			14	11	9
社会学	15.0	135	C9	B9	B5
			30	24	9
刑法学	15.0	1185	D9	I2	I7
			879	40	31
犯罪心理学	14.2	142	B8	D9	I2
			88	37	4
政治经济学	13.6	95	F0	15	F2
			32	12	11
企业管理	12.9	90	F2	C9	F7
			27	27	11
英语语言文学	12.2	73	D9	H0	H3
			24	21	7
法律（非法学）	12.1	3338	D9	I2	H3
			2439	140	107
证据法学	11.8	141	D9	F0	I2
			115	6	4
工商管理	11.7	536	F2	F8	F7
			157	93	65
逻辑学	11.3	34	D9	B8	B5
			15	9	5
军事法学	11.2	56	D9	E1	E2
			32	8	8
公共管理	10.6	680	D0	D6	D9
			145	74	73
传播学	10.0	70	G2	C9	K8
			43	6	5
翻译	9.9	178	H3	D9	I2
			76	59	22
基础心理学	9.5	19	B8	D9	C3
			10	4	2
法与经济学	9.4	113	D9	F0	F8
			60	27	14
网络法学	9.0	54	D9	D0	H3
			38	4	3

专业名称	借阅率（册次/人数）	借阅总册次	第1类别（册次）	第2类别（册次）	第3类别（册次）
法商管理	8.0	16	D9	F0	F2
			8	3	2
历史文献学	7.5	15	D9	D6	I2
			8	6	1
社会法学	7.0	42	D9	6	D7
			31	3	2
全球学	7.0	21	D9	D0	39
			10	3	2
新闻学	6.2	80	G2	D9	I2
			26	13	6
产业经济学	5.5	11	F2	O2	F0
			4	3	2

2018级硕士生借阅类别除了与所在专业基本具有相关性之外，还与其他近似的专业有一定的关联性。从借阅率高的五个专业看：

（1）马克思主义中国化研究专业所借阅最大类别为：D6中国政治，D8外交、国际关系，K8传记、文物考古、风俗习惯；

（2）国际关系专业与国际政治专业所借阅最大类别均为：D8外交、国际关系，D7各国政治，D9法律；

（3）外国哲学专业所借阅最大类别为：B5欧洲哲学，B8思维科学、逻辑学、伦理学、美学，I5各国文学；

（4）马克思主义发展史专业所借阅最大类别为：A1马克思、恩格斯著作，A8马克思主义、列宁主义、毛泽东思想、邓小平理论的学习和研究，B0哲学理论。

从借阅率低的五个专业看：

（1）产业经济学专业所借阅最大类别为：F2经济计划与管理、O2运筹学、F0经济学；

（2）新闻学专业所借阅最大类别为：G2信息与知识传播、D9法律、I2中国文学；

（3）全球学专业所借阅最大类别为：D9法律、D0政治理论、39社会科学、政治；

（4）社会法学专业所借阅最大类别为：D9法律、6（人大法）法律、D7各国政治；

（5）历史文献学专业所借阅最大类别为：D9法律、D6中国政治、I2中国文学。

除此以外，D9法律、D6中国政治、F2经济计划与管理种类的图书能被较多专业借阅，其中，D9法律被40个专业所借阅，与我校法科强校的定位一致。而与本科生相比，I2中国文学类的图书已经不再是具有通用性的借阅类型。而C3社会科学研究方法、C8统计学、E1世界军事、E2中国军事、I7各国文学、K9地理、TP自动化技术、计算机技术等种类只被一个专业借阅，这些种类相对而言具有专业性而非通用性。

3. 博士研究生借阅文献与专业关联性分析

表 39　博士研究生各专业借阅册次及借阅率情况

专业名称	总人数	借阅册次	借阅人数	借阅率（册次/人数）
国际关系	2	66	1	66.0
法律史	11	371	8	46.4
国际政治	3	63	2	31.5
全球学	4	86	3	28.7
知识产权法学	7	138	5	27.6
宪法学与行政法学	30	479	18	26.6
政治传播学	3	49	2	24.5
环境与资源保护法学	8	144	6	24.0
公共政策量化分析	1	23	1	23.0
法治文化	10	206	9	22.9
证据法学	6	90	4	22.5
刑法学	17	322	15	21.5
法学理论	11	149	7	21.3
法与经济学	2	21	1	21.0
比较法学	8	80	4	20.0
公共行政	5	78	4	19.5
马克思主义中国化研究	3	19	1	19.0
纪检监察学	6	35	2	17.5
民商法学	21	162	10	16.2
诉讼法学	38	391	25	15.6
经济法学	13	118	9	13.1
国际法学	34	261	20	13.1
军事法学	4	50	4	12.5
思想政治教育	3	24	2	12.0
政治社会学	1	10	1	10.0
人权法学	4	28	3	9.3
马克思主义基本原理	3	25	3	8.3
政治学理论	5	25	3	8.3
网络法学	3	5	1	5.0
国外马克思主义研究	2	4	1	4.0
世界经济	10	11	3	3.7

2018 级博士生中，国际关系、法律史、国际政治专业的借阅率较高，分别为 66.0、46.4、31.5。博士生各专业人数少，借阅量又较高，因此借阅率比硕士生和本科生都高。世界经济、国外马克思主义研究、网络法学的借阅率较低，分别为 3.7、4.0、5.0。博士生中没有借阅率为 0 的专业。各个专业借阅图

书类别前三名的情况如下表。

表40 博士研究生各专业借阅率排名前三的图书类别

专业名称	借阅率 （册次／人数）	借阅总册次	第1类别 （册次）	第2类别 （册次）	第3类别 （册次）
国际关系	66.0	66	D8	D5	C3
			36	10	6
法律史	46.4	371	D9	B2	K2
			210	29	29
国际政治	31.5	63	D5	D8	D7
			33	10	9
全球学	28.7	86	D0	D5	D8
			21	17	14
知识产权法学	27.6	138	D9	C1	H3
			108	8	8
宪法学与行政法学	26.6	479	D9	D0	D6
			293	23	14
政治传播学	24.5	49	D6	D9	D0
			29	11	5
环境与资源保护法学	24.0	144	D9	C9	H3
			96	8	5
公共政策量化分析	23.0	23	F2	C9	D0
			9	6	4
法治文化	22.9	206	D9	H0	B5
			120	14	12
证据法学	22.5	90	D9	B5	C5
			57	11	5
刑法学	21.5	322	D9	B5	TP
			262	12	9
法学理论	21.3	149	D9	B5	H3
			75	23	9
法与经济学	21.0	21	F7	D9	
			11	10	
比较法学	20.0	80	D9	61	B8
			75	2	1
公共行政	19.5	78	D0	D7	D6
			43	8	7

专业名称	借阅率 （册次/人数）	借阅总册次	第1类别 （册次）	第2类别 （册次）	第3类别 （册次）
马克思主义中国化研究	19.0	19	D7	D8	
			13	6	
纪检监察学	17.5	35	D6	D0	D5
			17	7	4
民商法学	16.2	162	D9	B8	H3
			128	19	8
诉讼法学	15.6	391	D9	61	C9
			315	12	9
经济法学	13.1	118	D9	F8	F4
			54	16	8
国际法学	13.1	261	D9	61	H3
			160	20	18
军事法学	12.5	50	D9	A8	E1
			12	5	5
思想政治教育	12.0	24	R7	A1	A8
			7	7	5
政治社会学	10.0	10	I2	G4	D0
			4	2	1
人权法学	9.3	28	D9	K8	D4
			14	8	3
马克思主义基本原理	8.3	25	A8	O1	23
			4	3	3
政治学理论	8.3	25	B5	D0	B8
			9	7	3
网络法学	5.0	5	B5	B8	
			4	1	
国外马克思主义研究	4.0	4	A8		
			4		
世界经济	3.7	11	H3	F0	4
			6	3	1

2018级博士生借阅类别前三名都与所在专业及其关联专业相关。借阅率低的专业所借阅图书与本专业关联性相对较低。

从借阅率高的五个专业看：

（1）国际关系专业所借阅最大类别为：D8外交、国际关系，D5世界政治，C3社会科学研究方法；

（2）法律史专业所借阅最大类别均为：D9法律、B2中国哲学、K2中国史；

（3）国际政治专业所借阅最大类别为：D5 世界政治，D8 外交、国际关系，D7 各国政治；

（4）全球学专业所借阅最大类别为：D0 政治理论，D5 世界政治，D8 外交、国际关系；

（5）知识产权法学专业所借阅最大类别为：D9 法律、C1 社会科学现状及发展、H3 常用外国语。

从借阅率低的五个专业看：

（1）世界经济专业所借阅最大类别为：H3 常用外国语、F0 经济学、4 经济；

（2）国外马克思主义研究专业所借阅最大类别为：A8 马克思主义、列宁主义、毛泽东思想、邓小平理论的学习和研究；

（3）网络法学专业所借阅最大类别为：B5 欧洲哲学，B8 思维科学、逻辑学、伦理学、美学；

（4）政治学理论专业所借阅最大类别为：B5 欧洲哲学，D0 政治理论，B8 思维科学、逻辑学、伦理学、美学。

（5）马克思主义基本原理专业所借阅最大类别为：A8 马列宁主义、毛思、邓理学习和研究，O1 数学，23 哲学。

除此以外，D9 法律、B5 欧洲哲学、H3 常用外国语种类的图书能被较多专业借阅，其中，D9 法律被 17 个专业所借阅，与我校法科强校的定位一致的同时，表明与本科生和硕士生相比，博士生更加关注哲学与语言。而大约四分之一的图书种类只被一个专业借阅，说明博士的借阅倾向更加分散，也说明更有专业性。

五、学科保障率分析——以外文图书为例

数据说明：

（1）文献保障率：馆藏文献满足主要服务对象文献需求的程度称之为文献保障率。

（2）研究方法：引文分析法。

（3）本次统计以 2018 年 CSSCI 发表的核心期刊为数据对象，基于引文分析的方法研究我校图书馆外文图书资源保障情况。

中文社会科学引文索引（CSSCI）是由南京大学中国社会科学研究评价中心开发研制而成。CSSCI 遵循文献计量学规律，采取定量与定性评价相结合的方法从全国 2700 余种中文社会科学学术性期刊中精选出学术性强、编辑规范的期刊作为来源期刊。

2018 年 CSSCI 共收录中国政法大学作为第一机构发表的文章 386 篇，其中 168 篇法学学科文章，83 篇政治学学科文章，具体学科收录文章参见下表。

表 41 我校在 CSSCI 发表论文、参考文献以及外文保障率情况

学科（参照 CSSCI 学科分类）	文章（篇）	参考文献（条）	篇均参考文献	引用中文图书（条）	引用外文图书（条）	外文所占百分比	外文有馆藏	保障率
法学	168	5591	33.3	1296	129	2.3%	46	35.7%
政治学	83	2517	30.3	529	102	4.1%	31	30.4%
管理学	19	292	15.4	56	7	2.4%	2	28.6%
哲学	27	365	13.5	137	21	5.8%	5	23.8%
宗教学	2	27	13.5	5	1	3.7%	0	0.0%
马克思主义	3	56	18.7	25	2	3.6%	1	50.0%

续表

学科（参照CSSCI学科分类）	文章（篇）	参考文献（条）	篇均参考文献	引用中文图书（条）	引用外文图书（条）	外文所占百分比	外文有馆藏	保障率
语言学	2	23	11.5	3	0	0.0%	0	–
中国文学	2	28	14.0	17	0	0.0%	0	–
艺术学	2	20	10.0	5	7	35.0%	0	0.0%
历史学	15	596	39.7	279	0	0.0%	0	–
考古学	1	20	20.0	11	0	0.0%	0	–
经济学	27	470	17.4	40	11	2.3%	0	0.0%
社会学	3	71	23.7	35	1	1.4%	1	100.0%
新闻学与传播学	5	100	20.0	23	13	13.0%	1	7.7%
图书馆、情报与文献学	6	133	22.2	40	2	1.5%	1	50.0%
教育学	3	20	6.7	8	0	0.0%	0	–
体育学	1	47	47.0	0	0	0.0%	0	–
心理学	1	28	28.0	1	0	0.0%	0	–
文化学	2	45	22.5	24	14	31.1%	0	0.0%
环境科学	2	65	32.5	10	3	4.6%	0	0.0%
小计	374	10 514	28.1	2544	313	3.0%	88	28.1%

注释：

①由于学科之间有一定的交叉关系，部分文章分属多个学科，所以按照学科统计的篇章总和大于总篇数；

②保障率：外文图书有馆藏与引用外文图书（条）的比值；

③未引用外文图书的学科，不统计其保障率。

在整体的征引总量中，外文图书为313条，仅占所有引文的3%，这也就意味着100条参考文献中仅有3条为外文图书。其中文化学、艺术学引用外文图书比例最高，分别为35%和31.1%；有7个学科未有外文图书的引用，主要是历史学、中国文学以及考古学等学科。

在外文图书保障率方面，整体保障率为28.1%，保障率最高的学科为社会学100%、图书馆情报学50%、马克思主义50%，这三个学科引用的外文文献较少，图书馆正好购买了其引证的外文图书。法学、政治学以及管理学的外文图书保障率也高于平均保障率。保障率最低的学科为文化学、经济学以及艺术学等。

通过对2018年我校发表的核心论文征引外文图书的统计与对比分析，可以看出我馆外文图书馆藏文献总体上只能小程度保障高层次的教学科研。从大致的保障率和出版情况来看，基本上能够选取有较高学术声誉出版社的图书。但是整体的保障率还是不高，外文图书采购的方式除了书展，荐购，也希望各学院各领域的科研学者积极参与到图书馆资源建设中，尤其是外文文献资源的采购工作，使图书馆购买的文献资源能够更好地满足读者的外文图书文献需求，做到每位读者有其书，每本书有其读者。

六、图书借阅预约排行榜

数据说明：

（1）借阅次数：一种图书在某段时间内所有复本的借阅次数之和。

（2）借阅比率：一种图书借阅次数与其复本数的比值。

（3）其他馆藏清单说明同后文。

（4）所有排行榜为 2018 年度前 10 名，借阅排行榜均按借阅比率排序。

（5）预约图书的排行榜按照预约次数排序；其中西文图书预约量总计不足 16 次，本次统计以中文图书为主。

（一）法律类中文图书借阅排行榜

表 42　法律类中文图书借阅排行榜

题名	责任者	出版社	出版年	索书号	复本数	借阅次数	借阅比率
法学方法论	［德］卡尔·拉伦茨	商务印书馆	2003	D90 – 03/4	8	65	8.13
新型城市化法律问题研究报告 2011	吴明场	广州市人民政府法制办公室出版	2011	D920.0/319 –（2011）	1	8	8.00
宋代司法制度	王云海	河南大学出版社	1992.7	D929.44/4	1	8	8.00
中国涉外民事诉讼管辖权研究	刘力	法律出版社	2012	D997.3/40	1	8	8.00
盖尤斯法学阶梯	［古罗马］盖尤斯	中国政法大学出版社	2008	D904.1/48	1	8	8.00
行政法与行政诉讼法（第6版）	姜明安	北京大学出版社	2015	D922.1/31 [5]	6	47	7.83
法哲学原理或自然法和国家学纲要	［德］黑格尔	商务印书馆	2012	D90/201 [3]	5	39	7.80
证券法学（第3版）	朱锦清	北京大学出版社	2011	D922.287/39 [2]	7	54	7.71
宪法学（第5版）	焦洪昌	北京大学出版社	2013	D921.01/30 [5]	7	52	7.43
认真对待权利	［美］罗纳德·德沃金	上海三联书店	2008	D9/249	4	29	7.25

（二）法律类西文图书借阅排行榜

表 43　法律类西文图书借阅排行榜

题名	责任者	出版社	出版年	索书号	复本数	借阅次数	借阅比率
Unfair Competition Law：European Union and Member States	Frauke Henning-Bodewig	Kluwer Law International	2006	D950.229/E41	1	11	11.00
Unfair Competition Law：the Protection of Intellectual and Industrial Creativity	Anselm Kamperman Sanders	Clarendon Press	1997	D912.294/E55	1	10	10.00

续表

题名	责任者	出版社	出版年	索书号	复本数	借阅次数	借阅比率
Selected Statutes and International Agreements on Unfair Competition，Trademark，Copyright and Paten	Paul Goldstein，R. Anthony Reese	Foundation Press /Thomson Reuters	2011	D971. 23/ E284 – (2011)	1	10	10. 00
Family Law，Gender and the State（3rd ed）	Alison Diduck，Felicity Kaganas	Hart	2012	D956. 139/ E17［3］	1	8	8. 00
Changing Contours of Domestic Life，Family and Law：Caring and Sharing	Anne Bottomley，Simone Wong	Hart Pub	2009	D913. 9/E12	1	8	8. 00
Criminal Evidence	Paul Roberts，Adrian Zuckerman	Oxford University Press	2004	D956. 15/E40	1	6	6. 00
Corporate Law（Third edition）	Stephen M. Bainbridge	Foundation Press	2015	D971. 239. 91 /E66［3］	1	6	6. 00
The WTO and the Environment：Development of Competence Beyond Trade	James K. R. Watson	Routledge	2013	D996. 9/E116	1	6	6. 00
International Judicial Control of Environmental Protection	Yasuhiro Shigeta	Kluwer Law International	2010	D996. 9/E99	1	6	6. 00

（三）非法律类中文图书借阅排行榜

表 44　非法律类中文图书借阅排行榜

类名	题名	责任者	出版社	出版年	索书号	复本数	借阅次数	借阅比率
文学	活着	余华	京十月 文艺出版社	2017	I247. 5/60［5］	2	25	12. 50
文学	单恋（第2版）	［日］东野 圭吾	南海出版社	2016	I313. 45/ 310［2］	1	12	12. 00
文学	放学后 （第3版）	［日］东野 圭吾	南海出版公司	2017	I313. 45/ 372［2］	2	24	12. 00
马列	共产党宣言	马克思，恩格斯	人民出版社	2014	A122/2	2	22	11. 00
哲学	法的形而上学原理：权利的科学	［德］康德	商务印书馆	1991	B516. 31/35	1	11	11. 00
社科总论	万历十五年	黄仁宇	三联书店	2015	C52/168 ［3］－2	2	21	10. 50
社科总论	乡土中国 （修订本）	费孝通	上海人民 出版社	2013	C912. 82/7［12］	2	20	10. 00
历史地理	叫魂：1768年 中国妖术大恐慌	［美］孔飞力	上海三联书店	1999	K249. 07/14	1	10	10. 00

续表

类名	题名	责任者	出版社	出版年	索书号	复本数	借阅次数	借阅比率
文化科学教育体育	如何阅读一本书	[美] 莫提默·J. 艾德勒，查尔斯·范多伦	商务印书馆	2014	G792/58 [3]	2	19	9.50
社科总论	乡土中国	费孝通	江苏凤凰文艺出版社	2017	C912.82/7 [18]	2	18	9.00

（四）非法律类西文图书借阅排行榜

表45　非法律类西文图书借阅排行榜

类名	题名	责任者	出版社	出版年	索书号	复本数	借阅次数	借阅比率
经济	IPO：a Global Guide（Expanded second edition）	Philippe Espinasse	Hong Kong University Press	2014	F276.6/E6	1	6	6.00
哲学	Shaping the Normative Landscape	David Owens	Oxford University Press	2014	B82/E131	1	5	5.00
文化科学	Spiral of Cynicism：the Press and the Public Good	Joseph N. Cappella，Kathleen Hall Jamieson	Oxford University Press	1997	G219.712.0/E2	1	5	5.00
哲学	Conciliarism and Heresy in Fifteenth-Century England：Collective Authority General Councils the Age of the Gen …	Alexander Russell	Cambridge University Press	2017	B979.561/E30	1	4	4.00
环境科学安全科学	Environmental Communication and the Public Sphere（3rd ed）	Robert Cox	SAGE Publications	2013	X2/E2 [3]	1	4	4.00
文学	The Great Gatsby	F. 司各特·菲茨杰拉德	Foreign Language Teaching and Research Press	2005	I712.45/E75	4	15	3.75
经济	Options，Futures，and Other Derivatives（8th ed）	John C. Hull	清华大学出版社	2017	F830.9/E2 [8] - (2017)	2	7	3.50
文学	Harry Potter and the Philosopher's Stone	J. K. Rowling	Bloomsbury Publishing	1997	I561.45/E13	4	14	3.50
哲学	The Big Questions：a Short Introduction to Philosophy（5th ed）	Robert C. Solomon	Harcourt Brace College Publishers	1998	B0/E25 [5]	1	3	3.00

（五）中文图书预约排行榜（法律类、非法律类）

表 46　法律类中文图书预约排行榜

题名	责任者	出版社	出版年	索书号	预约次数
中国公司法（第 2 版）	王军	高等教育出版社	2017	D922.291.91/172 ［2］	40
公司法学（上）	朱锦清	清华大学出版社	2017	D922.291.911/49	35
民法总论（第 2 版）	朱庆育	北京大学出版社	2016	D923/183 ［2］	32
法学方法论	［德］卡尔·拉伦茨	商务印书馆	2003	D90 – 03/4	29
公司法论（第 3 版）	施天涛	法律出版社	2014	D922.291.911/7 ［3］	28
公司法学（下）	朱锦清	清华大学出版社	2017	D922.291.911/49 – 2	27
普通公司法	邓峰	中国人民大学出版社	2009	D922.291.911/24	27
法理学：法律哲学与法律方法	［美］E. 博登海默	中国政法大学出版社	2017	D90/281 ［2］	26
民法思维：请求权基础理论体系	王泽鉴	北京大学出版社	2009	D927.583/105	25
证券法学（第 3 版）	朱锦清	北京大学出版社	2011	D922.287/39 ［2］	24

表 47　非法律类中文图书预约排行榜

类名	题名	责任者	出版社	出版年	索书号	预约次数
语言文字	法学论文写作	何海波	北京大学出版社	2014	H152.2/18	49
语言文字	法科学生必修课：论文写作与资源检索	凌斌	北京大学出版社	2013	H152.2/12	15
历史地理	叫魂：1768 年中国妖术大恐慌	［美］孔飞力	三联书店	2012	K249.07/14 ［2］	15
历史地理	叫魂：1768 年中国妖术大恐慌	［美］孔飞力	上海三联书店	2014	K249.07/14 ［3］	15
哲学	道德的法律强制	［英］帕特里克·德富林	中国法制出版社	2016	B82 – 051/77	11
经济	资本的规则：中国的问题 世界的眼光	张巍（清澄君）	中国法制出版社	2017	F830.9/502	10
社科总论	原则	［美］瑞·达利欧	中信出版集团	2018	C93/951	8
经济	经济学通识（第 2 版）	薛兆丰	北京大学出版社	2015	F0 – 53/292	8
经济	卓有成效的管理者	［美］彼得·德鲁克	机械工业出版社	2005	F270/387	8
文化、科学、教育、体育	如何阅读一本书	［美］莫提默·J. 艾德勒，查尔斯·范多伦	商务印书馆	2004	G792/58	8

七、电子资源利用情况分析

统计指标说明：

（1）本次统计区间为2015.1.1～2018.12.31。

（2）统计数据为各数据库商提供。

（3）统计指标由各个数据库商提供，分为下载量、浏览量、访问量、检索量四个指标（由于各个数据库商的统计标准不同，因此存在部分数据库某些指标空白的情况）。

（4）由于部分数据库商统计标准在本次统计区间内有一定的变化，因此会存在一些异常值的出现。（例如万方数据库此前将数据库首页的检索量统计在内，2017年之后只统计各个子库的检索量）。

下载量：指用户在数据库中下载文献资源的次数。

浏览量：指用户在数据库中浏览文献详细信息页（文摘信息）的次数。

访问量：指用户登录数据库的次数。

检索量：指用户在数据库中进行检索的次数。

（一）2015～2018年度电子资源总使用量统计

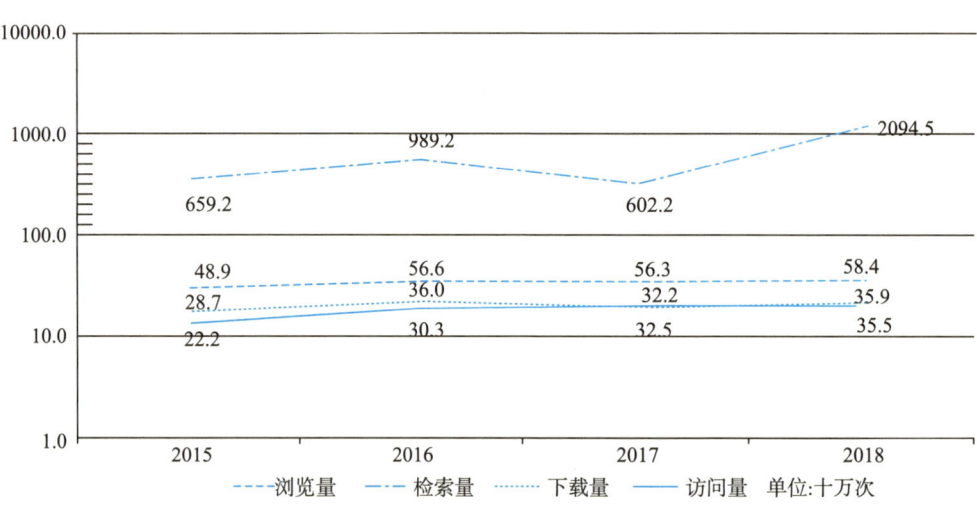

图44　2015年～2018年电子资源使用量统计

表48　2015年～2018年电子资源使用情况

单位：十万次

	浏览量	检索量	下载量	访问量
2015	48.9	659.2	28.7	22.2
2016	56.6	989.2	36.0	30.3
2017	56.3	602.2	32.2	32.5
2018	58.4	2094.5	35.9	35.5

本校2015～2018年度各数据库总体使用情况基本保持稳步上升趋势（2017年数据库检索量出现严重下降是由于当年CNKI对用户并发数做了严格的限制，导致本校师生一段时间的访问受到影响）。从数据库总体的情况来看，访问量2018年为355万次，较2015年增长了133万次，增长幅度达到59.9%；浏览量2018年

为 584 万次，较 2015 年增长了 95 万次，增长幅度达到 19.4%；下载量 2018 年为 359 万次，较 2015 年增长了 72 万次，增长幅度达到 25.1%；检索量 2018 年为 20 945 万次，较 2015 年增长了 14 353 万次，增长幅度达到了 217.7%。2018 年电子资源平均日访问量达到了 9726 次，说明本校师生对数据库的利用程度较高。

（二）2015～2018 年度中文电子资源使用量统计

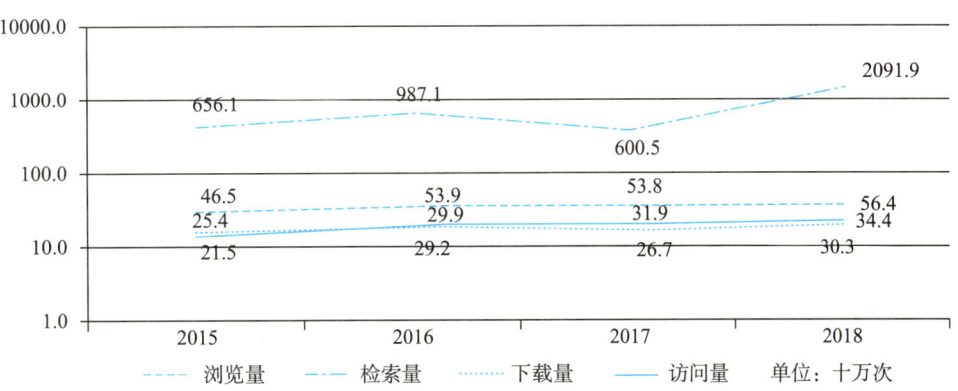

图 45　2015 年～2018 年中文电子资源使用量统计

表 49　2015 年～2018 年中文电子资源使用情况

单位：十万次

	浏览量	检索量	下载量	访问量
2015	46.5	656.1	25.4	21.5
2016	53.9	987.1	29.2	29.9
2017	53.8	600.5	26.7	31.9
2018	56.4	2091.9	30.3	34.4

本校 2015－2018 年度中文电子资源的使用量总体走势与全部电子资源的走势保持一致，且数据量较为接近，由此可以看出，中文电子资源的利用率在全部电子资源中的比重较高，以访问量为例，2018 年中文电子资源的访问量为 344 万次，占全部电子资源总访问量的 96.9%，日均使用次数达到 9425 次。在中文电子资源中，使用量排名前五的分别是：中国知网、万方、北大法宝、读秀知识库、元照月旦法学知识库。

（三）2015～2018 年度外文电子资源使用量统计

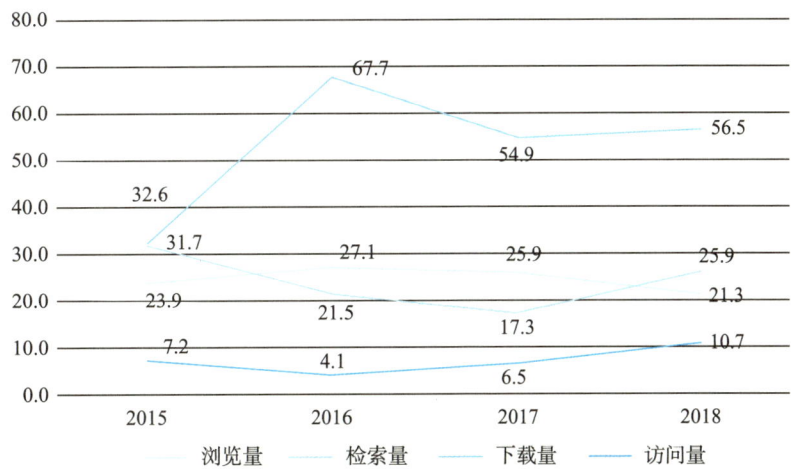

图 46　2015 年～2018 年外文电子资源使用量统计

表50 2015～2018 年外文电子资源使用情况   单位：十万次

	浏览量	检索量	下载量	访问量
2015	23.9	31.7	32.6	7.2
2016	27.1	21.5	67.7	4.1
2017	25.9	17.3	54.9	6.5
2018	21.3	25.9	56.5	10.7

本校 2015～2018 年度外文电子资源的使用量没有明显的走势，主要由于外文数据库的订购情况变动较大以及外文数据库的统计标准时有变化。总体来看，访问量基本保持着稳步上升的趋势，但是外文电子资源的总体使用情况与中文电子资源的差距较大。2018 年外文电子资源的访问量是 10.7 万次，比 2015 年增长了 3.5 万次，增长幅度达到了 48.6%。在外文电子资源中，使用量排名前五的分别是：Lexis、HeinOnline、Westlaw Next、Ebsco、Westlaw China。

（四）2015～2018 年度各个数据库使用情况统计

1. 中文数据库使用情况统计

①中文数据库浏览量排行

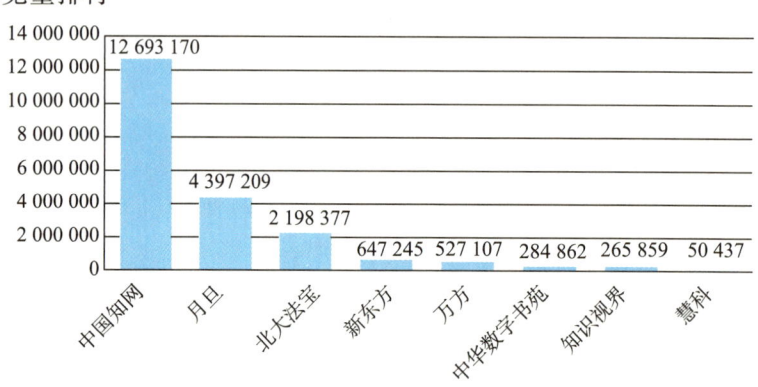

图 47   2015 年～2018 年中文数据库浏览量

浏览量统计的是读者进入数据库后，在各个详细文献信息页浏览的次数，可以侧面反映出读者对数据库内容的感兴趣程度。对提供浏览量统计指标的中文数据库进行排序（没有提供此项统计指标的数据库不进行排序），排名前五的是中国知网约 1269.3 万次，月旦约 439.7 万次，北大法宝约 219.8 万次，新东方约 64.7 万次，万方约 52.7 万次。2015 年～2018 年间中文数据库的日均浏览量为 1803 次。

②中文数据库检索量排行

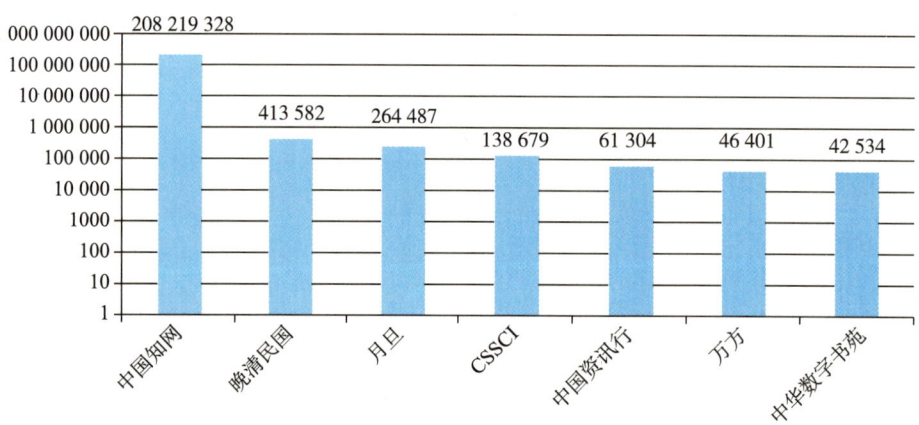

图 48   2015 年～2018 年中文数据库检索量

检索量统计的是读者进入数据库后实际进行检索操作的次数，从图表中可以看出，知网的检索率远远高于其他数据库，这与知网的资源量较为丰富、读者使用次数较多有关。对提供检索量统计指标的中文数据库进行排序（没有提供此项统计指标的数据库不进行排序），排名前五的是中国知网约 20 821 万次，晚清民国约 41.4 万次，月旦约 26.4 万次，CSSCI 约 13.9 万次，中国资讯行约 6.1 万次。2015 年～2018 年间中文数据库的日均检索量为 20 468 次。

③中文数据库下载量排行

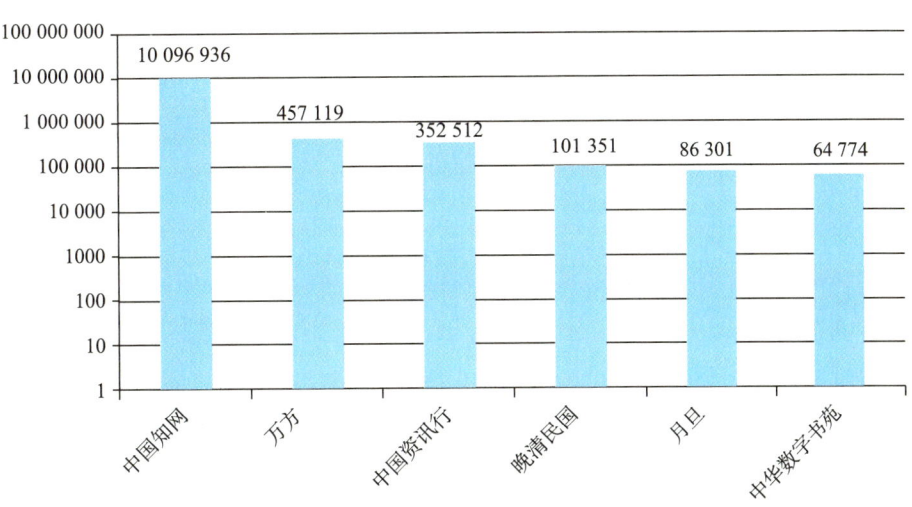

图 49 2015 年～2018 年中文数据库下载量

下载量统计的是读者进入数据库后实际进行下载操作的次数，下载量高说明读者对该电子资源内容的需求程度较高。对提供下载量统计指标的中文数据库进行排序（没有提供此项统计指标的数据库不进行排序），排名前五的是中国知网约 1009.7 万次，万方约 45.7 万次，中国资讯行约 35.3 万次，晚清民国约 10.1 万次，月旦约 8.6 万次。2015 年～2018 年间中文数据库的日均下载量为 1273 次。

④中文数据库访问量排行

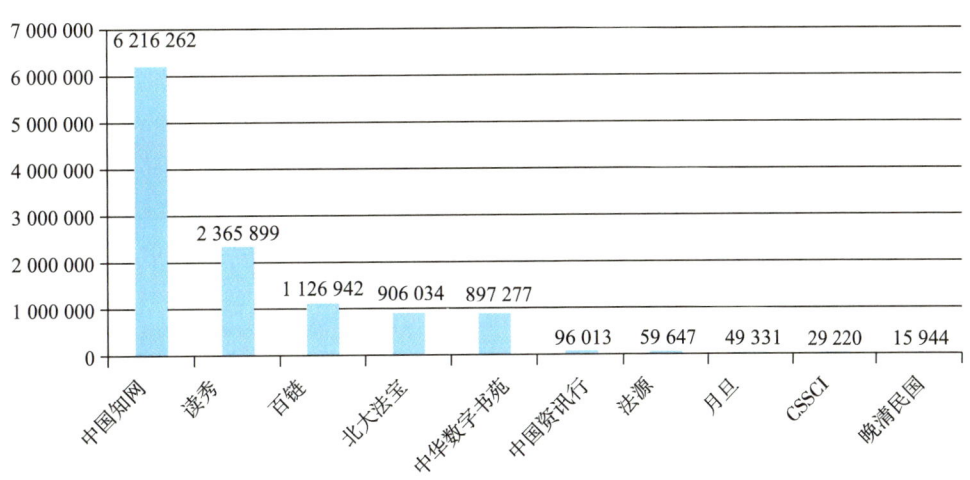

图 50 2015 年～2018 年中文数据库访问量

访问量是最能直接反映出读者对数据库使用频率的指标，统计的是读者总共登录数据库的次数。以知网为例，2015 年～2018 年间，本校读者总计访问 6 216 262 次，日均访问量 4257.7 次，也是远远高于其他数据库，从这几项指标下知网的数据来看，本校读者对知网的依赖程度相对较高。对提供下载量统计指标的中文数据库进行排序（没有提供此项统计指标的数据库不进行排序），排名前五的是中国知网约621.6 万次，读秀知识库约 236.6 万次，百链约 112.7 万次，北大法宝约 90.6 万次，中华数字书苑约89.7 万次。2015 年～2018 年间中文数据库的日均访问量为 806 次。

2. 外文数据库使用情况统计

①外文数据库浏览量排行

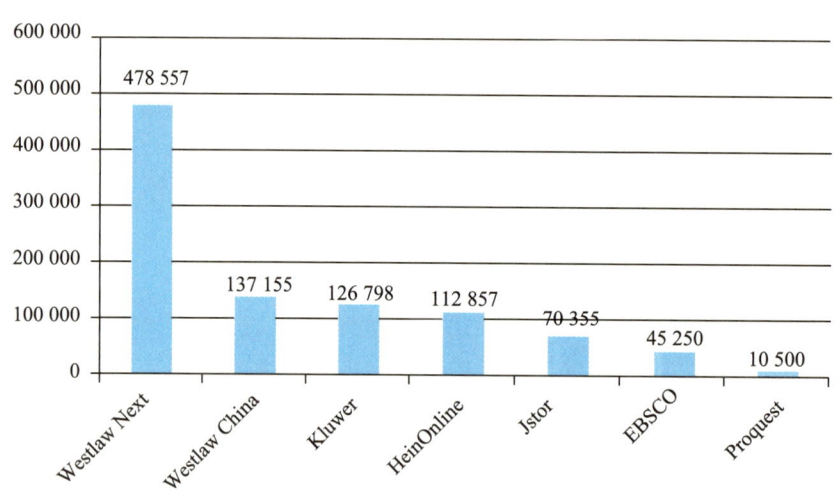

图 51　2015 年～2018 年外文数据库浏览量

外文数据库与中文数据库相比，各个指标的数值差距都较大。对提供浏览量统计指标的外文数据库进行排序（没有提供此项统计指标的数据库不进行排序），排名前五的是 Westlaw Next 约 47.9 万次，Westlaw China 约 13.7 万次，Kluwer Arbitration 约 12.7 万次，HeinOnline 约 11.3 万次，Jstor 约 7.0 万次。由此可见，浏览量排在前列的以法律类的数据库居多。2015 年～2018 年间外文数据库的日均浏览量为96 次。

②外文数据库检索量排行

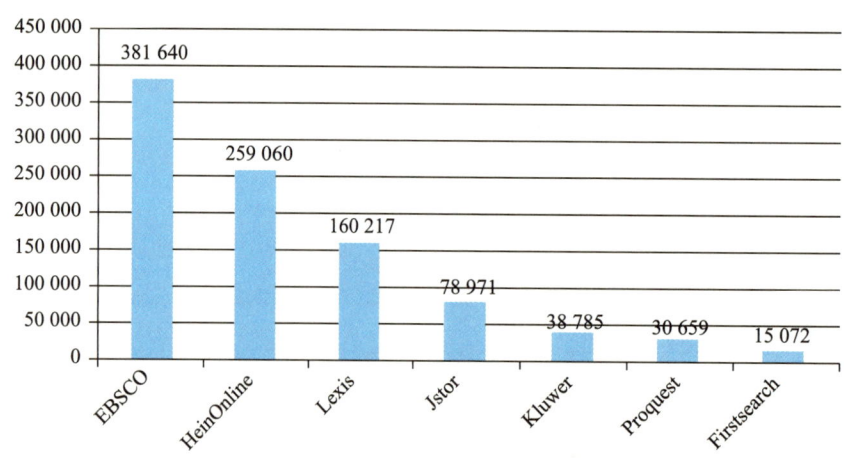

图 52　2015 年～2018 年外文数据库检索量

对提供检索量统计指标的外文数据库进行排序（没有提供此项统计指标的数据库不进行排序），排名前五的是 Ebsco 约 38.2 万次，HeinOnline 约 25.9 万次，Lexis 约 16.0 万次，Jstor 约 7.9 万次，Kluwer Arbitration 约 3.9 万次。2015 年～2018 年间外文数据库的日均检索量为 94 次。

③外文数据库下载量排行

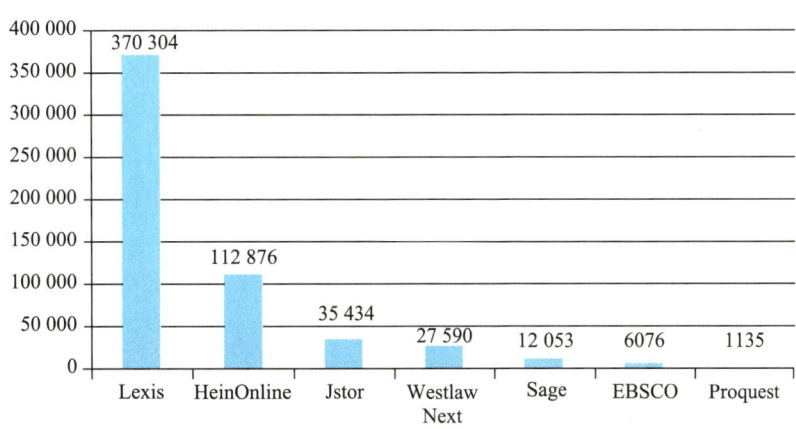

图53 2015 年~2018 年外文数据库下载量

对提供下载量统计指标的外文数据库进行排序（没有提供此项统计指标的数据库不进行排序），排名前五的是 Lexis 约 37.0 万次，HeinOnline 约 11.3 万次，Jstor 约 3.5 万次，Westlaw Next 约 2.8 万次，Sage 约 1.2 万次。2015 年~2018 年间外文数据库的日均下载量为 55 次。

④外文数据库访问量排行

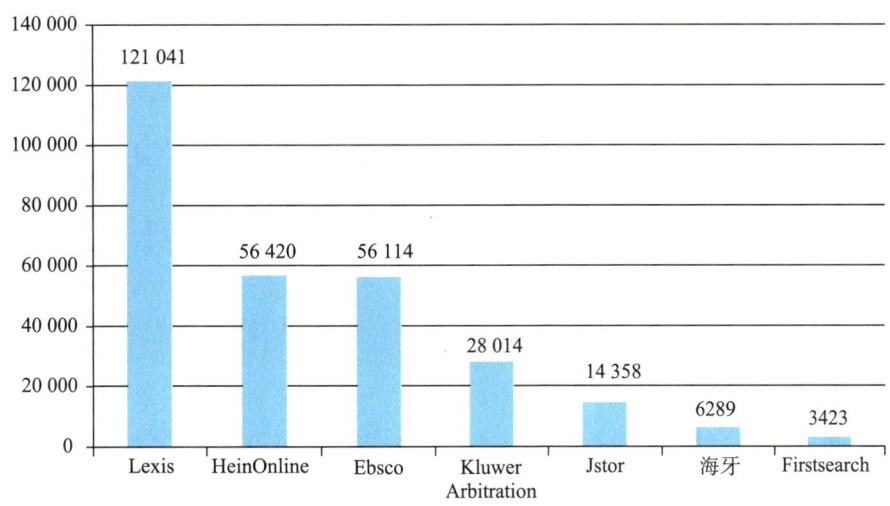

图54 2015 年~2018 年外文数据库浏览量

对提供访问量统计指标的外文数据库进行排序（没有提供此项统计指标的数据库不进行排序），排名前五的是 Lexis 约 12.1 万次，HeinOnline 约 5.6 万次，Ebsco 约 5.6 万次，Kluwer Arbitration 约 2.8 万次，Jstor 约 1.4 万次，2015 年~2018 年间外文数据库的日均访问量为 28 次。

从总体来看，电子资源的使用情况保持逐年上升的趋势，其中，中文电子资源在师生中的利用率较高，尤其是中国知网，使用量大大高于其他数据库。外文电子资源的利用情况略低，其中外文法律数据库的利用率相对较高。

八、自助设备情况

图书馆目前的自助设备包括自助借还、自助文印以及座位管理系统。本次报告针对上述设备作以下分析。

（一）自助借还利用情况

我馆自 2015 年 3 月正式启用自助借还设备，受到读者的好评。

1. 自助借还占所有外借比例

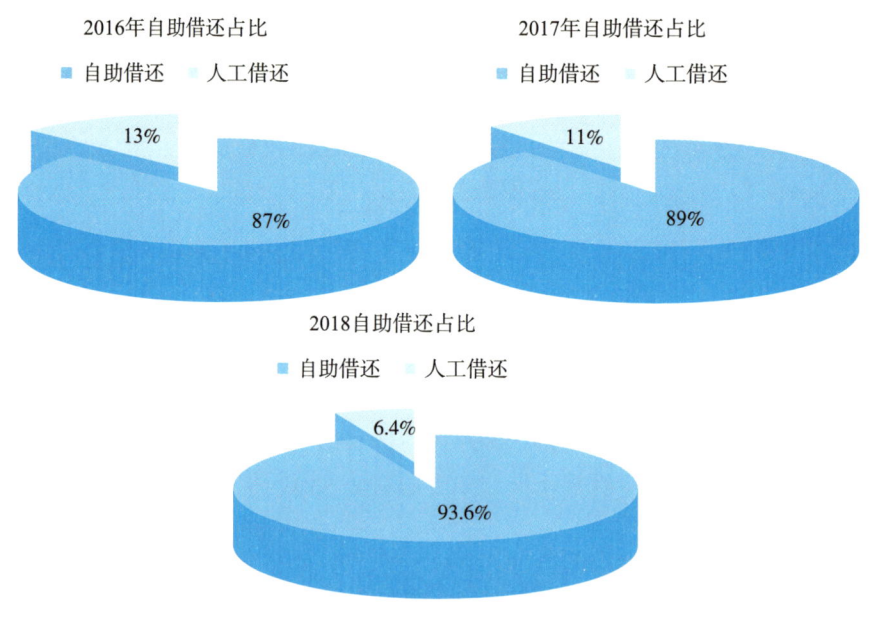

图 55　2016 年~2018 年自助借还所占比例

表 51　2016 年~2018 年自助借还及所占比例

	2016	2016 占比	2017	2017 占比	2018	2018 占比
自助借还	599 380	87.4%	531 650	88.5%	551 263	93.6%
人工借还	86 605	12.6%	69 011	11.5%	37 439	6.4%
合计	685 985	100%	600 661	100%	588 702	100%

2016 年自助借还占了全馆的 87.4%，随着读者对自助借还设备的认知程度逐年提升，自助借还设备的利用率也越来越高，2017 年已经上升至 88.5%，2018 年全馆自助借还达到了 93.6%，也就意味着除了特殊图书（带有光盘、预约等）需要人工进行处理，其余图书基本上实现了自助借出和归还。

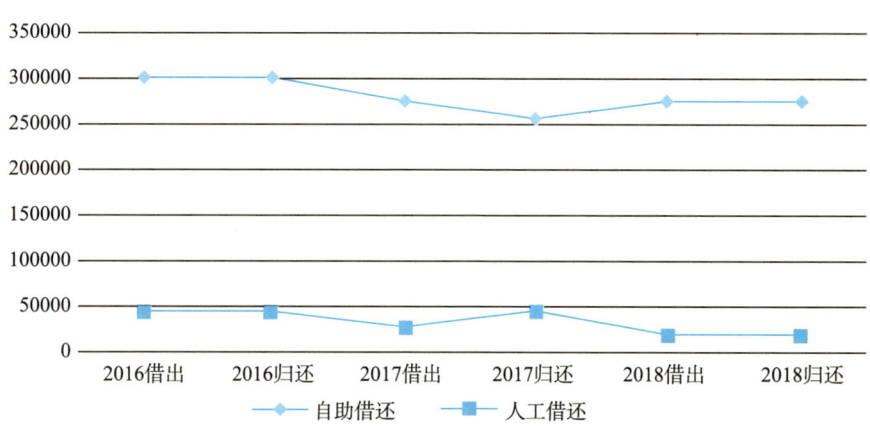

图 56　2016 年~2018 年借出归还情况

表 52　2016 年~2018 年自助及人工借还情况

	2016 借出	2016 归还	2017 借出	2017 归还	2018 借出	2018 归还
自助借还	298 061	301 319	275 185	256 465	275 697	275 566
人工借还	43 278	43 327	25 603	43 408	18 132	19 307

2016 年~2018 年，无论是在借出还是在归还方面，读者使用自助借还的频率越来越高。2017 年由于更换 RFID 设备，假期借阅的图书在归还的过程中必须人工处理，所以该年度人工归还图书数量相对来说较高。2018 年借出和归还人工所占的比例趋于一致。

2. ＊两校区自助借还对比

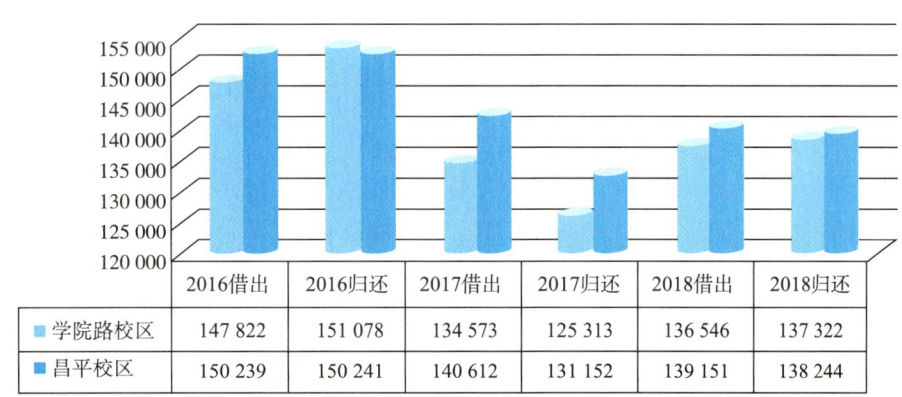

图 57　2016 年~2018 年两校区自助借还

2016 年~2018 年，昌平校区自助借还在借出方面的使用量比学院路校区大概多 1.1 万册，归还图书多 0.59 万册。2018 年两校区的差距较小，尤其是在归还图书方面，基本上保持一致。

3. 自助借还月度统计

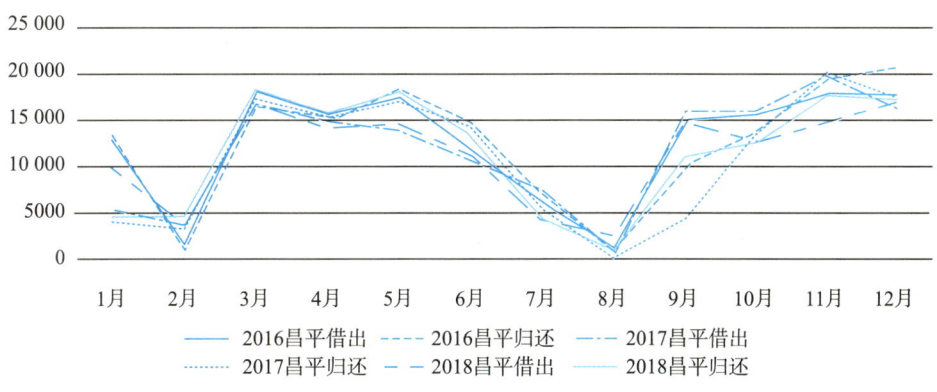

图 58　2016 年~2018 年昌平自助借还按月度分析

2016 年~2018 年两校区自助借还的利用趋势基本一致，每年的 2 月和 8 月受学校寒暑假的影响，这两个月份的利用率最低。高峰期集中在 3 月、11 月。开学和考试季读者对自助借还的利用率最高。

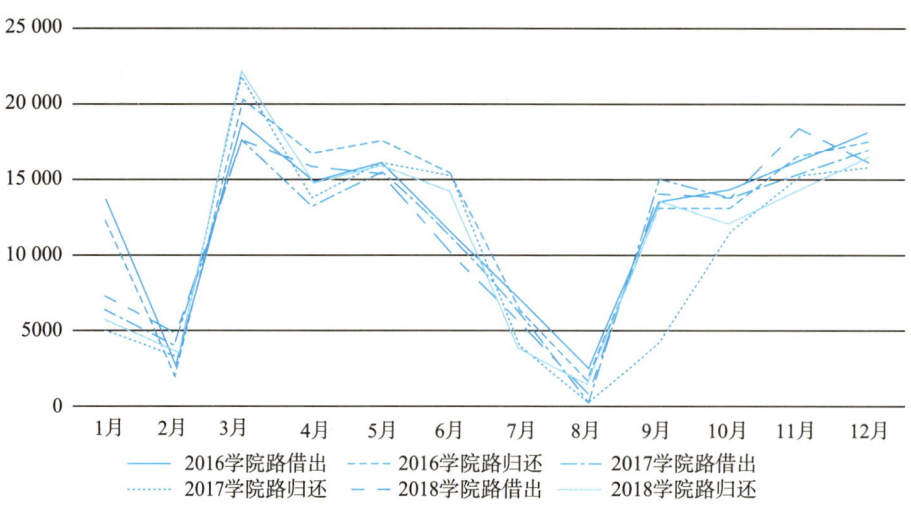

图 59　2016～2018 学院路自助借还按月度分析

（二）座位管理系统利用情况

数据说明：2017 年统计数据未含 2017 级新生数据。

1. 座位管理系统总人次分析

图 60　2015～2018 年度座位管理系统总人次

表 53　2015～2018 年度座位管理系统总人次

年份	法渊阁	文渊阁
2015 年	296 437	44 893
2016 年	218 981	47 579
2017 年	221 476	42 447
2018 年	272 881	77 003

　　从近四年的数据看，法渊阁的服务人次每年大于 21 万，文渊阁的服务人次每年大于 4.2 万。2018 年度法渊阁的服务人次较 2017 年增加约 5 万人次，仅次于 2015 年度服务人次，文渊阁的服务人次较 2017 年增加约 3.5 万人次，为近四年来最多。

2. 2018 年度选座方式统计

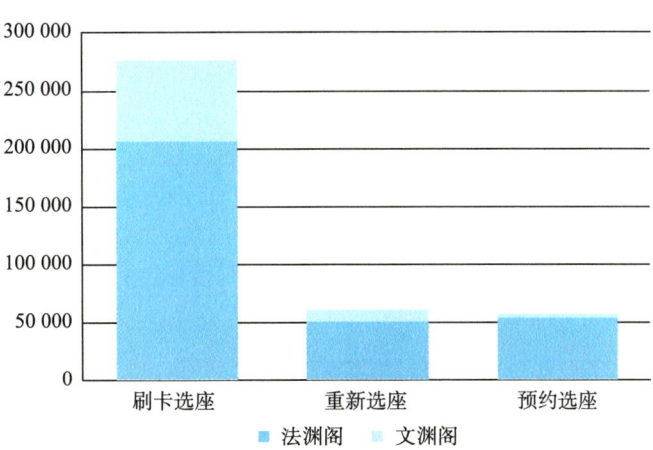

图 61　2018 年度选座方式统计

表 54　2018 年度选座方式情况

	刷卡选座	重新选座	预约选座
法渊阁	205 877	49 610	52 805
文渊阁	70 191	11 555	3623

法渊阁与文渊阁的主要选座方式均为刷卡选座，法渊阁的刷卡选座约占总人次的三分之二；文渊阁的刷卡选座约占总人次的五分之四。学生去文渊阁自习的意愿比法渊阁低，导致文渊阁的预约座位比例偏低。

3. 2018 年度离开方式统计

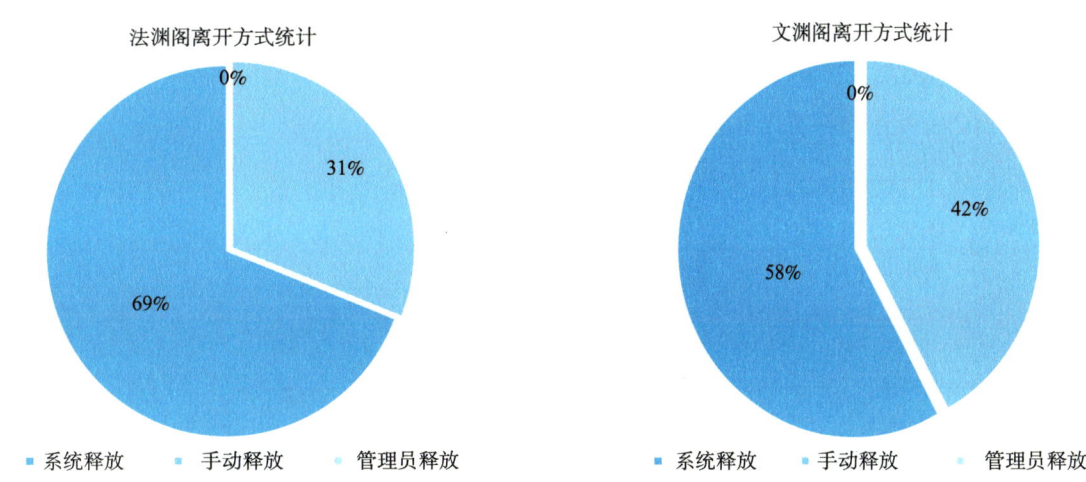

图 62　2018 年度离开方式统计

表 55　2018 年度离开方式统计

	管理员释放	手动释放	系统释放
法渊阁	1423	187 944	83 850
文渊阁	87	44 949	32 312

2018 年度，法渊阁读者手动释放座位比重为 69% 左右，系统释放座位比重为 31% 左右；文渊阁读者释放座位 58% 左右，系统释放座位 42%。读者手动释放座位的比例较高。

4. 2018 年度在座时长统计

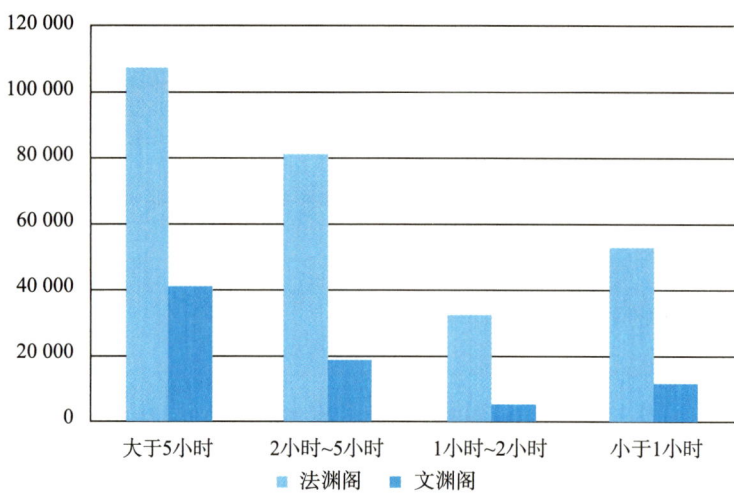

图63　2018 年度在座时长统计

表56　2018 年度在座时长统计

	大于 5 小时	2 小时～5 小时	1 小时～2 小时	小于 1 小时
法渊阁	107 205	81 013	32 410	52 473
文渊阁	41 486	19 059	5302	11 458

从 2018 年读者在座时长统计数据中可以看出，约 70% 的读者使用座位的时间在 2 小时以上。使用座位 5 小时以上的读者法渊阁约占 40%，文渊阁约占 50%。

（三）自助文印设备使用情况

数据说明：

页数定义：1024k 大小为一页。

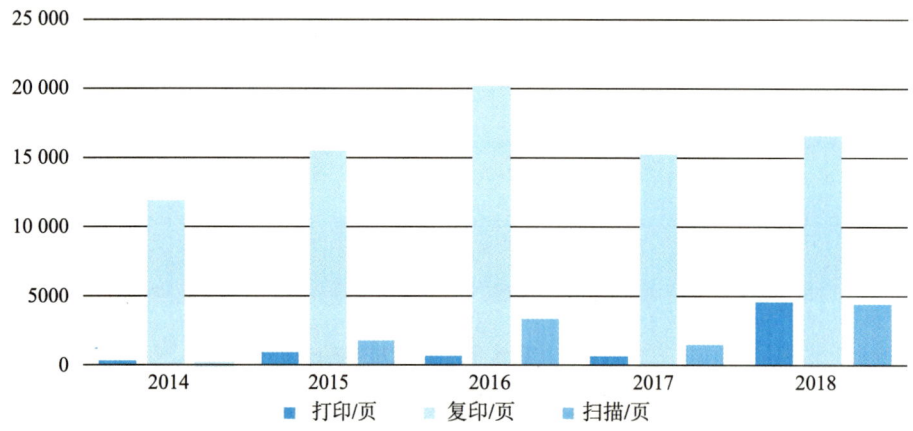

图64　2014 年～2018 年自助文印利用情况

表57　2014 年～2018 年自助文印利用情况

年度	打印/页	复印/页	扫描/页
2014	416	12 000	382
2015	1027	15 586	1900

续表

年度	打印/页	复印/页	扫描/页
2016	867	20 298	3368
2017	884	15 317	1608
2018	4757	16 713	4676

我馆 2014 年在学院路校区配备了自助文印设备。近五年该设备运行良好。2016 年达到了利用的峰值，复印和扫描数量较高。2017 年打印数量与 2016 年基本持平，复印数量为 15 317 页，比 2016 年同比下降 24.5%；扫描数量为 1608 页，比 2016 年同比下降 52.2%。2018 年秋季，昌平校区图书馆也配置了自助文印设备。全馆整体打印页数大幅度增长，比 2017 年增长了近 438%，复印页数和扫描页数均大幅度提升。

九、馆藏资源利用分析结果及策略研究

（一）馆藏资源利用分析结果

截至 2018 年底，我馆保有馆藏纸质文献 62.7 万种，251 万册，其中图书 61.8 万种，约 239 万册；期刊 10.53 万册。图书和期刊的保存量（按册）占到全部馆藏总量的 99.5%。录音录像资料等其他文献类型在 2018 年未有新增，与 2017 年数值一致。中外文数据库 33 个，自建特色数据库 17 个，共有电子图书约 311 万册，电子期刊约 48 万册。

2018 年，进馆人次和人数均有下降。与 2017 年相比，本科生的进馆人数减少了 24.5%，硕士生的进馆人数减少了 26.0%，博士生的进馆人数减少了 19.9%，教职工的进馆人数减少了 11.6%。包括教师、学生、职工、临时人员等在内的全体读者的进馆比为 80.9%。其中，本科生的进馆比例最高，可以达到 92.2%，硕士、博士的进馆百分比均低于本科生，分别为 79.6% 和 68.6%，教职工的进馆比例最低，为 49.7%。单从教职工群体来看，科研机构教职工的进馆比例略高于教学机构和校部机关教职工的进馆比例：教学机构的进馆比例为 47.5%，科研机构为 56.1%，校部机关为 47.8%。就学院整体看，法治信息管理学院、继续教育学院和国际儒学院的进馆百分比最高，MPA 教育中心和体育教学部进馆率最低，分别为 8.3% 和 17.1%。所有学院的平均进馆比为 84.2%。

2018 年全馆可借中图分类法文献约 155 万册，共借阅了 28.7 万册，全馆文献外借率为 18.5%，相对于 2017 年降低了一个百分点，意味着有 81.5% 的文献并没有读者使用。在所有借阅的中文图书中，政治法律类占据了总体借阅量的一半，借阅百分比为 56.5%，其次，文学类图书占据了 11.2%，哲学类和经济类紧随其后，分别占据 8.1%、7.9%。西文图书借阅中，政治法律类占据了西文总体借阅量的 78.7%，文学类图书排在第二位。整体借阅规律与 2017 年一致。

近五年我馆共新增图书 18.2 万种，42.5 万册。从种数上来看，其中共有 72.8% 的图书未被读者借阅，从册数上来看，有 55.6% 的图书未被借阅。从类别上来看，零借阅率最高的三种分别为 U 交通、A 马列、X 环境类图书，零借阅率最低的为 Z 综合类、D 政法、I 文学。

从近五年的借阅数据来看，借出和归还的数量逐年下降。2018 年，全校读者共借阅 29.3 万册图书，其中学生读者借阅 27.8 万册，平均借阅量 19 册。博士研究生整体的平均借阅量最高，达到 34.8 册。从借阅比例来看，人文学院的本科生借阅图书的比例最高，占了该院的 85.6%，国际儒学院的硕士研究生借阅图书的比例最高，该院有 96.7% 的读者借阅了图书，社会学院的博士研究生达到百分百借阅。

从读者所在的年级来看，大一本科生借书比例最低，仅有 50% 的读者借阅图书，大四本科生借阅比

例为 77.9%；研二的读者借阅的百分比最高为 81.8%，研一和研三的借阅百分比基本一致，在 66% 左右；博一的读者借阅百分比最高为 65.1%，博三的借阅百分比相对来说较低，为 52.8%。2018 年在有借阅记录的读者群体中，全馆读者持有图书的平均天数为 32 天，相对于 2017 年减少了 3 天，读者借阅流程越来越规范，按时还书的意识也逐步提高。

从借阅行为看，2018 年借阅的中文图书中，政治法律类占据了中文总借阅量的一半以上，其次是文学类与哲学类，分别为 11.2% 和 8.1%；西文图书中，政治法律类占据了西文总借阅量的 78.7%，文学类、经济类紧随其后。本科生、硕士生、博士生的借阅类别与学院和专业都具有一定的相关性。硕士生的最大借阅率高于本科生，博士生的最大借阅率高于硕士生，这在一定程度上说明随着学历的上升，借阅种类变得更加集中。

本科生中，I2 中国文学、I5 各国文学、D9 法律种类的图书能被较多专业借阅，其中，I2 中国文学被 20 个专业所借阅，说明文学类图书的通用性。而 B2 中国哲学，B9 宗教，D5 世界政治，D6 中国政治，F8 财政、金融，R3 基础医学，TP 自动化技术、计算机技术等只被一个专业借阅，说明本科生对非自己专业相关图书的借阅量有待提高。

硕士生中，D9 法律、D6 中国政治、F2 经济计划与管理种类的图书能被较多专业借阅，其中，D9 法律被 40 个专业所借阅，与我校法科强校的定位一致。与本科生相比，I2 中国文学类的图书已经不再是具有通用性的借阅类型。C3 社会科学研究方法，C8 统计学，E1 世界军事，E2 中国军事，I7 各国文学，K9 地理，TP 自动化技术、计算机技术等种类只被一个专业借阅。

博士生中，D9 法律、B5 欧洲哲学、H3 常用外国语种类的图书能被较多专业借阅。表明与本科生和硕士生相比，博士生更多关注哲学与语言。而大约四分之一的图书种类只被一个专业借阅，说明博士的借阅更具有专业性。

2015～2018 年度各数据库总体使用情况基本保持稳步上升趋势，从数据库总体的情况来看，在访问量、浏览量、下载量以及检索量等方面都有大幅度的增长。2018 年电子资源平均日访问量达到了 9726 次，说明本校师生对数据库的利用程度较高。中文电子资源的利用率在全部电子资源的比重较高，在中文电子资源中，使用量排名前五的分别是：中国知网、万方、北大法宝、读秀知识库、元照月旦法学知识库。外文电子资源的使用量没有明显的走势，总体使用情况与中文电子资源的差距较大。在外文电子资源中，使用量排名前五的分别是：Lexis、HeinOnline、Westlaw Next、Ebsco、Westlaw China。

图书馆目前的自助设备包括自助借还、自助文印以及座位管理系统。①自助借还：自图书馆在 2015 年 3 月正式启用以来，利用率逐年提高，自助借还占全馆借还量的比例从 2015 年的 60.5%，上升到 2018 年的 93.6%。②自助文印：2014 年在学院路校区配备了自助文印设备，文印量逐年增加。2018 年在昌平校区图书馆也配置了自助文印设备。全馆整体打印页数大幅度增长，比 2017 年增长了近 438%，复印页数和扫描页数均大幅度提升。③座位管理系统：2015 年在昌平图书馆引进，从近四年的数据看，服务人次在 2016 年出现低谷，2017 至今持续上升，2018 年法渊阁的服务人次 27 万，文渊阁的服务人次 7.7 万左右。2018 年，约 70% 的读者使用座位时间在 2 小时以上，使用座位 5 小时以上的读者约占 50%。

（二）策略研究

针对馆藏资源利用情况的数据分析，提出以下措施提升我馆馆藏资源利用：

1. 建立学科化采访方案，实现"读者导向"与"馆员导向"相结合的多模式采购机制

根据我校学科特色进行文献资源采购，采用学科馆员以及读者推荐购买相结合的方式，开展学科不同载体、不同语种文献资源的一体化建设；拓宽读者参与学科资源建设的渠道与途径，有条件的情况下试行"用户驱动的采购"即基于用户和读者需求驱动的采购方式，推进学科资源建设专家团队深度参与，或与学科采访馆员一起主导资源采选。在保证采购质量的前提下，争取2019年馆藏资源采购实现"读者导向"和"馆员导向"相结合。读者需求与馆藏资源建设体系是一个动态变化过程，应依据读者需求适时调整采访策略，实现馆藏资源的合理优化配置。

2. 结合 ERM 数字资源管理系统，分析数字资源利用情况

充分利用数字资源管理系统，采用科学的管理流程，将已购买的数字资源进行整合管理，通过大数据分析、数据挖掘与调研等多种手段，摸清数据资源的收藏情况和利用情况，帮助我馆充分利用有限的采购经费选择合适的资源产品，优化资源配置比例，支撑馆藏学科资源建设。

3. 擅于利用技术手段深化服务，提升馆员核心技能

智慧图书馆的建设离不开新技术的支撑，应最大限度地利用技术手段拓展和深化图书馆的各项服务。如利用云计算技术细化文献资料与数据信息的整理，利用大数据技术提高图书馆数据的利用率等。智能技术的应用能够为图书馆提供智能化的知识服务创造便利的条件，图书馆应该抓住机遇，实现服务的创新和升级。另一方面，馆员应当注意更新自身的学科知识与技术储备，充分发挥自身的学科专长，强化对技术的敏感性，提升服务能力，特别是信息检索能力、学科分析能力等专业技能，以适应现代智慧图书馆的变化，做智慧馆员。

4. 树立宣传推广意识，注重个性化服务

信息的传播与交流是图书馆信息服务的宗旨，但图书馆一直以来没有树立起宣传服务的意识，虽然重视用户需求，但更多的是对用户提出的某方面需求，图书馆做出相应的被动服务，缺乏主动进行宣传推广的服务意识。因此，应将技术与图书馆的宣传服务结合起来，加大数字资源使用的宣传、培训力度，强化宣传效果。在智慧图书馆时代，提倡主动宣传，主动了解用户需求，特别是主动为用户提供个性化的服务。图书馆应在推进大数据应用的基础上，对读者信息和数据进行精准分析，对用户需求进行深入挖掘，实现图书馆服务的决策智能化与个性化。

十、结语

"以读者为中心"是图书馆一切工作的出发点，读者阅读倾向和信息需求决定了馆藏资源体系建设。通过馆藏资源利用的数据，对读者进馆、借阅、自助设备使用等情况进行分析，动态调整馆藏品种，优化馆藏资源，有效提高图书馆服务质量，为我校推进建设世界一流法学学科、世界一流大学贡献力量。

附录

图书馆服务及网址链接

服务	网址链接
书目检索系统	http://202.205.72.204：8080/opac/search.php
远程访问	http://library.cupl.edu.cn/info/1033/1166.htm
自助借还	http://library.cupl.edu.cn/info/1112/2574.htm
座位管理系统	http://library.cupl.edu.cn/info/1112/2675.htm
自助文印	http://library.cupl.edu.cn/info/1112/1473.htm
阅读记忆	http://202.205.72.218：8080/LibMemory/jsp/login.jsp
学术搜索	http://www.zhizhen.com/
外文搜索	http://cupl.summon.serialssolutions.com/

第三篇 | 信息素养与人才培养过程质量分析报告

一、研究背景

20 世纪 80 年代以来，随着计算机技术、多媒体技术和网络通信技术的高速发展，我们的社会已逐步从工业社会向信息社会进行转变。信息社会的产生源于查找、获取、分析、利用信息和知识的能力，并能将这种能力与人的职业生涯相结合，这种能力就是信息素养。在信息资源成为生产力要素的时代下，高校师生要具有信息素养，包括快速准确地获取和鉴别信息的能力，创造性地分析、加工和利用信息的能力，这样才能更好地适应信息化社会的学习发展需要。

信息素养是终身学习所需要的基本技能。在信息大爆炸的时代，学生要进行有效学习，就要学会如何快速准确地获取到所需要的有价值的信息，信息素养就自然而然地成为了他们终身学习的基础。现代社会，大学的教育已不再是单纯的"填鸭式"教学，受教育者也不是仅仅吸收大量的信息而已，大多已倾向于教会学生如何分析需求、获取信息以及如何评价和应用所筛选出的信息，所以信息素养是终身学习的过程中所必需的基本技能。

信息素养是科技创新所需要的基本技能。21 世纪是信息时代，科技创新是推动社会发展的源动力。较高的信息素养就会具备较强的信息意识和较高的获取信息的能力，进而引发科技创新。想要达到科技创新，首先要掌握足够多的信息，充分了解目前的进展情况，然后对已有信息进行提炼，进而激发自己的灵感完成创新。然而具备一定信息素养的人才能够对信息资源进行处理再加工，可以从大量的信息资料中提炼出新的思想和方法，从而达到创新的目的。所以如果不注重信息素养的培养，是很难做到创新的，只有在培养信息素养的过程中增强自己敏锐的感知力，提高对一般信息进行合理的逻辑推理能力，才能获得更有价值的新信息，最终激发创新的灵感。

本报告是通过对法大学生信息素养进行问卷调查，具体从信息意识、信息技能及信息道德三个方面进行分析，并围绕本校图书馆利用情况及图书馆在信息素养培育方面的辅助作用进行调查。通过对调查结果进行分析研究，探求解决问题的方法，从而为高校信息素养教育提供借鉴作用。

二、研究意义

信息作为当前社会最活跃、最先进、最有发展前景的因素，信息素养直接体现的是人们的自主学习能力。通过对信息素养的调查和分析，我们不仅能够直观地感受到高校学生整体的信息素养实际状况，更重要的是能够引起学生和学校两方面的关注。对于师生而言，要在注重加强信息意识和提高信息获取能力的同时，更加注重信息道德的提高；对于学校而言，要提高对信息素养教育的重视程度，将其列为与学科教育同等重要的地位。

三、方案设计

（一）调查方式

这份报告的数据来源采用问卷调查的方式。一方面，问卷题目和选项的设计能直接反映出我们的研究目的，如信息意识、信息获取能力、信息评价能力、信息利用能力、信息道德等，主观题更能反映用户的需求；另一方面，对问卷的整理与分析便于我们把主题分析和综合分析结合起来，从整体上把握数据之间的内在联系。

（二）对象选取

中国政法大学全校学生，包括本科生、硕士生、博士生。

（三）具体实施方案

使用问卷星制作了电子版调查问卷，宣传方式有：①图书馆微信公众号、学校微信公众号推送问卷；②设计宣传海报在校内多处做宣传；③在图书馆借阅台设置问卷二维码，用户可扫描填写问卷；④面对面向用户推荐问卷；⑤在各年级的学生微信群里推送问卷。

四、评价指标

信息素养是一种综合能力，是培养用户有信息需求时，能够有效地检索、评估和利用信息的综合能力；培养用户能够将获取的信息和自身拥有的信息知识相融合，构建新的知识体系，帮助他们合理、合法地获取和利用信息，信息素养是在信息化社会中个体成员所具备的各种信息品质。本报告从以下三个方面考察用户信息素养的高低。

（1）信息意识。指人对信息的敏锐的感受力、判断力和洞察力。

（2）信息能力。指人们在社会生活及科研活动中捕获、选择、加工、传递、吸收、利用信息的能力以及将信息物化为精神产品和物质产品的能力。信息能力是整个信息素养的核心内容，是信息素养的关键部分。

（3）信息道德。指人们在信息活动中应遵循的道德规范。

以上三部分相互依存、相互作用，构成统一的有机整体，共同体现出信息素养的高低。我们通过问卷调查的形式从以上各个环节探测用户的信息素养能力，并通过综合分析把握用户信息素养现状。

五、调查结果与分析

2018 年的调查问卷与 2017 年的相比，第一，2018 年的调查问卷将参与人员的基本信息进行了细化，增加了其所在年级及专业，以期从更深层次的角度发现学生之间的差距，也能使得在后期开展信息素养教育课程更有针对性，课程改进的方向性也更明确；第二，对于每一个评价维度，在 2018 年的问卷中都根据上一年的调查结果进行了修改，将问题进一步地细化以及具体化，这样利于调查出更具有实质性的问题，特别是对于信息能力这一维度，将这一指标进行了细化，在调查信息获取能力的基础上又增加了两个二级指标信息评价和信息利用，这是为了尽可能全地发现学生存在的问题，只有发现了问题才能探寻解决方案的方向；第三，为了能使图书馆辅助学生提高信息素养能力的功能充分发挥，在

2018年的调查问卷中进行了对图书馆资源与服务方面更细节的一些调查，包括学生对图书馆现状的了解以及对图书馆的预期，这为改进图书馆的资源和服务提供了一个思路，同时也是提升学生信息素养能力的一个渠道。

此次调查问卷共收回1148份，不同学历、年级的学生数量如图1所示，其中博士研究生、硕士研究生、本科生所占比例分别是21.25%、27.96%、50.78%，博士研究生中一年级、二年级、三年级、四年级的学生所占比例分别是31.15%、33.61%、25.00%、10.25%，硕士研究生中一年级、二年级、三年级、四年级的学生所占比例分别是26.17%、45.48%、25.23%、3.12%，本科生中一年级、二年级、三年级、四年级的学生所占比例分别是19.04%、38.42%、28.30%、14.24%。将参与调查的人员按专业划分，其数量分布如图2所示，其中法学、政治学、管理学、哲学、社会学、外国语、经济学、医学、其他专业的学生所占比例分别为34.84%、14.37%、19.86%、8.45%、5.23%、4.97%、6.01%、1.57%、4.70%。

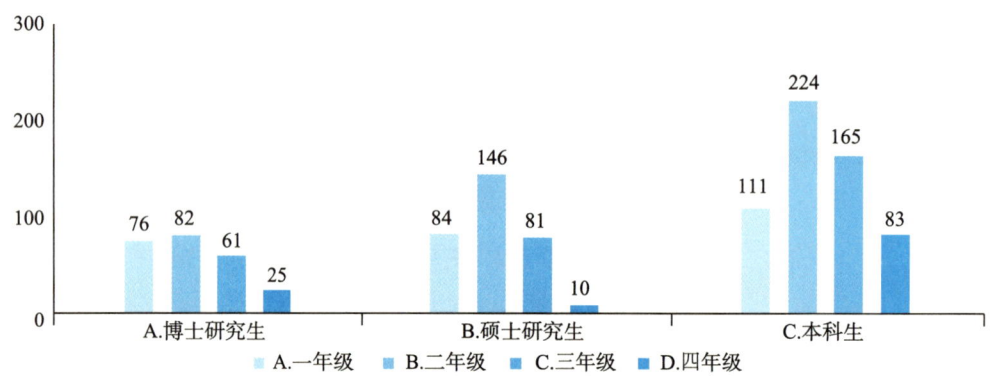

图1 参与调查的学生不同学历、年级的数量分布

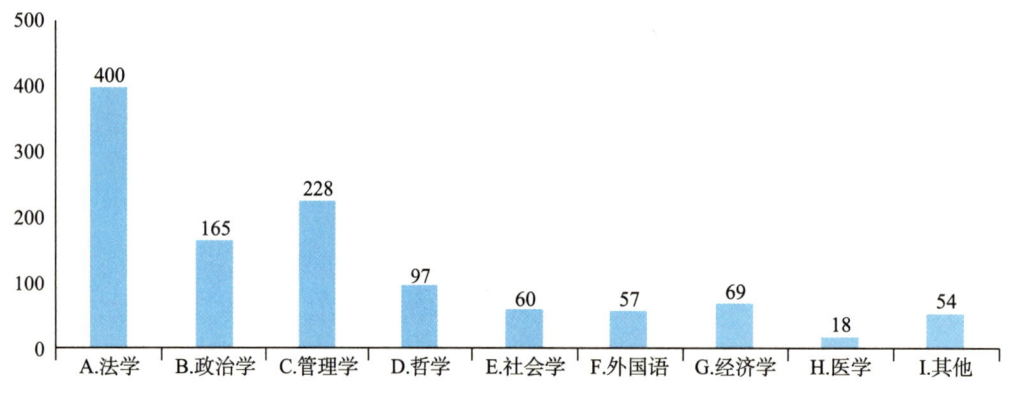

图2 参与调查的学生专业分类及数量

（一）信息意识方面调查结果与分析

1. 您对图书馆资源的使用频率是？（矩阵量表题）

	每天使用	每周至少一次使用	每月至少一次使用	每学期至少一次使用	不使用
中文图书					
外文图书					

续表

	每天使用	每周至少一次使用	每月至少一次使用	每学期至少一次使用	不使用
中文报纸期刊					
外文及港台报纸期刊					
中文数据库					
外文数据库					
试用数据库					
特色资源数据库					

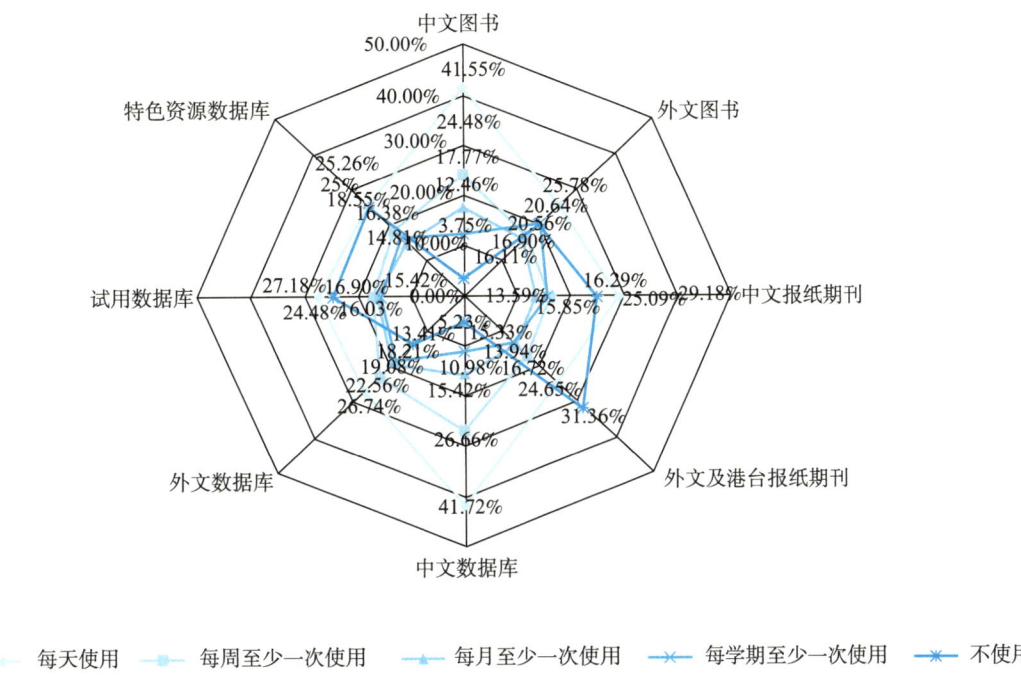

图3　图书馆资源使用频率调查结果

从图3可知，图书馆的纸质资源与电子资源基本满足当前在校学生的需求。从总体上看，我校学生对图书馆的中文资源的利用率高于外文资源的利用率。按照资源类型来看，中外文图书的使用频率较为突出，每天使用的需求量较大。其次是中文报纸期刊的利用与外文图书的利用。但对于外文及港台报纸期刊资源的利用较低，不使用频率高达31%。这需要图书馆对当前馆藏外文及港台报纸期刊资源进行分析和调研，找到利用率低的原因，从而有效提高其使用率。

从纸电资源类别来看，我校学生对电子资源的利用较高于纸质资源的利用。其中，学生对中文数据库的使用频率高达42%，可见馆藏中文电子资源基本满足我校用户需求。其次，外文数据库与试用数据库的使用频率较高。对于我校特色馆藏资源的利用，从数据上进行分析，使用者与不使用者分布较为平均，这说明很大一部分用户对我馆的特色资源并不了解，因此，如何加强我馆特色资源的利用，亟待图书馆思考与解决。

（1）中文图书

从图4数据显示，在参与本次调研的博士生用户中，有超过一半的博士生需要每天使用中文图书，不需要使用的博士生仅占7.38%，每周至少一次使用的占15.16%，每月至少一次使用的占13.93%，每学期至少使用一次的占11.07%；在参与调研的硕士生群体中，有将近一半的用户需要每天利用中文图书，占比47.66%，不需要使用的硕士生仅占2.80%，每周至少一次使用的占27.10%，每月至少一次使用的占14.33%，每学期至少

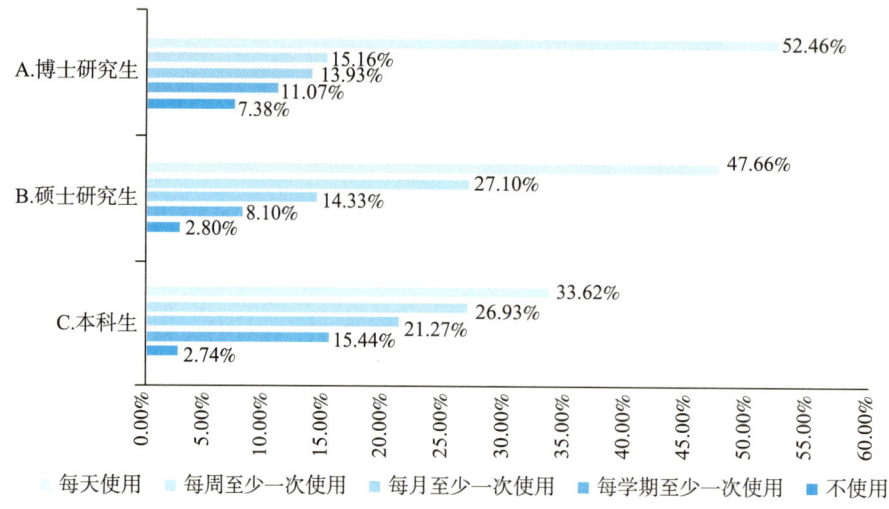

图4 中文图书的使用频率调查结果（按学历分类统计）

一次使用的占8.10%；在参与调研的本科生群体中，有33.62%的用户需要每天使用中文图书，每周至少一次使用的占26.93%，每月至少一次使用的占21.27%，每学期至少一次使用的占15.44%。

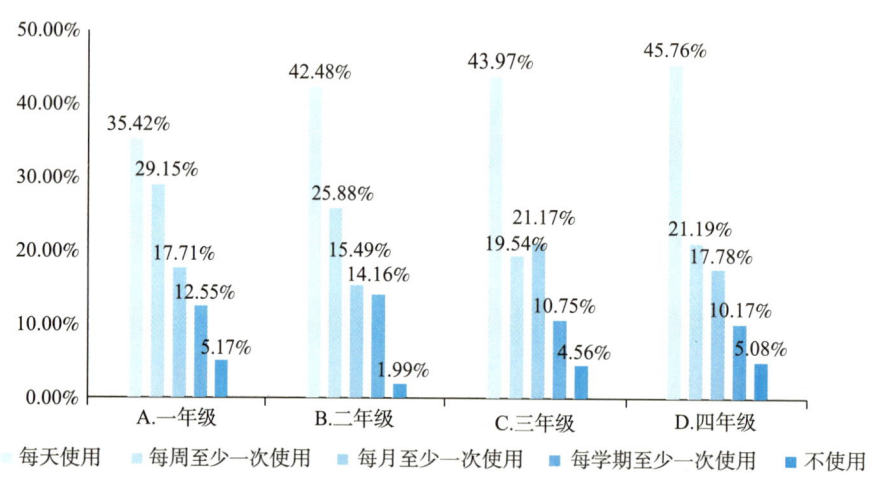

图5 中文图书的使用频率调查结果（按年级分类统计）

从图5中可以看出，无论是本科生还是硕士生亦或博士生，年级与中文图书的使用频率程度整体呈正比，随着年级的增高，学生对中文图书资源的使用频率也越来越高。四年级的同学对中文图书的每天使用程度最高。如图6所示，博士四年级学生对中文图书资源的每天使用程度约占全体参与调研博士生的76.00%，其次是硕士四年级学生对中文图书的每天使用程度占比70.00%，本科四年级的学生对中文图书的每天使用程度约占33.73%。

如图7所示，在所有专业中，哲学专业、政治学专业、社会学专业、管理学专业的学生对中文图书每天使用频率最高，分别占52.58%、52.12%、50.00%、49.56%。与其他各类专业相比，法学类专业同学对中文图书的使用频率大多处于每天使用、每周至少一次使用；外国语专业同学对中文图书的月使用频率大于周使用率；医学专业学生每天使用频率与周使用频率持平。

（2）中文数据库

图8数据显示，在参与本次调研的博士生用户中，有超过一半的博士生需要每天使用中文数据库，占比58.61%，不需要使用的博士生仅占6.15%，每周至少一次使用的占15.98%，每月至少一次使用的占

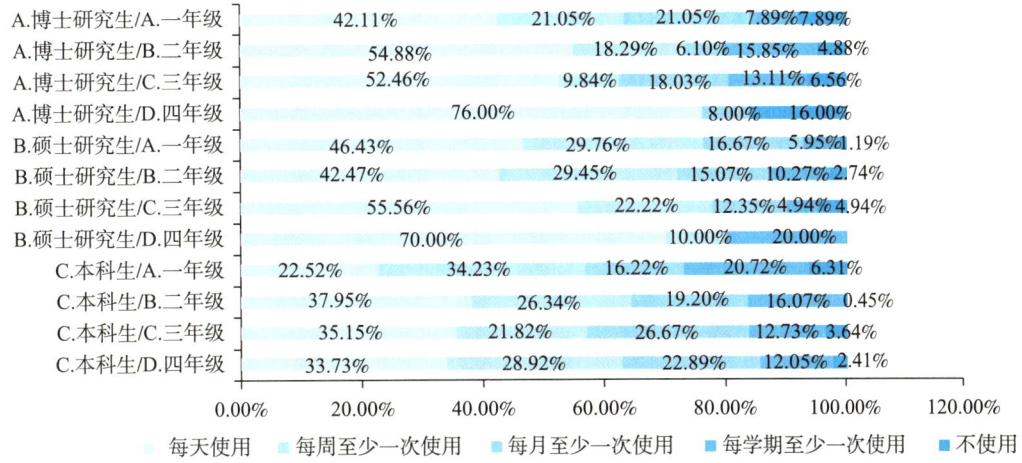

图6 中文图书的使用频率调查结果（按学历及年级分类统计）

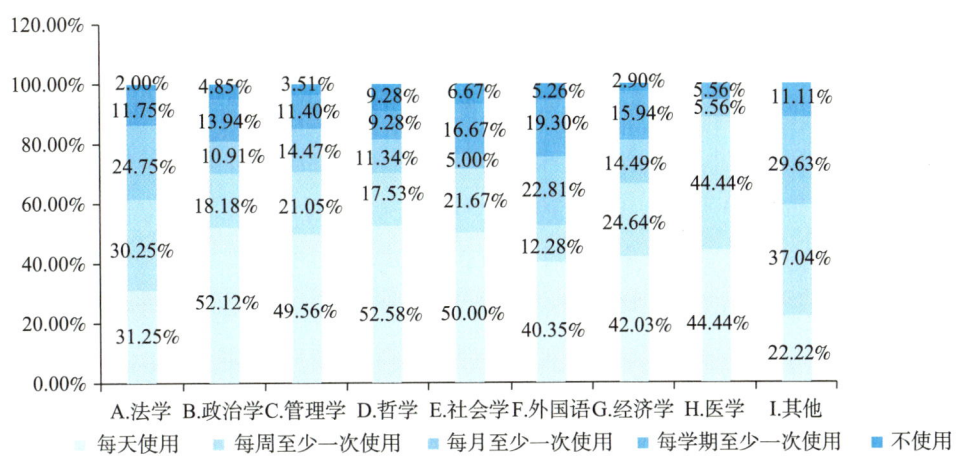

图7 中文图书的使用频率调查结果（按专业分类统计）

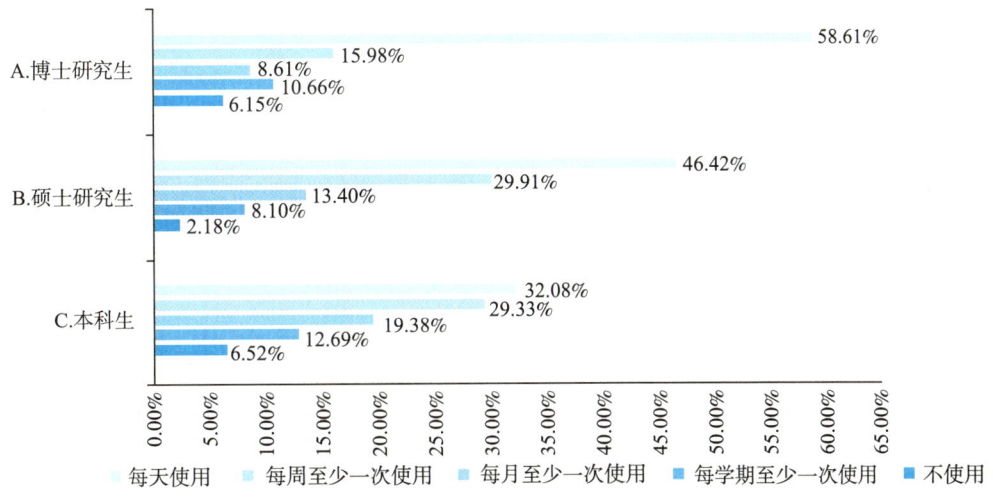

图8 中文数据库的使用频率调查结果（按学历分类统计）

8.61%，每学期至少使用一次的占10.66%；在参与调研的硕士生群体中，有将近一半的用户需要每天利用中文数据库，占比46.42%，不需要使用的硕士生仅占2.18%，每周至少一次使用的占29.91%，每月至少一次使用的占13.40%，每学期至少一次使用的占8.10%；在参与调研的本科生群体中，有32.08%

的用户需要每天使用中文数据库，每周至少一次使用的占 29.33%，每月至少一次使用的占 19.38%，每学期至少一次使用的占 12.69%。

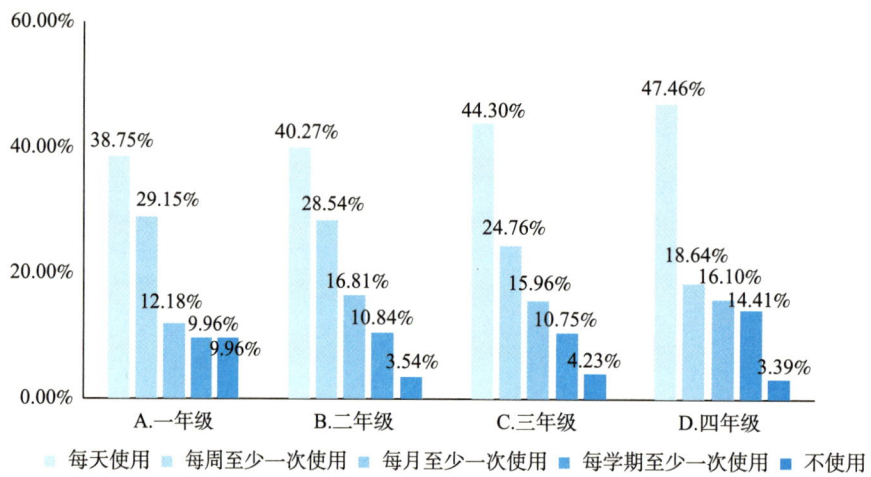

图9　中文数据库的使用频率调查结果（按年级分类统计）

从图 9 中可以看出，无论是本科生还是硕士生亦或博士生，年级与中文数据库的使用频率程度整体呈正比，随着年级的增高，学生对中文数据库资源的使用频率程度也越来越高。四年级的同学对中文数据库的每天使用程度最高。如图 10 所示，博士四年级学生对中文数据库资源的每天使用程度约占全体参与调研博士生的 80%，其次是硕士四年级学生对中文数据库的每天使用程度占比 60%，本科四年级的学生对中文数据库的每天使用程度约占 36.14%。

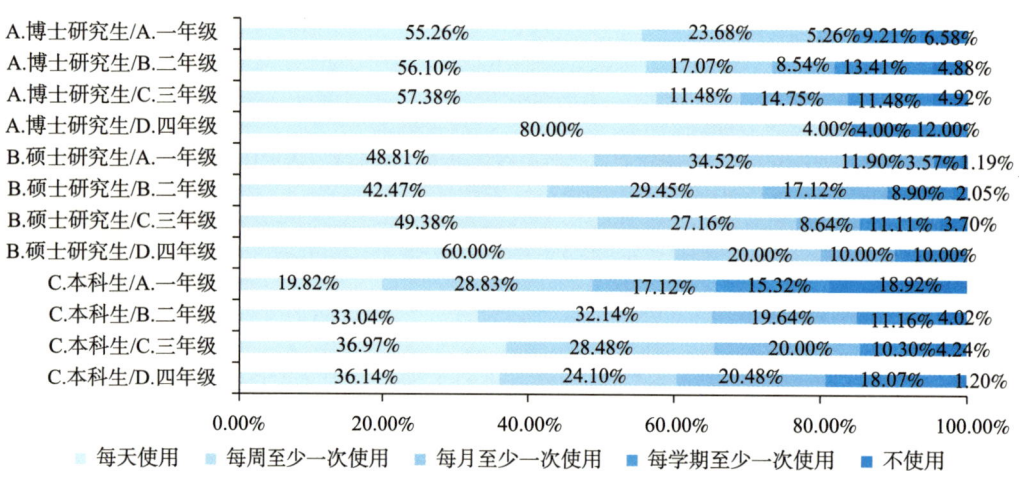

图10　中文数据库的使用频率调查结果（按学历及年级分类统计）

如图 11 所示，在所有专业中，政治学、管理学、社会学、医学、哲学、法学专业的学生对中文数据库每天使用频率均在 40% 以上，其中政治学占比最高，为 48.48%。与其他各类专业相比，医学类专业同学对中文数据库的周使用频率较高，占比 38.89%。

（3）外文及港台报纸期刊

图 12 数据显示，我校学生随着学历背景的不断提高，对外文及港台报纸期刊的使用率也不断增加。在参与本次调研的博士生用户中，有 42.62% 的博士生需要每天使用外文及港台报纸期刊，每周至少一次使用的占 17.62%，每月至少一次使用的占 12.70%，每学期至少使用一次的占 13.52%，与不使用的所占

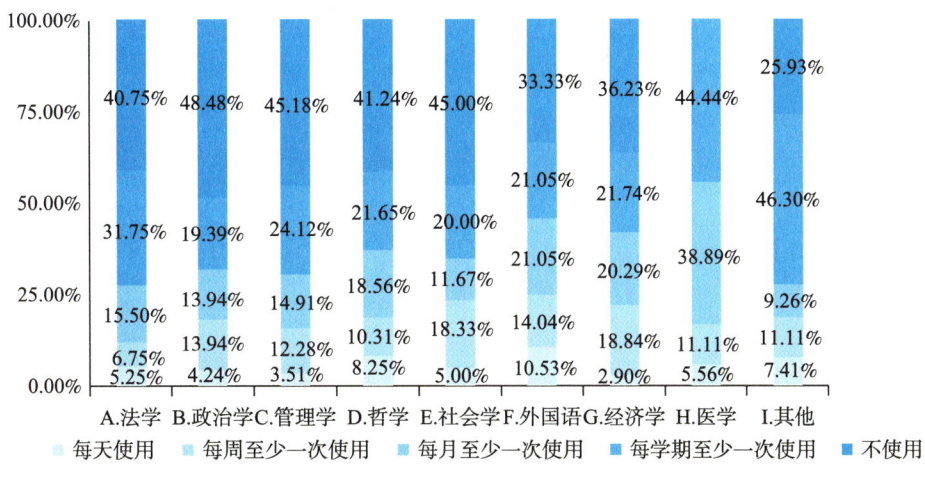

图11　中文数据库的使用频率调查结果（按专业分类统计）

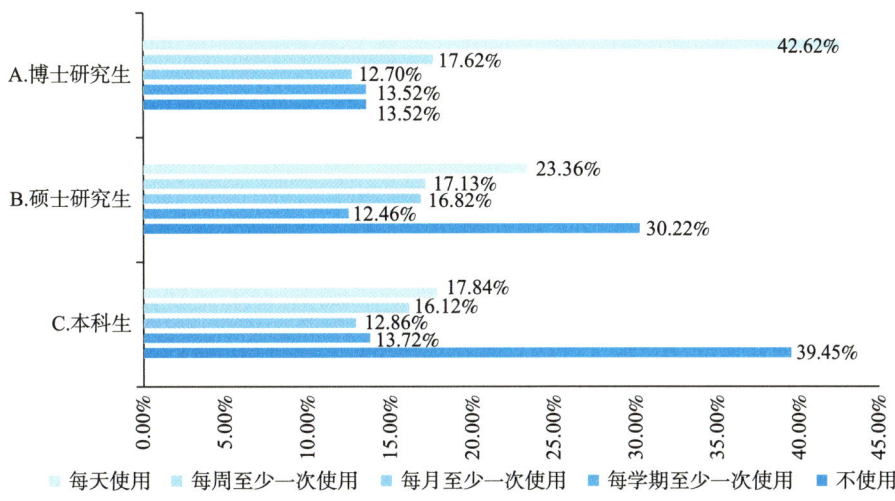

图12　外文及港台报纸期刊的使用频率调查结果（按学历分类统计）

比相同；在参与调研的硕士生群体中，有23.36%的用户每天使用外文及港台报纸期刊，不需要使用的硕士生仅占30.22%，每周至少使用一次的占17.13%，每月至少一次使用的占16.82%，每学期至少一次使用的占12.46%；在参与调研的本科生群体中，有17.84%的用户需要每天使用外文及港台报纸期刊，每周至少一次使用的占16.12%，每月至少一次使用的占12.86%，每学期至少一次使用的占13.72%。

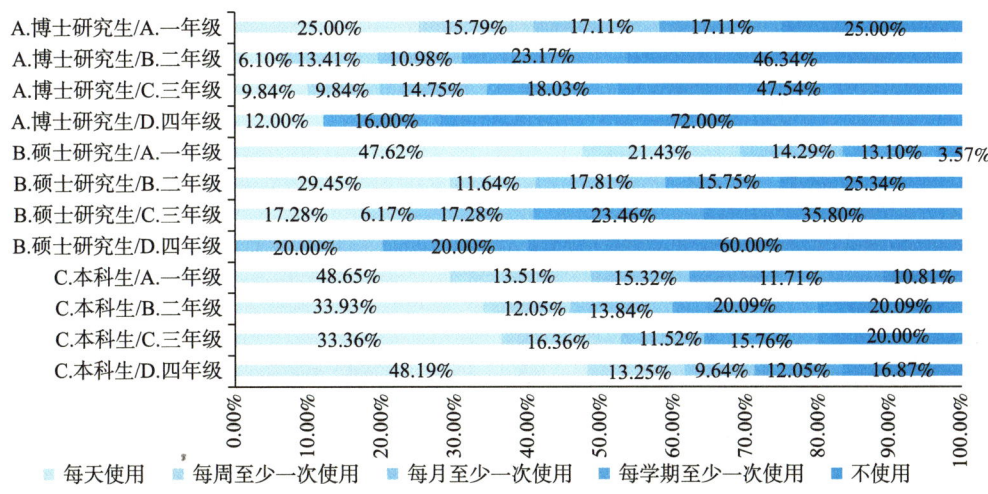

图13　外文及港台报纸期刊的使用频率调查结果（按学历及年级分类统计）

如图 13 所示，纵观三个不同学历阶段、十二个年级阶段，对我馆外文及港台报纸期刊使用情况排名前三的是博士生四年级、硕士生四年级、博士生三年级。博士四年级学生对外文及港台报纸期刊资源的每天使用程度约占全体参与调研博士生的 72.00%，硕士四年级学生对外文及港台报纸期刊的每天使用程度占比 60.00%，博士生三年级的学生对外文及港台报纸期刊的每天使用程度约占 47.54%。

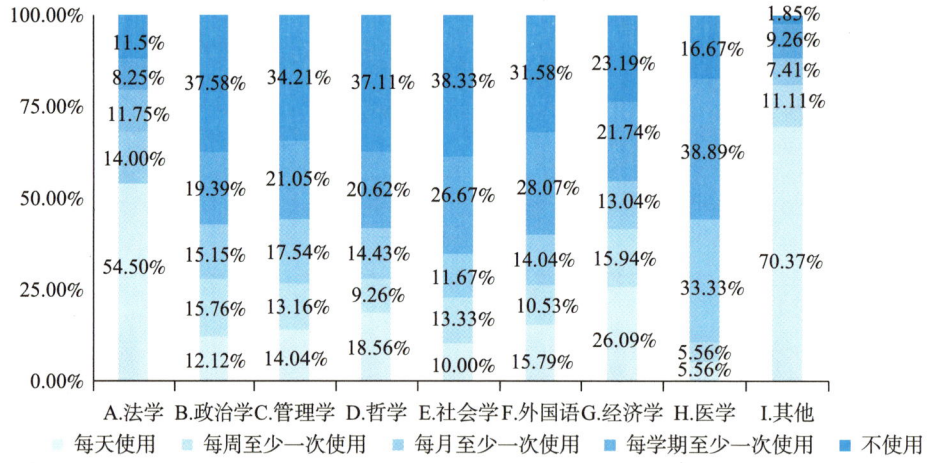

图 14 外文及港台报纸期刊的使用频率调查结果（按专业分类统计）

如图 14 所示，社会学专业的学生对外文及港台报纸期刊每天使用频率最高，达 38.33%，其次是政治学专业，占比 37.58%；法学专业学生每天使用频率最低，占比 11.50%，其次是医学专业，占比 16.67%。

（4）特色资源数据库

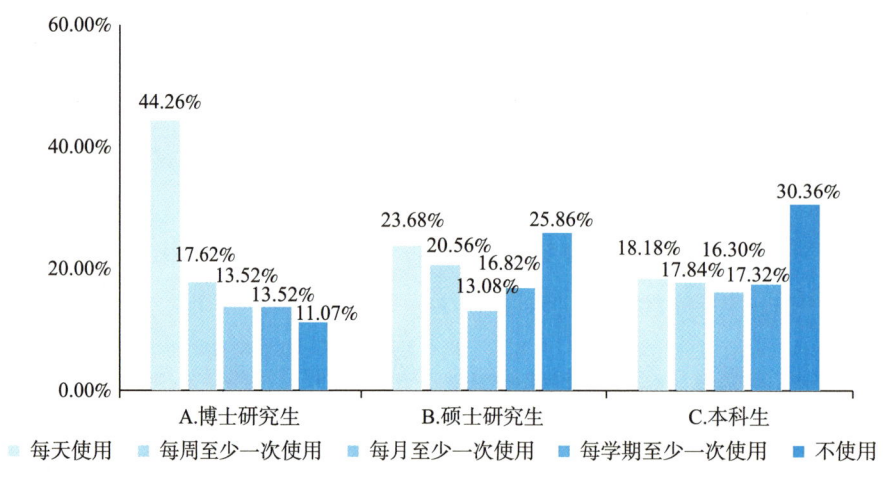

图 15 特色资源数据库的使用频率调查结果（按学历分类统计）

图 15 数据显示，我校学生随着学历背景的不断提高，对馆藏特色资源数据库的使用率也不断增加。在参与本次调研的博士生用户中，有 44.26% 的博士生需要每天使用特色资源数据库，每周至少一次使用的占 17.62%，每月至少一次使用的占 13.52%，与每学期至少使用一次比例相同，不使用的比例占 11.07%；在参与调研的硕士生群体中，有 23.68% 的用户每天使用特色资源数据库，不需要使用的硕士生占 25.86%，每周至少使用一次的占 20.56%，每月至少一次使用的占 13.08%，每学期至少一次使用的占 16.82%；在参与调研的本科生群体中，有 18.18% 的用户需要每天使用特色资源数据库，每周至少一次使用的占 17.84%，每月至少一次使用的占 16.30%，每学期至少一次使用的

占 17.32%。

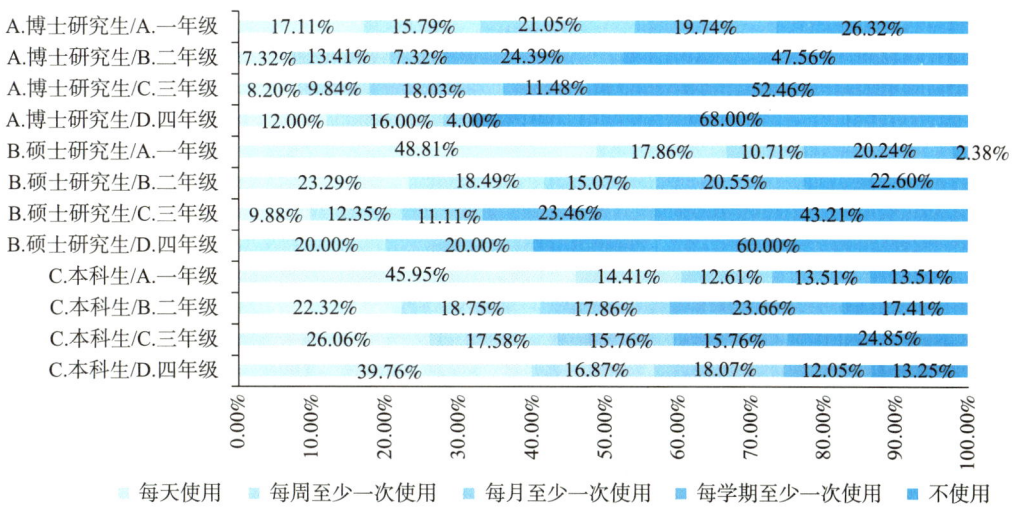

图 16　特色资源数据库的使用频率调查结果（按学历及年级分类统计）

如图 16 所示，本科生对馆藏特色资源数据库使用率较低，博士生对馆藏特色资源数据库使用率普遍较高。纵观三个不同学历阶段、十二个年级阶段，对我馆馆藏特色资源数据库使用情况排名前三的是博士生四年级、硕士生四年级、博士生三年级。博士四年级学生对馆藏特色资源数据库的每天使用程度占全体参与调研博士生的 68.00%，硕士四年级学生对馆藏特色资源数据库的每天使用程度占比 60.00%，博士生三年级的学生对馆藏特色资源数据库的每天使用程度占 52.46%。

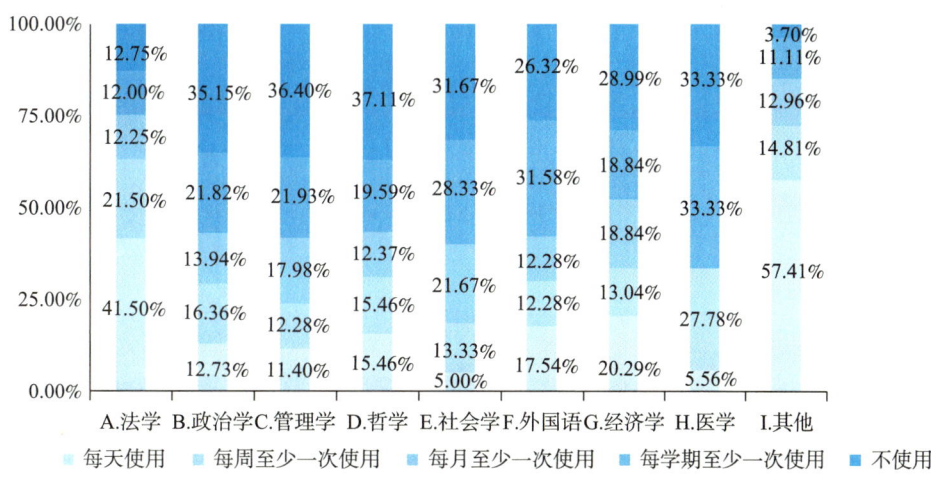

图 17　特色资源数据库的使用频率调查结果（按专业分类统计）

如图 17 所示，哲学、管理学、政治学、医学、社会学专业学生对我馆特色资源数据库的每天使用率在 30% 以上，其中哲学专业的学生对馆藏特色资源数据库每天使用频率最高，达 37.11%，其次是管理学专业，占比 36.40%，政治学专业占比 35.15%。法学专业学生每天使用频率最低，占比 12.75%，其次是外国语专业，占比 26.32%，经济学专业占比 28.99%。

2. 对一个新的研究课题或研究方向，您一般通过以下哪些途径进行了解？（可多选）

A. 搜索引擎（如百度、谷歌等）　　　B. 期刊杂志　　　C. 图书

D. 向老师同学请教　　　E. 其他_____

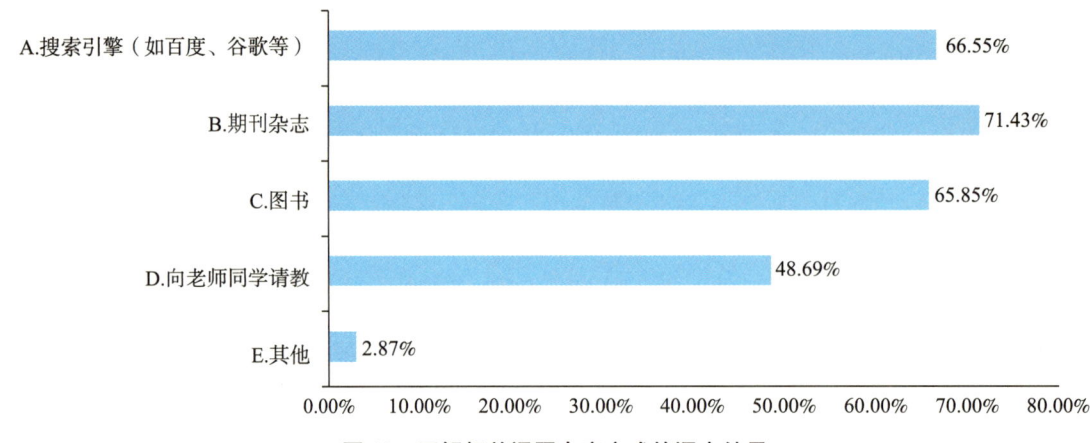

图18　了解相关课题内容方式的调查结果

随着时代的发展、科技的进步，在信息科技时代，网络信息已经充斥在我们生活的方方面面。根据图18的调查结果数据显示，我校学生在研究一个新的课题或者找寻新的研究方向的时候，不局限于期刊杂志、图书以及请教老师和同学，有66.55%的用户会利用搜索引擎获取与研究课题或研究方向有关的内容。这与利用图书获取相关信息的用户数据相差无几。有将近50%的同学选择向自己的老师和同学请教。由于期刊杂志的权威性和学术性，在获取研究课题内容的时候，我校用户还是会更多地阅览相关杂志期刊，这部分用户所占比将近70%。由此可以看出，我校用户对信息获取的意识和途径都有明确的认识和了解，能够根据自身需求选择适合自己的信息获取方式。

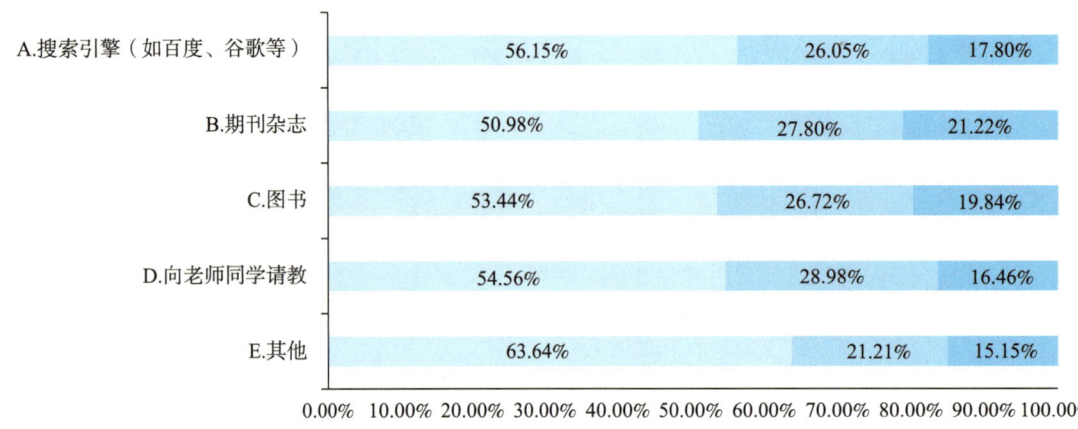

图19　了解相关课题内容方式的调查结果（按学历分类统计）

按照学生学历不同分为博士、硕士、本科生，对数据进行重新统计，如图19所示。本科生、硕士生、博士生的信息检索需求呈递减趋势。根据图19数据显示，本科生利用搜索引擎、期刊杂志、图书以及请教老师同学任一途径获取研究课题相关信息的比例基本上都在50%以上，尤其是本科生更依赖于中国知网数据库、北大法宝等电子数据库，这类用户多达60%以上，这可以从"其他"选项得出。对于博硕士而言，这两类用户在选择获取信息途径方面，基本平均。博士生更偏向于选择期刊杂志，硕士生更倾向于选择向老师同学请教。由此可见，我校本科生的信息检索需求较为突出，图书馆对我校本科生的信息检索教育不容忽视。针对博硕士对信息检索的需求，图书馆也需要更加重视如何加强硕博士在研究课题时对我馆资源的利用的问题，予以分析和研究。

按照学生专业背景，对数据进行重新统计，如图20所示。不同专业背景的学生选择获取研究相关内

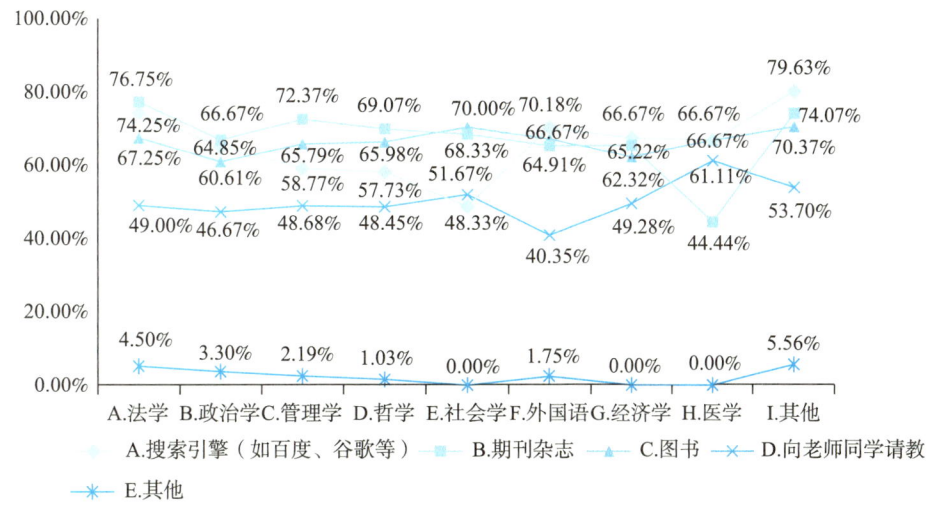

图20　了解相关课题内容方式的调查结果（按专业分类统计）

容的方式也不同。但根据图中数据显示，差距并不十分明显，仅选择搜索引擎、向老师同学请教选项的情况稍有波动。其中社会学专业学生相比其他专业学生而言，利用搜索引擎的用户相对较少，其原因可能是社会学专业用户大多研究社会行为与人类群体的发展、关联以及完善有关人类社会结构和活动的知识体系，其对历史的沿革、发展和相关数据着重需要，而利用搜索引擎来获取研究数据并不是最好的方式，因此社会学专业用户更倾向于利用期刊杂志和图书；医学专业学生因其专业背景的原因，医学领域发展飞速，而图书具有一定滞后性，很多先进技术能够在互联网和期刊杂志论文上见到，因此较少用户选择利用图书获取课题相关信息。外国语专业学生相比其他专业学生而言，向老师同学请教较少，更多需要自学和自我练习。

3. 您认为需要学习或加强以下哪些方面的信息知识与技能？（可多选）

A. 网络信息搜索技巧　　　　　　B. 数据库检索与利用　　　C. 计算机操作技能

D. 不需要　　　　　　　　　　　E. 其他＿＿＿＿＿＿

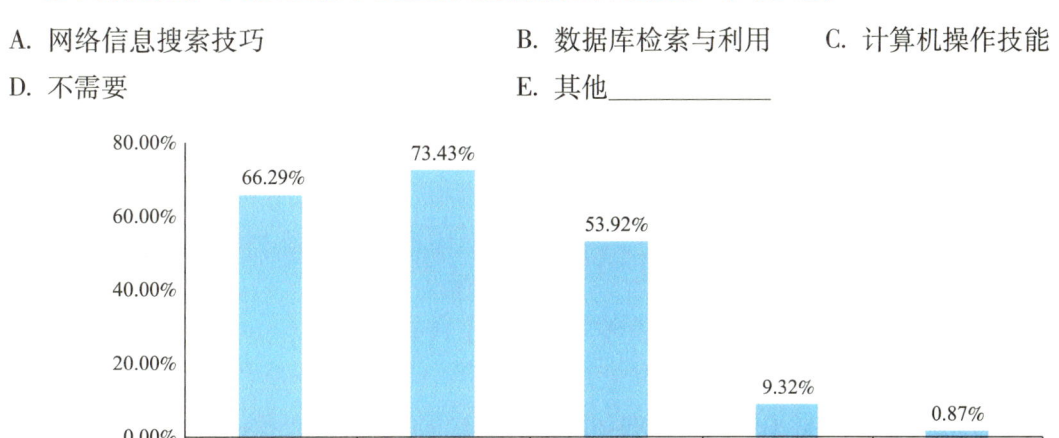

图21　信息知识与技能需求调查结果

　　图21数据显示，我校学生普遍需要也更愿意加强信息素养知识与技能的培训。其中73.43%的学生偏向于学习图书馆数据库的检索与利用；66.29%的学生更愿意学习网络信息的搜索技巧；53.92%的学生需要加强对计算机操作技能的培训。因此，从数据上来看，图书馆开设的关于信息素养知识的培训、课程、讲座是很有必要的。日后更需要加强信息素养教育的宣传工作，使更多有需要的学生参与其中，提

高我校学生的信息素养能力。

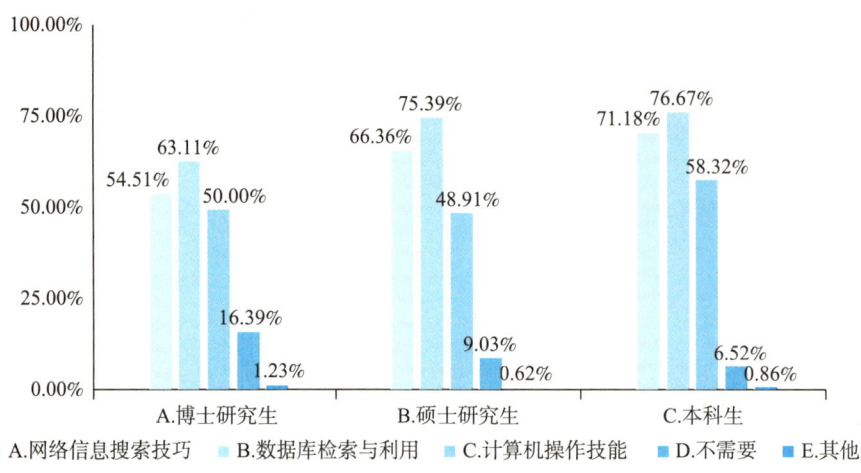

图22　信息知识与技能需求调查结果（按学历分类统计）

按照学生学历，分别来看本科生、硕士生、博士生的需求。从图22显示的数据上看，各类别用户的需求与我校用户总体需求基本一致，没有明显差别。相对而言本科生、硕士生、博士生对信息素养知识学习的需求呈递减趋势，这与本次调查问卷的样本数量有关。

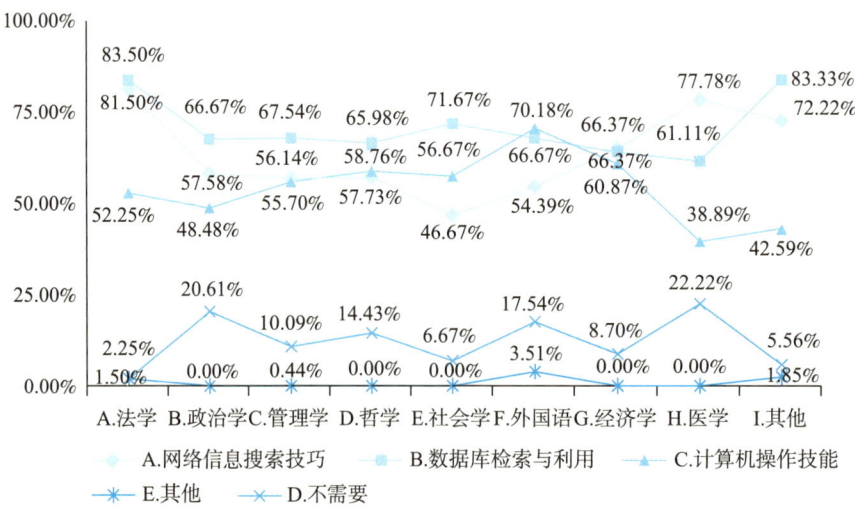

图23　信息知识与技能需求调查结果（按专业分类统计）

如图23所示，按照学生专业背景来看，不同专业学生对信息素养知识学习内容的需求各不相同。其中法学、医学专业的学生愿意加强对网络信息搜索技巧的学习；法学、社会学专业的学生愿意加强对图书馆数据库检索与利用的学习；对于计算机操作技能的培训与学习而言，外国语专业的学生需求较多，医学专业用户需求较少，其他专业学生的需求基本持平；政治学、医学专业有少部分学生（20%左右）认为不需要加强对信息素养知识的学习与培训。综上所述，图书馆在加强信息素养教育的同时，更需要考虑学生的专业背景，充分了解学生需求，有针对性地进行培训和教育，这也是我馆进行信息教育的基础。

4. 图书馆宣传推广的形式和手段，您较愿意获得哪些？（可多选）

A. 在线平台课程　　　B. 信息检索课程小视频　　　C. 服务说明小视频　　　D. 图书馆微信平台

E. 宣传海报　　　F. 电子邮件　　　G. 网站通知（学校官网、图书馆网站等）

H. 短信通知　　　　I. 其他——

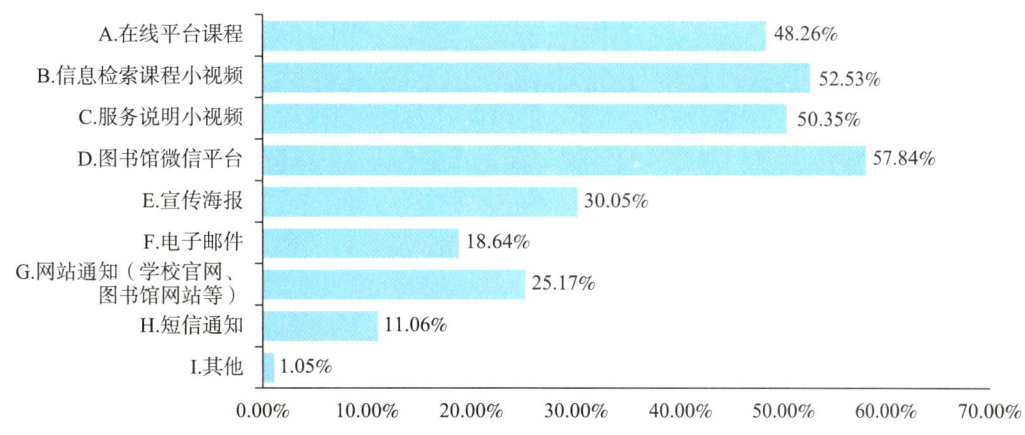

图24　图书馆宣传推广的形式和手段调查结果

在调查学生喜欢的图书馆宣传推广的形式和手段方面，结果如图24所示，多数学生选择图书馆微信平台的宣传和推广形式，比例为57.84%；选择信息检索课程小视频的学生比例为52.53%；选择服务说明小视频的学生比例为50.35%；选择在线平台课程的学生比例为48.26%；选择宣传海报的学生比例为30.05%；选择网站通知（学校官网、图书馆网站等）的学生比例为25.17%；选择电子邮件的学生比例为18.64%；选择短信通知的学生比例为11.06%。不同年级、专业的学生对图书馆宣传推广形式的选择相差不大。

为学校广大学生提供各种信息服务一直是图书馆事业发展的主线。图书馆宣传工作是为更好地实现图书馆职能服务的。通过对图书馆宣传推广的形式进行调查发现，目前图书馆宣传手段多样，且学生对微信公众平台、小视频等新型宣传方式较为喜爱。

（二）信息能力方面调查结果与分析

1. 您能否总能找到需要的图书馆资源？（矩阵量表题）

	能	大多时候能	有时候能	大多时候不能	不能
中文图书					
外文图书					
中文报纸期刊					
外文及港台报纸期刊					
中文数据库					
外文数据库					
试用数据库					
特色资源数据库					

从图25反映出的数据来看，学生在多数情况下都能够获取所需要的图书馆资源，其中，在中文资源的获取方面要普遍高于外文资源，以中文纸质图书和中文数据库的反馈最为理想，较为困难的集中在外文及港澳台报纸资源、外文数据库、试用数据库及特色资源数据库。主要原因可能是用户对这几类资源的关注度较低，例如本馆的馆藏特色资源之一——政法博硕论文库，很多用户都不知道有这个资源。

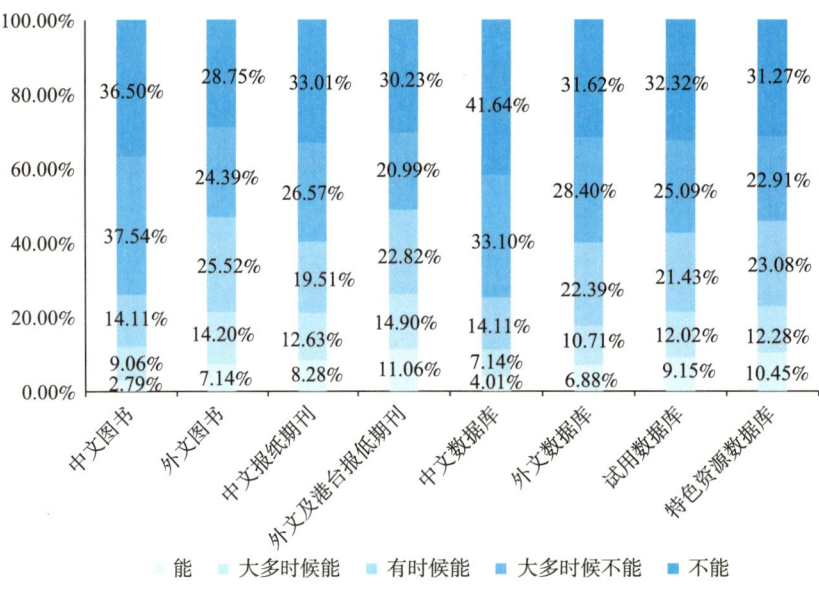

图 25　图书馆资源获取情况调查结果

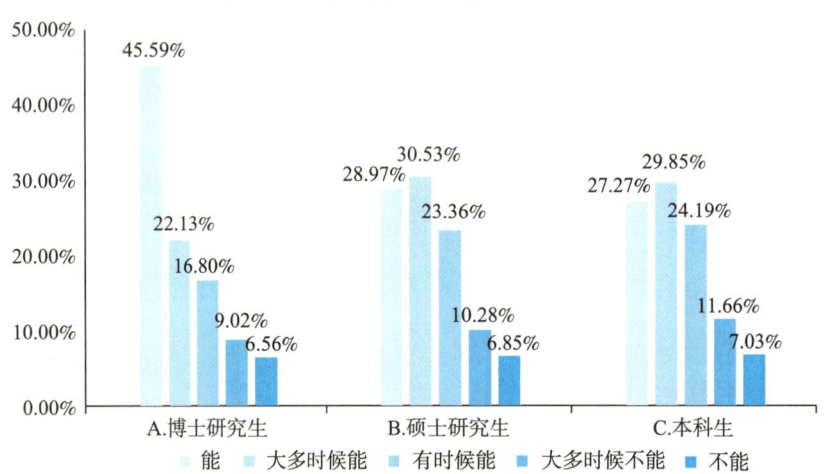

图 26　外文数据库的获取情况调查结果（按学历进行分类统计）

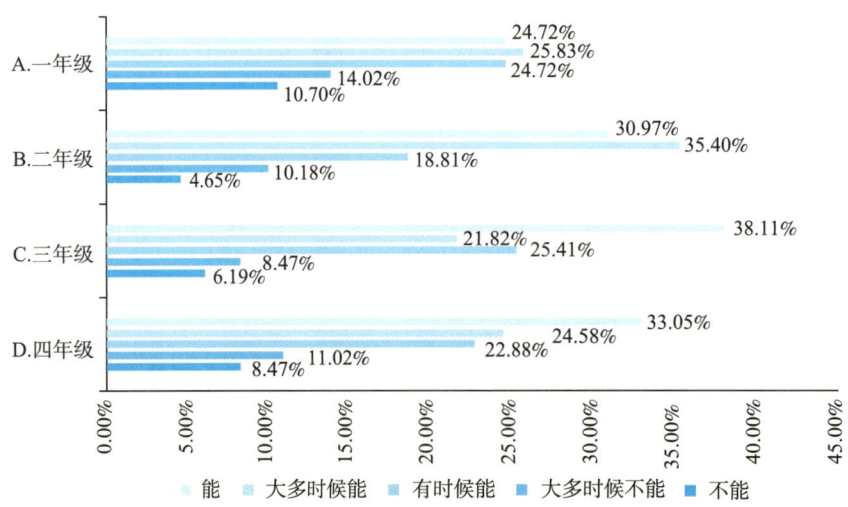

图 27　外文数据库的获取情况调查结果（按年级进行分类统计）

　　按照学生学历分为博士、硕士、本科生，对外文数据库的获取情况进行重新统计，从图 26 可以看出，博士生用户的信息获取能力要普遍高于硕士用生户和本科生用户，博士生用户本身对文献资源的需求较为强烈，使得他们有更大的动力去了解图书馆的相关资源和服务。按照年级对数据进行分类统计后从图27也可以发现，三年级和四年级在对资源的获取能力上要普遍高于一、二年级。这说明随着用户自身信息需求的增强以及对图书馆了解的增加，对馆藏资源的获取能力会逐步提升。

从此题反映的数据来看，今后需加大对馆藏资源的组织和揭示力度，尤其是外文文献资源的获取，更大程度地方便读者使用馆藏资源。

2. 当图书馆资源无法满足您的需求时，您会通过哪些方式解决？（可多选）

A. 原文传递与馆际互借　　　B. 资源荐购　　　C. 找其他学校同学帮忙

D. 自行购买　　　　　　　　E. 寻找其他可替代资源

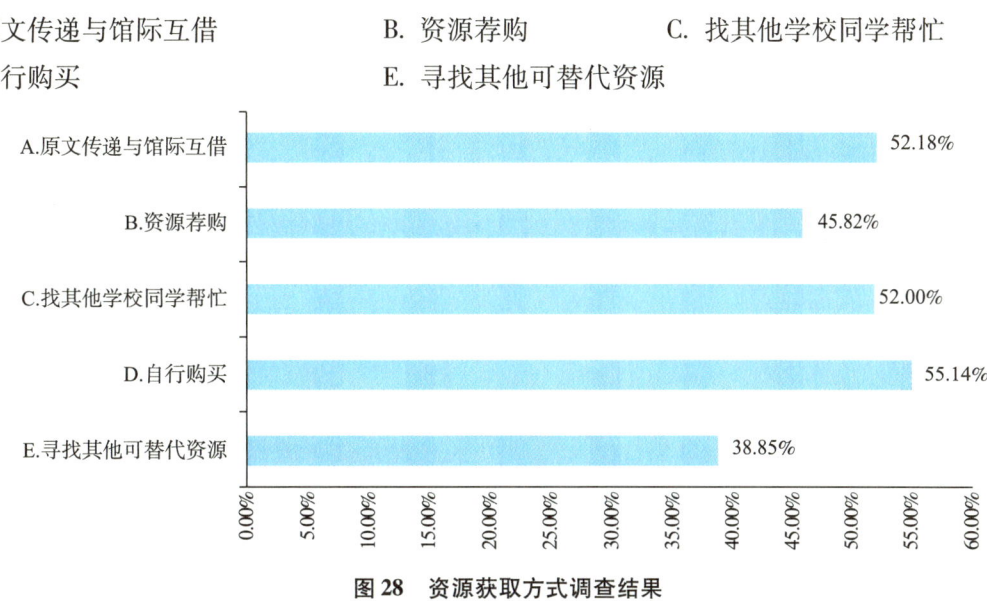

图28　资源获取方式调查结果

从图28中可以看出，各个选项的分布较为平均，对比2017年的年度报告，数据有了明显的变化。去年的报告中，A选项仅占31.47%，B选项仅占24.40%，经过这一年对本馆的服务——原文传递与馆际互借、资源荐购的推广宣传，这两项服务的利用人数得到了显著的提升，分别达到了52.18%和45.82%，提升了本馆对读者的服务质量，增加了用户文献需求的保障力度。值得注意的是，选择自行购买的用户比例仍较高，2017年和2018年的数据都在50%以上，这也说明了本馆提供的文献保障服务还无法满足部分读者的需求，在保障服务所耗费的时间以及保障服务的覆盖面上还有待进一步提高。

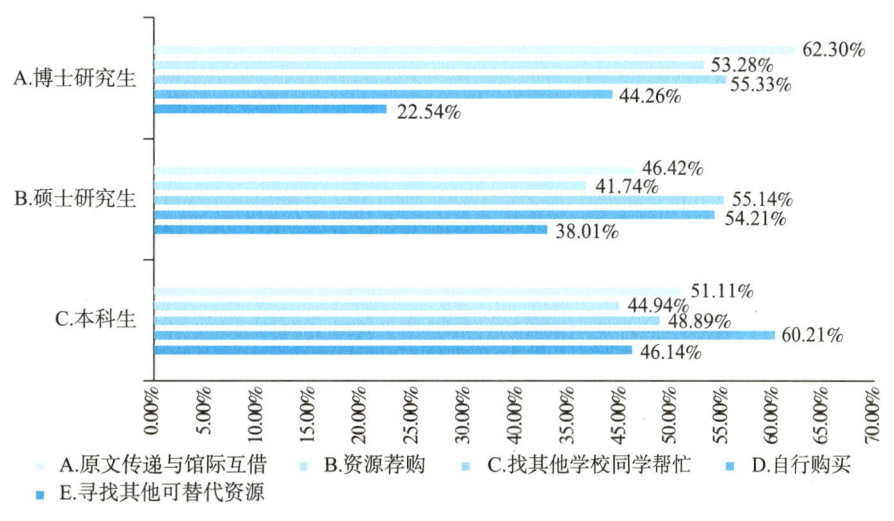

图29　资源获取方式调查结果（按学历分类统计）

按照学生学历分为博士、硕士、本科生，对资源获取方式进行重新统计，从图29可以看出，博士读者对本馆提供的文献保障服务的利用率较高，多数会选择使用原文传递和馆际互借或者资源荐购来获取所需资源。其次是硕士研究生，最后是本科生用户。本科生用户与博士研究生的选择倾向差距较大，主要通过自行购买来解决，寻找其他可替代资源的比例也较高，说明本科读者对本馆文献保障服务的认可度相对较低。

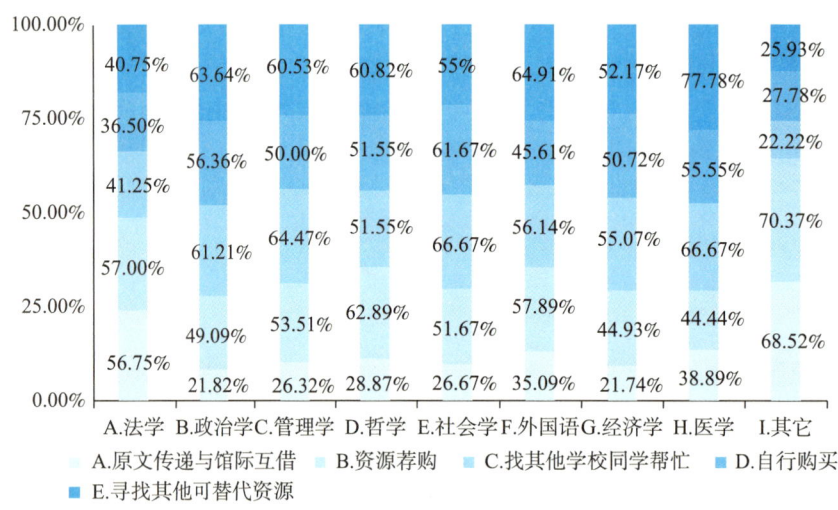

图30　资源获取方式调查结果（按专业分类统计）

按照专业对数据进行分类统计，从图30可以看出，本馆的馆藏资源主要集中在政治法律类等人文社科类资源，其他类资源特别是理工类资源的收藏量相对较低，针对这些专业的培训和服务也相对较少。从图中明显看出，其他专业学生在选择文献保障渠道时，倾向于自行购买和寻找其他可替代资源，特别是寻找其他可替代资源比例占到了70%，与前面几个专业学生在这一选项的比例有着显著的差异。分析原因，可能这些专业的学生的信息需求被馆藏资源覆盖的较少，形成了自有的获取文献信息的渠道，因而对本馆提供的文献保障服务利用较少。

从调查数据可以看出，经过一年的宣传推广，学生对图书馆提供的文献保障服务的认可度和利用度大大提高，今后需要加强对本科读者和其他专业读者关于图书馆服务的宣传推广工作。

3. 在检索文献资料的过程中，您觉得哪些方面有困难？

A. 提取检索关键词　　　　　　　B. 检索结果太多，不知如何精简
C. 检索结果不够精确　　　　　　D. 不知道如何选择下载哪些文献

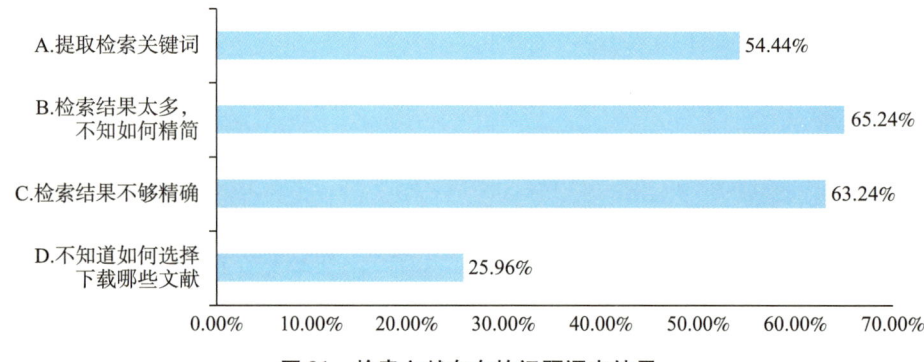

图31　检索文献存在的问题调查结果

从图31中可以看出，学生在进行文献检索时主要的问题集中在关键词的提取、检索结果的精炼和检

索结果的满意度上。A 选项反映的问题集中在实施检索的初始阶段，主要与用户自身对检索主题不明确、检索词的选取规则不够清晰、对数据库及一些检索辅助工具的功能不擅长有一定的关系。B、C、D 选项反映的问题集中在检索结果的评价阶段，B 选项主要与数据库的使用技巧有一定的关系，需要加强用数据库提供的高级检索、二次检索、检索结果聚类筛选功能提升检索结果的意识。C 选项检索结果不够准确其实也包含了 A、B 两个选项的内容，关键词提取不当以及对数据库使用不熟练都会导致检索结果不够准确，此外，学会简单的关键词的相互组配以及布尔逻辑运算符的使用，能在一定程度上提升检索结果的准确度。D 选项主要反映出学生对检索结果的鉴别能力，例如如何挑选出核心期刊的论文，如何挑选出高被引、高下载量的论文，如何挑选出相关度较高的论文。

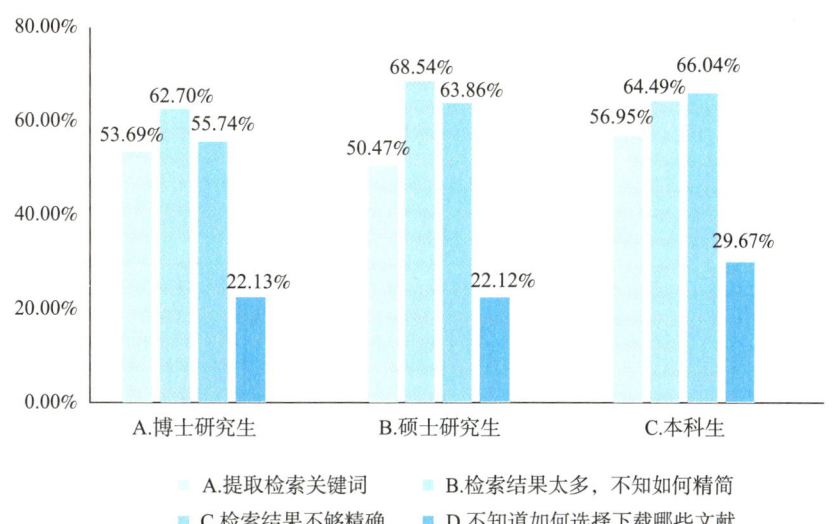

图 32　检索文献存在的问题调查结果（按学历分类统计）

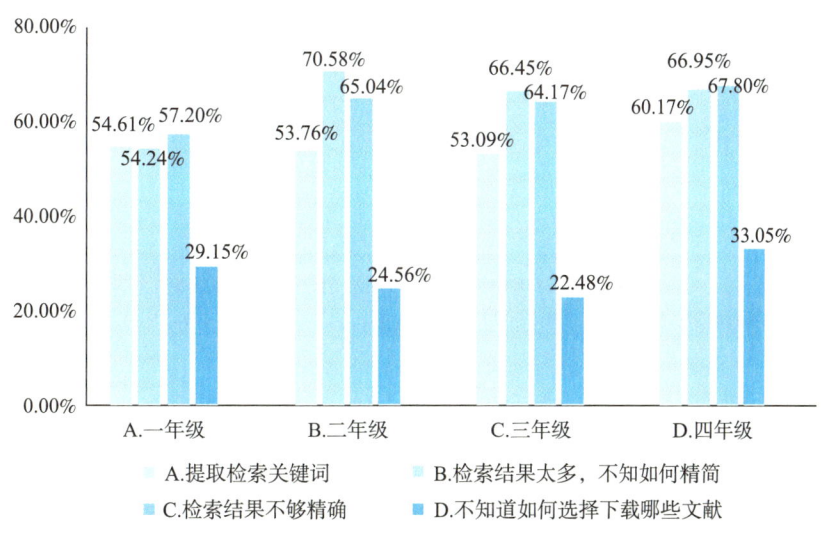

图 33　检索文献存在的问题调查结果（按年级分类统计）

按照学生学历和年级分别进行交叉分析，如图 32 和图 33 所示，发现各选项在年级和学历之间并无明显的差异。本科生，硕士研究生和博士研究生在这四个选项之间的分布趋势一致，各个年级在这四个选项之间的分布趋势也基本一致，说明不同年级、不同学历用户在检索时遇到的问题一致，主要集中于 A、B、C 三个选项。

这一题的答案反馈，可以为本馆今后的文献检索课的教学重点提供参考。从选项的数值分布可以看出，多数学生在检索的过程以及检索结果的挑选中还是存在一定的困难，需要加强信息检索相关知识、数据库使用方面的培训。

4. 您在使用电子资源的过程中遇到的主要问题是？（可多选）

A. 不能获取满意的文献资源（资源数量、资源质量、专业面覆盖）

B. 不能熟练且专业地使用，缺乏专业人员的指导

C. 不习惯使用　　　　　　　　　D. 网页响应慢

E. 数据更新不及时　　　　　　　F. 不了解学校有哪些数字资源

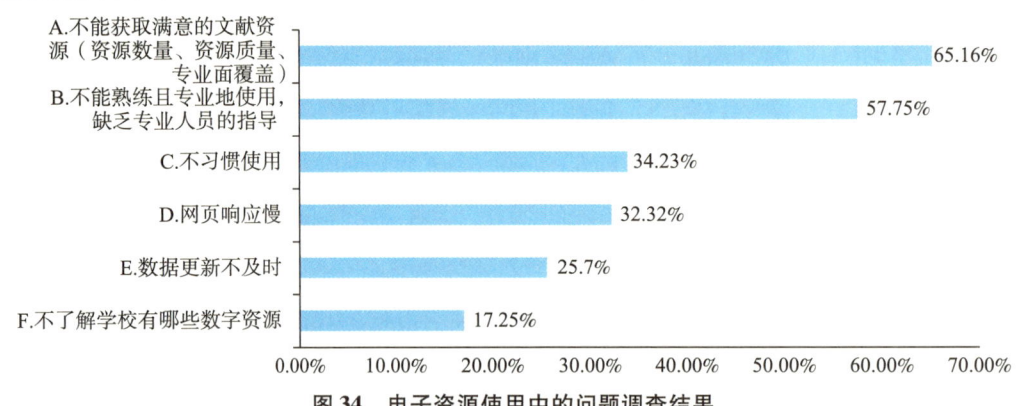

图34　电子资源使用中的问题调查结果

从图34显示的数据中可以看出，目前学生使用电子资源的过程中遇到的问题主要是A不能获取满意的文献以及B不能熟练且专业地使用电子资源这两个选项。其中，A选项主要与本馆的馆藏建设有一定的关系，本馆的馆藏建设主要服务于学校的学科建设，以政治法律类为主，在电子资源的采购上，以法律类数据库为主，兼顾一些综合类的人文社科数据库，但是随着学校近几年交叉学科的发展，用户的信息需求越来越强烈且分散，已有的电子资源越来越不能满足用户的需求，所以用户对资源的数量、资源的质量和专业覆盖面的满意度有待提高。B选项主要反映出的问题是图书馆员对学生的检索帮助有待加强，本馆目前每学期常规开设资源利用与服务讲座及数据库宣传讲座，历年的参与人数不断增多，但是可能由于讲座的时间较为固定，形式较为单一，以至于受众不是很广，部分用户，特别是博士和硕士研究生用户，经常会错过讲座。C、D、E选项主要反映出数据库的问题，部分数据库，特别是国外的数据库，在响应时间和用户友好性上相对于国内数据库较差，对用户信息水平的要求较高，导致部分用户会检索不到自己需要的资源。

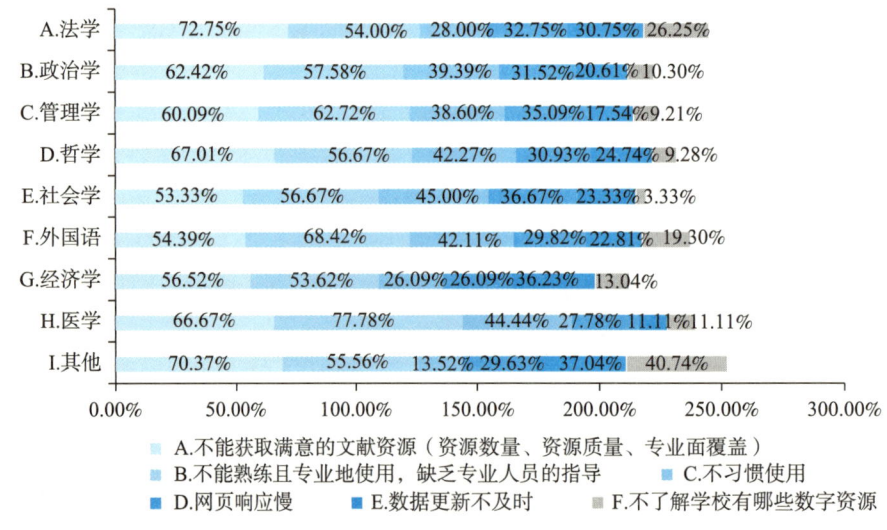

图35　电子资源使用中的问题调查结果（按专业分类统计）

按照学生的专业不同对数据进行重新统计，从图35可以看出，法学专业和其他专业的学生在A选项占都比较大，法学专业的达到70%以上。从法学专业来看，本馆的法律类资源馆藏量较为丰富，但是法学资源的受众庞大，各个法律分支、各国法律研究人员较为分散，以至于目前无法全部满足用户的需求。其他类专业在A选项占比较高的原因可能还是由于相关专业的馆藏较为薄弱，导致用户无法获取所需资源。

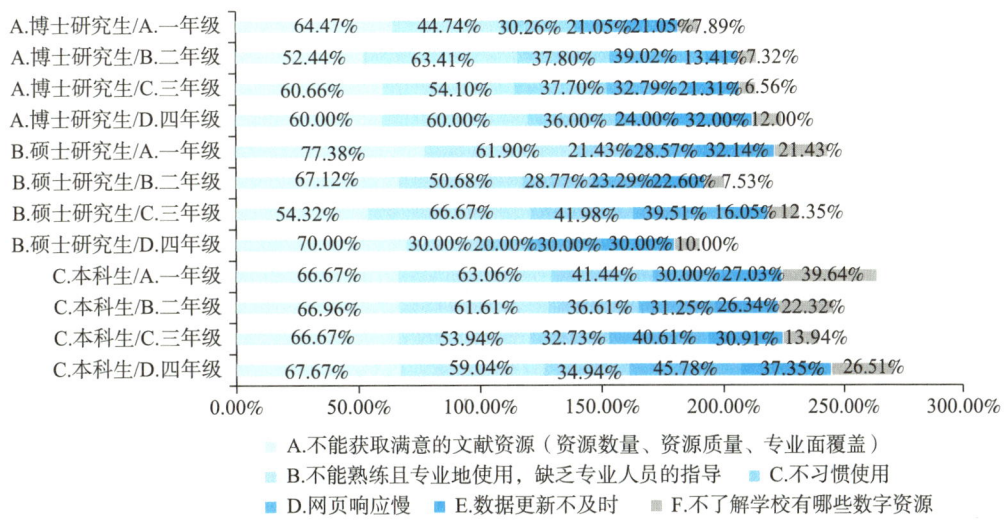

图36　电子资源使用中的问题调查结果（按学历及年级分类统计）

对此题进行年级和学历的交叉分析，从图36可以发现各选项在年级之间、学历之间并无显著差异。从问卷反馈的数据来看，学生的信息意识在不断加强，对文献和专业的检索指导的需求不断提高，未来在馆藏建设时，可以根据用户的实际需要补充相应的电子资源，扩大图书馆员和用户接触的方式渠道以及频次，更好地提升用户的信息获取能力。

5. 您常用以下哪些途径评估信息的可靠性、正确性、权威性？（可多选）

A. 请教老师同学　　　　　　B. 信息被他人引用次数　　　　C. 建立机构是否权威

D. 是否是正式出版物　　　　E. 自己阅读评判

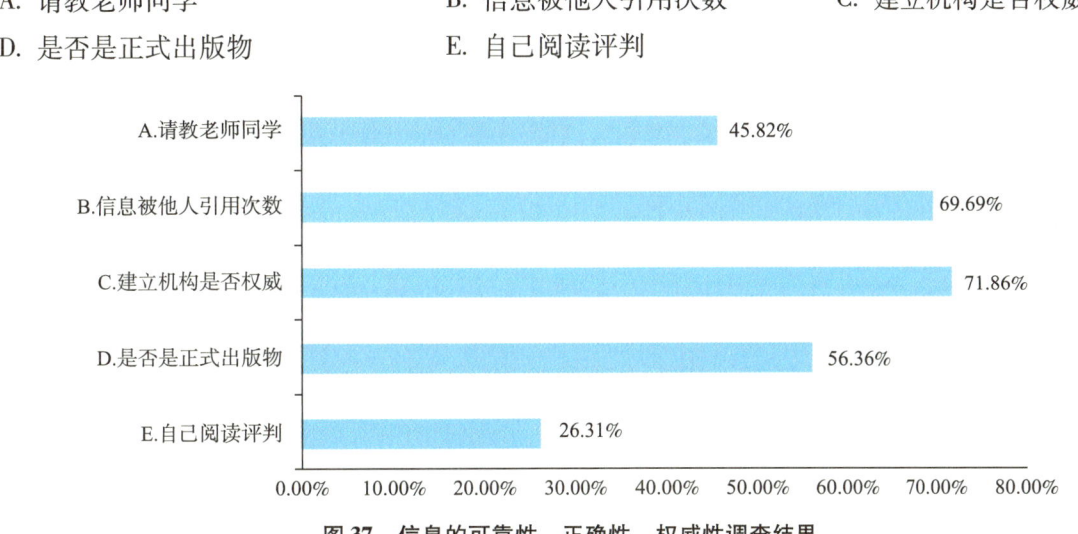

图37　信息的可靠性、正确性、权威性调查结果

在评估信息的可靠性、正确性、权威性方面的调查结果，如图37所示，占比最高的是C项建立机构是否权威（71.86%）和B项信息被他人引用次数（69.69%）。学术研究中，学术刊物的声誉、被引率的

确是非常重要的参数，B、C 两项受到较大关注说明受访对象熟悉一般的学术规范，信息素养比较好。居中的是 D 选项是否是正式出版物（56.36%），说明受访问对象十分注重从形式上判读阅读资料的质量，其实博客、微信公众号等非正式出版的资源中依然有很多高质量资料，虽然不能直接作为参考文献，但是依然可以借鉴，这就需要自己阅读进行评判。A 选项请教老师同学（45.82%）和 E 选项自己阅读评判（26.31%）与其他选项不同，这两个方式对资料的判断不局限于外部审查、形式审查，而是凭借读者自身、请教老师同学的方式来判断信息的可靠性，其获得信息很直接，判断的准确度是比较高的，说明老师同学的意见十分重要，教授、学长的意见值得借鉴。

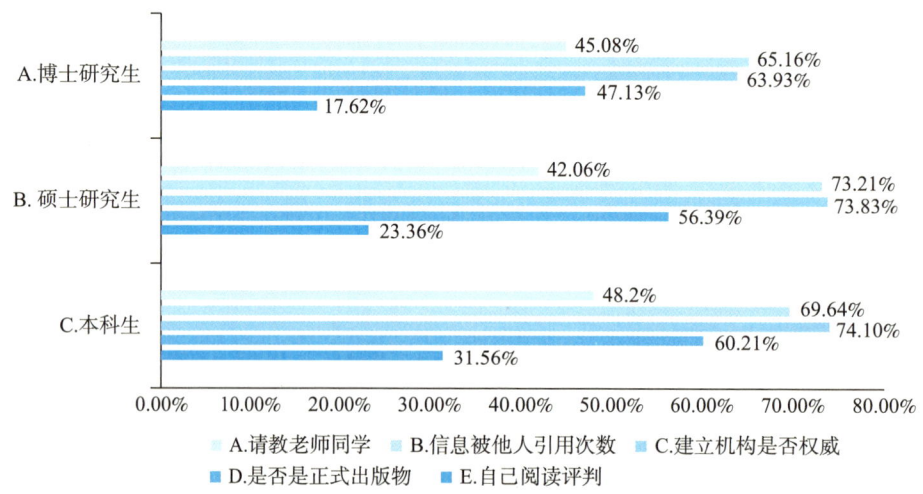

图 38　信息的可靠性、正确性、权威性调查结果（按学历分类统计）

按照学生的学历分为博士研究生、硕士研究生、本科生，将数据进行重新统计，统计结果如图 38 所示。统计表明，博士研究生、硕士研究生、本科生对评估信息的可靠性、正确性、权威性的选择大致相同。多数选择网站建立机构是否权威，而少数选择自己评判。

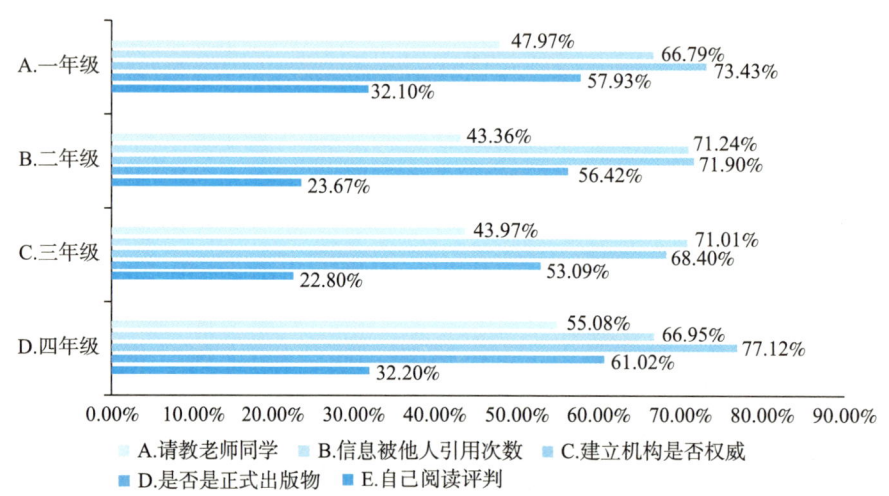

图 39　信息的可靠性、正确性、权威性调查结果（按年级分类统计）

按照学生年级不同对数据进行统计，统计结果如图 39 所示。统计表明，不同年级的学生对评估信息的可靠性、正确性、权威性的选择大致相同。除三年级学生多数选择信息被他人引用次数之外，其他年级多数选择网站建立机构是否权威，而少数选择自己评判。

按照学生的专业背景将数据进行统计，统计结果如图 40 所示。统计表明，不同专业的学生对评估信

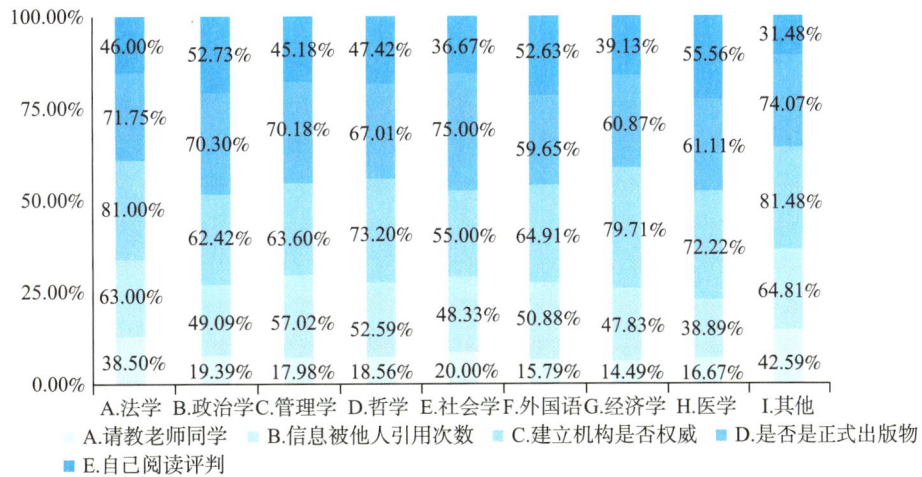

A.法学 B.政治学 C.管理学 D.哲学 E.社会学 F.外国语 G.经济学 H.医学 I.其他
A.请教老师同学　B.信息被他人引用次数　C.建立机构是否权威　D.是否是正式出版物
E.自己阅读评判

图 40　信息的可靠性、正确性、权威性调查结果（按专业分类统计）

息的可靠性、正确性、权威性的选择略有不同。法学、哲学、外国语、经济学、医学以及其他专业的学生多数将网站建立机构是否权威作为判断信息准确性的首要选择，而政治学、管理学、社会学的学生多数将信息被他人引用次数作为判断信息准确性的首要选择。

目前，来自图书馆、行业学会、社会群体、媒体和互联网等方面的信息资源极其丰富，出现越来越多未经过滤的、低水平且重复的信息，不仅会淹没真正有价值的信息，浪费学生的时间和精力，而且会使学生形成错误的认识。该题对学生是否能够有效地评估信息的可靠性、正确性、权威性进行调研。调研结果表明，学生有一定的信息评价能力，评价方式也多种多样，但仍需进一步引导与加强，使得用户明白所获信息是需要运用多种评价方式进行综合评价的。

6. 您使用电子资源的主要用途是？（可多选）

A. 掌握本专业的知识、了解本专业的前沿知识　　　　B. 解决学习上遇到的疑惑、问题

C. 查找资料、写论文　　　　D. 获取教学、科研相关的资源　　　　E. 随便逛逛

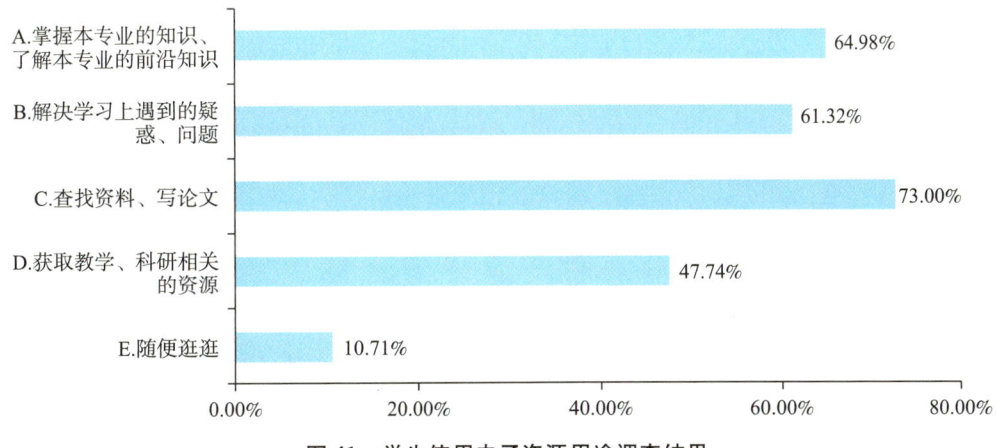

图 41　学生使用电子资源用途调查结果

在调查学生使用电子资源用途方面，结果如图 41 所示，73.00% 的学生使用电子资源来查找资料、写论文，64.98% 的学生使用电子资源来掌握本专业的知识、了解本专业的前沿知识，61.32% 的学生使用电子资源来解决学习上遇到的疑惑、问题，47.74% 的学生使用电子资源来获取教学、科研相关的资源，而 10.71% 的学生选择随便逛逛。

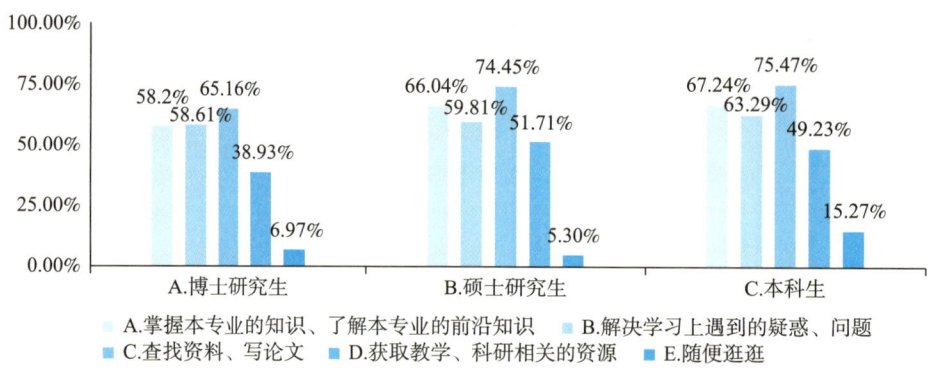

图42　学生使用电子资源用途调查结果（按学历分类统计）

按照学生学历博士研究生、硕士研究生、本科生分别进行统计，统计结果如图42所示。统计表明，在使用电子资源的主要用途中占比最高的都是：查找资料、写论文。本科生占比75.47%；硕士研究生占比74.45%；博士研究生占比65.16%。但随着深入学习，素质教育逐渐转向专业教育，这一占比在逐渐下降。在解决学习上遇到的疑惑、问题方面，本科生占比63.29%；硕士研究生占比59.81%；博士研究生占比58.61%，随着深入学习，素质教育逐渐转向专业教育，这一占比也在逐渐下降。在掌握本专业的知识、了解本专业的前沿知识方面，本科生占比67.24%；硕士研究生占比66.04%；博士研究生占比58.20%，这一占比也是随着学历的增高在逐渐下降。但本科生和硕士研究生在掌握本专业的知识、了解本专业的前沿知识和解决学习上遇到的疑惑、问题上和博士研究生不一样，本科生和硕士生在掌握本专业的知识、了解本专业的前沿知识方面比解决学习上遇到的疑惑、问题方面占比高，这说明在这一学习阶段本科生和硕士研究生都还是了解和接受知识，相比之下博士研究生在解决问题方面的占比较高。在获取教学、科研相关的资源这一项中，硕士研究生占比是最高的，为51.71%。随便逛逛这一项中，本科生最高，占比15.27%，其次是博士研究生6.97%，最少的是硕士研究生占比5.30%。在学习中本科生还是有很高的探索精神的。

在学生使用电子资源上，我们推广和引导，培养学生自主学习和获取信息的能力。培养学生信息获取意识，加大图书馆宣传力度，与学生学习衔接密切。

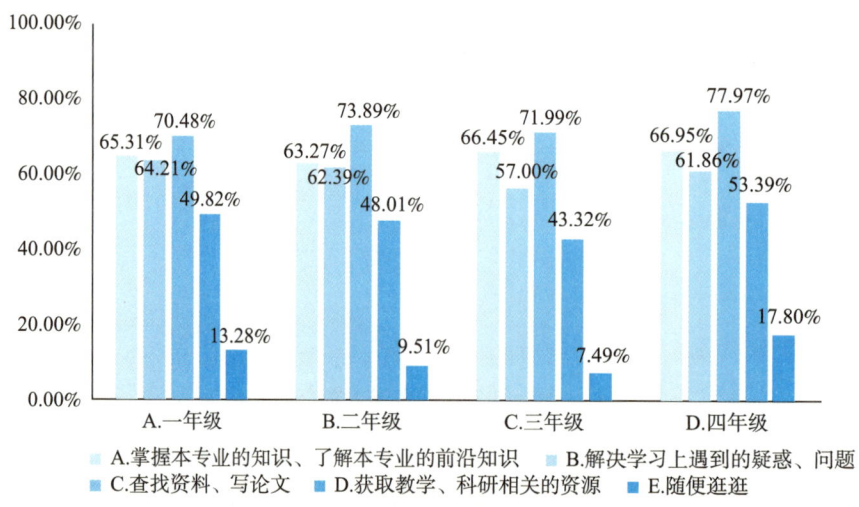

图43　学生使用电子资源用途调查结果（按年级分类）

按照学生年级不同将数据重新进行统计，统计结果如图43所示。统计表明，不同年级学生对使用电子资源用途选择大致相同，与总体选择一致，选择最多的是使用电子资源查找资料、写论文，而少数学生选择随便逛逛。

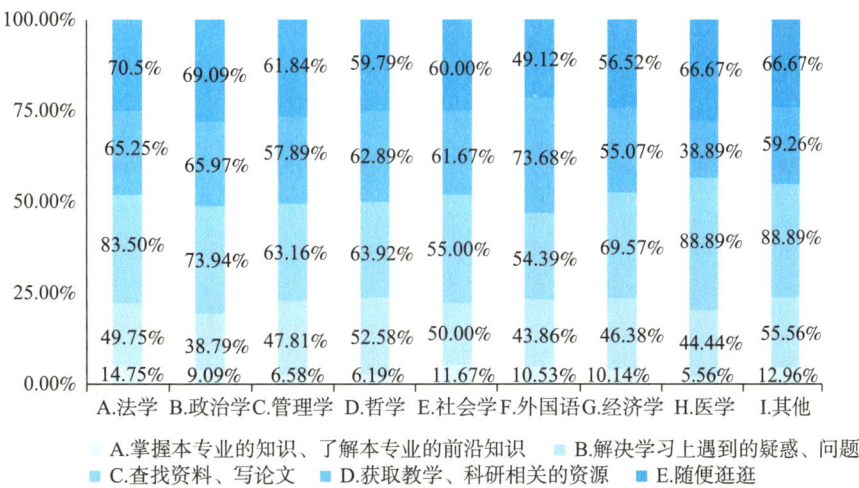

图44 学生使用电子资源用途调查结果（按专业分类）

按照学生专业背景将数据再次进行统计，统计结果如图44所示。统计表明，与不同年级学生对使用电子资源用途选择略有不同，在法学、政治学、管理学、哲学、经济学、医学及其他专业中，学生选择最多的是使用电子资源查找资料、写论文；而在社会学、外国语专业中，学生选择最多的则是使用电子资源解决学习上遇到的疑惑、问题，这与不同专业学习方式不同有关。

电子资源是高校图书馆馆藏的重要组成部分，调查发现，学生对电子资源的使用用途多样，不仅使用电子资源进行日常专业知识的学习，而且还使用电子资源从事科学研究、撰写论文。大部分学生将学习专业知识和从事科学研究作为自己日常学习和工作的重点，并能够通过查阅电子资源来解决学习和科研上所遇到的问题。

7. 您经常使用以下哪几种方式对所获得信息进行有效的组织管理？（可多选）

A. 专业文献管理软件（如 NoteExpress，EndNote 等）　　　　　　　　　B. 文件夹

C. 从不管理　　　　　　　　　　　　　　　D. 其他

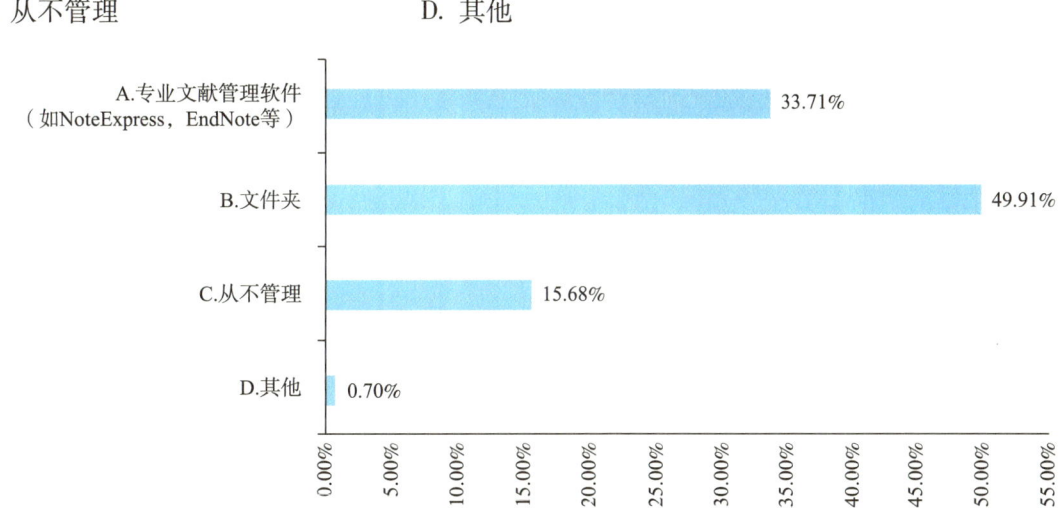

图45 学生信息组织管理方式调查结果

在调查学生信息组织管理方式方面，统计结果如图45所示，49.91%的学生选择使用文件夹进行信息组织管理，33.71%的学生选择使用专业的文献管理软件如 NoteExpress、EndNote，而15.68%的同学从未进行信息组织管理，另有0.70%的学生使用其他的管理工具如印象笔记、CNKI-study、百度学术等。

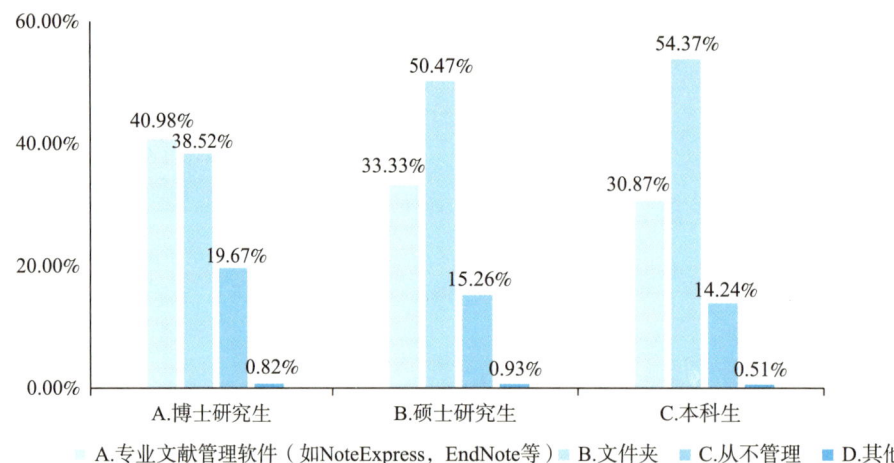

图46 学生信息组织管理方式调查结果（按学历分类统计）

按照学生学历博士研究生、硕士研究生、本科生分别进行统计，统计结果如图46所示。从图中可以看出，博士研究生更多地使用专业的文献管理软件对自己的电子资源进行有效的管理，而硕士研究生和本科生多数还停留在使用传统的文件夹进行信息资源管理的阶段。这也说明学生在使用中逐步体验到专业文献管理软件在使用中的便利性。

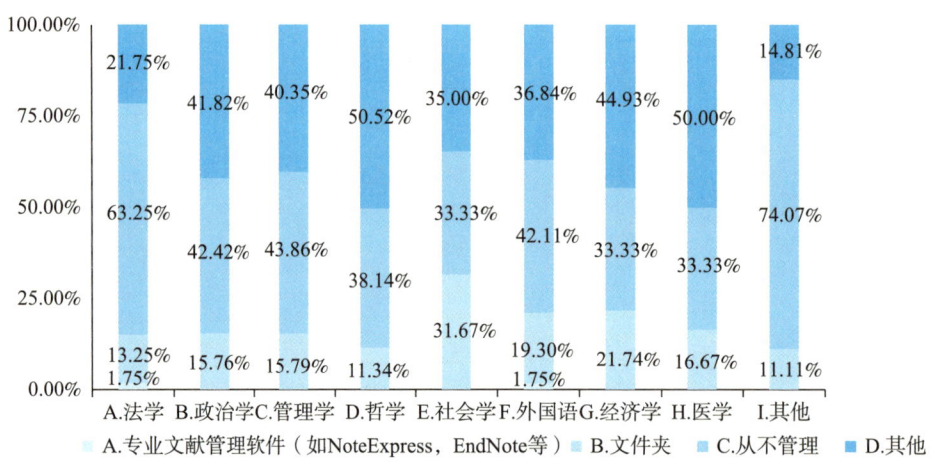

图47 学生信息组织管理方式调查结果（按专业分类统计）

按照学生专业背景不同将数据重新进行统计，统计结果如图47所示。从图中可以看出，哲学、经济学、医学专业的学生更多地使用专业的文献管理软件对自己的电子资源进行有效的管理，而其他专业的学生多数使用传统的文件夹，这只是对信息的简单存储，对信息资源的管理不够细致。

对下载的文献资源进行组织管理可以有效促进资源的深度利用，并能提高资源利用水平。文献管理工具可以为科研人员提供高效的文献管理辅助，通过文献管理工具可以对电子资源进行系统的分类、排序以及统计，方便研究者把握领域研究热点及现状。本题调查学生是否会主动对下载的文献进行组织管理。可以看出，虽然大部分的学生会对已下载的电子文献进行组织管理，但其中却有很大比例的学生不使用专业文献管理软件，这在一定程度上会影响学生对电子资源的利用程度以及科研产出效益，因此在今后的信息素养教育中要加强对文献管理软件的宣传和介绍。

（三）信息道德方面调查结果与分析

1. 在科研学习过程中，当引用他人学术成果时，您按照引用规则逐一标注的频率是？

A. 总是　　　　B. 经常　　　　C. 偶尔　　　　D. 很少　　　　E. 从不

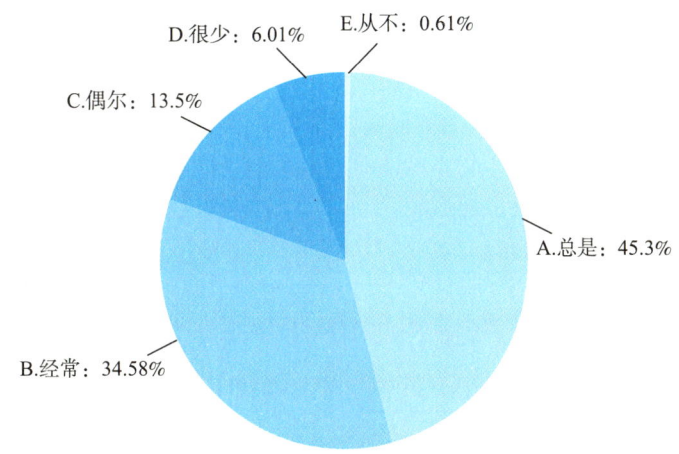

图48　信息标注情况调查结果

如图 48 所示，调查问卷中的绝大多数同学都可以做到经常标注他人学术成果，选择 A 与 B 的学生占到了 79.88%，可以看出学生引用时候，基本可以做到按照学术规范标注。但是也有一部分同学偶尔、很少或从不对他人学术成果进行引用，总是能进行引用的同学不到一半。有些学生没有进行标引也许并不是故意而为之，综合我们在日常的咨询工作中接收到的学生提问，很多学生不大清楚硕士论文引用时候的注释体例为何，这也可能导致选择 C、D、E 的同学其实是想引用、想标注，但确实不会，也怕标错。综上所述，今后在图书馆信息素养系列讲座中更好地宣传如何引用、如何标注是一个好的解决办法。

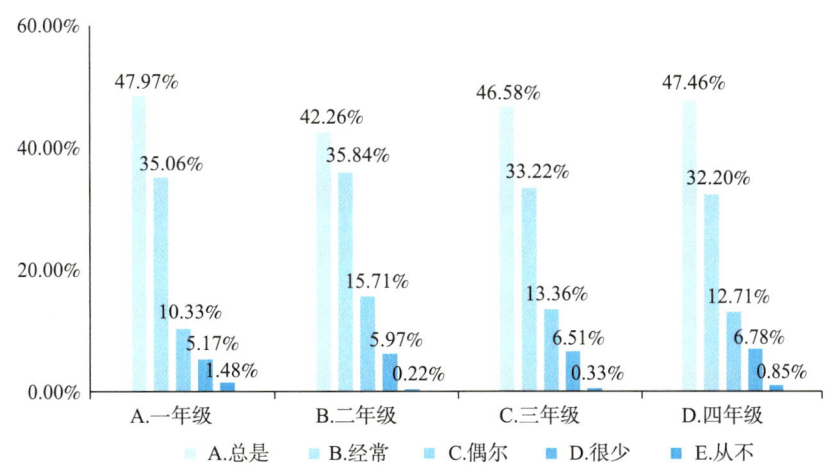

图49　信息标注情况调查结果（按年级分类统计）

如图 49 所示，从所在年级看，各个年级选择 A 和 B 的应该说是比例近乎相同，这说明学生的信息标引问题与所处年级并无太大关联，各个年级都有关于引用的问题，并不能说随着年级的增高，大三或者大四就比大二或者大一更明白引用和注释的规则。说明在大一到大四这个时间段里，学生并没有接受专业系统的引用与注释方面的培训与学习，我们需要在下一步工作中加强对学生这方面的培训。

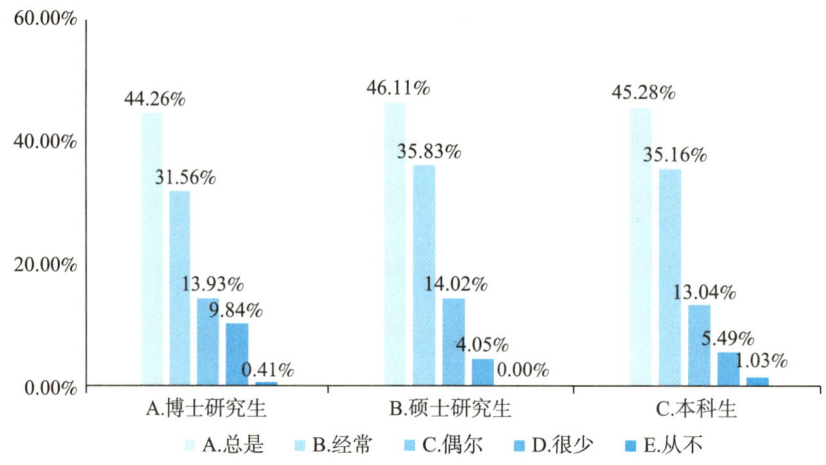

图50　信息标注情况调查结果（按学历分类统计）

如果我们按照学生的学历博士、硕士、本科来分类，统计结果如图50所示，发现依然有此问题，无论学生的学位高低，其选择 A 和 B 的比例都高度接近，这和上一图的分析结果是一样的，无论是处于何种学历的学生都存在信息标注的问题。简言之，无论是博士、硕士或者本科生，他们的信息标注水平并无差别，都有待提升。

（四）图书馆利用现状调查结果与分析

1. 您对图书馆资源的了解程度如何？

	非常了解	比较了解	基本了解	不太了解	完全不了解
中文图书					
外文图书					
中文报纸期刊					
外文及港台报纸期刊					
中文数据库					
外文数据库					
试用数据库					
政法博硕论文库					
法大教师文库					
沈家本木刻					
随书光盘及多媒体点播系统					

根据调查问卷结果分析，从图51中可以看出我校师生对中文图书、中文数据库的了解程度非常高，对随书光盘及多媒体点播系统、沈家本木刻、法大教师文库的了解程度较低。

从非常了解、比较了解、基本了解、不太了解和完全不了解5个指标来看，我校学生对我馆馆藏中文

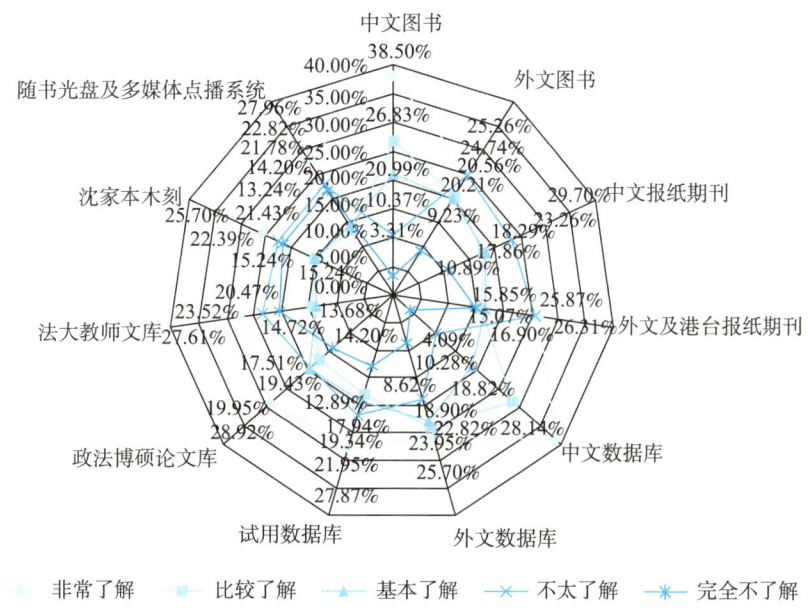

图51 图书馆资源了解状况调查结果（一）

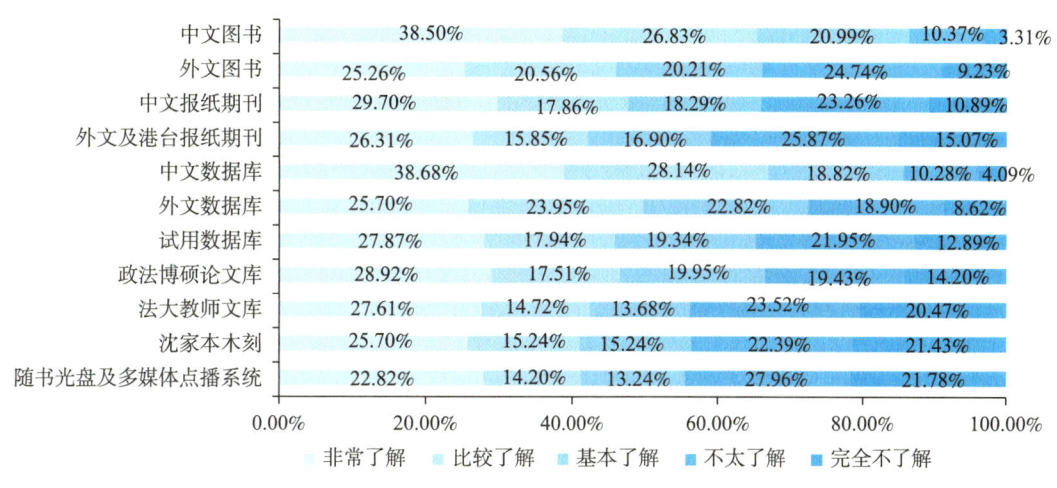

图52 图书馆资源的了解状况调查结果（二）

数据库的非常了解程度最高。根据调研结果分析（图52），参与调研的同学中有38.68%的学生表示自己对中文数据库十分了解，28.14%的同学比较熟悉中文数据库，完全不了解的同学仅占4.09%。我校学生对我馆中文图书也十分熟悉，在馆藏资源类型熟悉度中位居第二，38.50%的同学十分了解我馆中文图书资源，26.83%的同学比较了解我馆中文图书资源，完全不了解的同学占比仅到3.31%。十分了解中文报纸期刊的同学占比达到29.70%，位居各类型资源熟悉度第三。调研结果反映出我校同学对中文馆藏资源的了解程度较高，中文数据库和中文图书是我校同学最了解的资源类型。

外文数据库、外文图书、外文及港台报纸期刊在十分了解指标的排名中处于倒数第一位、倒数第二位和倒数第四位。外文数据库和外文图书资源居比较了解指标第三位与第四位，在基本了解指标中位居第一、第三。25.87%的同学表示自己不太熟悉外文及港台报纸期刊，位居不太了解指标首位。根据调研结果可以看出我校师生对外文资源了解程度较低，低于对中文资源的熟悉程度，没有达到十分了解的程度。

法大教师文库、沈家本木刻和随书光盘及多媒体点播系统资源是学生最不熟悉的资源，学生对这三类资源的完全不了解程度分别为20.47%、21.43%、21.78%，在完全不了解比例排行中占据前三。根据调研结果可知，学生对我馆特藏资源了解较少，需加大宣传力度。

（1）中文图书

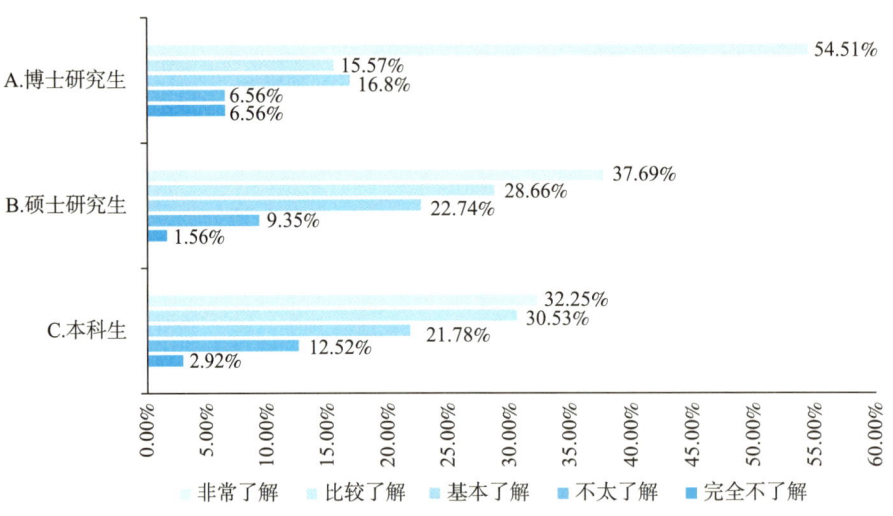

图53　中文图书的了解状况调查结果（按学历分类统计）

从图53中可以看出，参与调研的博士生群体中，有超过一半的博士研究生认为自己对馆藏中文图书是非常了解的，比例约占54.51%；完全不了解图书馆馆藏中文图书资源的博士生数量只占全体参与调研博士生数量的6.56%；比较了解的比例为15.57%，基本了解的比例为16.8%，不太了解的比例为6.56%。参与调研的硕士生群体中，有37.69%的硕士研究生认为自己对图书馆馆藏中文图书资源非常了解，28.66%的硕士研究生认为自己比较了解图书馆馆藏中文图书资源，22.74%的硕士生对图书资源处于基本了解的状态，9.35%的硕士研究生认为自己不太了解图书馆中文图书资源，只有1.56%的硕士生认为自己完全不了解图书馆中文图书资源。参与调研的本科生群体中，有32.25%的本科生认为自己非常了解图书馆中文图书资源，30.53%的学生认为自己对图书馆中文图书资源比较了解，21.78%的本科生对图书馆中文图书资源处于基本了解的状态，12.52%的学生不太了解图书馆中文图书资源，完全不了解图书馆中文图书资源的本科生约占参与调研全体本科生的2.92%。

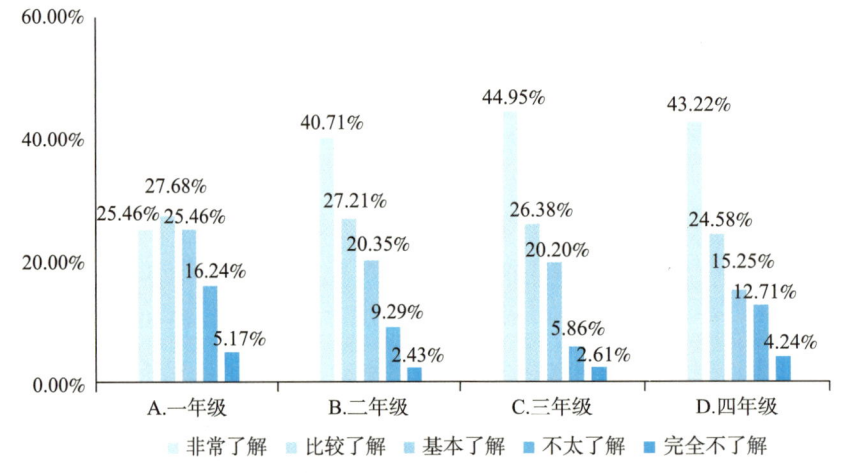

图54　中文图书的了解状况调查结果（按年级分类统计）

从图 54 中可以看出，无论是本科生还是硕士生亦或博士生，年级与中文图书了解程度整体呈正比，随着年级的增高，学生对中文图书资源的了解程度也越来越高。四年级的同学对中文图书的非常了解程度最高。如图 55 所示，博士四年级学生对中文图书资源的非常了解程度约占全体参与调研博士生的 72%；是硕士四年级学生对中文图书的非常了解程度位列第三，占比 60.00%；本科四年级的学生对中文图书的非常了解程度占 32.53%。从三个学历阶段，共 12 个年级来看，对中文图书非常了解的是博士四年级学生，其次是博士二年级学生，占比 60.98%，接着是硕士四年级学生，占 60.00%。

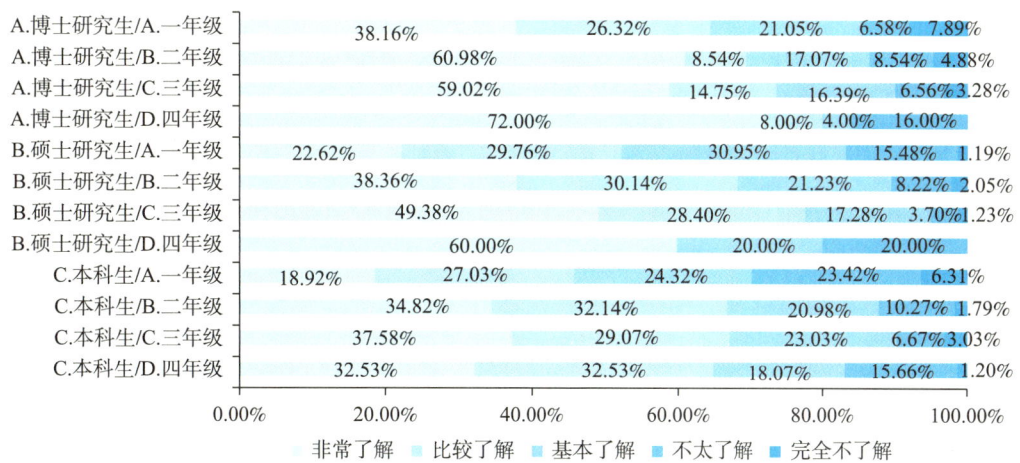

图 55 中文图书的了解状况调查结果（按学历及年级分类统计）

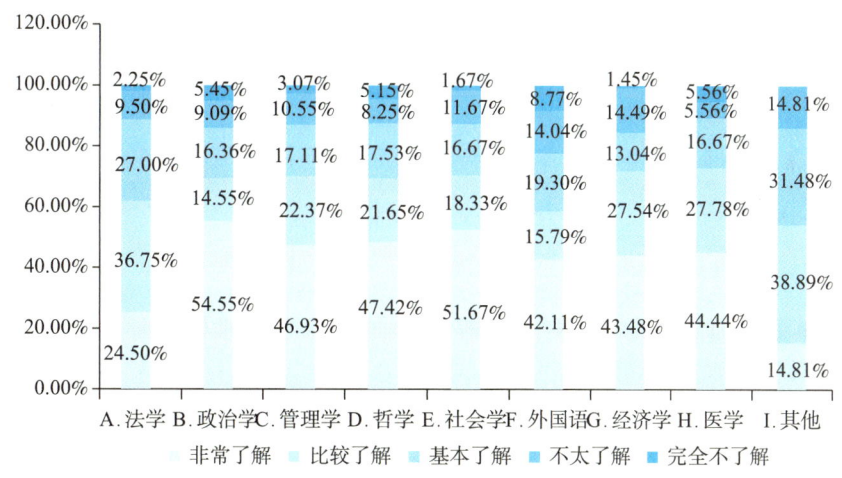

图 56 中文图书的了解状况调查结果（按专业分类统计）

根据调研结果分析，政治学专业、社会学专业的学生对中文图书的了解程度最高。如图 56 所示，在所有专业中，对中文图书非常了解占比超过 50% 的专业是政治学专业、社会学专业，非常了解指标的占比是 54.55%、51.67%。与其他各类专业相比，法学类专业同学对中文图书的熟悉程度大多处于比较了解、基本了解的状态，十分了解的比例相对较低。36.75% 的法学同学比较了解中文图书，27.00% 的同学基本了解中文图书，24.50% 的同学十分了解中文图书。

（2）中文数据库

根据调研结果分析，各学历阶段的学生对中文数据库都很熟悉。各学历阶段的学生对中文数据库的熟悉程度占比从非常了解、比较了解、基本了解、不太了解、完全不了解整体上呈现依次递减的态

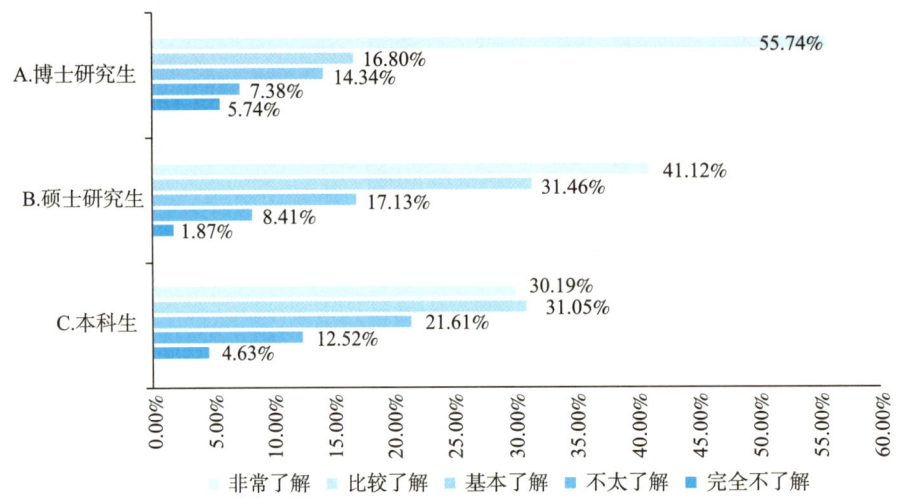

图57　中文数据库的了解状况调查结果（按学历分类统计）

势。非常了解的人数占比最多，完全不了解的人数占比最低，统计结果如图57所示。从图57中可以看出，相比较硕士研究生和本科生，博士研究群体中非常了解中文数据库的人员比例更多，非常了解中文数据库的博士生占参与调研全部博士生的55.74%，硕士生非常了解比例为41.12%，本科生比例为30.19%。

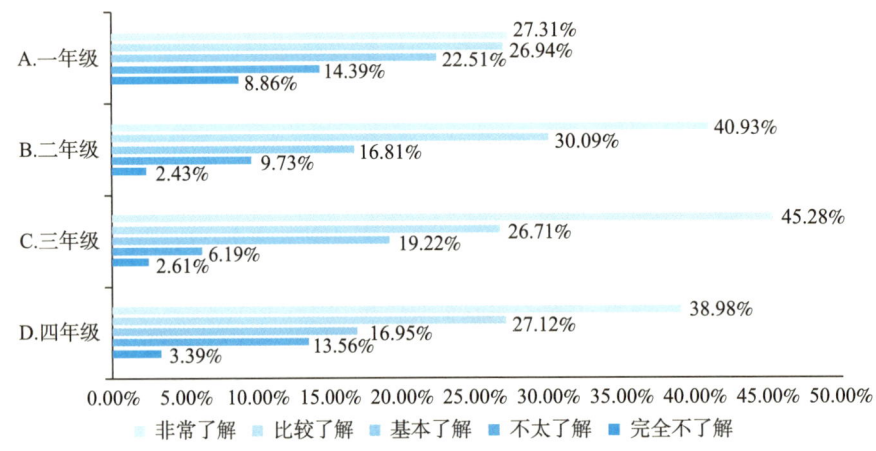

图58　中文数据库的了解状况调查结果（按年级分类统计）

从图58中可以看出，无论是本科生还是硕士生亦或博士生，年级与中文数据库了解程度整体呈正比，随着年级的增高，学生对中文数据库资源的了解程度也越来越高，非常了解指标的比例随着年级的增长逐步攀升，而比较了解、基本了解、不太了解和完全不了解的比例则逐渐下降，转化为对中文数据库非常了解比例的增长。该趋势并未明显反应在四年级学生群体中，这和四年级学生面临毕业、实习和就业，多外出参与社会实践有一定关系，但博士四年级学生对中文数据库的了解程度是所有群体中比例最高的（如图59所示），这有可能源于学术论文撰写的强烈需求。

根据调研结果分析，如图60所示，社会学专业的同学对中文数据库熟悉程度最高，55.00%的社会专业同学都非常了解我馆中文数据库资源；政治学专业有50.91%的同学对中文数据库资源非常了解。法学专业同学对中文数据库的了解处于熟悉状态，30.50%的法学专业同学十分熟悉中文数据库，35.75%的同学比较了解中文数据库。

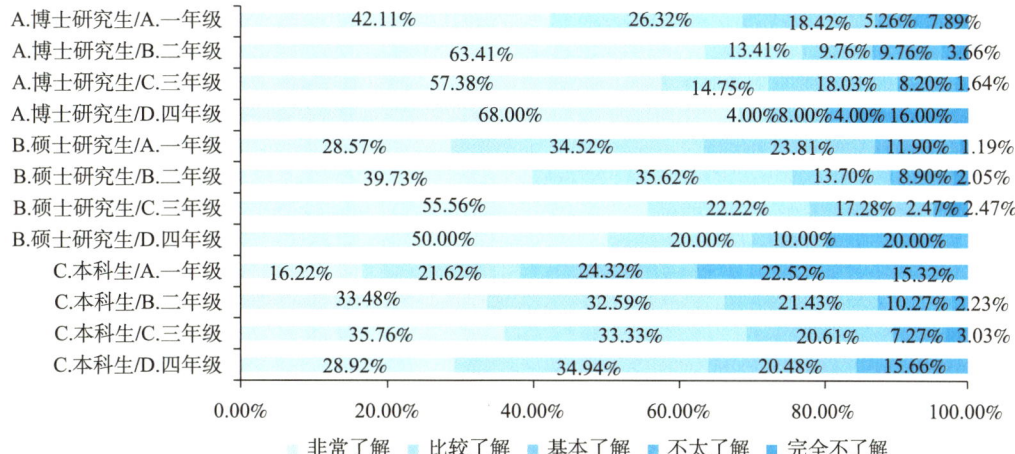

图59　中文数据库的了解状况调查结果（按学历及年级分类统计）

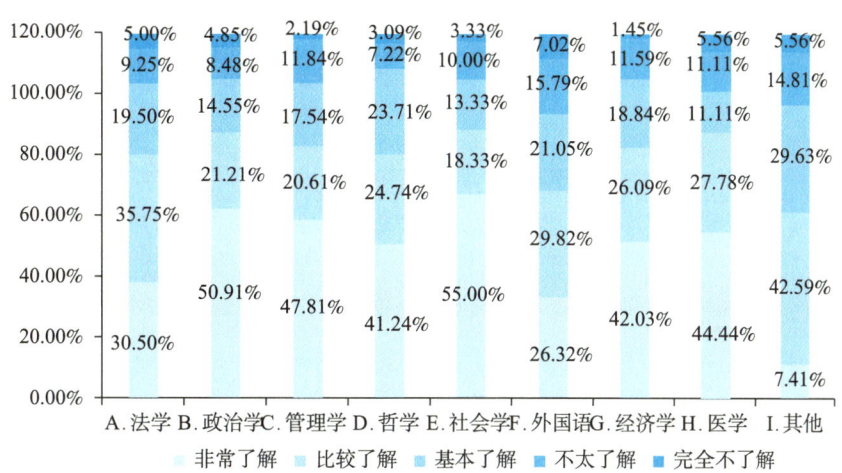

图60　中文数据库的了解状况调查结果（按专业分类统计）

（3）外文图书

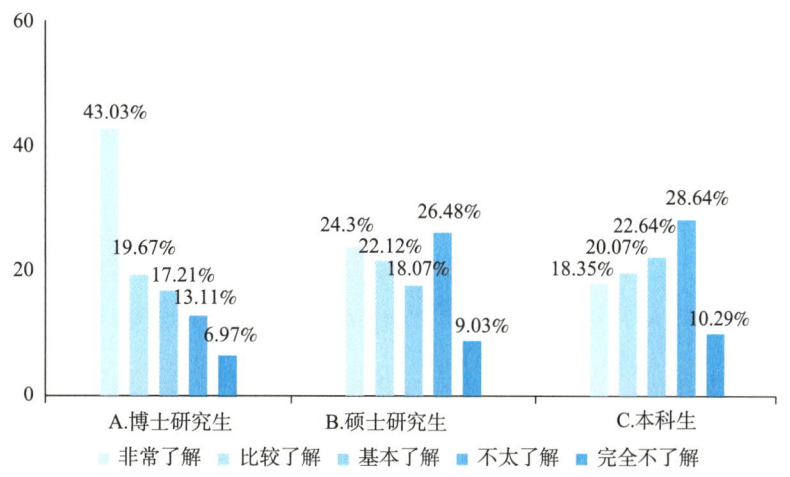

图61　外文图书的了解状况调查结果（按学历分类统计）

　　从图61中可以看出博士生调研对象对馆藏外文图书是非常了解的，本科生群体中对馆藏外文图书完全不了解的人数最多。博士生对外文图书非常了解的比例占43.03%，比较了解的比例为19.67%，对我馆馆藏外文图书基本了解的比例占 17.21%，不太了解我馆馆藏外文的图书的比例为 13.11%，完全不了解的比例为 6.97%；硕士研究生对我馆外文图书非常了解的比例占参与调研全体硕士研究生的 24.3%，比较了解的比例占 22.12%，基本了解的比例占 18.07%，不太了解的比例占 26.48%，完全不了解的比例占 9.03%；本科生对我馆外文图书非常了解的比例占 18.35%，比较了解的比例占 20.07%，不太了解的比例占 28.64%，完全不了解的比例占 10.29%。可以看出本科生群体对馆藏外文图书不太了解的人数比例最高，占比 28.64%，面向本科生的外文纸质图书资源的宣传与利用培训活动还需进一步加强，以帮助本科生进一步了解所学专业领域的国外相关理论、实践与研究现状，帮助同学丰富自己的学习理论体系。

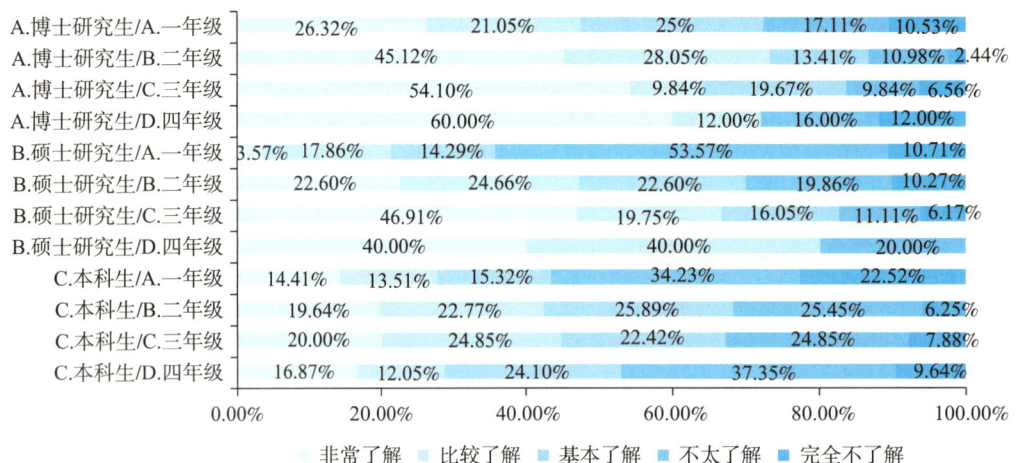

图 62　外文图书的了解状况调查结果（按学历及年级分类统计）

根据调研结果，如图 62 所示，博士四年级学生对外文图书最为熟悉，60.00% 的博士四年级学生、54.10% 的三年级博士生、45.12% 的二年级博士生对外文图书非常了解。对外文图书较为熟悉的群体其次是三年级硕士生，约 46.91% 的学生非常熟悉外文图书。对外文图书了解程度最低的是本科一年级学生，完全不了解外文图书的占比达到 22.52%。

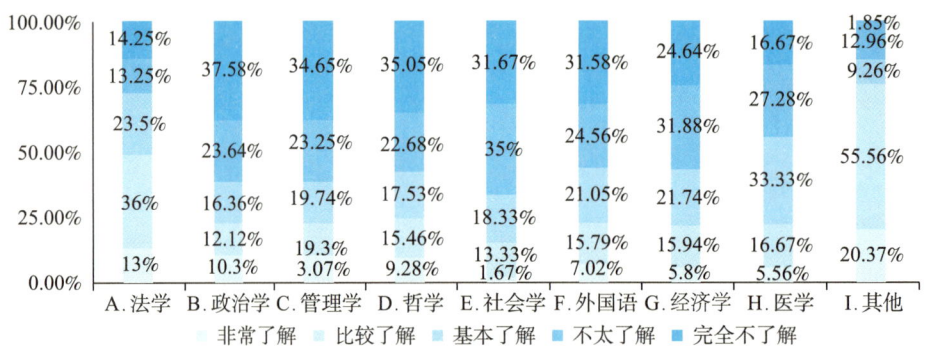

图 63　外文图书的了解状况调查结果（按专业分类统计）

与中文图书、中文数据库相较，我校不同专业学生对馆藏外文图书十分了解的占比较低，且分布比较平均（如图 63 所示）。各专业学生群体十分熟悉馆藏外文图书的比例均未超过一半，政治学专业同学中非常了解外文图书的学生人数最多，占比 37.58%，哲学专业占比 35.05%，管理学为 34.65%，外国语专业占比 31.58%。法学专业中，36.00% 的同学不太了解外文图书，非常熟悉外文图书的人数占全部参与调研的法学专业同学人数的 14.25%。

（4）外文数据库

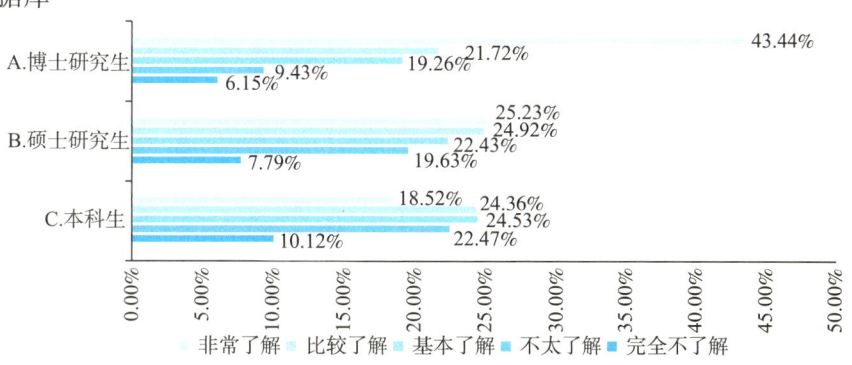

图 64 外文数据库的了解状况调查结果（按学历分类统计）

根据调研结果分析，如图 64 所示，各学历阶段的学生均熟悉我馆外文数据库。与中文数据库一致，各学历阶段的学生对外文数据库的熟悉程度占比从非常了解、比较了解、基本了解、不太了解、完全不了解整体上呈现本科生非依次递减态势。非常了解的人数占比最多，完全不了解的人数占比最低。博士生对外文数据库非常了解的占比最高，43.44% 参与调研的博士生表示非常了解外文数据库。从图 64 中可以看出，与博士生大多掌握外文数据库的情况不同的是，硕士研究生和本科生对外文数据库的了解态势类似，对外文数据库基本了解、比较了解和非常了解的群体占比较为平均，占比整体处于 15.00% ~ 25.00%。

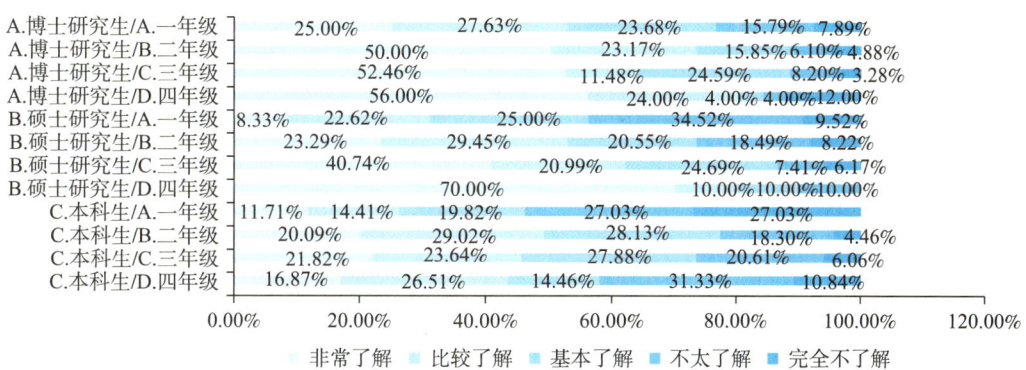

图 65 外文数据库的了解状况调查结果（按学历及年级分类统计）

与外文图书情况一致的是，大部分博士生对外文数据库的了解程度很高。如图 65 所示，参与调研的博士四年级学生中有 56.00% 的学生表示非常了解外文数据库，52.46% 的博士三年级学生和 50.00% 的博士二年级学生也非常了解外文数据库。与中外文图书、中文数据库被了解情况不一致的是，参与调研的硕士四年级学生中有 70.00% 的同学表示非常了解外文数据库，远高于博士四年级同学对外文数据库的熟悉程度。

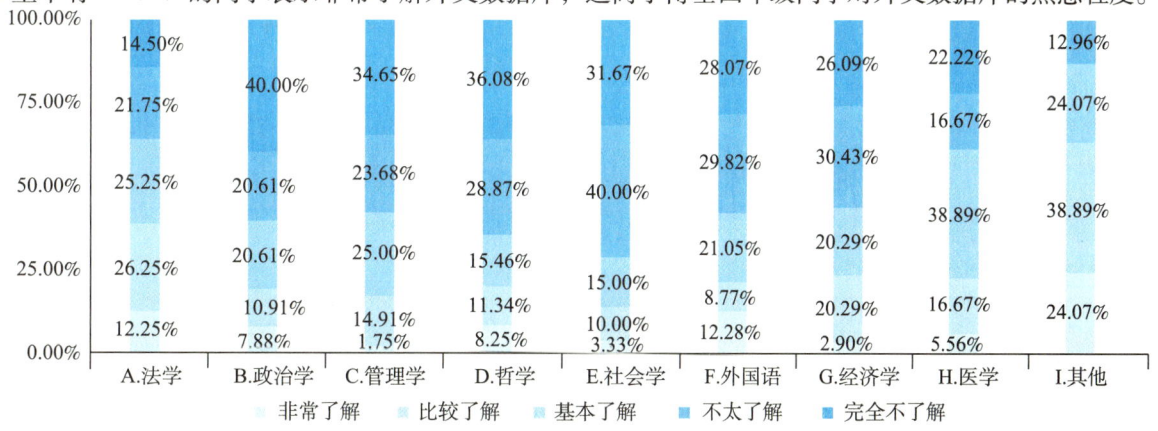

图 66 外文数据库的了解状况调查结果（按专业分类统计）

　　根据调研分析，如图66所示，政治学专业中非常了解外文数据库的比例最高，为40.00%。管理学、哲学与社会学专业同学非常了解外文数据库的比例也均超过30%。总体来说，各专业同学对外文数据库的了解程度比例分布较为平均，各个专业中，有50%~70%的同学表示自己非常了解或者比较了解外文数据库。

　　（5）政法博硕论文库

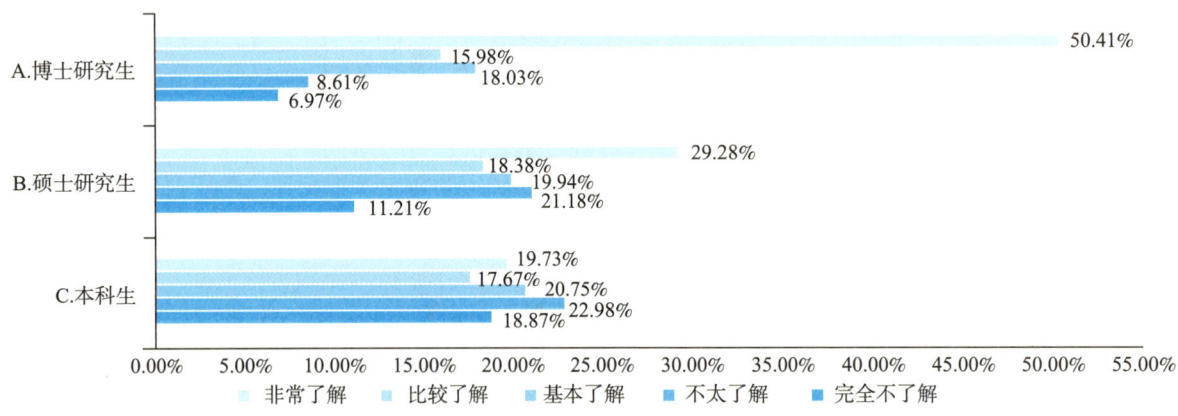

图67　政法博硕论文库的了解状况调查结果（按学历分类统计）

　　根据调研结果，如图67所示，可以看出我校博士生和硕士生对政法博硕论文库是很熟悉的。50.41%的参与调研博士生表示自己非常了解政法博硕论文库，29.28%的硕士生对政法博硕论文库非常了解。

　　比较了解、非常了解指标在一定程度上反映了学生对资源的掌握程度可以支撑其学习和科研，将比较了解和非常了解指标的数值之和进行相加，可以看出66.39%的博士生、47.66%的硕士生、37.40%的本科生在学习和科研过程中能够独立有效地利用我馆资源以帮助学习和科研的开展。

　　调研结果表明，相比较本科生和硕士生，大部分博士生对我馆资源的了解程度非常高，硕士研究生次之，非常了解的本科生比例最低。这在一定程度上表明我馆的资源宣传工作和资源服务利用培训活动在博士生群体和硕士生群体效果较为明显，对硕士生和博士生开展的信息素养教育使硕士生和博士生对我馆的资源比较熟悉，这能够助力我校硕博士生的学习研究，提高他们的学习研究效率。博士生对我馆资源了解程度最高，也说明他们在学习与科学研究过程中对资源的需求比较强烈，在信息素养教育过程中，应该注重博士生与硕士生的个性化信息需求，对用户的不同需求进行精准定位，提供个性化、精准化的深度信息服务。本科生、硕士生和博士生对馆藏资源的非常了解程度依次递增，而与之相对的是，他们对馆藏资源的比较了解程度则依次递减，这也说明了本科生对新事物的接受程度与好奇心均比较强烈，愿意积极学习未知事物。对于高校图书馆资源而言，博硕士生在本硕阶段已经有所了解，信息意识较强，本科生对图书馆资源则处于探知阶段，根据此次调研结果，也可以看出我校本科生对我馆资源的探索有比较高的兴趣，比较了解的比例约31%。

　　2. 您对图书馆服务的了解程度如何？

	非常了解	比较了解	基本了解	不太了解	完全不了解
馆际互借					
原文传递					

	非常了解	比较了解	基本了解	不太了解	完全不了解
读者荐购					
座位预约					
自助借还					
自助打印、复印、扫描					
咨询服务					
微信公众号服务（如馆藏查询、图书续借、座位预约等）					
远程访问					
图书预约					
图书赔偿					
赠书服务					
图书架位导航					
信息检索相关课程					
资源与服务专题系列讲座					
论文提交服务					
新生培训（如视频教学、面对面入馆指导、新生闯关小游戏等）					
嵌入式教学服务					
阅读推广（书展、读书日等）					
查收查引					
移动图书馆					

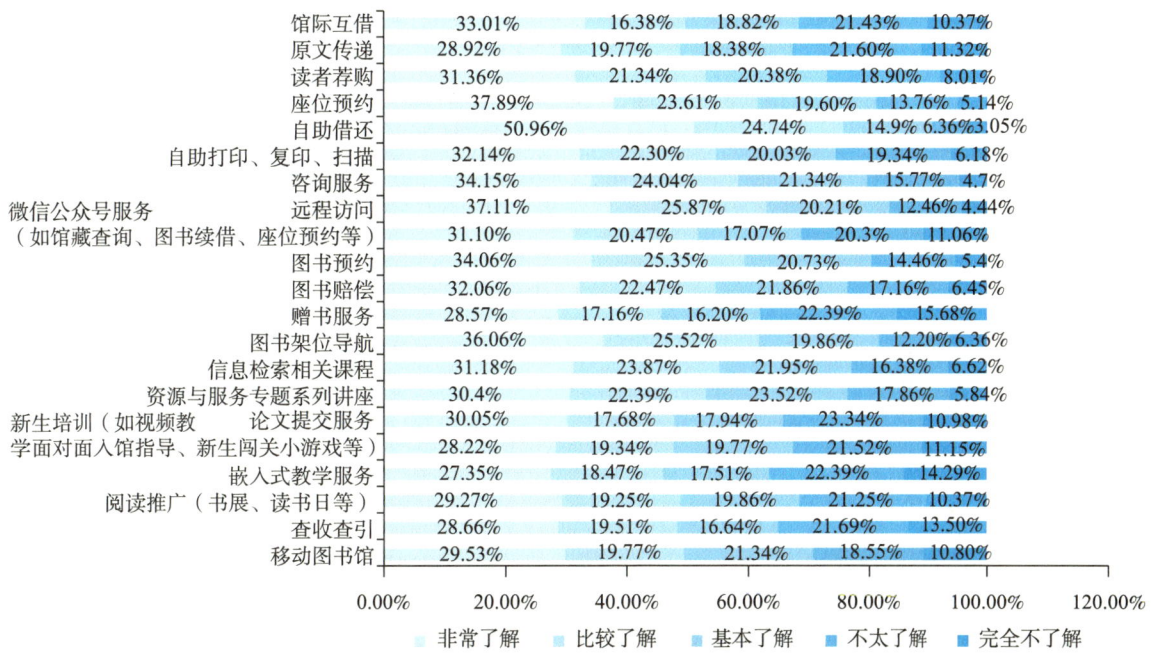

图68 图书馆服务的了解程度调查结果

根据调研结果统计，如图68所示，我校同学对我馆自助借还服务的了解程度最高，约51%的同学表示自己非常了解我馆的自助借还服务。座位预约服务位列服务熟悉程度第二名，37.89%的同学表示自己非常了解座位预约服务。同学对图书馆的微信公众号服务，如馆藏查询、图书续借、座位预约等服务也非常了解，37.11%的同学表示自己对图书馆微信公众号服务非常了解。在图书馆提供的服务中，按照对资源非常了解的指标排序，图书架位导航服务位列第四，也是同学比较青睐的服务。在所有服务中，同学最不熟悉的服务是赠书服务，15.68%的同学表示自己完全不了解赠书服务。嵌入式教学服务与查收查引服务对同学来说也比较陌生，14.29%的同学表示自己完全不了解嵌入式服务，13.50%的同学完全不熟悉查收查引服务，这与服务对象范围限定有一定关系。

（1）自助借还服务

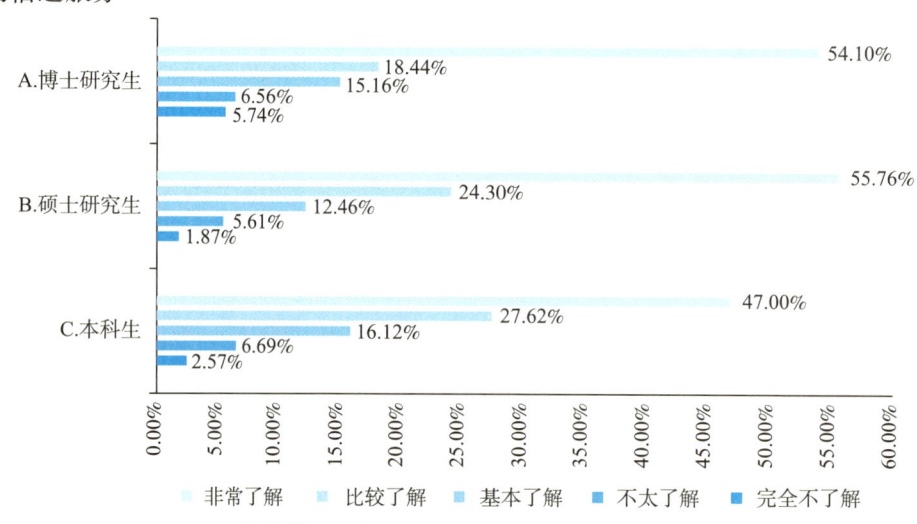

图69　自助借还服务了解程度调查结果（按学历分类统计）

根据调研统计，在我校学生群体中，无论是博士生、硕士生还是本科生，对自助借还服务都比较熟悉。如图69所示，学生人数与了解程度呈正比关系，非常了解的比重最大，均处于50%左右，完全不了解在所有了解指标中比重最低，只有极少数的学生对自助借还服务是完全不了解的。

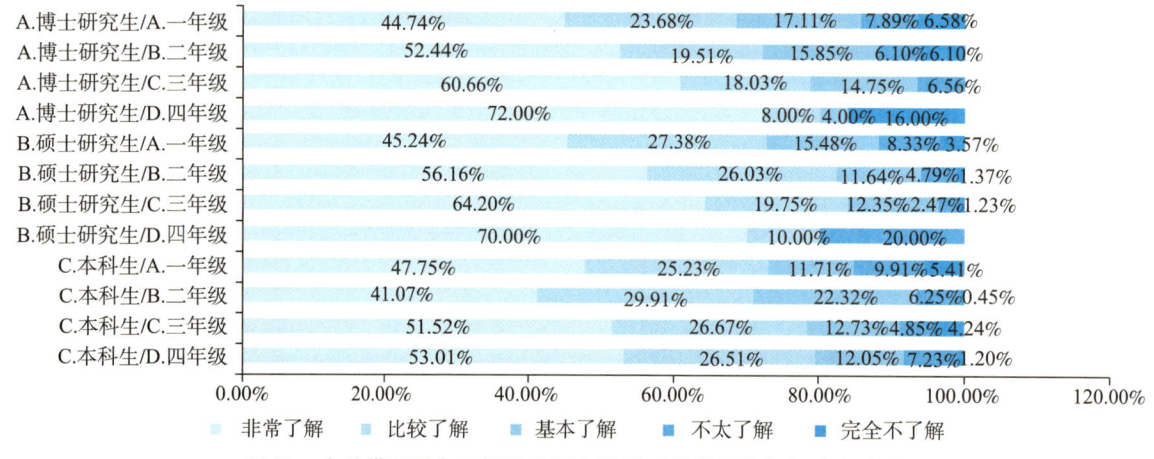

图70　自助借还服务了解程度调查结果（按学历及年级分类统计）

从调研统计中可以看出，如图70所示，随着年级的升高，博士生和硕士生对自助借还服务基本了解与比较了解的比例越来越低，非常了解的比例越来越高。博士生和硕士生年级的增高与了解程度的加深呈现正比关系。从图70中可以看出，对自助借还服务非常了解比例最高的是四年级博士生，其次是四年级硕士研究生。本科生对自助借还的了解程度分布相对比较平均，并未出现随着年级的升高，了解程度逐步加深的态势。

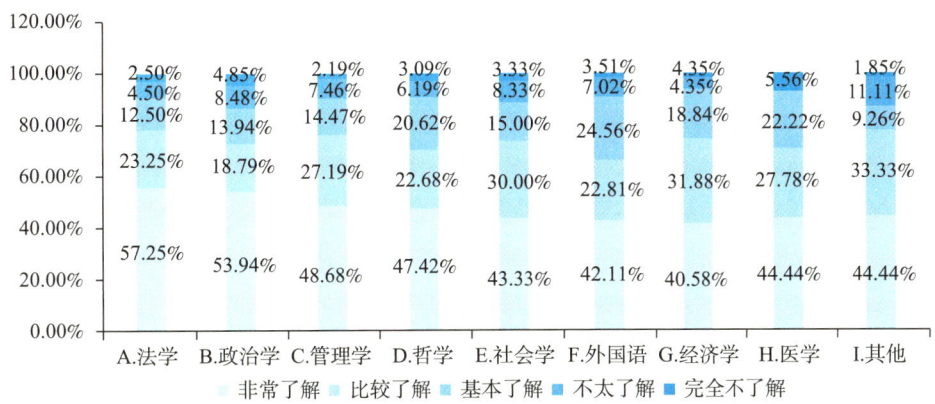

图 71　自助借还服务了解程度调查结果（按专业分类统计）

从图 71 可以看出，我校各专业学生对自助借还服务了解程度分布比较均衡。各专业约 40%～60% 的同学对自助借还服务非常了解，25% 左右的同学对自助借还服务比较了解，只有极少数同学完全不了解自助借还服务。

（2）座位预约

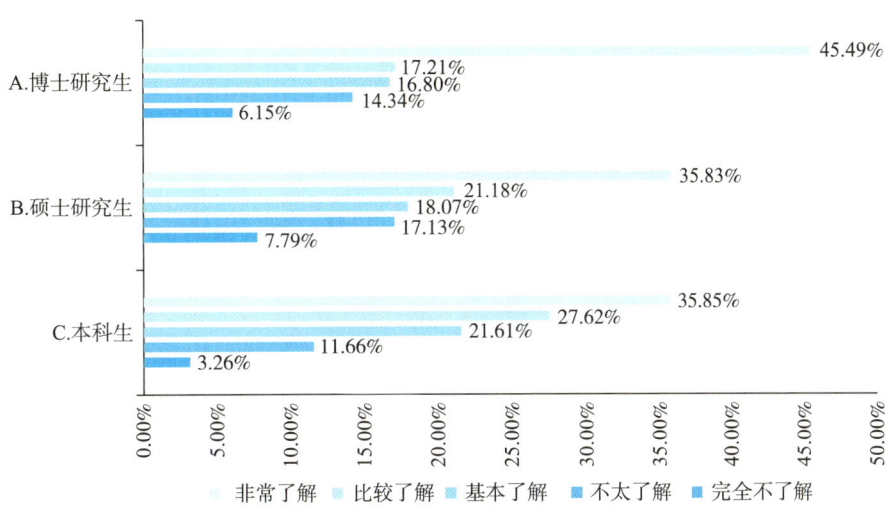

图 72　座位预约服务了解程度调查结果（按学历分类统计）

根据调研结果统计（图 72 所示），我校学生对座位预约服务是非常了解的，其中博士生非常了解比例最高，45.49% 的博士生非常了解座位预约服务；本科生中完全不了解座位预约服务的学生仅占参与调研全体本科生的 3.26%。我校图书馆的座位预约服务目前在昌平校区开设，而目前大部分博士生在学院路校区学习生活，但博士生却对我馆的座位预约服务最为了解，这从侧面也能反映出我校博士生对图书馆服务的关注度很高，善于运用图书馆的资源与服务提高自身的学习与科研效率。

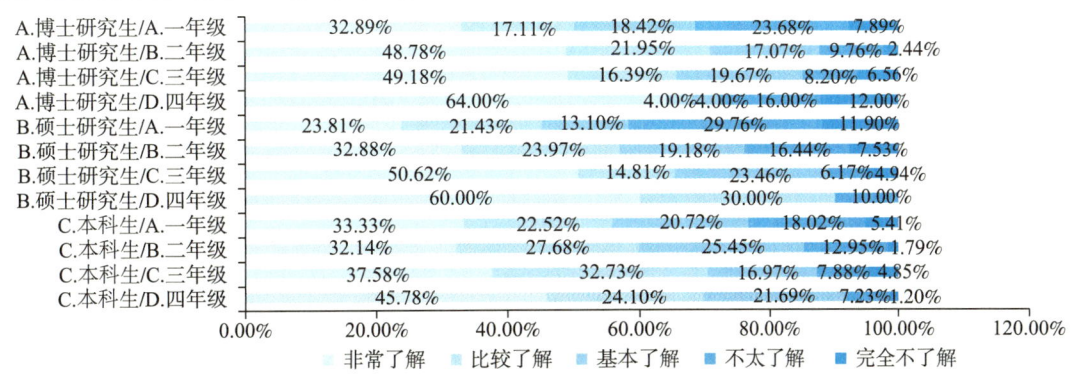

图 73　座位预约服务了解程度调查结果（按学历及年级分类统计）

从调研结果中（图 73 所示）可以发现，各学历阶段的学生随着年级的升高，对座位预约服务的非常了解比例越来越高。从图 73 中可以看出，博士阶段的学生随着年级的增长，基本了解与比较了解逐渐转化为对座位预约服务的深入了解。本科生的基本了解、比较了解和非常了解比例持平，均保持在 20% ~ 30% 之间，对座位预约服务完全不了解的比例在本、硕、博群体中都是最低的。

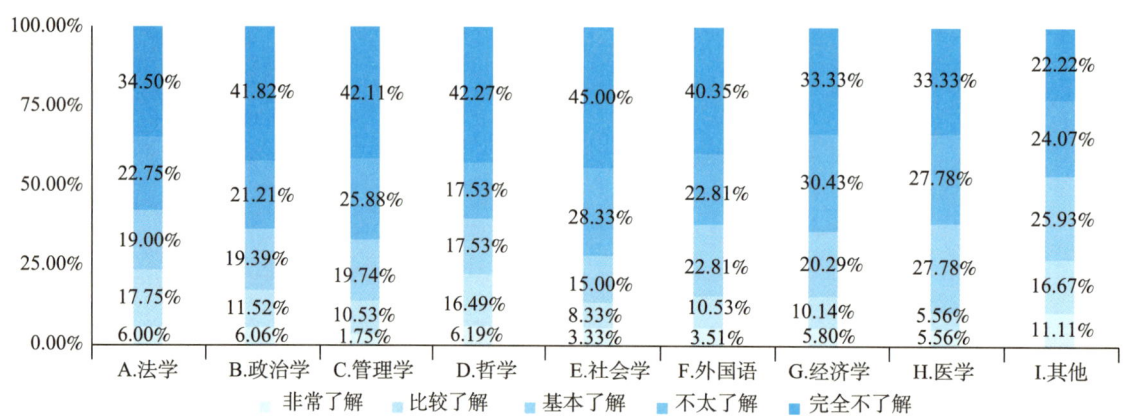

图 74　座位预约服务了解程度调查结果（按专业分类统计）

如图 74 所示，我校各专业同学对座位预约服务的了解程度比较均衡。约 20% ~ 40% 的同学非常了解座位预约服务。约 25% 的各专业同学对座位预约服务比较了解，约 20% 的同学对座位预约服务基本了解。

（3）微信公众号服务

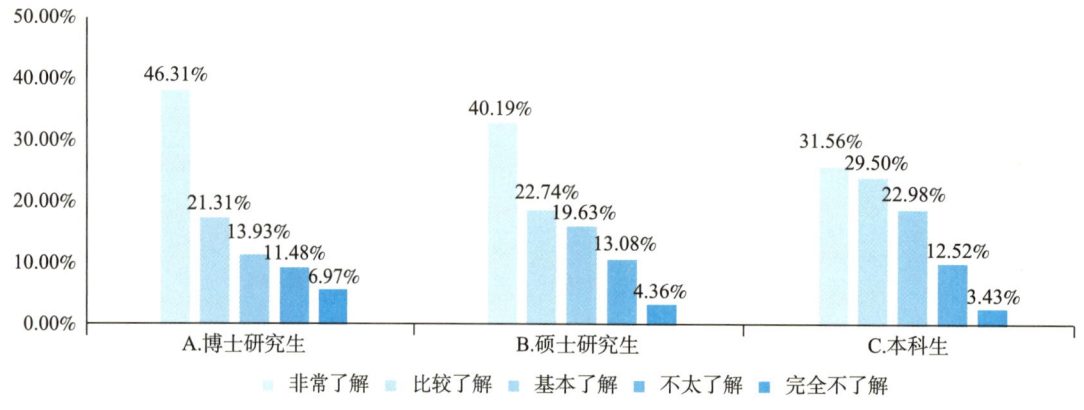

图 75　微信公众号服务了解程度调查结果（按学历分类统计）

从调研结果统计可知（如图 75 所示），我校的博士生、硕士生和本科生对图书馆微信公众号都比较熟悉。46.31% 的博士生表示非常了解微信公众号服务，是了解微信公众号服务程度占比最高的群体。本科生对微信公众号完全不了解的比例仅占 3.43%，可以看出本科生对新技术、新媒体服务方式接受程度很高。

根据调研结果统计（如图 76 所示），可以发现整体上我校博士生、硕士生和本科生对微信公众号服务的了解呈现出年级的增长与服务了解程度呈正比的态势。其中硕士生随年级的升高对服务的了解逐步加深的趋势表现得最为明显。参与调研的硕士四年级学生中有 70.00% 的同学非常了解微信公众号服务，位居"非常了解"指标首位，其次是博士四年级学生，占比 60.00%。本科生各年级表现较为平均。

我校各个专业的同学对图书馆微信公众号均比较熟悉。如图 77 所示，约 30% ~ 40% 的各专业同学表示非常了解图书馆微信公众号服务，20% ~ 30% 的各专业同学比较了解图书馆微信公众号服务，完全不了

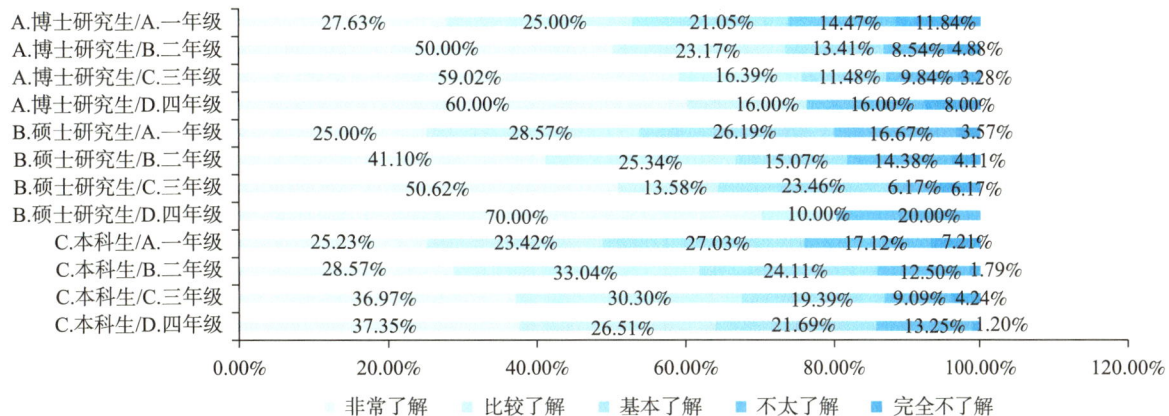

图 76　微信公众号服务了解程度调查结果（按学历及年级分类统计）

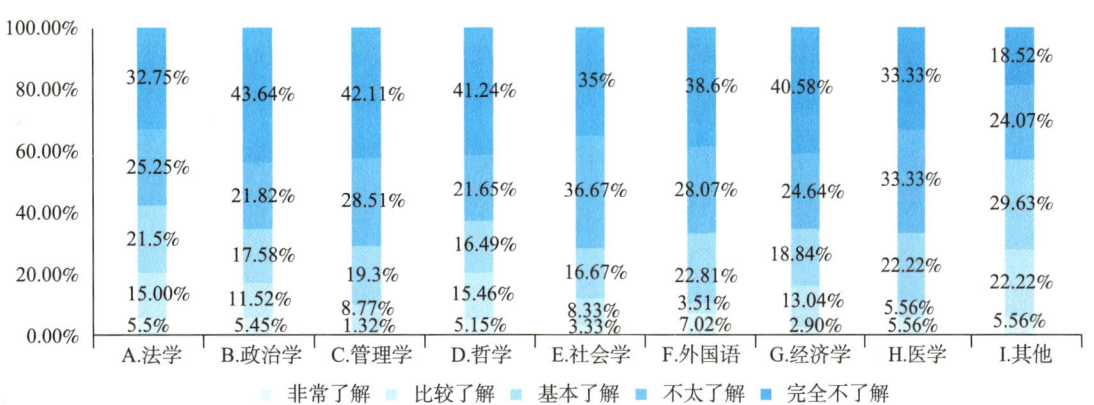

图 77　微信公众号服务了解程度调查结果（按专业分类统计）

解图书馆微信公众号服务的学生占比均为个位数比值，比例较低。由此可见，我校学生对图书馆微信公众号服务这一新的服务方式比较认可，关注度很高。

（4）资源与服务系列专题讲座

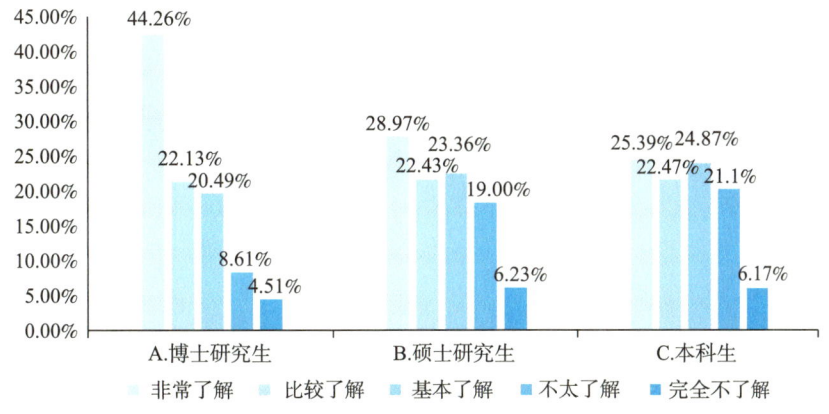

图 78　资源与服务系列专题讲座了解程度调查结果（按学历分类统计）

我校各个学历阶段的同学对图书馆开设的资源与服务系列专题讲座总体比较熟悉。如图 78 所示，完全不了解比例最高的是硕士生，占比 6.23%，比例极低。博士生对图书馆开展的资源与服务系列专题讲座的了解程度最高，44.26% 的博士生非常了解该项服务，只有 4.51% 的博士生认为自己完全不了解该项服务。与博士生的深入了解相比，硕士生和本科生对此类服务的了解程度趋同，非常了解、比较了解和基本了解的人数占比分布比较均衡，比例在20% ~30%之间。

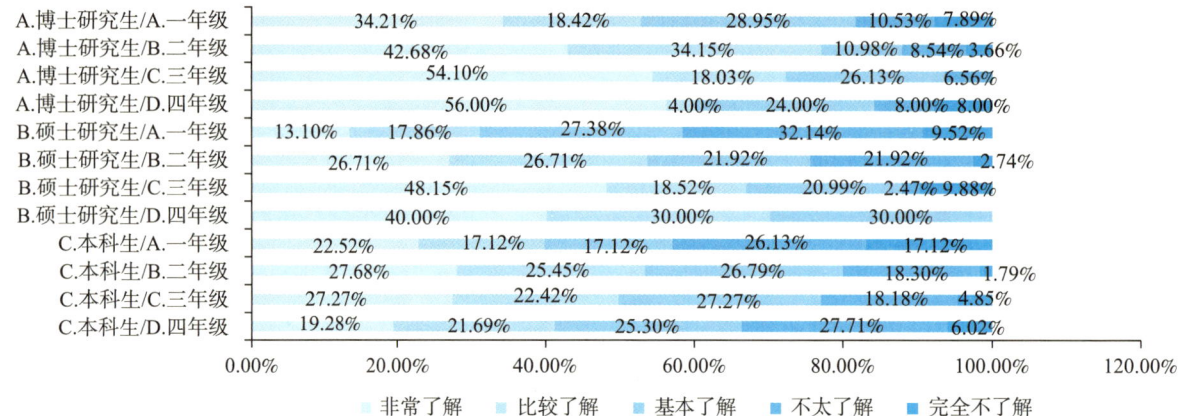

图79　资源与服务系列专题讲座了解程度调查结果（按学历及年级分类统计）

如图79所示，我校博士生随着年级的升高，对图书馆推出的资源与服务系列专题讲座的非常了解程度逐步加深，硕士生的了解态势也大致如此，但硕士四年级学生的非常了解比重略有下降，这与毕业、就业、实习有一定关系。本科生各年级在了解程度的分布上较为平均，非常了解、比较了解、基本了解、不太了解的占比均为20%左右。

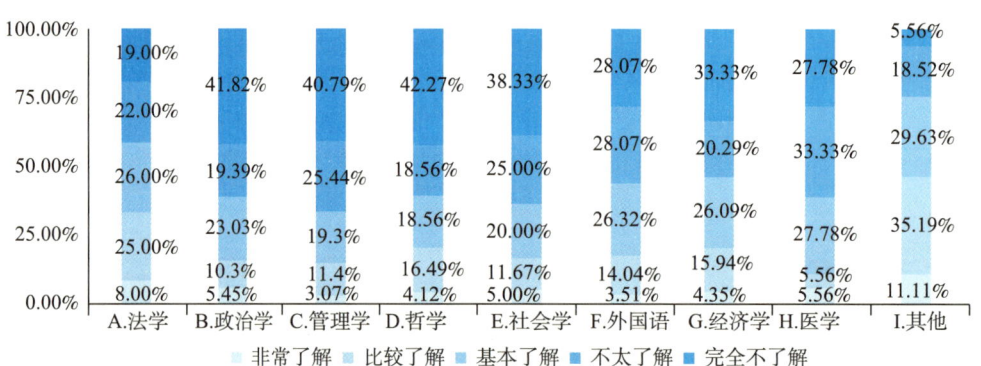

图80　资源与服务系列专题讲座了解程度调查结果（按专业分类统计）

如图80所示，我校政治学、管理学和哲学专业对图书馆推出的资源与服务系列专题讲座十分熟悉的学生较多，非常了解比例较高，均超过40%。法学专业的同学对资源与服务系列讲座服务非常了解的比例仅占19.00%，是所调查专业中对该项服务熟悉度最低的，完全不了解的比例约8.00%，是除了其他专业以外，占比最高的专业，故而该服务应该针对法学专业同学加强宣传。

3. 您认为目前图书馆服务存在的主要问题是什么？

A. 服务与需求不契合　　　　　B. 服务种类少　　　　　C. 服务不能达到预期的效果

D. 服务效率有待提高　　　　　E. 不了解图书馆的服务　　　F. 其他_____

根据调研结果统计，如图81所示，我校参与调研的博士生、硕士生和本科生中有50.26%的学生认为目前图书馆提供的服务与需求不符合；50.09%的学生表示图书馆提供的服务项目太少；49.74%的学生表示目前的服务不能达到预期效果；43.99%的学生认为服务效率有待提高；完全不了解图书馆服务的比例最低，为29.44%。总体上，我校学生认为服务内容、服务类型和服务效果均有待完善提高。

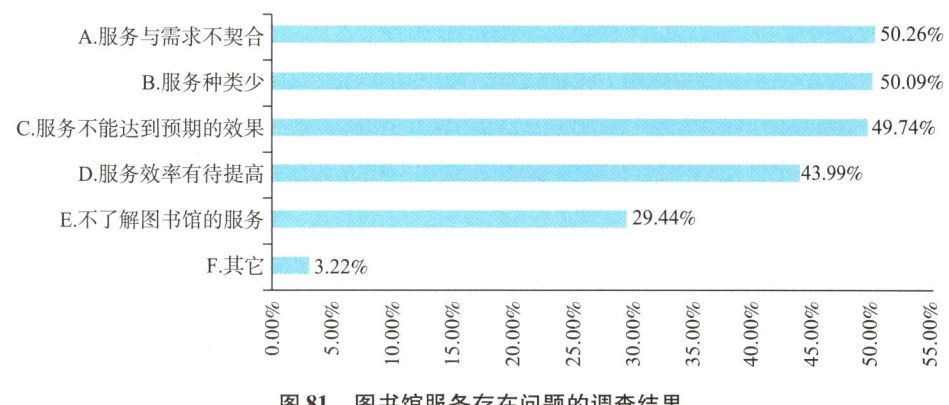

图 81　图书馆服务存在问题的调查结果

4. 关于图书馆开设的课程和讲座，您希望增加哪方面的内容？

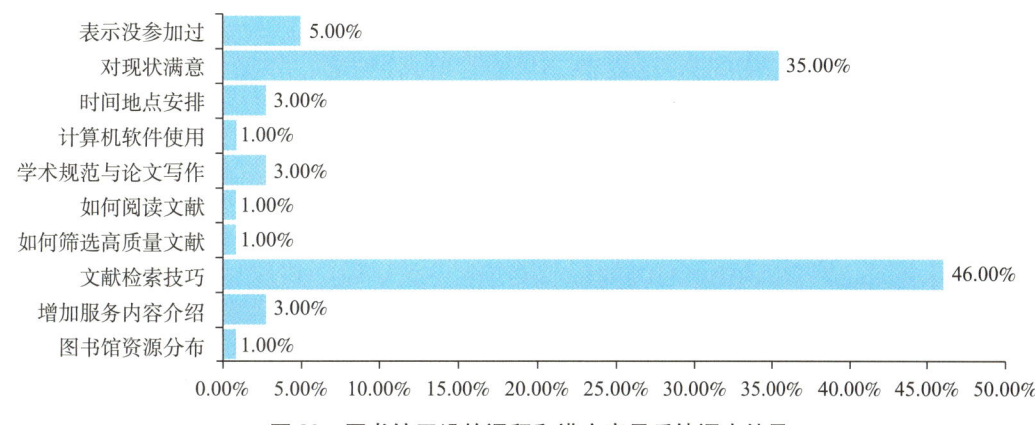

图 82　图书馆开设的课程和讲座意见反馈调查结果

关于图书馆开设的课程和讲座，收到 716 份有效反馈，回复内容大致分为以下几类：建议增加图书馆资源分布介绍、增加图书馆开展服务内容介绍、继续深入开展各类型文献多种检索技巧方法讲授、增加高质量文献筛选方法介绍、增设如何高效阅读文献的讲座、增设学术规范与论文写作相关的讲座、增设计算机软件使用方面的讲座、讲座的时间地点安排建议、对目前现状满意、没有参加过此类讲座无法评价。如图 82 所示，46.00% 的学生表示希望继续深入开展有关文献检索技巧方面的讲座。文献检索技巧类讲座也是提升信息获取能力的重要途径，尤其是外文文献资源检索技巧和非法学类文献检索技巧的介绍是同学们需求最强烈的内容。35.00% 的同学表示对目前现状感到满意，由此可知，目前我馆开设的讲座和课程还是得到了很大的认可。但有 5.00% 的同学表示没有参加过，可见我馆应该加大讲座的宣传力度。从图 82 中，也可以看出，同学对学术规范与论文写作也有着强烈的需求，对图书馆服务内容也比较好奇。

结合信息素养的角度，可以看到，我校学生的信息意识已经比较强烈，希望增加图书馆的资源布局介绍，希望了解图书馆给同学们提供的服务，希望能够及时获取图书馆开设的讲座课程。我校学生已经意识到文献资源在学习中的重要性，也意识到图书馆是能够助力其高效学习的服务提供者。

我校学生希望能够从图书馆开设的课程和讲座中增强信息能力，提升信息素养。近一半的调研参与者表达了希望获取信息检索技巧的想法，可见，信息获取能力是同学们目前急需的信息能力。在信息获取能力中，同学们更多地表达了外文文献检索技巧培训的急迫性，希望能够增加数据库检索的深入介绍，馆藏纸质图书的查找技巧培训也是部分同学的强烈建议。

随着互联网与信息技术的快速发展，信息的爆炸性增长让我们在波涛汹涌的信息海洋中几近淹没，信息评价能力在信息爆炸的今天尤为重要。在目前的知识经济时代，同学对信息评价的需求也愈加强烈，已经有部分同学表达了希望开设如何筛选高质量文献的讲座和课程，希望能够在海量的学术资源中筛选出质量较高的相关资源以快速抓住重点，提高学习效率。

在互联网技术如此发达的今天，随着知识时代的到来，信息获取的难度越来越低，信息的利用已经成为同学们关注的焦点，如何高效阅读文献、论文写作指南、学术规范、时下流行软件的利用等内容都是同学们希望交流和学习的，同学们已经不再满足于文献全文的获取，而是希望图书馆能够更深入地提供文献利用服务。

5. 为了更好地为您的学习或科研服务，您希望图书馆增加哪些服务？

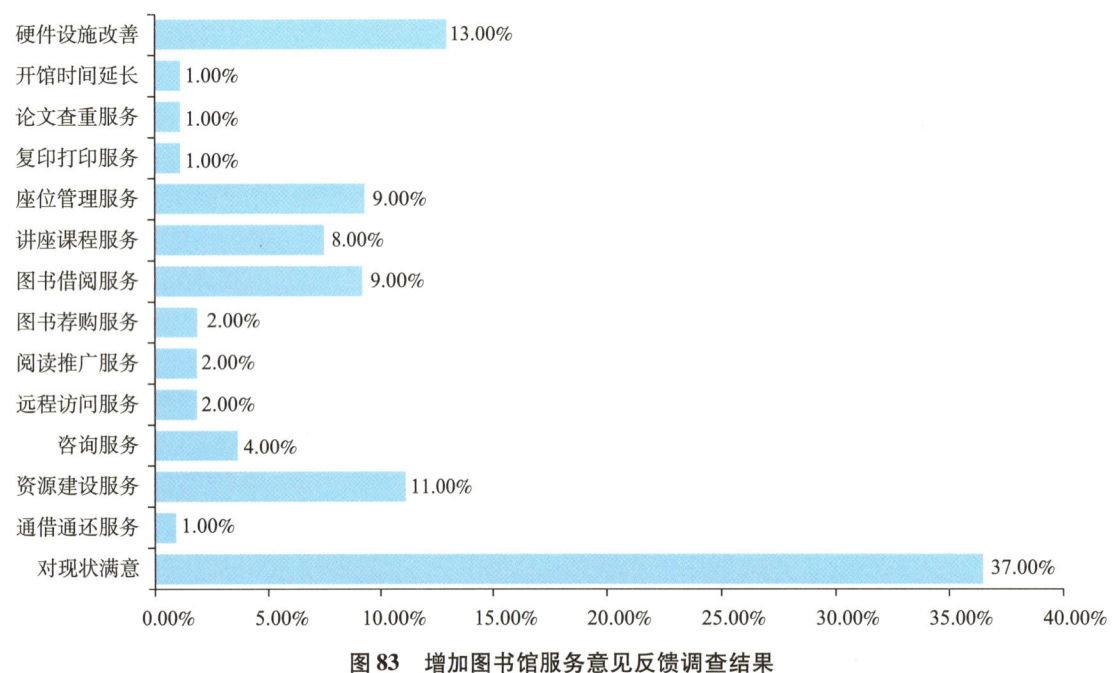

图83　增加图书馆服务意见反馈调查结果

关于图书馆服务项目增加的意见反馈，共收到 770 份有效问卷，内容大致分为以下几类：硬件设施改善、开馆时间延长、论文查重服务、复印打印服务、讲座课程服务、图书借阅服务、图书荐购服务、阅读推广服务、远程访问服务、咨询服务、资源建设服务以及通借通还服务等。从图 83 可以看出，我校学生对图书馆服务现状的满意度为 37.00%，总体来说，图书馆目前提供的服务得到了学生的认可。

在同学提出的所有服务中，硬件设施改善服务比重最大，占比 13.00%，这与我校学院路校区图书馆目前依然蜗居地下有直接联系。在硬件设施改善类服务中，同学希望学院路校区图书馆能够搬离地下，能够增加洗手间与饮水设施，增加插座、更换座椅等基础设施。

资源建设类服务以 11.00% 的比例位居第二，在纸质资源建设方面，希望增加图书种类，尤其是非法学社科类书籍，新出版图书的采购和外文图书的增订也是同学们多次提出的建议；在电子资源建设方面，同学们希望能够增加数据库的订购，尤其是电子书数据库、小语种数据库、人文类数据库、经济类数据库、理工类数据库、古籍类数据库等。

座位管理服务和图书借阅服务也是同学们比较关心的服务，占比均为 9.00%。在座位管理服务方面，同学们希望增加图书馆自习室座位、更换自习室座椅、完善座位预约功能、能够增加设有公共电脑的自习室等。在图书借阅服务方面，同学希望导航能够做到线上借阅、线下送书上门、增加教学参考书的采购、提高图书查找的准确率、延长借阅期限、增加图书副本量、提供港澳台图书外借服务、还书续借超期罚款提醒设置、增加小语种图书的订购、图书及时剔旧、新书通报多样化、多举办新书展览活动。在图书借阅服务方面，学生根据自己实际需求提出了个性化的需求，为我们提供多样化的借阅服务提供了方向。

课程讲座服务也是同学们比较关心的服务，开设外文文献检索讲座、录制讲座视频以供随时学习、新生入门指导、论文写作指导、纸质图书检索、讲座时间安排灵活、增加检索课程开设量等内容均是学生在讲座课程服务方面提出的意见与建议，我们可以据此完善课程讲座的内容与方式，以更好地提升学生的信息素养水平。

从图83中也可以看到，用户对咨询服务、远程访问服务、阅读推广服务、图书荐购服务等都比较关注。在咨询服务方面，同学希望能够拓宽咨询渠道，提供线上咨询，由此可见我馆的咨询服务宣传工作有待进一步完善，需要加强我馆的咨询服务方式宣传，让同学能够及时地通过线上线下、不受时间地点限制地和图书馆互动沟通；同学也希望能够增加人工咨询台，这样有问题就能够现场解决。远程访问方面的建议大多是希望开通本科生远程访问权限，目前该项服务已经全面开通以支持学生的学习研究。阅读推广方面，同学们希望图书馆能够组织一些读书会、学术讲座、名著导读分享会等阅读推广类服务。由此可知，同学们希望图书馆能够承担起交流共享空间的这一职能，图书馆作为文化传承、学术资源的集中地，需要向同学们提供知识交流共享空间，开展阅读推广服务。同学们对图书荐购服务也比较关注，希望加快荐购进程，荐购服务反馈回复及时，OPAC系统中图书检索未果时自动弹出图书荐购窗口，为学生获取资源提供路径。

延长开馆时间、提供论文查重服务也是同学们心向往之的服务，复印打印服务的提出凸显了我馆服务宣传工作不完善，我馆在两校区图书馆均设有自助打印复印服务，有些同学目前并不知情，可见我馆的服务宣传工作需要进一步加强。

六、信息素养培养的建议与对策

21世纪是信息技术大发展的时代，随着计算机的普及和网络技术在生产和生活中的广泛应用，人们的工作、学习和生活方式都发生了很大的变化。信息素养的培养成了教与学的重要组成部分，信息素养也已经成为高校师生必备的基本素质，也是对师生综合素质评价的一项重要指标。

本报告通过对我校学生的信息素养调研结果进行统计分析，总结了我校学生信息素养上述现状，并在此基础上提出以下解决方案以提升我校学生的信息素养水平。

（1）分析用户行为，挖掘用户需求，开展有针对性的信息服务。从上述调研分析中可以发现我校参与调研的博士生、硕士生和本科生中有50.26%的学生认为目前图书馆提供的服务与需求不符合，这需要我馆深入分析学生的信息需求，提供契合用户需求的服务。大数据环境的形成与数据挖掘技术的进步，给挖掘用户需求提供了技术支撑。我们可以分析用户行为数据，主动挖掘用户的信息需求，通过认真解读用户的个性化需求，并把需求转变为服务任务，精准、快速地提供个性化、定制化的图书馆服务。例如可以通过用户的检索偏好历史与借阅历史采用多样化的方式向用户推荐新到馆资源、其他相关纸质资源和电子资源、相应主题的讲座课程服务、用户感兴趣的阅读推广服务等。我们不仅可以通过大数据挖掘这种定量的形式进行用户分析，也可以针对不同主题实施问卷调研发掘用户的需求，例如根据此次用户调研，我们发现借阅归还超期罚款等基本借阅服务可以通过不同方式的提醒完善用户体验。

（2）针对用户的个性化需求，开展多样化的信息素养培训服务。从此次调研结果分析中可以发现，用户对我馆提供的讲座课程教学服务总体比较满意，但希望服务能向个性化、纵深性发展。不同专业背景的学生对于信息知识与技能的需求也不同。因此图书馆应该根据不同专业背景学生的需求有针对性地进行信息素养教育。例如我们可以根据具体学科、不同院系开展相应学科主题的信息检索技能培训，根据同学的年级阶段与学习任务，开展新生入馆教育、文献检索技能、学术前沿探测、文献管理组织、开题前的文献调研、论文写作指南，或在讲座中给学生普及知名期刊、常见正式出版物、引用参数的判断方法等服务。信息技术与互联网的迅速发展、各种新兴媒体的涌起和用户阅读的碎片化习惯，促使我们可以采用课程视频录制、微信公众号发文推送、微视频发布等方式传播共享我们的信息素养培训内容。

（3）根据学校学科建设与用户学习需求，进一步优化资源建设，为提升我校学生信息素养水平提供资源保障。资源建设过程中，不仅需要考虑到法学专业同学的学习需求，也要考虑到其他专业同学的需求以及交叉学科的需求，合理配置法学专业、非法学专业的纸质资源和电子资源。根据学习教学研究的需求，合理采购外文资源，包括外文纸质图书、外文电子图书和外文期刊资源，适当采购各类型小语种资源。例如上述分析表明，随着学历的提升，对外文及港台期刊的利用率也越来越高。但本科生与硕士生的差距并不十分明显，博士生的平均利用率较硕士学生高出了一倍，特别是博士生四年级的学生的使用率最高。由此表明，我校本科生、硕士生对馆藏外文及港台期刊的使用需求没有博士学生高。因此，我馆对于外文及港台期刊的采购可以着重于博士生。

（4）结合用户的学习研究，加强图书馆资源与服务的宣传，增强学生的信息获取意识。随着现代信息技术、移动信息技术和硬件设备的进步，大数据、云计算和人工智能等技术的发展，文献资源的载体数字化变革，应当及时利用现代化交流模式，例如微信平台等，引导学生获取更多文献资源服务，从而推动学校人才培养、科学研究。此次调查问卷的结果表明，有部分同学对我馆提供的资源与服务并不十分了解。例如自助打印复印服务，昌平校区法渊阁图书馆已经提供自助一体机服务，但部分同学仍然不知情，依然提出了希望图书馆能够提供打印复印服务的建议。调查结果还表明我校很大一部分用户对我馆的特色资源并不十分了解，还有我馆外文及港台期刊利用率较低等，这些从一定程度上说明我馆资源与服务的宣传还不够。因此，需要深入院系宣传我馆资源与服务，强化图书馆培养与引导学生主动检索信息资源、利用资源上的作用，这样能够从一定程度上增强学生的信息获取意识。

（5）提高馆藏资源的利用效益。从我校用户对图书馆资源使用频率的数据分析来看，图书馆藏特色资源利用率较低，因此，如何加强我馆特色资源的利用，亟待图书馆思考与解决。馆藏特色资源是图书馆非常重要的一部分，是中国政法大学图书馆独有的财富，所以我们应该重视对馆藏特色资源的保护、整理、挖掘和利用，加强馆藏特色资源的宣传，普及我校用户对馆藏资源的认识。另外通过对学生对图书馆资源使用状况进行分析，发现存在学生使用图书馆资源目的单一，且专业、年级差别不大的情况。目前大多数同学使用图书馆馆藏资源来作为其撰写课程论文、毕业论文的资料来源，但是其往往只查阅传统的纸本资源，或者只单一使用中国知网数据库来检索所需的资料，而忽略了我馆所购买的其他专业数据库和电子图书。另外，图书馆资源还可以帮助学生把握国内外领域研究动态，了解国内外最新资讯，同时还包含许多教学视频方便学生进行课外考试和专业知识学习，而这些丰富的资源多数学生并不了解。如何帮助学生快速、准确地查找到其所需资料，并尽可能满足其各种学习需求，是日后图书馆的努力方向。数字资源组织需要进一步加强，使用统一的检索平台对各个数据库进行无缝对接和整合，使学生能够一站式检索图书馆馆藏的各种资源。同时根据学校各个年级、专业的学生不同的信息需求，可以采取分层次、分学科、分需求的资源导航。不断深化图书馆参考咨询工作，普及学生对图书馆馆藏资源的了解和认识，使得图书馆资源能够得到更深层的利用，提高馆藏资源的利用效益。

（6）加强信息资源管理。随着电子资源的海量激增，出现了大量冗余信息。学生无法有效地管理其下载的文献资源，导致一些文献下载了却很少被打开，读过的文献日后很难再找到，也导致部分文献被反复下载，却没有被及时地阅读、吸收转化成知识，更没有对科研产生效益。因此，在学生使用馆藏电子资源的过程中，文献管理工具的使用是十分必要的。通过文献管理工具来有效地管理日常研究所需要的文献，使本地电子资源能够更系统地分类，方便学生能够深层次地利用其所下载的数字资源。从此次调研结果分析中可以发现，虽然随着学历的提高，使用专业文献管理软件的比率在提高，但总体而言学生使用专业文献管理软件的并不多，需要我们进行大力推广来鼓励学生使用专业管理软件对文献进行管理。因此图书馆需要开展更多的宣传服务，在宣传与交流中推广这些资讯。让学生在推广与交流中体验并使用它，加强学生对文献管理工具的认知和接受。

（7）加强学生信息评价能力。图书馆数据库不仅收录核心期刊发表的文献，同时也收录其他非核心杂志发表的文献。网络空间以及图书馆馆藏资源的良莠不齐使得我们必须加强对学生信息评价能力的培养，帮助其识别高质量、权威的信息资源。图书馆需要进一步宣传教育，普及学生对核心期刊、权威网站的认识，对被引频次等各种信息评价指标进行说明，帮助学生识别领域核心期刊、高被引论文、权威作者，进一步加强学生的信息评价能力。

（8）加强信息道德教育。一方面要积极进行信息道德教育，在授课、讲座的过程中进行教育，提高同学对信息道德的认识，另一方面加强宣传，通过橱窗、微信推送等方式让同学了解尊重他人知识成果的重要性。同时，信息道德教育不应只针对低年级新生，应对全校范围的学生进行，提高其信息道德素质，培养信息使用时的自律意识，提高信息社会的责任观、道德观，不断提高信息修养。

七、结语

随着计算机和通讯技术的迅速发展，信息已经成为社会各领域中最具影响力的因素之一。在大力号召构建学习型社会的形式下，高校更应该注重学生信息素养方面的培养。有研究表明，高校学生的信息意识不强、信息能力较差，尤其是信息获取、利用的能力，信息道德也有待进一步提高。

该报告就是以提高高校学生的信息素养水平为目标，以中国政法大学的全校学生为研究对象，对他们推送电子调查问卷，将问卷结果进行统计与分析。调查问卷中除了设计信息素养方面的问题，还特别设置了有关图书馆资源服务与利用方面的问题，这主要是因为图书馆在培养学生信息素养方面起着举足轻重的作用，图书馆的建设直接关系到学生信息素养培养的效果。通过对调查结果进行分析与研究，探求出了解决问题的对策与建议，从而对高校学生信息素养的培养发挥借鉴作用。

附录

信息素养调查问卷

尊敬的广大图书馆用户：

您好！在我校奋力推进世界一流法学学科、世界一流大学建设的新时代，提高图书馆为我校教学科研服务的水平势在必行。通过去年在用户满意度调查中获得的用户意见和建议，图书馆对昌平法渊阁的座位管理系统进行了更新，完成了法渊阁卫生间的改造，实现了图书导航系统在两校区图书馆的全面覆盖，增加了两校区图书馆的门禁系统。今年，为了进一步了解我校用户的信息素养能力和对图书馆资源与服务的需求状况，中国政法大学图书馆青年创新团队课题组再次邀请您参与这次读者调查。这份问卷共17题，需要时间4分钟，我们希望您可以认真填写，使我们可以充分了解用户感受。本次问卷仅作为科研使用，您所提供的一切信息，我们绝对保密，谢谢合作！

1. 请问您是？

    A. 博士研究生

    B. 硕士研究生

    C. 本科生

2. 您所在的年级是？

    A. 一年级

    B. 二年级

    C. 三年级

    D. 四年级

3. 您学习的专业是？

    A. 法学

    B. 政治学

    C. 管理学

    D. 哲学

    E. 社会学

    F. 外国语

    G. 经济学

    H. 医学

    I. 其他_____

4. 您对图书馆资源的使用频率是？（矩阵量表题）

	每天使用	每周至少一次使用	每月至少一次使用	每学期至少一次使用	不使用
中文图书					
外文图书					
中文报纸期刊					
外文及港台报纸期刊					
中文数据库					
外文数据库					
试用数据库					
特色资源数据库					

5. 您能否总能找到需要的图书馆资源？（矩阵量表题）

	能	大多时候能	有时候能	大多时候不能	不能
中文图书					
外文图书					
中文报纸期刊					
外文及港台报纸期刊					

	能	大多时候能	有时候能	大多时候不能	不能
中文数据库					
外文数据库					
试用数据库					
特色资源数据库					

6. 当图书馆资源无法满足您的需求时，您会通过哪些方式解决？（可多选）

    A. 原文传递与馆际互借

    B. 资源荐购

    C. 找其他学校同学帮忙

    D. 自行购买

    E. 寻找其他可替代资源

7. 对一个新的研究课题或研究方向，您一般通过以下哪些途径进行了解？（可多选）

    A. 搜索引擎（如百度、谷歌等）

    B. 期刊杂志

    C. 图书

    D. 向老师同学请教

    E. 其他_____

8. 在检索文献资料的过程中，您觉得哪些方面有困难？

    A. 提取检索关键词

    B. 检索结果太多，不知如何精简

    C. 检索结果不够精确

    D. 不知道如何选择下载哪些文献

9. 您常用以下哪些途径评估信息的可靠性、正确性、权威性？（可多选）

    A. 请教老师同学

    B. 信息被他人引用次数

    C. 建立机构是否权威

    D. 是否是正式出版物

    E. 自己阅读评判

10. 您对图书馆的资源了解程度如何？

	非常了解	比较了解	基本了解	不太了解	完全不了解
中文图书					
外文图书					
中文报纸期刊					
外文及港台报纸期刊					
中文数据库					

续表

	非常了解	比较了解	基本了解	不太了解	完全不了解
外文数据库					
试用数据库					
政法博硕论文库					
法大教师文库					
沈家本木刻					
随书光盘及多媒体点播系统					

11. 您使用电子资源的主要用途是？（可多选）

    A. 掌握本专业的知识、了解本专业的前沿知识

    B. 解决学习上遇到的疑惑、问题

    C. 查找资料，写论文

    D. 获取教学、科研相关的资源

    E. 随便逛逛

12. 您经常使用以下哪几种方式对所获得信息进行有效的组织管理？（可多选）

    A. 专业文献管理软件（如 NoteExpress，EndNote 等）

    B. 文件夹

    C. 从不管理

    D. 其他_____

13. 在科研学习过程中，当引用他人学术成果时，您按照引用规则逐一标注的频率是？

    A. 总是

    B. 经常

    C. 偶尔

    D. 很少

    E. 从不

14. 您认为需要学习或加强以下哪些方面的信息知识与技能？（可多选）

    A. 网络信息搜索技巧

    B. 数据库检索与利用

    C. 计算机操作技能

    D. 不需要

    E. 其他_____

15. 您在使用电子资源的过程中遇到的主要问题是？（可多选）

    A. 不能获取满意的文献资源（资源数量、资源质量、专业面覆盖）

    B. 不能熟练且专业地使用，缺乏专业人员的指导

    C. 不习惯使用

    D. 网页响应慢

E. 数据更新不及时

F. 不了解学校有哪些数字资源

16. 您对图书馆服务的了解程度如何？

	非常了解	比较了解	基本了解	不太了解	完全不了解
馆际互借					
原文传递					
读者荐购					
座位预约					
自助借还					
自助打印、复印、扫描					
咨询服务					
微信公众号服务（如馆藏查询、图书续借、座位预约等）					
远程访问					
图书预约					
图书赔偿					
赠书服务					
图书架位导航					
信息检索相关课程					
资源与服务专题系列讲座					
论文提交服务					
新生培训（如视频教学、面对面入馆指导、新生闯关小游戏等）					
嵌入式教学服务					
阅读推广（书展、读书日等）					
查收查引					
移动图书馆					

17. 您认为目前图书馆服务存在的主要问题是什么？（可多选）

A. 服务与需求不契合

B. 服务种类少

C. 服务不能达到预期的效果

D. 服务效率有待提高

E. 不了解图书馆的服务

F. 其他＿＿＿＿＿＿

18. 图书馆宣传推广的形式和手段，您较愿意获得哪些？（可多选）

A. 在线平台课程

B. 信息检索课程小视频

C. 服务说明小视频

D. 图书馆微信平台

E. 宣传海报

F. 电子邮件

G. 网站通知（学校官网、图书馆网站等）

H. 短信通知

I. 其他_____

19. 图书馆开设的课程和讲座，您希望增加哪方面的内容？

_____

20. 为了更好地为您的学习或科研服务，您希望图书馆增加哪些服务？

_____

第四篇 | 中国政法大学博硕士学位论文年度分析报告

一、学位论文数据来源情况

《中国政法大学博硕士学位论文年度分析报告》以我校收录的博硕士电子学位论文数据为基础，呈现2018年博硕士学位论文的收录情况、学科分布情况，对比2015年、2016年、2017年、2018年毕业的研究生人数与收录的博硕士学位论文数，对比2017年和2018年各学院和各学科的学位论文收录情况，对比2015年至2018年我校博硕士学位论文主题词的权重分布，通过对比结果，分析我校教学科研的发展变化以及教学质量的成果。

二、2018年学位论文收录情况

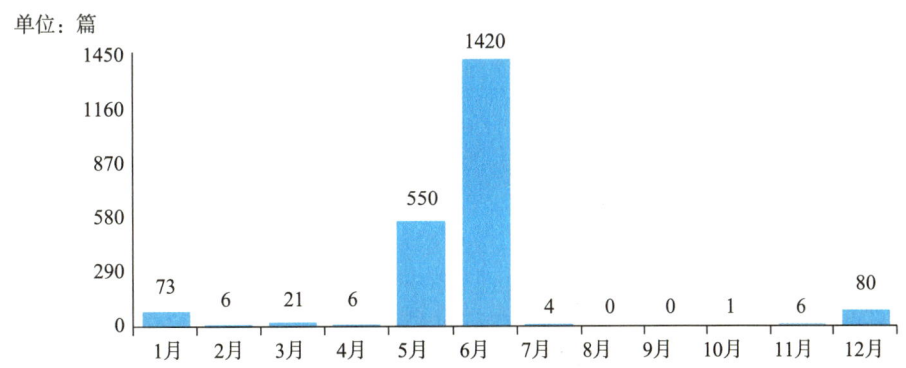

图1 2018年各月份博硕士毕业生向图书馆提交学位论文统计图

根据上图所示，图书馆对我校博硕士毕业生学位论文的收录集中在春、夏两季，较之往年并无太大的变化。我们分别对2017年和2018年收录的博硕士学位论文分布的学科以及各占比重进行观察，学位论文学科的变化，具体数据如下表：

表1 2017年博硕士学位论文学科论文数及所占比重

学科	论文数	所占比重
法学	1602	77.17%
哲学	27	1.30%

续表

学科	论文数	所占比重
经济学	29	1.40%
教育学	13	0.63%
文学	49	2.36%
历史学	11	0.53%
管理学	345	16.62%

表2　2018年博硕士学位论文学科论文数及所占比重

学科	论文数	所占比重
法学	1615	76.18%
哲学	21	0.99%
经济学	39	1.84%
教育学	9	0.42%
文学	54	2.55%
历史学	14	0.66%
工学	2	0.09%
管理学	366	17.26%

　　根据上面两个表格可以看出，2018年图书馆收录的博硕士学位论文中，法学学科的学位论文总数较2017年有所增加，但是占总体的比例下降了；其他学科的博硕士学位论文，除了哲学、教育学学科的博硕士学位论文所占比重较之2017年略有下降，经济学、文学、历史学、工学、管理学学科所占比重整体均呈增加的结果。这种变化符合我校以法学学科为特色和优势，兼有政治学、经济学、管理学、文学、历史学、哲学、教育学、理学、工学等学科共同发展的办学宗旨，也证明了在这种宗旨指导下，我校投入多个学科人才的培养取得了明显效果。

三、2015年～2018年毕业生人数及学位论文收录数量对比

　　为了更加直观且全面地观察和分析2015年至2018年我校博士、硕士毕业生人数以及学位论文的收录数，我们通过研究生院获取了2015年～2018年的毕业研究生人数统计，并分别对硕士研究生和博士研究生的毕业学位论文的收录数进行了对比。首先，2015年至2018年毕业的研究生人数统计如下表：

表3　2015届～2018届毕业研究生人数统计图

	硕士	博士	合计	
2015届	1904	160	2064	
2016届	1786	175	1961	
2017届	1811	153	1964	
2018届春季	71	36	107	2039
2018届夏季	1792	140	1932	

　　根据上表，我们对图书馆学位论文管理系统中2015年至2018年收录的论文数与研究生毕业人数进行了对比。

　　由图2可以看出，从2015年至2018年，图书馆收录的博硕士学位论文数始终高于同年应届毕业研究生的人数，延期毕业的研究生、往届毕业的研究生补交学位论文，是形成这种状况的主要原因。我们分别对硕士毕业研究生和博士毕业研究生在2015至2018年的毕业人数和学位论文收录数，进行了分开对比，具体结果如下：

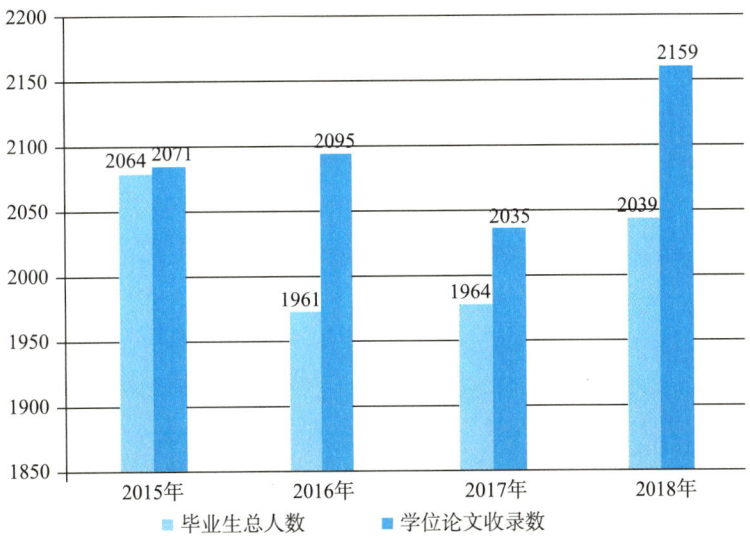

图 2 2015 年～2018 年博硕士学位论文收录数与毕业生总人数对比

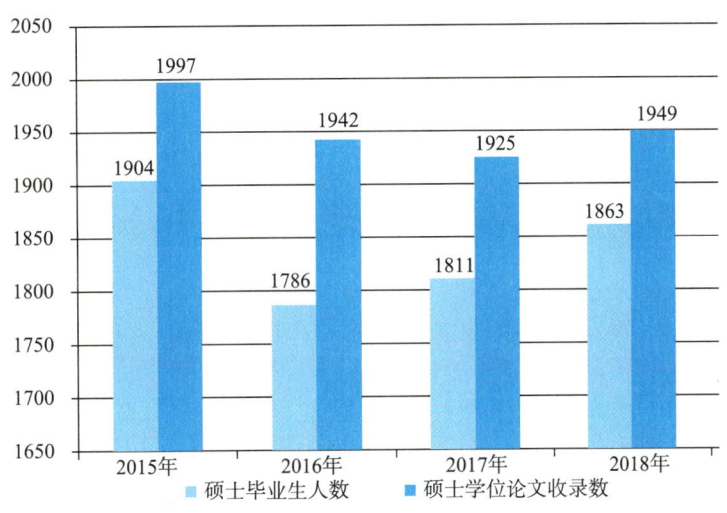

图 3 2015 年～2018 年硕士生学位论文收录数与硕士研究生毕业人数对比

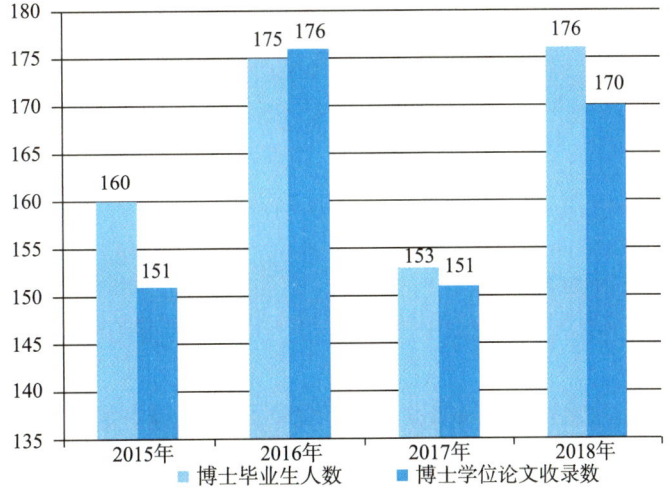

图 4 2015 年～2018 年博士生学位论文收录数与博士研究生毕业人数对比

通过两个图表可以看出，自 2015 年至 2018 年，图书馆收录的硕士毕业研究生学位论文数始终高于应届硕士毕业生人数，而博士毕业研究生学位论文数只有 2016 年高于应届博士毕业研究生的人数，2015 年、2017 年和 2018 年的收录数据都小于应届博士毕业生人数数据。一方面可能存在博士生延期毕业的情况，原本应毕业的博士生申请了延期毕业，因此图书馆没有机会收录学位论文；另一方面可能存在的原因是，部分博士毕业生出于出版或者发表的考虑，不愿向图书馆提交博士学位论文，没有提交即办理了毕业手续，也造成了图书馆无法充分收录博士毕业生学位论文的结果。由于博士学位论文有较强的学术性、专业性和独创性，是重要的一次特色文献资源，因此应考虑强调博士毕业研究生向图书馆提交论文的重要性，与相关部门沟通协调，进一步保证博士毕业生学位论文的收录。

四、2018 年各学院收录情况（不区分博硕）

为了解我校各学院 2018 年博硕士学位论文的收录情况，我们采集了 26 个学院提交论文的结果，其中 20 个学院的博硕士学位论文都得到了收录，未收录的 6 个学院有继续教育学院、国际教育学院、公司法与投资保护研究院、法治政府研究院、法律史学研究院、法和经济学研究中心，具体情况如下图：

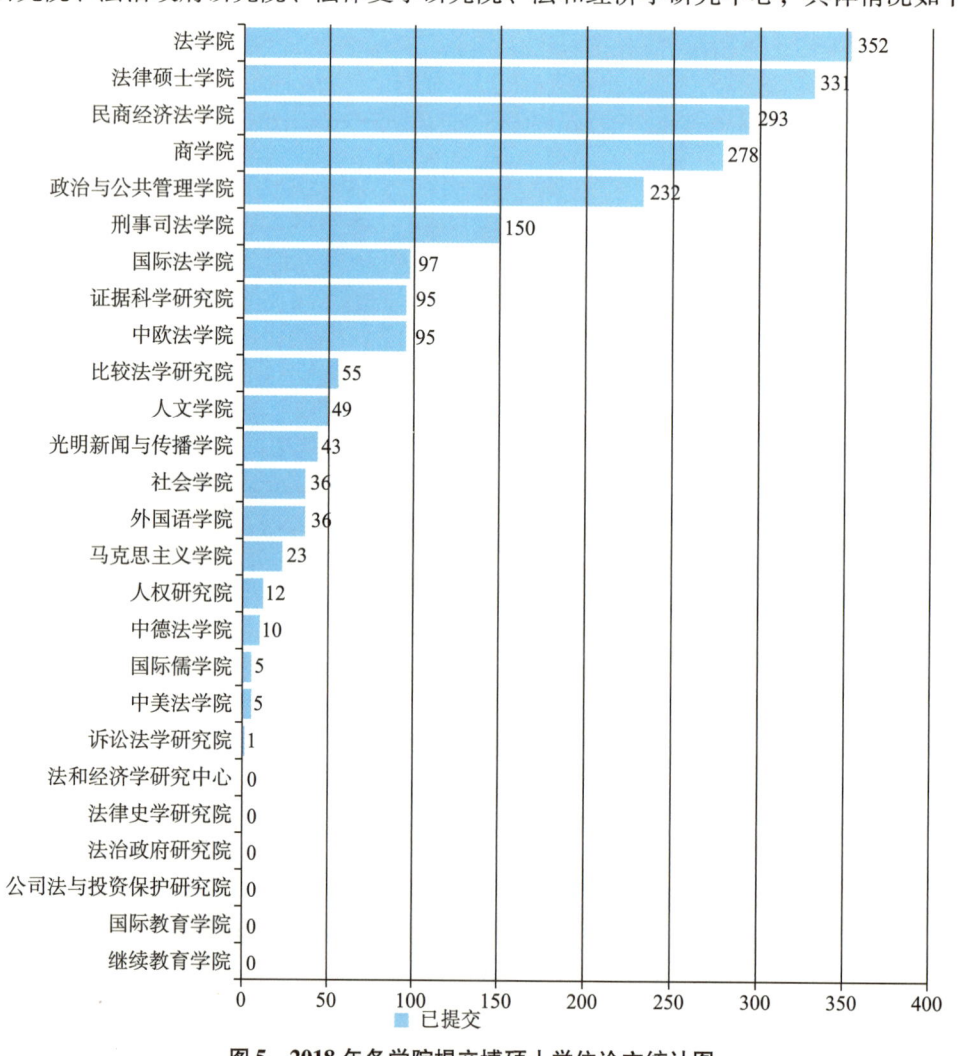

图5　2018 年各学院提交博硕士学位论文统计图

由上图可以看出，法学院、法律硕士学院、民商经济法学院、商学院、政治与公共管理学院收录的博硕士学位论文数较高，一方面，这与这些学院招生人数较多有直接联系，在我校众多硕士、博士研究生培养单位中，上述学院的招生人数较多；另一方面，这些学院执行了较为严格的毕业程序，要求毕业生完成向图书馆提交毕业论文的程序，使图书馆对这些学院的博硕士毕业生学位论文收录率达到较高的比例。

五、2018 年各学科收录情况及与 2017 年对比结果

为了解各学科收录博硕士学位论文的情况，我们分别对 2018 年博士学位论文分布的学科和硕士学位论文分布的学科的数据进行了收集，并与 2017 年博硕士学位论文的整体学科分布情况进行了对比，具体情况如下：

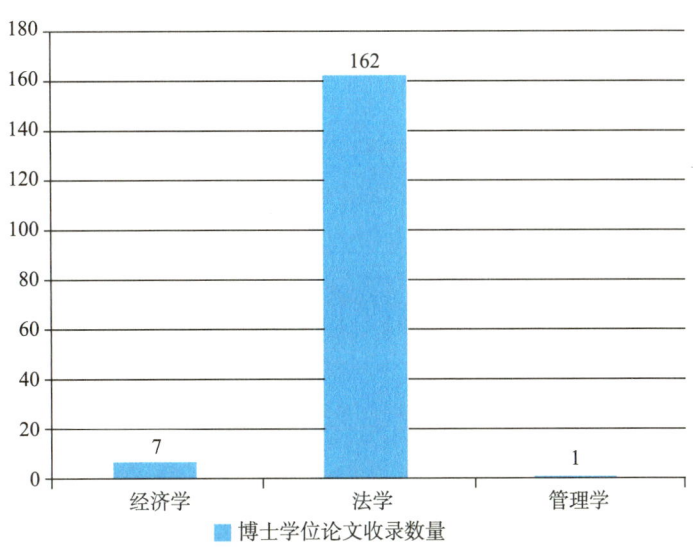

图 6　2018 年博士学位论文收录的学科及数量

由上图可见，2018 年图书馆收录的博士学位论文分布在三个学科，分别是经济学、法学和管理学，其中法学学科的博士学位论文为 162 篇，经济学学科的博士学位论文为 7 篇，管理学学科的博士学位论文为 1 篇，法学学科占了绝大部分的比例。

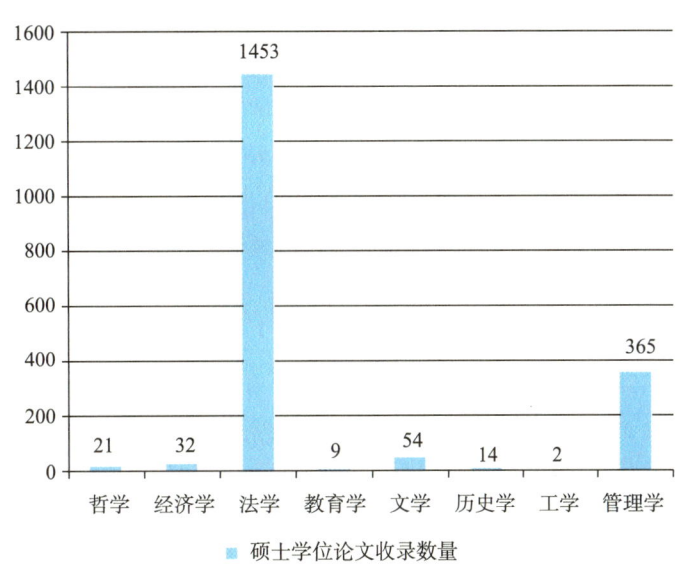

图 7　2018 年硕士学位论文收录的学科及数量

如上图，2018 年图书馆收录的硕士学位论文分布在哲学、经济学、法学、教育学、文学、历史学、工学、管理学 8 个学科，法学学科以 1453 篇学位论文高居榜首，其次是管理学学科 365 篇，文学学科排

在第三位（54 篇），经济学学科排在第四位（32 篇），第五至八位分别是哲学学科（21 篇）、历史学学科（14 篇）、教育学学科（9 篇）、工学学科（2 篇）。

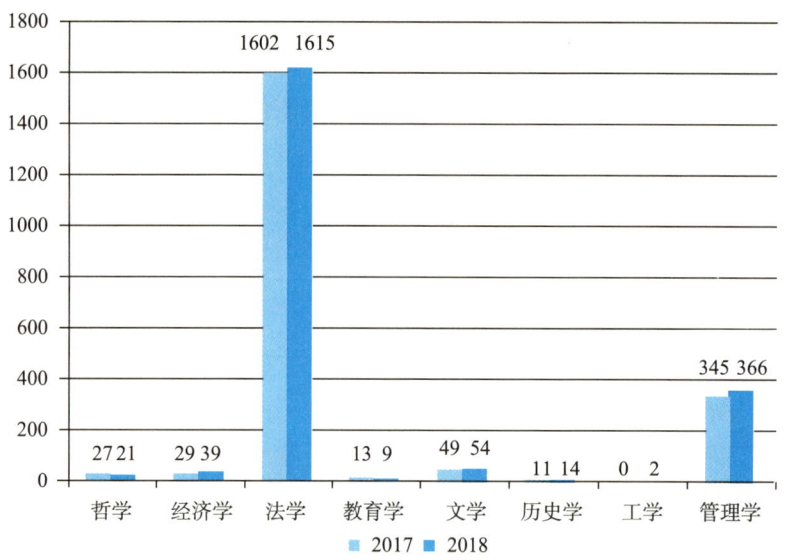

图8　2017 年和 2018 年各学科收录情况整体对比

前文已述，2018 年博硕士学位论文的学科分布较之 2017 年，除了哲学、教育学两个学科略有减少，其他 6 个学科均呈上升趋势。其中较为突出的是 2018 年的博硕士学位论文在工学学科实现了零的突破，两篇工学学位论文分别是《我国空气净化企业核心竞争力评价研究——以 A 空气净化科技有限公司为例》和《互联网＋下建筑业农民工职业技能在线培训问题研究》，均为商学院硕士研究生毕业学位论文，根据学位论文的题目、摘要、内容显示，两篇学位论文均涉及交叉学科的研究，将学位论文划定为工科学科，有助于我校博硕士学位论文库的学科细化及深入分析我校教学科研、人才培养的发展和方向。

六、2015 年～2018 年我校博硕学位论文研究热点分析

在这一部分，为了了解我校博硕士学位论文研究主题的变化，我们对 2015 年～2018 年收录的博士、硕士学位论文的标题进行提取，通过切词，将标题切分成词语，通过词频统计并基于"tf-idf 算法"[1] 来对词语进行权重计算，最终得到高权重词语，这些高权重词语可在一定程度上代表学位论文的研究热点。tf-idf 公式如下：

$$tf\ (t,\ b)\ =f_{t,b}$$

$$idf\ (t,\ D)\ =log\ \frac{N}{|\ \{d\in D:\ t\in d\}\ |}$$

$$tf\text{-}idf\ (t,\ d,\ D)\ =tf\ (t,\ d)\ \cdot idf\ (t,\ D)$$

tf-idf 包括词频（tf）和逆文档频率（idf）两个部分。tf 公式为词语 t 在文档 d 中的原始计数，表示文档中词语的权重与术语的频率成正比。idf 公式中，N 为语料库中文档的总数，$\{d\in D:\ t\in d\}$ 表示出现词语 t 的文档数，idf 衡量词语提供多少信息的度量标准，即该词语在所有文档中是常见还是罕见，也就是

---

〔1〕 tf-idf（term frequency-inverse document frequency）是文本挖掘领域中常用的特征项加权方法，旨在反映某个单词对语料库中的文档的重要程度。其认为，词语的重要性程度随着其在一篇文章中出现的次数呈正比增加，但同时会随着它在语料库不同文档中出现的频率呈反比下降。tf-idf 包括词频（tf）和逆文档频率（idf）两个部分。

词语的特异性。tf-idf 则为 tf 与 idf 的乘积，tf-idf 中的高权重的词语同时满足在给定文档中出现的高频率和整个文档集合中的低文档频率。

综上，本部分内容通过运用 tf-idf 公式运算，得到博硕士学位论文主题中的高权重词语，通过对高权重词语的特点进行分析，呈现博士、硕士研究生学位论文研究的独到之处以及四年来博士、硕士学位论文研究的变化趋势。

（一）2015 年～2018 年博士学位论文研究热点

首先，我们基于词语权重制作 2015 年博士学位论文标题的词语云图，结果如下图：

图 9　2015 年博士学位论文主题词权重分布图

其中，字体的大小是由其权重决定的，权重越大，词语字体越大。为了更加直观地观察权重分布结果，我们选择权重分布排名前五位的词语，制作下表：

表 4　2015 年博士学位论文主题词权重排名表

排名	分词	权重
1	法律问题研究	15.65
2	刑事执行制度	14.55
3	法律制度构建	13.80
4	污点证人制度	13.80
5	制度研究	13.77

由上表可见，2015 年博士研究生学位论文的高权重词语集中在法律问题的理论和实践研究、法律制度的理论和制度构建等方面，研究主题富有创新性。涉及这些主体的博士学位论文主要围绕各种部门法的法律问题、刑事执行制度、污点证人制度和法律制度的构建展开，反映出这一年度我校学术研究的一个重要方面在于对法律制度的整体构建的法理性和实践性研究。

2016 年博士学位论文标题的词语云图如下：

图 10　2016 年博士学位论文主题词权重分布图

我们将 2016 年权重排名前五的词语制作排名表，直观展示权重分布结果，具体如下：

表5　2016年博士学位论文主题词权重排名表

排名	分词	权重
1	食品安全监管	17.71
2	制度	16.75
3	法律	14.58
4	法律规制	13.55
5	研究	13.15

　　通过上表可以发现，2016年博士学位论文主题的一个突出变化是"食品安全监管"排在首位，其次才是"制度"、"法律"、"法律规制"和"研究"，由于博士学位论文的研究往往集中于对部门法或者法律问题进行理论学术研究，"食品安全监管"作为一项具体的主题凸显出这一年度研究的特别性。形成这一结果的一个重要原因是在2015年《中华人民共和国食品安全法》完成了修订，4月，全国人大常委会通过，习近平签署主席令，10月正式施行。这说明我校博士的学术研究不仅注重理论研究的深度，也关注我国的法律热点问题和社会大事件，与时代需要紧密联系，而不是脱离实际"曲高和寡"，同时保持理性的研究态度，重视研究深度不盲从潮流。

　　2017年博士学位论文标题的词语云图如下：

图11　2017年博士学位论文主题词权重分布图

　　为直观展示2017年博士学位论文主题的权重结果，权重排名前五的词语如下表：

表6　2017年博士学位论文主题词权重排名表

排名	分词	权重
1	法律制度研究	22.04
2	法律	14.33
3	司法	12.37
4	研究	11.24
5	制度	11.20

　　由上表可见，2017年博士学位论文的研究重点依然在法律制度方面，在这一年度"司法"这一主题排在了第三位。在我国现代法律概念中，广义的司法又称"法的适用"，通常是指国家司法机关及其司法人员依照法定职权和法定程序，具体运用法律处理案件的专门活动；狭义的司法则指检察机关或法院依照法律对民事、刑事案件进行侦查、审判。这说明该年度博士研究生的研究独到之处集中在诉讼法领域，对不同司法部门进行的法律专门活动深入研究。

2018 年博士学位论文标题的词语云图如下:

图 12　2018 年博士学位论文主题词权重分布图

通过列表对权重排名前五的词语进行直观观察,得到下表:

表 7　2018 年博士学位论文主题词权重排名表

排名	分词	权重
1	法律	48.18
2	制度	36.71
3	责任	27.92
4	诉讼	27.82
5	保护	27.07

由上表可以看出,"制度"仍然是持久不变的研究特点,这一年度的学术创新点增加了法律范畴中的各种"责任"以及"保护"的理论和实践研究,"诉讼"这一主题也从上一年度的"司法"主题中突出出来,体现出了我校一个独特的学术研究主题。

(二) 2015 年~2018 年硕士学位论文研究热点

我们首先对 2015 年硕士学位论文标题进行切词和权重计算,得到如下词语云图:

图 13　2015 年硕士学位论文主题词权重分布图

由于硕士学位论文的基数较大,我们选择权重排名前十的词语制作排名表,具体如下:

表 8　2015 年硕士学位论文主题词权重排名表

排名	分词	权重
1	公司	81.25
2	法律	51.08
3	制度	48.08
4	企业	47.52

排名	分词	权重
5	管理	37.40
6	合同	31.83
7	司法	31.40
8	社会	29.24
9	犯罪	29.12
10	责任	28.81

如上表所示，通过2015年硕士学位论文的高权重词语如"公司""企业""合同""司法""犯罪""制度""责任"等，可以看出这一年度的硕士学位论文的突出研究集中在民商法、经济法、刑法、诉讼法方向的具体法律行为和主体上，硕士学位学生运用法律思维对这些领域的法律制度、法律问题、法律责任等深入研究和思考，提出学术上的研究结论和创新观点。

2016年硕士学位论文标题的词语云图如下：

图14　2016年硕士学位论文主题词权重分布图

同样，取权重排名前十位的词语制作排名表如下：

表9　2016年硕士学位论文主题词权重排名表

排名	分词	权重
1	公司	66.33
2	法律	53.43
3	企业	45.19
4	制度	41.65
5	管理	32.37
6	保护	32.22
7	犯罪	31.65
8	研究	29.71
9	责任	29.53
10	司法	29.51

如上表所示，2016年硕士学位论文的高权重词语相对于2015年变化并不大，排名前五位的词语相同，只个别词语的排位略有变动。说明这一年度硕士学位论文研究的重点仍然分布在民商法、经济法、刑法、诉讼法领域，主研究方向没有大的变化。

2017 年硕士学位论文标题的词语云图如下：

图 15 2017 年硕士学位论文主题词权重分布图

同样选择权重排名前十的词语制作排名表如下：

表 10 2017 年硕士学位论文主题词权重排名表

排名	分词	权重
1	公司	59.09
2	法律	55.92
3	企业	43.56
4	制度	43.04
5	管理	32.69
6	信息	31.50
7	责任	29.64
8	保护	29.53
9	诉讼	29.18
10	犯罪	29.12

由上表可见，2017 年硕士学位论文排名前十位的高权重词汇中，前五位的词语内容仍然与往年相同。新的变化在于"信息"一词首次出现在高权重语中，结合我国社会和法律大背景可知，2016 年 11 月《中华人民共和国网络安全法》由全国人大常委会公开发布，2017 年 6 月 1 日起正式施行，这也使全社会对网络安全和信息安全的关注达到空前的高度，大数据时代如何以法律手段切实保护信息安全、维护网络安全，也就成为了这一年度硕士毕业研究生学位论文研究的一个重点议题。

2018 年硕士学位论文标题的词语云图如下：

图 16 2018 年硕士学位论文主题词权重分布

同样选择权重排名前十位的词语制作排名表，具体如下：

表 11　2018 年硕士学位论文主题词权重排名表

排名	分词	权重
1	法律	48.18
2	制度	36.71
3	责任	27.92
4	诉讼	27.82
5	保护	27.07
6	合同	25.82
7	法律规制	24.65
8	行政	24.02
9	适用	23.96
10	案件	23.89

如上图所示，2018 年硕士学位论文的高权重词语的排位相对于往年产生了较大的变化，"责任""诉讼""保护"由往年的后五位上升至前三位至五位，"法律规制"、"行政"、"适用"和"案件"首次出现在前十位中。可以看出这一年度的硕士学位论文的研究重点集中在诉讼法、民商法、行政法领域，研究方式以案例为切入点，探讨具体法律活动中的法律规制和适用问题，以更深入地研究法律制度的合理构建。

七、结论

博硕士学位论文是高校教学科研和学术创新的重要组成部分，也是研究高校学生科研重点和方向的重要一次文献资源。本次报告对 2018 年度的博硕士学位论文收录的整体情况以及学位论文分布的各学科、各学院的情况进行了总结，并对 2015 年～2018 年度的博硕士学位论文的主题进行了比较分析，体现了我校博硕士研究生学术研究的特点和变化趋势。希望未来随着学位论文系统的改进、功能的不断增加，对博硕士学位论文的深度分析能够拓展到摘要、目录、参考引文、研究内容和方法等方面，更加全面剖析博硕士学位论文的研究特点、跨学科特性以及对我校的学术科研、人才培养方式的启示。

第五篇 | 中国政法大学图书馆用户需求分析报告

在我校奋力推进世界一流法学学科、世界一流大学建设的新时代，提高图书馆为我校教学科研服务的水平势在必行。通过2017年在用户满意度调查中获得的用户意见和建议，我校图书馆对昌平法渊阁的座位管理系统进行了更新，完成了法渊阁卫生间的改造，实现了图书导航系统在两校区图书馆的全面覆盖，增加了两校区图书馆的门禁系统。今年，为了进一步了解我校用户对图书馆资源与服务的需求状况，图书馆青年创新团队分别制作了教师版、学生版两种用户需求调查问卷，对不同的用户群体需求开展个性化的调查和深入分析。

第一部分　总体数据

本次用户需求调查共发放教师版问卷975份，学生版问卷1148份，分别通过图书馆微信公众号平台、图书馆网站进行网上推送，制作专题海报在两校区进行张贴宣传，用户通过扫描问卷的二维码进行答题，答完即回收。问卷围绕用户对图书馆的馆藏资源和服务的了解程度、资源和服务的实际满足率以及用户评价和需求设计问题，采用了单选题、填空题、多选题、矩阵量表题和开放性问题等多种形式，主要采用定量分析和定性分析的方法，对问卷进行整体性和交叉性分析。

一、教师版用户需求调查问卷总体数据

（一）教师基本情况调查数据

教师版的问卷面向校内的教学单位、科研单位、校部机关和教辅单位共计38个单位进行了发放，其中33个单位的975位教师用户参与了答题，具体情况如下：

表1　参与问卷的教师用户所在学院和单位表

选项	小计	比例	
法学院	93		9.54%
民商经济法学院	144		14.77%
国际经济法学院	141		14.46%
刑事司法学院	138		14.15%
政治与公共管理学院	206		21.13%
商学院	84		8.62%

续表

选项	小计	比例
人文学院	65	6.67%
法律硕士学院	16	1.64%
外国语学院	13	1.33%
社会学院	8	0.82%
中欧法学院	0	0.00%
马克思主义学院	1	0.10%
光明新闻传播学院	2	0.21%
国际儒学院	3	0.31%
MBA 教育中心	1	0.10%
MPA 教育中心	1	0.10%
继续教育学院	1	0.10%
国际教育学院	6	0.62%
法治信息管理学院	1	0.10%
体育教学部	2	0.21%
孔子学院	2	0.21%
证据科学研究院	4	0.41%
人权研究院	6	0.62%
诉讼法学研究院	1	0.10%
法律史学研究院	0	0.00%
法治政府研究院	0	0.00%
比较法学研究院	1	0.10%
法与经济学研究院	2	0.21%
法律古籍整理研究所	1	0.10%
公司法与投资保护研究所	1	0.10%
法学教育研究与评估中心	0	0.00%
全球化与全球问题研究所	0	0.00%
资本金融研究院	1	0.10%
互联网金融法律研究院	2	0.21%
仲裁研究院	1	0.10%
网络法学研究院	4	0.41%
校部机关	6	0.62%
教辅单位	17	1.74%
本题有效填写人次	975	

　　如表 1 所示，在 33 个参与答卷的单位中，有教学单位 21 个，共回收到 929 份，科研机构 10 个 23 份，教辅单位 1 个 17 份，校部机关 1 个 6 份。其中政治与公共管理学院回收到的问卷数量最多，占总数的 21.13%，其次是民商经济法学院，占 14.77%，国际经济法学院占 14.46%，刑事司法学院占

14.15%，占总数1%～10%的有法学院9.54%、商学院8.62%、人文学院6.67%、教辅单位1.74%，法律硕士学院1.64%，外国语学院1.33%，其他占总数1%以下的依次为社会学院、校部机关、国际教育学院、人权研究院、网络法学研究院、证据科学研究院、国际儒学院、体育教学部、孔子学院、互联网金融法律研究院、光明新闻传播学院、法与经济学研究院、仲裁研究院、马克思主义学院、继续教育学院、法治信息管理学院、MPA教育中心、MBA教育中心、资本金融研究院、诉讼法学研究院、公司法与投资保护研究所、法律古籍整理研究所和比较法学研究院。

在教师版问卷中，我们对被调查教师的工作年限进行了了解，调查结果如下图：

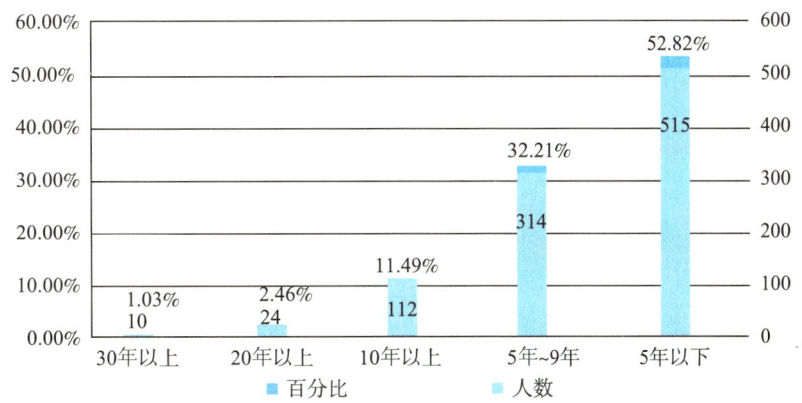

图1　参与问卷的教师用户工作年限图

参加问卷调查的教师中，在法大工作5年以下的最多，占总数的52.82%；其次是工作5年～9年的，占总数的32.21%；然后依次是工作10年以上的，占总数的11.49%；20年以上的，占总数的2.46%；30年以上的，占总数的1.03%。由此可见，工作年限在10年以下的教师对图书馆满意度问卷调查参与度较高，热情较高，期待值也较高，他们期望看到图书馆服务的新变化，且这些人正是法大的中坚力量，他们在教学和科研上贡献的大小，直接关乎法大的未来，服务好他们，就是为法大"双一流建设下的国际化研究型大学"提供助力，为法大腾飞保驾护航。

通过对参与答卷教师的研究方向的调查，我们得到如下结果：

表2　参与问卷的教师用户研究方向表

选项	小计	比例	
A. 法学	453		46.46%
B. 政治学	229		23.49%
C. 管理学	141		14.46%
D. 哲学	41		4.21%
E. 社会学	39		4.00%
F. 外国语	22		2.26%
G. 经济学	23		2.36%
H. 医学	11		1.13%
I. 其他	16		1.64%
本题有效填写人次	975		

通过对调查结果由大到小排序，得到直观柱状图：

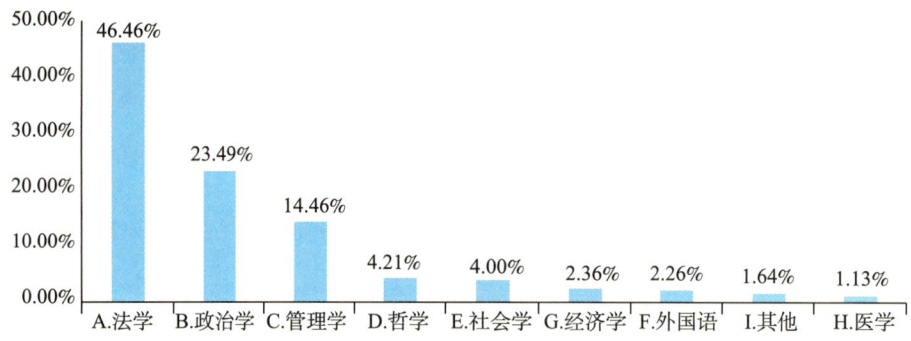

图2　参与问卷的教师用户研究方向图

可见，参加调查的教师中，研究方向为法学类的教师最多，占总数的 46.46%，其次是政治学 23.49%，第三是管理学 14.46%，之后依次是哲学、社会学、经济学、外国语、医学等。在学校目前 24 个本科专业中，法学为一级学科国家重点学科，政治学为一级学科北京市重点学科，法学、政治学、马克思主义理论也是博士学位授权一级学科，哲学、理论经济学、应用经济学、社会学、心理学、外国语言文学、新闻传播学、中国史、工商管理、公共管理是硕士学位授权一级学科。参与调查的教师，除医学专业的教师外，遍布我校国家重点和一级学科的专业，他们迫切需要提高获取学科前沿动态信息的效率，获得更多获取信息资源的方法、技能和途径，对图书馆资源和服务的要求也较为迫切，参与度也较高。

通过对参与答卷的教师工作岗位情况的调查，我们得到了如下结果：

表3　参与问卷的教师用户所在岗位表

选项	小计	比例	
教学岗	298		30.56%
科研岗	234		24.00%
教学科研岗	262		26.87%
行政管理岗	126		12.92%
专业技术岗	52		5.33%
其他	3		0.31%
本题有效填写人次	975		

同样，对调查结果由大到小排序，得到直观柱状图：

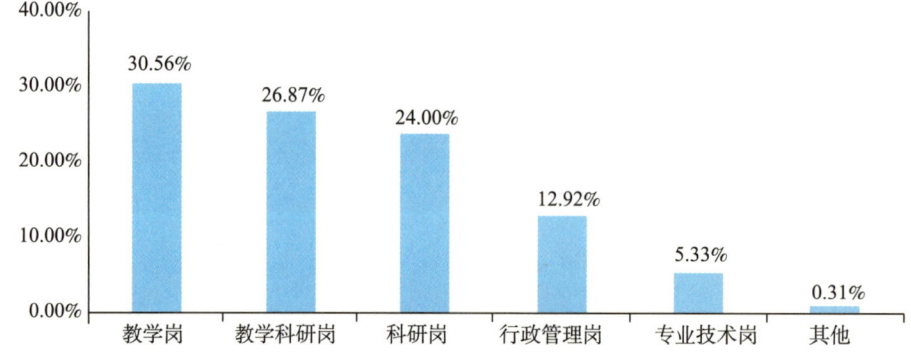

图3　参与问卷的教师用户所在岗位图

如表3和图3所示，参加调查的教师中，教学岗的教师最多，占总数的30.56%，其次是教学科研岗的教师占总数的26.87%，第三是科研岗教师占总数的24.00%，第四是行政管理岗教师占总数的12.92%，第五是专业技术岗教师占总数的5.33%，其他岗占总数的0.31%。这反映出法大教学、科研、行政、专业技术岗教师对图书馆服务的需求情况，佐证了教学科研岗对图书馆的建设需求是最迫切的，因为无论是学校对他们的日常教学、科研的要求，还是他们自身学习的需要，都和图书馆的资源和服务紧密联系。行政、专业技术岗教师对图书馆也有服务需求，但由于工作业务比较繁忙，平时看书时间比较少，只在工作需要或评职称需要时，会用到图书馆资源和服务，因此较之教学科研人员，需求不是那么迫切。

（二）教师对图书馆资源的需求和评价总体数据

在这一部分，我们设计了13道题目，占教师版调查问卷总体比重的50%。主要调查教师用户对图书馆纸质资源和电子资源的使用频率、了解程度、获取资源的难易度，纸质资源和电子资源对教师用户的满足程度，教师用户倾向使用的资源类型，其他获取资源的方式等，以及从用户的角度认为纸质资源和电子资源存在的不足之处，建议图书馆增加的资源类型和学科分布等。调查结果如下：

1. 您对图书馆资源的使用频率是？（矩阵量表题）

表4　教师用户对图书馆资源使用频率调查结果表

题目/选项	每天使用	每周至少一次使用	每月至少一次使用	每学期至少一次使用	不使用
中文图书	487（49.95%）	182（18.67%）	118（12.1%）	132（13.54%）	56（5.74%）
外文图书	388（39.79%）	235（24.10%）	178（18.26%）	132（13.54%）	42（4.31%）
中文报纸期刊	454（46.56%）	204（20.92%）	144（14.77%）	129（13.23%）	44（4.51%）
外文及港台报纸期刊	397（40.72%）	216（22.15%）	181（18.56%）	134（13.74%）	47（4.82%）
中文数据库	445（45.64%）	230（23.59%）	153（15.69%）	118（12.10%）	29（2.97%）
外文数据库	376（38.56%）	272（27.9%）	194（19.90%）	103（10.56%）	30（3.08%）
试用数据库	418（42.87%）	237（24.31%）	174（17.85%）	98（10.05%）	48（4.92%）
特色资源数据库	405（41.54%）	230（23.59%）	164（16.82%）	129（13.23%）	47（4.82%）

如表4所示，纵向来看，教师利用馆藏资源的频率：每天使用＞每周至少一次使用＞每月至少一次使用＞每学期至少一次使用＞不使用。从每天的使用情况来看，各类馆藏资源使用频率由高到低的排序为：中文图书＞中文报纸期刊＞中文数据库＞试用数据库＞特色资源数据库＞外文及港台报纸期刊＞外文图书＞外文数据库。教师对各类馆藏资源的使用率均较高，每天使用的总人数比例为43.21%，每周至少使用一次以上的总人数比例为66.36%。横向来看，每周至少使用中文图书一次以上的比例为68.62%，使用频率最高。每周至少使用外文图书一次以上的比例为63.89%使用频率最低，二者相差不大。

2. 您能否总能找到需要的图书馆资源？（矩阵量表题）

表5　教师用户获取图书馆资源难易程度调查结果表

题目/选项	能	大多时候能	有时候能	大多时候不能	不能
中文图书	466（47.79%）	243（24.92%）	141（14.46%）	97（9.95%）	28（2.87%）
外文图书	427（43.79%）	240（24.62%）	180（18.46%）	105（10.77%）	23（2.36%）
中文报纸期刊	444（45.54%）	228（23.38%）	170（17.44%）	101（10.36%）	32（3.28%）
外文及港台报纸期刊	418（42.87%）	223（22.87%）	172（17.64%）	122（12.51%）	40（4.10%）
中文数据库	454（46.56%）	248（25.44%）	142（14.56%）	110（11.28%）	21（2.15%）
外文数据库	417（42.77%）	246（25.23%）	197（20.21%）	88（9.03%）	27（2.77%）

续表

题目/选项	能	大多时候能	有时候能	大多时候不能	不能
试用数据库	441（45.23%）	233（23.90%）	172（17.64%）	99（10.15%）	30（3.08%）
特色资源数据库	418（42.87%）	250（25.64%）	166（17.03%）	109（11.18%）	32（3.28%）

　　根据表5所示统计结果，我们对选择"能"和"大多时候能"的用户所占百分比求取总平均值，发现在教师用户中，认为大多时候能找到自己需要的图书馆各类馆藏资源的用户所占平均百分比达到了69.18%。用户认为大多时候能找到所需馆藏资源类型所占比例排序为：中文图书 > 中文数据库 > 试用数据库 > 中文报纸期刊 > 特色资源数据库 > 外文图书 > 外文及港台报纸期刊 > 外文数据库。大多数时候不能和完全不能找到所需馆藏资源类型所占比例最大的为外文及港台报纸期刊，占比为16.61%。

3. 您在教学或科研的过程中所需要的资料类型有哪些？（多选题）

表6　教师用户教学科研所需资料类型调查结果表

选项	小计	比例
A. 纸本图书	650	66.67%
B. 电子图书	599	61.44%
C. 纸本期刊	520	53.33%
D. 电子期刊	484	49.64%
E. 数据型资料	388	39.79%
F. 新闻类资料	285	29.23%
G. 多媒体资料（如图片、音频、视频、影像等）	194	19.90%
H. 其他	4	0.41%
本题有效填写人次	975	

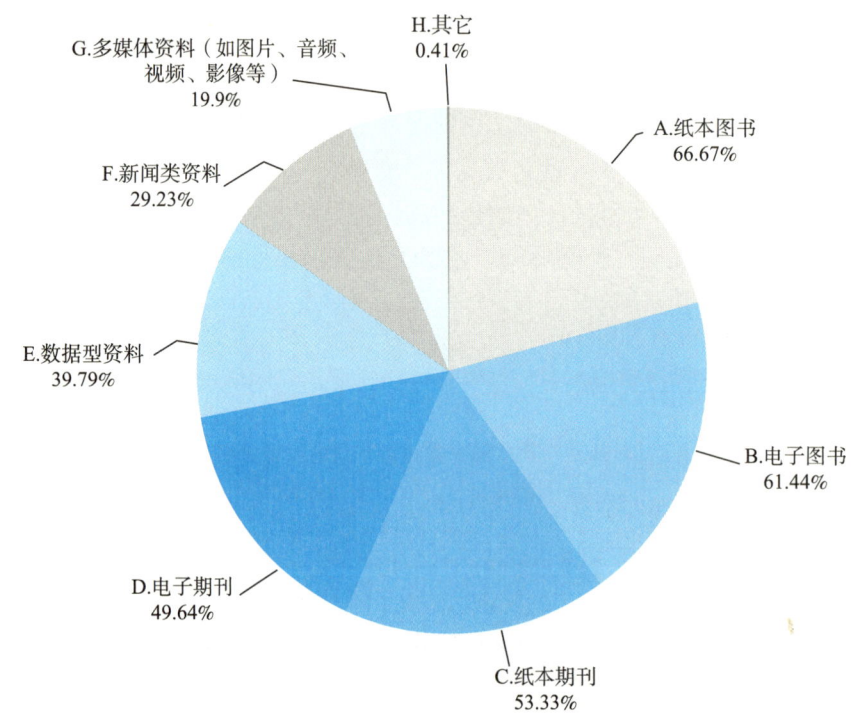

图4　教师用户教学科研所需资料类型调查结果饼状图

如表6和图4所示，教师用户在教学和科研中所需要的材料类型占比排序为：纸本图书66.67%＞电子图书61.44%＞纸本期刊53.33%＞电子期刊49.64%＞数据型资料39.79%＞新闻类资料29.23%＞多媒体资料19.9%。可以看出，用户对纸本资源的需求高于对电子资源的需求，对图书的需求高于期刊的需求，再高于数据型、新闻类、多媒体资料的需求。

4. 图书馆提供的资源能够满足您教学科研所需资料的比例是？（矩阵量表题）

表7 图书馆资源满足教学科研资料的比例表

题目/选项	85%以上	60%左右	40%左右	20%左右	10%以下
中文图书	509（52.21%）	191（19.59%）	139（14.26%）	106（10.87%）	30（3.08%）
外文图书	379（38.87%）	278（28.51%）	175（17.95%）	107（10.97%）	36（3.69%）
中文报纸期刊	414（42.46%）	234（24.00%）	189（19.38%）	112（11.49%）	26（2.67%）
外文及港台报纸期刊	401（41.13%）	227（23.28%）	181（18.56%）	122（12.51%）	44（4.51%）
中文数据库	465（47.69%）	216（22.15%）	169（17.33%）	102（10.46%）	23（2.36%）
外文数据库	380（38.97%）	265（27.18%）	194（19.9%）	109（11.18%）	27（2.77%）
试用数据库	397（40.72%）	255（26.15%）	187（19.18%）	104（10.67%）	32（3.28%）
特色资源数据库	414（42.46%）	243（24.92%）	165（16.92%）	109（11.18%）	44（4.51%）

如表7所示，纵向来看，教师用户对不同类型的馆藏资料的利用率达到85%以上的平均百分比约为43.06%，60%左右的平均百分比约为24.47%，40%左右的平均百分比约为17.94%，20%左右的平均百分比约为11.17%，10%以下的平均百分比约为3.36%。也就是说，能够达到60%以上的利用率的馆藏资源平均百分比约为67.53%，可以看出大部分馆藏资源还是可以满足教师用户教学和研究需求的。横向来看，对不同资源类型，教师用户认为利用率达85%以上的排序为：中文图书＞中文数据库＞中文报纸期刊≥特色资源数据库＞外文及港台报刊期刊＞试用数据库＞外文数据库＞外文图书。可以看出，教师用户对中文馆藏资源的利用率高于对外文馆藏资源的利用率，这一结果与教师用户使用馆藏资源的习惯和频率也是一致的。

5. 当图书馆资源无法满足您的需求时，您会通过哪些方式解决？（多选题）

表8 教师用户获取图书馆无馆藏资源的方式调查结果表

选项	小计	比例
A. 原文传递与馆际互借	651	66.77%
B. 资源荐购	572	58.67%
C. 向师友寻求帮助	610	62.56%
D. 自行购买	417	42.77%
E. 寻找其他可替代资源	154	15.79%
本题有效填写人次	975	

如表8和图5所显示的调查结果，当图书馆资源无法满足参与调查的教师用户的需求时，他们首选的解决方式是原文传递与馆际互借，其次是向师友求助，再次是向图书馆进行资源荐购，低于50%的教师用户选择自行购买，最后是选择其他可替代资源。可见教师用户对于获取图书馆缺失的而自身教学、科

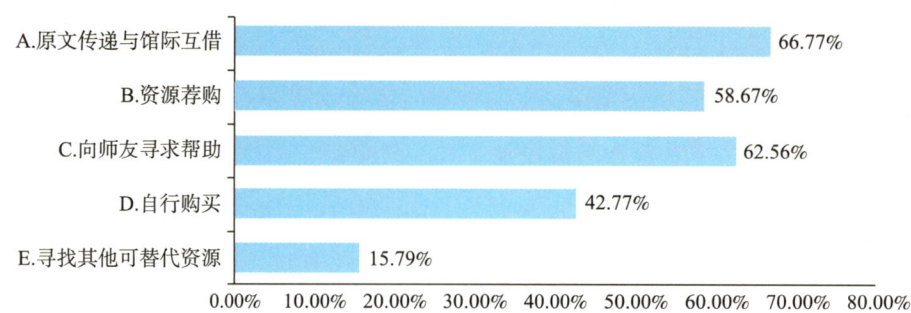

图5　教师用户获取图书馆无馆藏资源的方式调查结果条形图

研十分需要的资源，主观上更倾向于通过图书馆服务或者由图书馆扩充馆藏资源的形式实现，教师用户对图书馆的资源保有率是持积极支持的态度的。

6. 您对图书馆的资源了解程度和评价如何？（矩阵量表题）

表9　教师用户对图书馆资源了解程度和评价调查结果表

题目/选项	非常了解	比较了解	基本了解	不太了解	完全不了解
中文图书	496（50.87%）	165（16.92%）	118（12.10%）	110（11.28%）	71（7.28%）
外文图书	380（38.97%）	241（24.72%）	163（16.72%）	114（11.69%）	63（6.46%）
中文报纸期刊	440（45.13%）	194（19.90%）	156（16.00%）	103（10.56%）	69（7.08%）
外文及港台报纸期刊	400（41.03%）	212（21.74%）	145（14.87%）	129（13.23%）	74（7.59%）
中文数据库	466（47.79%）	212（21.74%）	134（13.74%）	78（8.00%）	70（7.18%）
外文数据库	410（42.05%）	236（24.21%）	155（15.90%）	110（11.28%）	54（5.54%）
试用数据库	418（42.87%）	219（22.46%）	147（15.08%）	120（12.31%）	61（6.26%）
政法博硕论文库	425（43.59%）	212（21.74%）	156（16.00%）	105（10.77%）	66（6.77%）
法大教师文库	449（46.05%）	204（20.92%）	135（13.85%）	103（10.56%）	76（7.79%）
沈家本木刻	416（42.67%）	228（23.38%）	147（15.08%）	111（11.38%）	66（6.77%）
随书光盘及多媒体点播系统	435（44.62%）	218（22.36%）	138（14.15%）	98（10.05%）	77（7.90%）

如表9所示，参与答题的教师用户普遍认为对图书馆资源非常了解，在非常了解的11类资源中，纸质资源分别是中外文图书和报刊、法大教师文库、沈家本木刻，电子资源有中外文数据库、政法博硕论文库、试用数据库和随书光盘及多媒体点播系统。对11类资源了解程度最高的是中文图书，最低的是外文图书，中间依次是中文数据库、法大教师文库、中文报纸期刊、随书光盘及多媒体点播系统、政法博硕论文库、试用数据库、沈家本木刻、外文数据库、外文及港台报纸期刊。

7. 您认为图书馆纸本图书存在的主要问题是？（多选题）

表10　教师用户认为图书馆纸本图书存在问题调查结果表

选项	小计	比例
A. 图书种类少	529	54.26%
B. 图书复本不足	484	49.64%

选项	小计	比例
C. 新书资讯更新速度慢	530	54.36%
D. 图书质量不好	398	40.82%
E. 图书破损严重	322	33.03%
F. 图书乱涂乱画严重	231	23.69%
G. 馆藏布局不当不方便找书	212	21.74%
H. 图书乱放找不到书	164	16.82%
I. 图书超期不还无法借阅	138	14.15%
J. 两校区图书分布不均匀	97	9.95%
K. 其他	4	0.41%
本题有效填写人次	975	

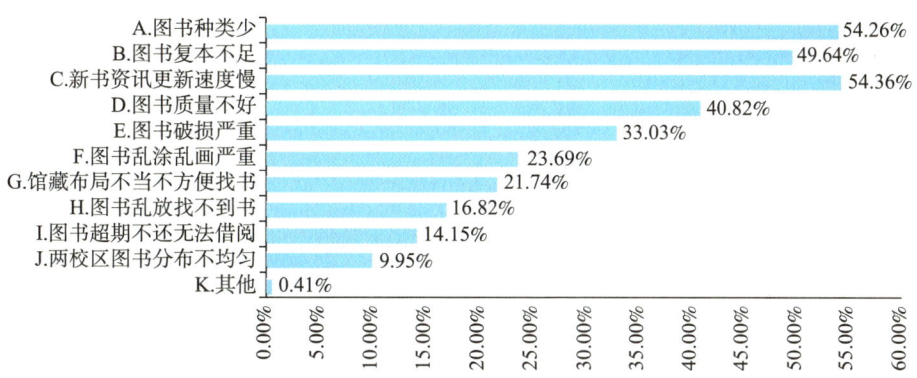

图6　教师用户认为图书馆纸本图书存在问题调查结果条形图

如表10和图6所示，对从教师用户的角度认为图书馆纸质图书存在的问题，选择新书资讯更新速度慢的教师数量最多，占被测总数的54.36%，其次是图书种类少，占被测总数的54.26%，第三是图书复本不足，占被测总数的49.64%，之后依次是图书质量不好、图书破损严重、图书乱涂乱画严重、馆藏布局不当不方便找书、图书乱放找不到书、图书超期不还无法借阅、两校区图书分布不均匀、其他。可见，新书资讯更新速度慢、图书种类少、图书复本不足是各岗位教师们普遍反映的图书馆纸本图书目前存在的主要问题。

8. 您认为图书馆应增加购买哪种图书？（多选题）

表11　教师用户认为图书馆应增加购买图书类型调查结果表

选项	小计	比例
A. 教学参考书	538	55.18%
B. 学习指导书	589	60.41%
C. 学术专著	575	58.97%
D. 考试用书	455	46.67%
E. 知识拓展类图书	294	30.15%
F. 其他	6	0.62%
本题有效填写人次	975	

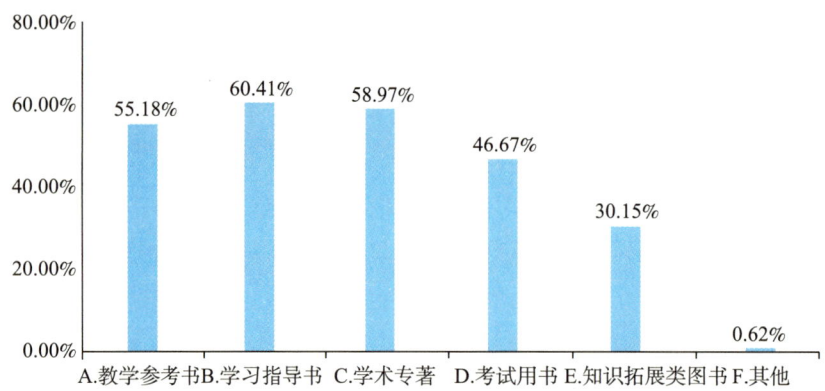

图7 教师用户认为图书馆应增加购买图书类型调查结果柱状图

如表11和图7所示，教师用户希望增加的纸质图书，选择最多的是学习指导书，占被测总人数的60.41%，其次是学术专著，占被测总人数的58.97%，第三是教学参考书，占被测总人数的55.18%，第四是考试用书，占被测总数的46.67%，第五是知识拓展类图书，占被测总数的30.15%。

9. 您使用电子资源的主要用途是？（多选题）

表12 教师用户使用图书馆电子资源用途调查结果表

选项	小计	比例
A. 掌握本专业的知识、了解本专业的前沿知识	635	65.13%
B. 解决学习上遇到的疑惑、问题	580	59.46%
C. 查找资料、写论文	606	62.15%
D. 获取教学、科研相关的资源	446	45.74%
E. 随便逛逛	72	7.38%
本题有效填写人次	975	

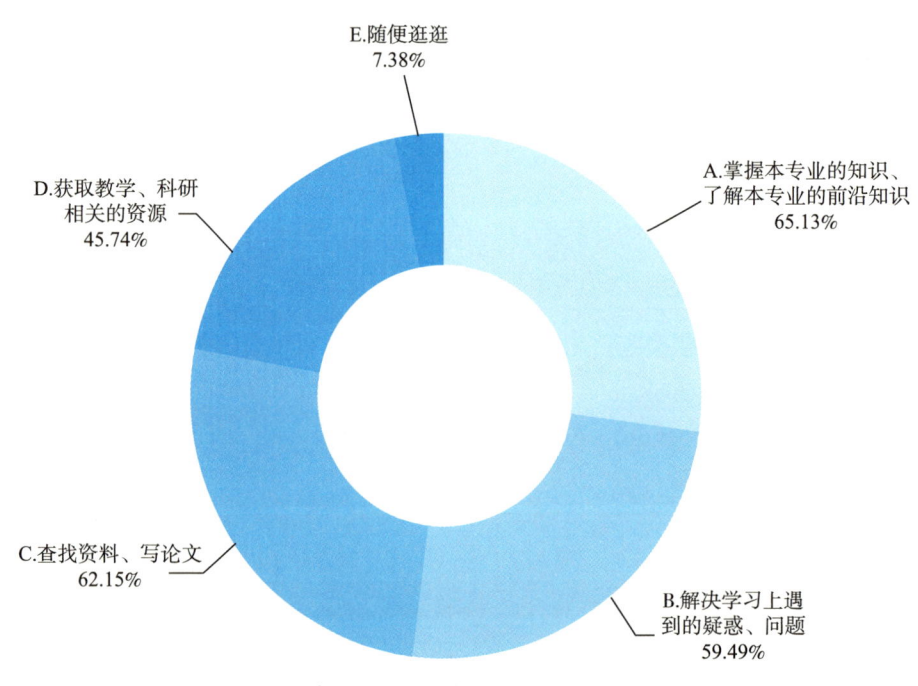

图8 教师用户使用图书馆电子资源用途调查结果环状图

如表 12 和图 8 所示，参与答题的 975 位教师用户中，使用图书馆电子资源的主要用途，排名前两位的是掌握本专业的知识、了解本专业的前沿知识和查找资料、写论文，分别占 65.13% 和 62.15%，随后是解决学习上遇到的疑惑、问题（占 59.49%）和获取教学、科研相关的资源（占 45.74%），只有极少数的用户选择了随便逛逛。这一结果与教师用户肩负的教学科研任务占首要位置的现实状况是一致的，电子资源更新的速度较纸质资源快一些，通过电子资源获取学科的最前沿知识，服务于教学育人；通过查找资料，辅助论文写作，服务于科研项目成果，实现个人提升等，都是高校教师目前最重视的资源用途。

10. 您经常使用哪些数据库？（多选题）

表 13　教师用户使用图书馆数据库情况调查结果表

选项	小计	比例
A. 中国知网	430	44.10%
B. 万方数据库	541	55.49%
C. 北大法宝	501	51.38%
D. 慧科新闻	437	44.82%
E. 中文社会科学引文索引 CSSCI 数据库	352	36.10%
F. 读秀	225	23.08%
G. 百链云	207	21.23%
H. 元照月旦法学	167	17.13%
I. NoteExpress 文献管理软件	160	16.41%
J. WestLaw	142	14.56%
K. LexisAdvanced	126	12.92%
L. HeinOnline	139	14.26%
M. Sage Journals 期刊数据库	139	14.26%
N. EBSCOhost 全文数据库	102	10.46%
O. 其他	8	0.82%
本题有效填写人次	975	

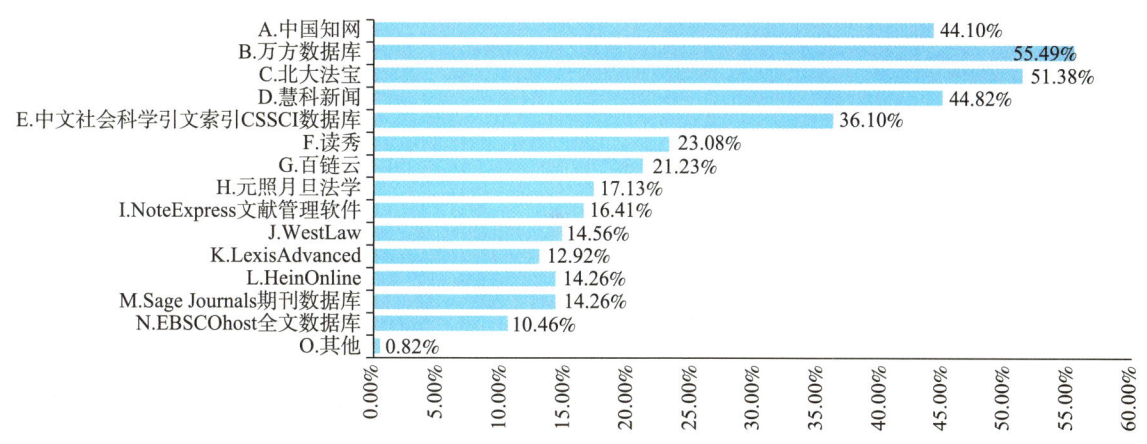

图 9　教师用户使用图书馆数据库情况调查结果条形图

如表 13 和图 9 所示，问卷中列出的 14 个图书馆数据库，参与答题的 975 位教师用户选择"经常使用"超过50%的有2个，分别是万方数据库（55.49%）、北大法宝（51.38%）；使用率在30%～45%之间的有3个，分别是慧科新闻（44.82%）、中国知网（44.10%）、中文社会科学引文索引CSSCI数据库（36.10%）；使用率在20%～30%之间的有2个，分别为读秀（23.08%）、百链云（21.23%）；其他选项中，有教师填写了elsevier、Jstor数据库，占0.82%；剩余7个数据库（主要为外文数据库资源和文献管理软件资源）的使用率都在20%以下，即图书馆提供的多个数据库资源，教师用户经常使用的数量不足一半，中文数据库利用率较高，外文数据库利用率较低。

11. 您认为图书馆电子资源使用存在的主要问题是？（多选题）

表14　教师用户认为图书馆电子资源存在主要问题调查结果表

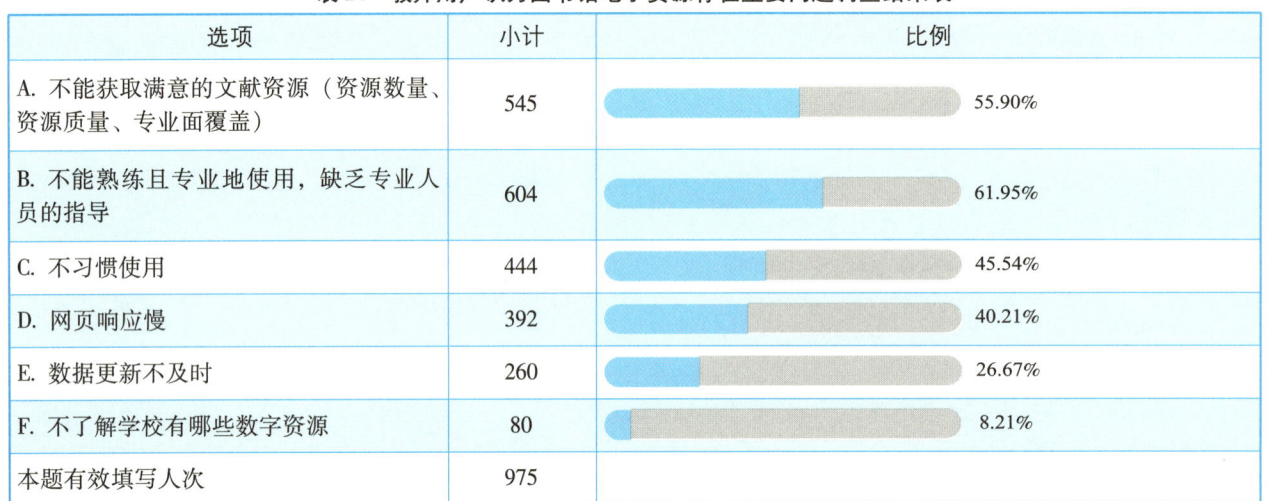

选项	小计	比例
A. 不能获取满意的文献资源（资源数量、资源质量、专业面覆盖）	545	55.90%
B. 不能熟练且专业地使用，缺乏专业人员的指导	604	61.95%
C. 不习惯使用	444	45.54%
D. 网页响应慢	392	40.21%
E. 数据更新不及时	260	26.67%
F. 不了解学校有哪些数字资源	80	8.21%
本题有效填写人次	975	

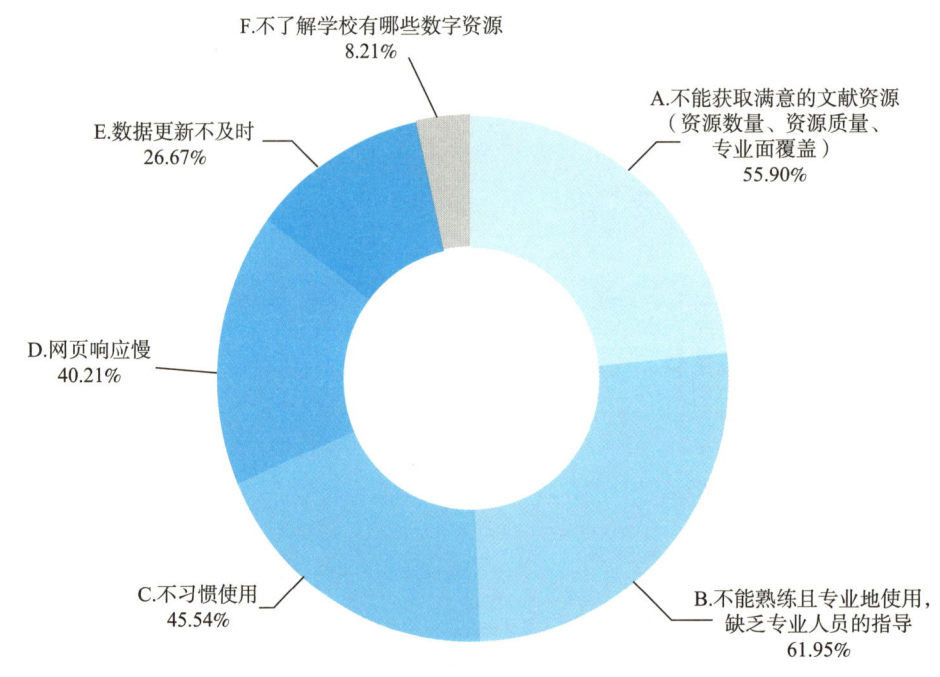

图10　教师用户认为图书馆电子资源存在主要问题调查结果环状图

如表14和图10所示，参与答题的教师用户中，有61.95%的教师认为在使用图书馆的电子资源过程中的首要问题是不能熟练且专业地使用，缺乏专业人员的指导，这是占比最大的一个选项；其次是不能获取满意的文献资源（资源数量、资源质量、专业面覆盖），占比 55.90%；随后是不习惯使用（45.54%）和网页反应慢（40.21%），26.67% 的教师认为电子资源的数据更新不及时，仍有 8.21% 的教师不了解学校有哪些数字资源。可见通过图书馆多种形式的宣传推广，教师用户对我馆的电子资源较为了解，除了个人习惯以及网络原因，教师用户的数据库使用技能和数据库资源的全面程度是突出问题。

12. 您认为图书馆应增加购买哪些学科的电子资源？（多选题）

表 15　教师用户认为图书馆应增加电子资源的学科调查结果表

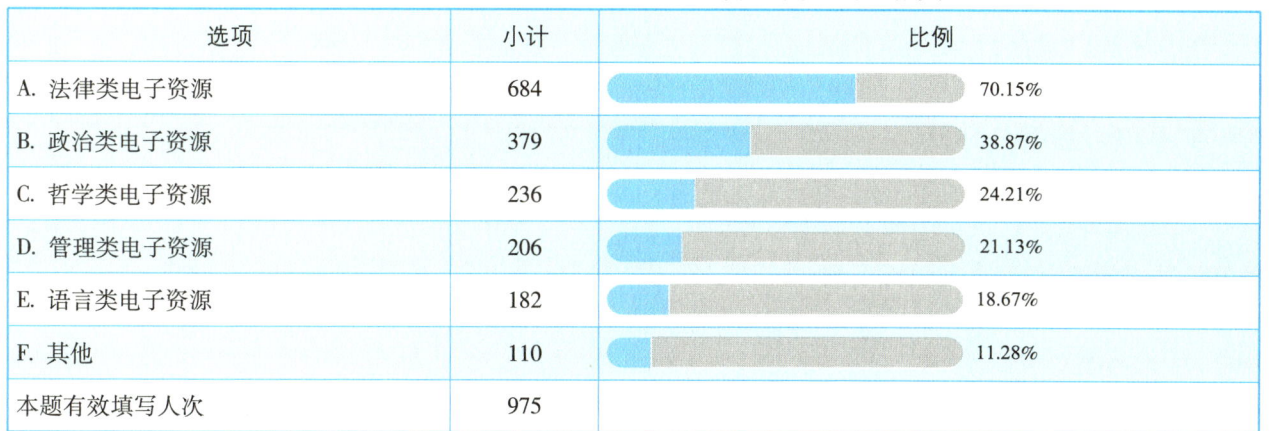

选项	小计	比例
A. 法律类电子资源	684	70.15%
B. 政治类电子资源	379	38.87%
C. 哲学类电子资源	236	24.21%
D. 管理类电子资源	206	21.13%
E. 语言类电子资源	182	18.67%
F. 其他	110	11.28%
本题有效填写人次	975	

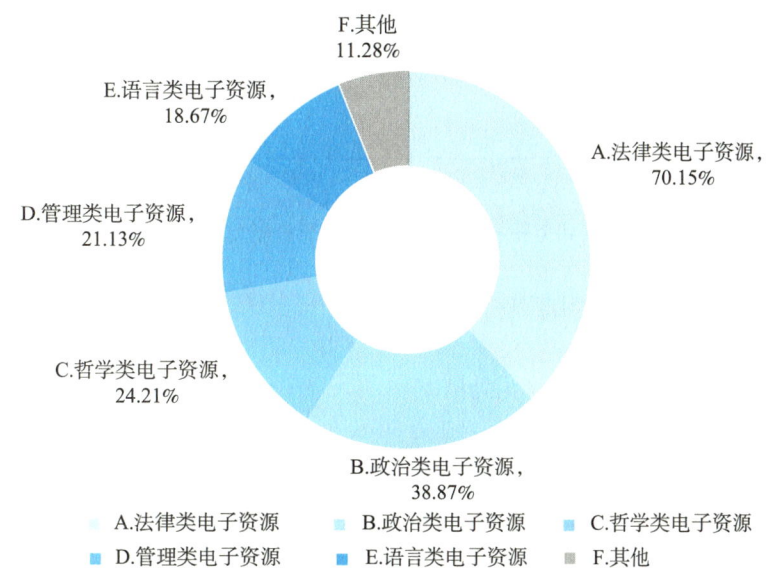

图 11　教师用户认为图书馆应增加电子资源的学科调查结果环状图

如表 15 和图 11 所示，参与答题的教师用户最希望增加的电子资源是法律类电子资源（占70.15%），这与我校的法学学科优势的特色是一致的，在详细的资源建议中，教师用户列举了各类部门法资源，表达了获取更为丰富的法律法学资源的愿望；随后依次是政治类电子资源（38.87%）、哲学类电子资源（24.21%）、管理类电子资源（21.13%）、语言类电子资源（18.67%），在各类电子资源的详细推荐中，教师用户填写了政治学、马克思主义、工商管理、企业管理、小语种等具体专业的资源，在其他选项（11.28%）中，还建议了历史、经济、金融、信息技术、医学、自然科学、理工类、新闻类、社会调研类、军事、美术等多个学科，可见我校教师对于获取更多专业和学科的电子资源有着强烈的意愿。

13. 您认为图书馆应增加购买哪些类型的电子资源？（多选题）

表16　教师用户认为图书馆应增加购买电子资源类型调查结果表

选项	小计	比例	
A. 图书	435		44.62%
B. 期刊	448		45.95%
C. 会议论文	457		46.87%
D. 学位论文	407		41.74%
E. 事实类数据	384		39.38%
F. 多媒体	261		26.77%
G. 报纸	151		15.49%
H. 其他	9		0.92%
本题有效填写人次	975		

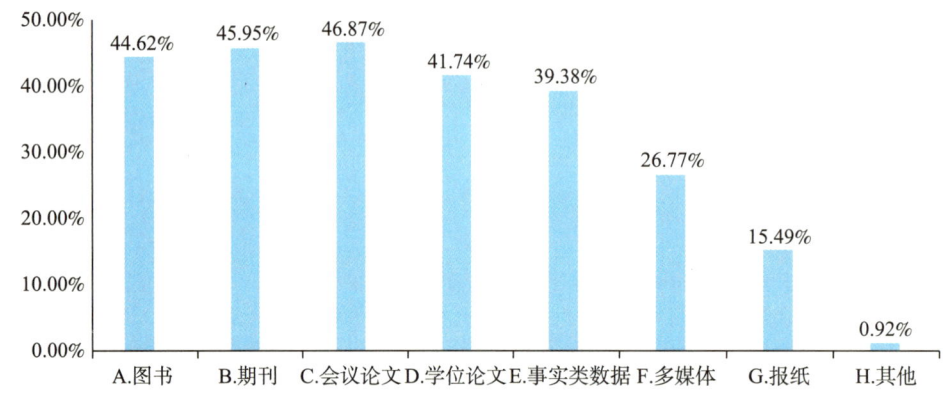

图12　教师用户认为图书馆应增加购买电子资源类型调查结果柱状图

通过表16和图12可见，参与问卷调查的教师用户对电子资源的需求基本呈现平均分布的态势，需求最多的前四类，基本处于40%～50%之间，由大到小分别是会议论文（46.87%）、期刊（45.95%）、图书（44.62%）、学位论文（41.74%）；事实类数据（占比39.38%）在教师用户中的需求量仅次于学位论文，并有不断增加的趋势，远超过多媒体（26.77%）和报纸（15.49%），应重视这类电子资源的需求，增加购入此类资源。

（三）教师对图书馆服务的需求和评价总体数据

在图书馆服务需求和评价部分，我们设计了7道题目，占教师版调查问卷总体比重的26.92%。主要调查教师用户对图书馆各项服务的了解程度和评价，教师用户参与图书馆活动和服务的意愿以及从用户的角度认为图书馆服务存在的不足之处，希望从图书馆获取的服务类型和渠道等。

1. 您对图书馆服务的了解程度和评价如何？（矩阵量表题）

表17　教师用户对图书馆服务的了解程度和评价调查结果表

题目/选项	非常了解	比较了解	基本了解	不太了解	完全不了解
馆际互借	500（51.28%）	171（17.54%）	114（11.69%）	105（10.77%）	66（6.77%）
原文传递	421（43.18%）	229（23.49%）	152（15.59%）	117（12.00%）	44（4.51%）

题目/选项	非常了解	比较了解	基本了解	不太了解	完全不了解
读者荐购	438（44.92%）	206（21.13%）	159（16.31%）	111（11.38%）	49（5.03%）
自助借还	426（43.69%）	218（22.36%）	142（14.56%）	114（11.69%）	62（6.36%）
自助打印、复印、扫描	432（44.31%）	199（20.41%）	156（16.00%）	108（11.08%）	64（6.56%）
咨询服务	413（42.36%）	238（24.41%）	163（16.72%）	107（10.97%）	44（4.51%）
微信公众号服务（如馆藏查询、图书续借、座位预约等）	439（45.03%）	214（21.95%）	158（16.21%）	92（9.44%）	59（6.05%）
远程访问	423（43.38%）	212（21.74%）	165（16.92%）	115（11.79%）	50（5.13%）
赠书服务	414（42.46%）	232（23.79%）	154（15.79%）	104（10.67%）	58（5.95%）
图书架位导航	392（40.21%）	249（25.54%）	166（17.03%）	107（10.97%）	49（5.03%）
信息检索相关课程	420（43.08%）	223（22.87%）	155（15.90%）	107（10.97%）	59（6.05%）
资源与服务专题系列讲座	399（40.92%）	242（24.82%）	160（16.41%）	114（11.69%）	52（5.33%）
嵌入式教学服务（嵌入教学的信息检索课程）	418（42.87%）	236（24.21%）	154（15.79%）	90（9.23%）	68（6.97%）
查收查引	384（39.38%）	270（27.69%）	164（16.82%）	98（10.05%）	49（5.03%）
定题服务	411（42.15%）	238（24.41%）	161（16.51%）	93（9.54%）	64（6.56%）
移动图书馆	405（41.54%）	235（24.10%）	174（17.85%）	90（9.23%）	60（6.15%）

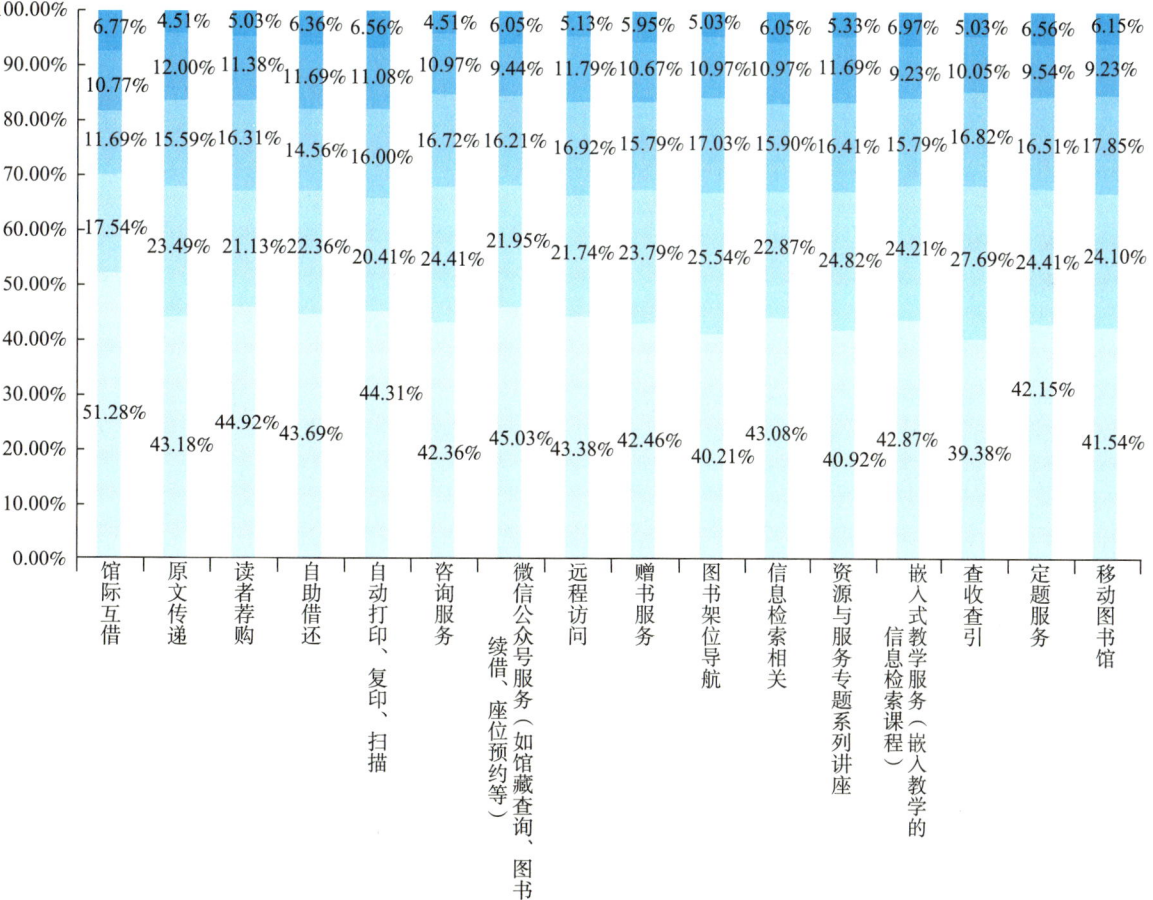

图13　教师用户对图书馆服务的了解程度和评价调查结果图

由表17和图13可见，参加问卷调查的教师用户对图书馆的各项服务均达到了基本了解的程度，不太了解以及不了解所占比例为17%左右。可见，通过我馆各种方式和各种渠道的不断宣传推广，图书馆服务的宣传覆盖率已达到80%以上。

2. 为了满足教师读者校外使用图书馆电子资源的需求，图书馆开设了远程访问服务，您觉得使用网页版和MotionPro客户端登录远程访问，哪种方式更顺利？

表18　教师用户对图书馆远程访问服务偏好调查结果表

选项	小计	比例
A、网页版：上图书馆网站，点远程访问登录	518	53.13%
B、MotionPro 客户端：安装了 MotionPro 客户端，通过 MotionPro 登录	416	42.67%
C、不知道有 MotionPro 客户端	41	4.21%
本题有效填写人次	975	

在本项调查中，参与的教师用户在校外使用图书馆资源对接入途径没有特别明显的偏好。53.13%的教师使用网页版的图书馆网站，42.67%的教师倾向于客户端的使用。仅有4.21%的教师用户并不知道有客户端使用途径。可见，两种途径的使用方式已被教师群体所熟悉并使用。

3. 您认为目前图书馆服务存在的主要问题是什么？

表19　教师用户认为图书馆服务存在主要问题调查结果表

选项	小计	比例
A. 服务与需求不契合	219	22.46%
B. 服务种类少	192	19.69%
C. 服务不能达到预期的效果	275	28.21%
D. 服务效率有待提高	214	21.95%
E. 不了解图书馆的服务	73	7.49%
F. 其他	2	0.21%
本题有效填写人次	975	

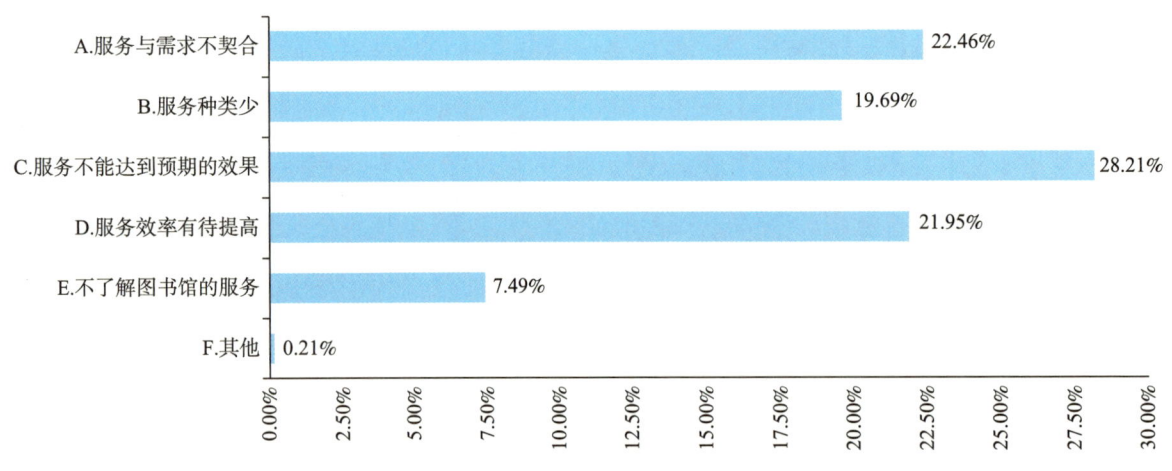

图14　教师用户认为图书馆服务存在主要问题调查结果条形图

如表 19 和图 14 所示，在本项调查中，参与的教师用户认为图书馆服务主要存在的问题集中在：服务不能达到预期的效果（占比 28.21%）、服务与需求不契合（占比 22.46%）以及服务效率有待提高（占比 21.95%）；服务种类少（占比 19.69%）位居第四位；不了解服务内容仅为 7.49%，其它为 0.21%。

4. 如果建设教学参考资料数据库，您是否愿意提供教学参考书目或资料？

表 20　教师用户参与建设图书馆数据库意愿调查结果表

选项	小计	比例	
A. 愿意	932		95.59%
B. 不愿意	43		4.41%
本题有效填写人次	975		

在本项调查中，参与答题的教师用户表达了强烈的参与图书馆资源和服务建设的意愿，愿意提供教学参考书目或者资料的教师用户达到了 95.59%，也体现了教师用户对图书馆建设前景的支持和希望。

5. 如果图书馆面向教师开展以下信息素养方面的讲座，哪些您较愿意参加？（多选题）

表 21　教师用户参与图书馆信息素养讲座意愿调查结果表

选项	小计	比例	
A. 立项前的文献调研讲座	565		57.95%
B. 特定主题的文献信息检索与获取	576		59.08%
C. 文献管理软件使用技巧	532		54.56%
D. 特定数据库的使用技巧	303		31.08%
E. 其他	10		1.03%
本题有效填写人次	975		

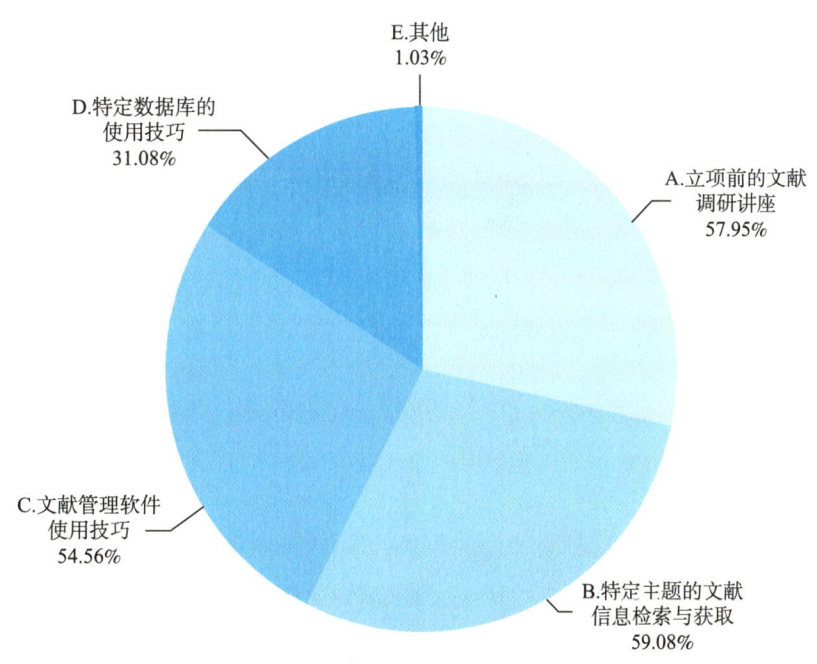

图 15　教师用户参与图书馆信息素养讲座意愿调查结果饼状图

通过表21和图15可见，参与答题的教师用户均有较高的获取信息素养知识和技能的需求，在题目提供的几个信息素养教育选项中，特定主题的文献信息检索与获取（占比59.08%）、立项前的文献调研讲座（占比57.95%）、文献管理软件使用技巧（占比54.56%）的需求均超过50%，特定数据库的使用技巧占比31.08%，排在第四位，在其他（占比1.03%）中，有教师提出"由于老师们都是遇到问题，才会寻求帮助，建议图书馆设立专门人士，对老师特定问题进行更有针对性的解答"以及"开展各个数据库的特点及应用介绍方面的讲座"。

6. 您希望获得哪些方面的学科信息快报？（多选题）

表22　教师用户希望获取学科信息快报种类调查结果表

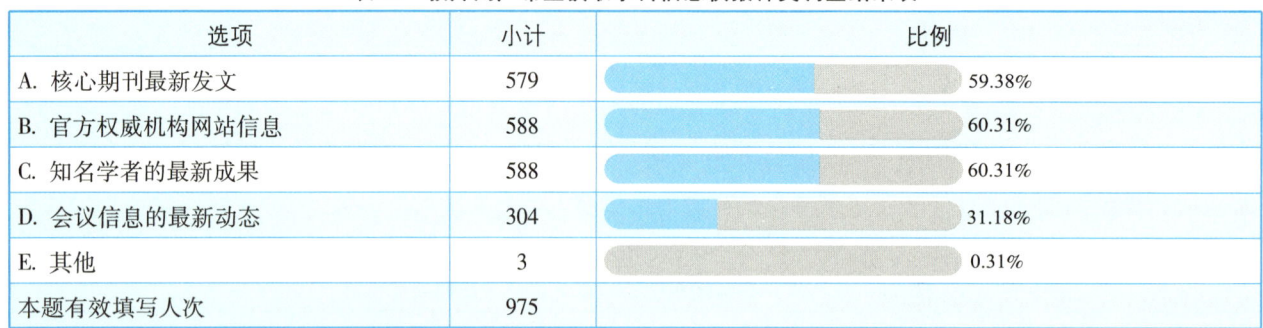

选项	小计	比例	
A. 核心期刊最新发文	579		59.38%
B. 官方权威机构网站信息	588		60.31%
C. 知名学者的最新成果	588		60.31%
D. 会议信息的最新动态	304		31.18%
E. 其他	3		0.31%
本题有效填写人次	975		

由表22可见，参与问卷的教师用户对前3个选项的需求都非常高，达到60%左右。其中，官方权威机构网站信息和知名学者的最新成果并列第一，占比60.31%；核心期刊最新发文排在第二位，占比59.38%；第四位为会议信息的最新动态，占比31.18%，说明图书馆的信息服务要在专业和更新方面做得更好，掌握最新、最权威、最专业的信息，才能够满足教师用户的需要。

7. 您希望通过哪些渠道获得图书馆的资源和服务信息？（多选题）

表23　教师用户希望获得图书馆资源和服务信息的渠道调查结果表

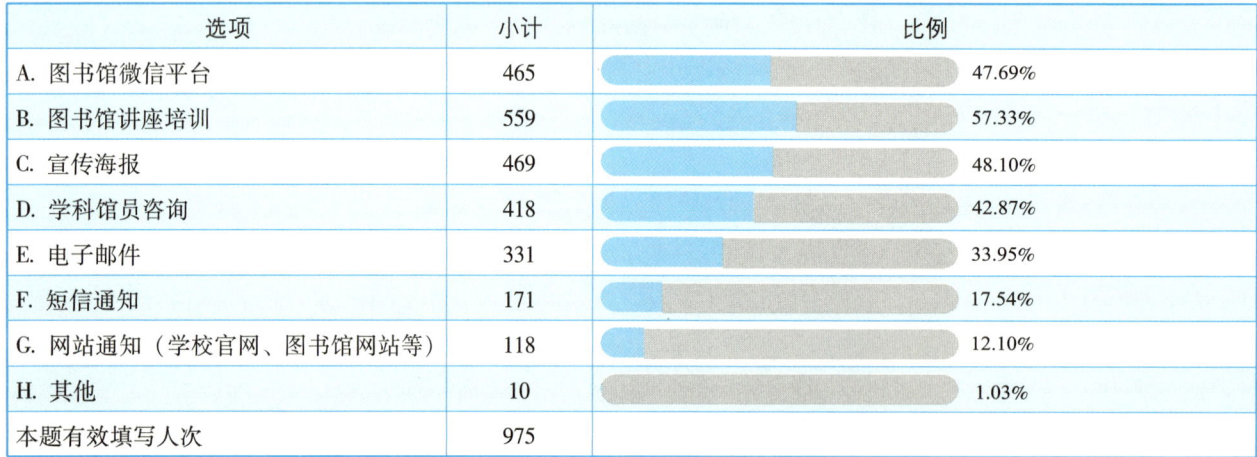

选项	小计	比例	
A. 图书馆微信平台	465		47.69%
B. 图书馆讲座培训	559		57.33%
C. 宣传海报	469		48.10%
D. 学科馆员咨询	418		42.87%
E. 电子邮件	331		33.95%
F. 短信通知	171		17.54%
G. 网站通知（学校官网、图书馆网站等）	118		12.10%
H. 其他	10		1.03%
本题有效填写人次	975		

由表23可见，本项调查获得的教师用户的意见中，图书馆讲座培训以其专业性和知识全面性位居第一位，占比57.33%；宣传海报（占比48.10%）、图书馆微信平台（占比47.69%）、学科馆员咨询（占比42.87%）紧随其后；由于教师用户一般都会有查阅邮件的习惯，因此通过电子邮件的方式获得资源和信息服务的百分比达到了33.95%，网站通知的占比最低，只有12.10%。可见，随着时代的发展，教师

用户更加倾向于通过更灵活、更个性化的方式获得资源和服务信息。

二、学生版用户需求调查问卷总体数据

（一）学生基本情况调查数据

学生版的问卷面向校内各个专业的博士、硕士和本科生进行了发放，1148 位学生参与了答卷，具体情况如下：

表 24　学生用户参与调查情况表

选项	小计	比例
A. 博士研究生	244	21.25%
B. 硕士研究生	321	27.96%
C. 本科生	583	50.78%
本题有效填写人次	1148	

由以上数据可以看出，参与问卷调查的博士研究生占 21.25%，硕士研究生占 27.96%，本科生占 50.78%，本科生和研究生参与调查人数基本持平，对各类型学生的取样较为平均，获取的数据结果能够客观反映学生的真实需求。

在学生版问卷中，我们对学生用户所在的年级进行了调查，以期发掘各个年级学生的个性化需求，调查结果如下：

表 25　参与调查的学生用户所在年级情况表

选项	小计	比例
A. 一年级	271	23.61%
B. 二年级	452	39.37%
C. 三年级	307	26.74%
D. 四年级	118	10.28%
本题有效填写人次	1148	

我校本科生设四个年级，硕士、博士研究生分别设三个年级，由表 25 可见，参与调查的学生用户中，其中一年级有 271 人，占 23.61%，二年级 452 人，占 39.37%，三年级 307 人，占 26.74%，四年级 118 人，占 10.28%。

通过对学生用户所学专业的调查，得到如下结果：

表 26　参与调查的学生用户所学专业情况表

选项	小计	比例
A. 法学	400	34.84%
B. 政治学	165	14.37%
C. 管理学	228	19.86%
D. 哲学	97	8.45%

选项	小计	比例
E. 社会学	60	5.23%
F. 外国语	57	4.97%
G. 经济学	69	6.01%
H. 医学	18	1.57%
I. 其他	54	4.70%
本题有效填写人次	1148	

如表26所示，参与答卷的1148位学生用户中，法学专业有400人，占34.84%，政治学165人，占14.37%，管理学228人，占19.86%，哲学97人，占8.45%，社会学60人，占5.23%，外国语57人，占4.97%，经济学69人，占6.01%，医学18人，占1.57%，其他专业包括应用心理学、汉语言文学、马克思主义理论、高分子材料与工程、侦查学、新闻学、历史学、法与经济学、思想政治学等，共计54人，占4.70%。

综上，此次问卷调查对不同类型、不同年级、不同专业的学生用户进行了充分深入的调查，数据来源在最大程度上实现了全面、详尽。因此，可以认定此次调查的结果基本上能够客观和充分反映学生用户对图书馆资源和服务的真实感受。

（二）学生对图书馆资源的需求和评价总体数据

在这一部分，我们设计了7道题目，占学生版调查问卷总体比重的53.85%。主要调查学生用户对图书馆纸质资源和电子资源的使用频率、了解程度、获取资源的难易度，学生用户对纸质资源和电子资源的满足程度，从用户的角度认为纸质资源存在的不足之处以及在电子资源的使用过程中遇到的问题，建议图书馆增加的资源类型等。调查结果如下：

1. 您对图书馆资源的使用频率是？（矩阵量表题）

表27　学生用户对图书馆资源的使用频率调查结果表

题目/选项	每天使用	每周至少一次使用	每月至少一次使用	每学期至少一次使用	不使用
中文图书	477（41.55%）	281（24.48%）	204（17.77%）	143（12.46%）	43（3.75%）
外文图书	296（25.78%）	194（16.90%）	185（16.11%）	237（20.64%）	236（20.56%）
中文报纸期刊	335（29.18%）	187（16.29%）	156（13.59%）	182（15.85%）	288（25.09%）
外文及港台报纸期刊	283（24.65%）	192（16.72%）	160（13.94%）	153（13.33%）	360（31.36%）
中文数据库	479（41.72%）	306（26.66%）	177（15.42%）	126（10.98%）	60（5.23%）
外文数据库	307（26.74%）	259（22.56%）	219（19.08%）	209（18.21%）	154（13.41%）
试用数据库	312（27.18%）	194（16.90%）	184（16.03%）	177（15.42%）	281（24.48%）
特色资源数据库	290（25.26%）	213（18.55%）	170（14.81%）	188（16.38%）	287（25.00%）

如表27及图16所示，纵向来看，学生利用馆藏资源的频率：每天使用＞每周至少一次使用＞不使用＞每月至少一次使用＞每学期至少一次使用。从每天的使用情况来看，各类馆藏资源使用频率由高到低的排序为：中文数据库＞中文图书＞中文报纸期刊＞试用数据库＞外文数据库＞外文图书＞特色资源库＞外文及港台报纸期刊，学生对馆藏资源的数据库的使用率高于图书，再高于报纸期刊。学生对馆藏资源的

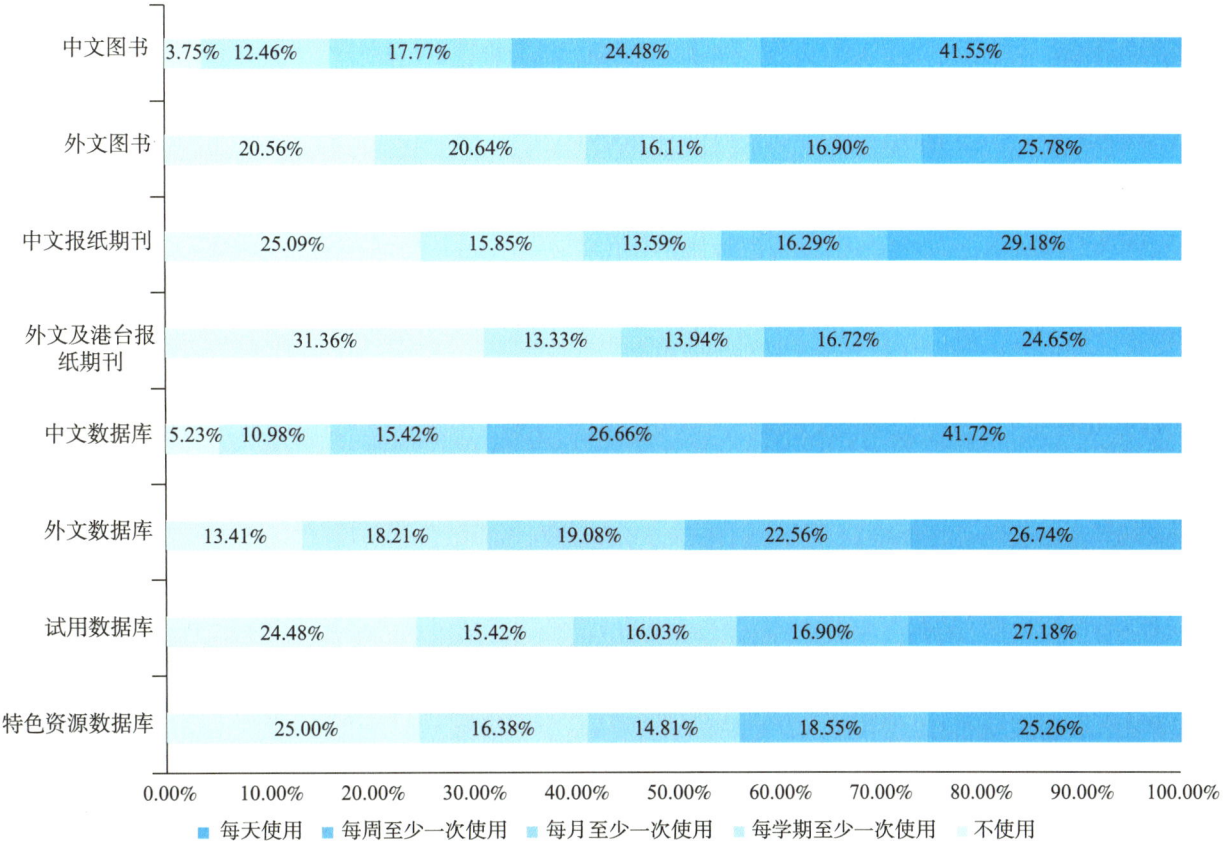

图 16　学生用户对图书馆资源的使用频率调查结果图

使用率一般，每天使用的总人数比例为 30.26%，每周至少使用一次以上的总人数比例为 50.14%，刚刚过半。值得提到的是，学生从来不使用馆藏资源的比例不低，竟然达到了 18.61%。横向来看，每周至少使用一次以上的中文数据库比例为 68.38%，使用频率最高。每周至少使用一次以上的外文及港台报纸期刊比例为 41.37%，使用频率最低，二者有明显差距。

2. 您能否总能找到需要的图书馆资源?（矩阵量表题）

表 28　学生用户获取图书馆资源难易程度调查结果表

题目/选项	能	大多时候能	有时候能	大多时候不能	不能
中文图书	419（36.50%）	431（37.54%）	162（14.11%）	104（9.06%）	32（2.79%）
外文图书	330（28.75%）	280（24.39%）	293（25.52%）	163（14.20%）	82（7.14%）
中文报纸期刊	379（33.01%）	305（26.57%）	224（19.51%）	145（12.63%）	95（8.28%）
外文及港台报纸期刊	347（30.23%）	241（20.99%）	262（22.82%）	171（14.90%）	127（11.06%）
中文数据库	478（41.64%）	380（33.10%）	162（14.11%）	82（7.14%）	46（4.01%）
外文数据库	363（31.62%）	326（28.40%）	257（22.39%）	123（10.71%）	79（6.88%）
试用数据库	371（32.32%）	288（25.09%）	246（21.43%）	138（12.02%）	105（9.15%）
特色资源数据库	359（31.27%）	263（22.91%）	265（23.08%）	141（12.28%）	120（10.45%）

　　如表 28 和图 17 所示，学生用户中，综合比较"能"和"大多时候能"两列的百分比结果，在各类图书馆馆藏资源中，认为大多时候能找到自己需要的图书馆馆藏资源的用户所占平均百分比达 60.54%。

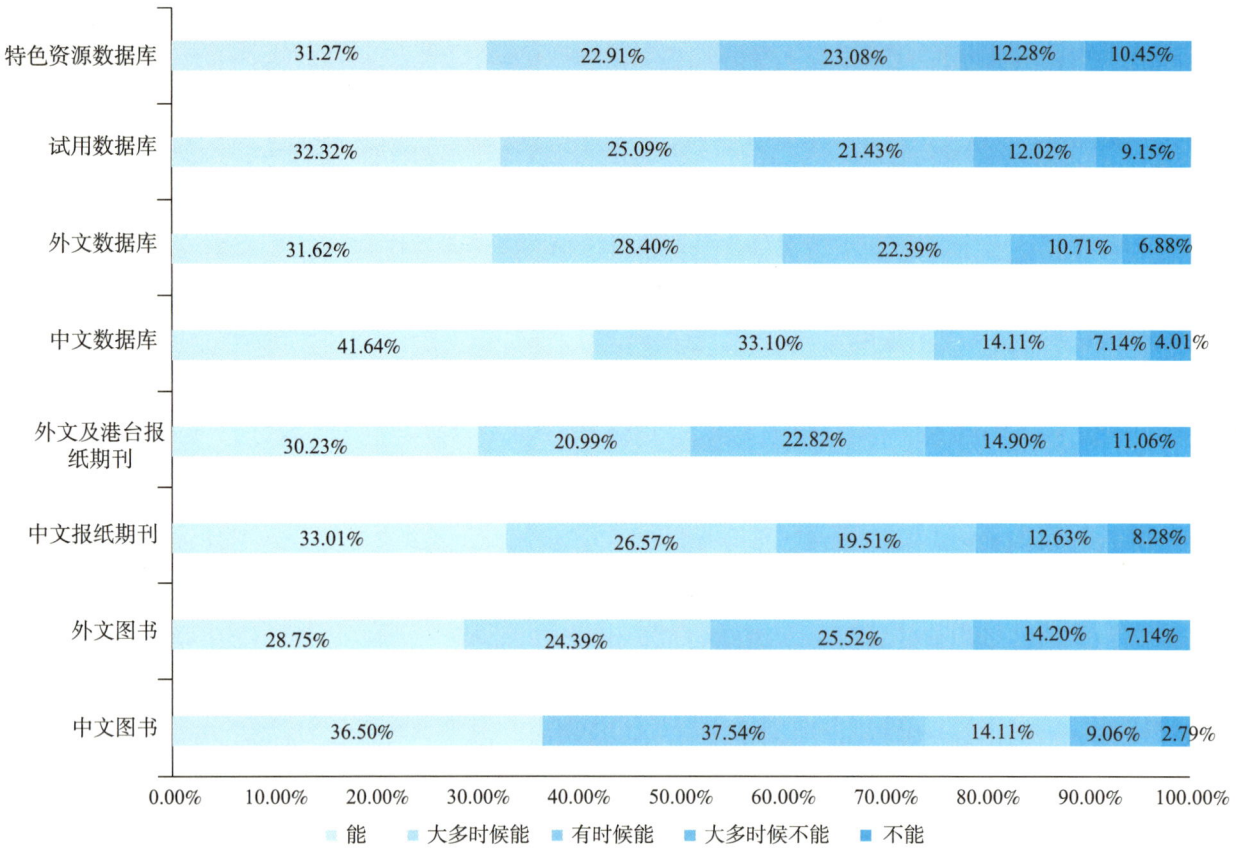

图17　学生用户获取图书馆资源难易程度调查结果图

用户认为大多时候能找到所需馆藏资源类型所占比例排序为：中文数据库＞中文图书＞外文数据库＞中文报纸期刊＞试用数据库＞特色资源数据库＞外文图书＞外文及港台报纸期刊。大多数时候不能和完全不能找到所需馆藏资源类型所占比例最大的为外文及港台报纸期刊，占比为25.96%。

3. 当图书馆资源无法满足您的需求时，您会通过哪些方式解决？（可多选）

表29　学生用户获取图书馆无馆藏资源的方式调查结果表

选项	小计	比例
A. 原文传递与馆际互借	599	52.18%
B. 资源荐购	526	45.82%
C. 找其他学校同学帮忙	597	52.00%
D. 自行购买	633	55.14%
E. 寻找其他可替代资源	446	38.85%
本题有效填写人次	1148	

如表29所示，当图书馆的资源无法满足用户的需求时，参与答题的学生用户首先采取自行购买（占比55.14%）和原文传递与馆际互借（占比52.18%）的方式，找其他学校同学帮忙（占比52.00%）和资源荐购（占比45.82%）紧随其后，寻找其他可替代资源排在最后一位，占比38.85%。可以看出在图书馆资源无法满足学生的需求时，学生选择继续依靠图书馆获取资源与自行寻找获取资源的方式不分伯仲，并且更倾向于获取需要的资源，而非其他可替代资源。

4. 您对图书馆的资源了解程度如何？（矩阵量表题）

表 30　学生用户对图书馆资源了解程度调查结果表

题目/选项	非常了解	比较了解	基本了解	不太了解	完全不了解
中文图书	442（38.50%）	308（26.83%）	241（20.99%）	119（10.37%）	38（3.31%）
外文图书	290（25.26%）	236（20.56%）	232（20.21%）	284（24.74%）	106（9.23%）
中文报纸期刊	341（29.70%）	205（17.86%）	210（18.29%）	267（23.26%）	125（10.89%）
外文及港台报纸期刊	302（26.31%）	182（15.85%）	194（16.90%）	297（25.87%）	173（15.07%）
中文数据库	444（38.68%）	323（28.14%）	216（18.82%）	118（10.28%）	47（4.09%）
外文数据库	295（25.70%）	275（23.95%）	262（22.82%）	217（18.90%）	99（8.62%）
试用数据库	320（27.87%）	206（17.94%）	222（19.34%）	252（21.95%）	148（12.89%）
政法博硕论文库	332（28.92%）	201（17.51%）	229（19.95%）	223（19.43%）	163（14.20%）
法大教师文库	317（27.61%）	169（14.72%）	157（13.68%）	270（23.52%）	235（20.47%）
沈家本木刻	295（25.70%）	175（15.24%）	175（15.24%）	257（22.39%）	246（21.43%）
随书光盘及多媒体点播系统	321（27.96%）	152（13.24%）	163（14.20%）	262（22.82%）	250（21.78%）

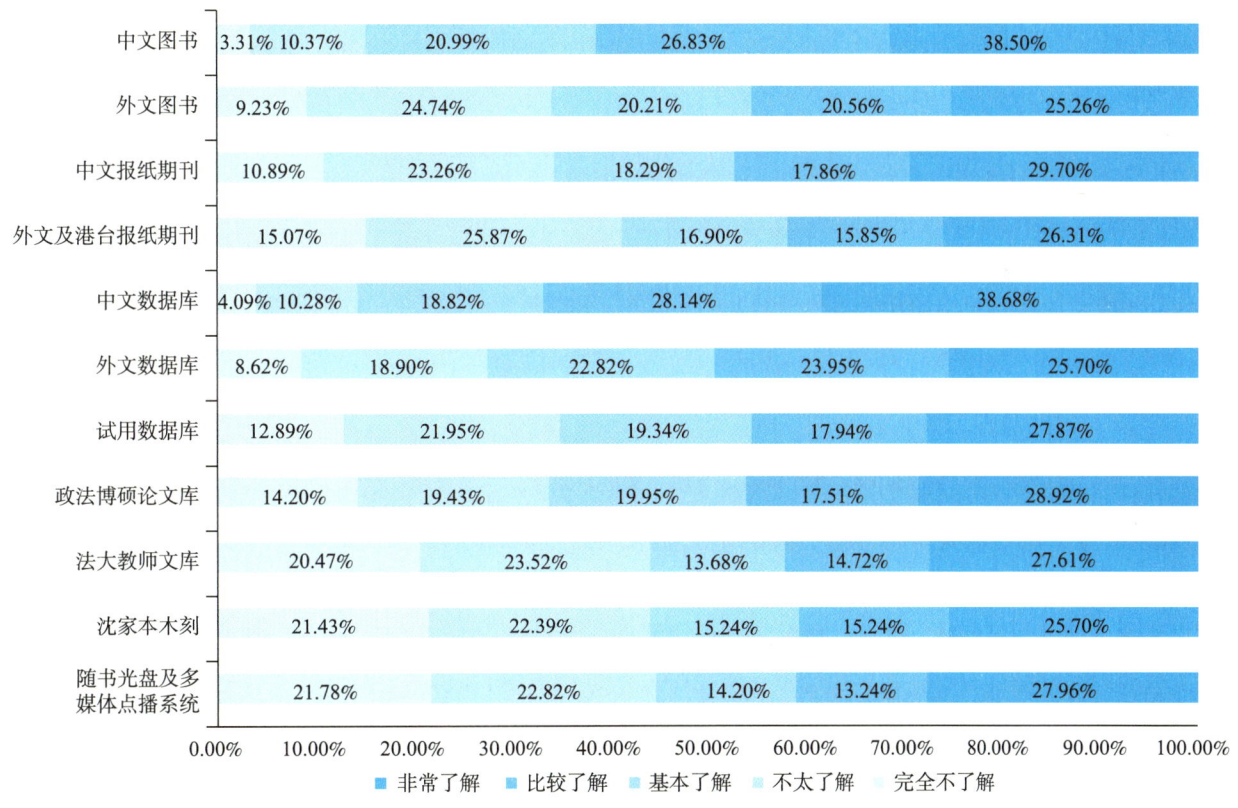

图 18　学生用户对图书馆资源了解程度调查结果图

如表 30 和图 18 所示，各类型的学生用户对图书馆的各种馆藏资源的了解程度较高，均能达到 50% 以上，说明图书馆的各种方式的宣传推广取得了较好的效果。

5. 您认为纸本图书存在的主要问题是？（多选题）

表31　学生用户认为图书馆纸本图书存在问题调查结果表

选项	小计	比例
A. 图书种类少	521	45.38%
B. 图书复本不足	663	57.75%
C. 新书资讯更新速度慢	624	54.36%
D. 图书质量不好	346	30.14%
E. 图书破损严重	361	31.45%
F. 图书乱涂乱画严重	288	25.09%
G. 馆藏布局不当不方便找书	285	24.83%
H. 图书乱放找不到书	251	21.86%
I. 图书超期不还无法借阅	266	23.17%
J. 两校区图书分布不均匀	247	21.52%
K. 其他	33	2.87%
本题有效填写人次	1148	

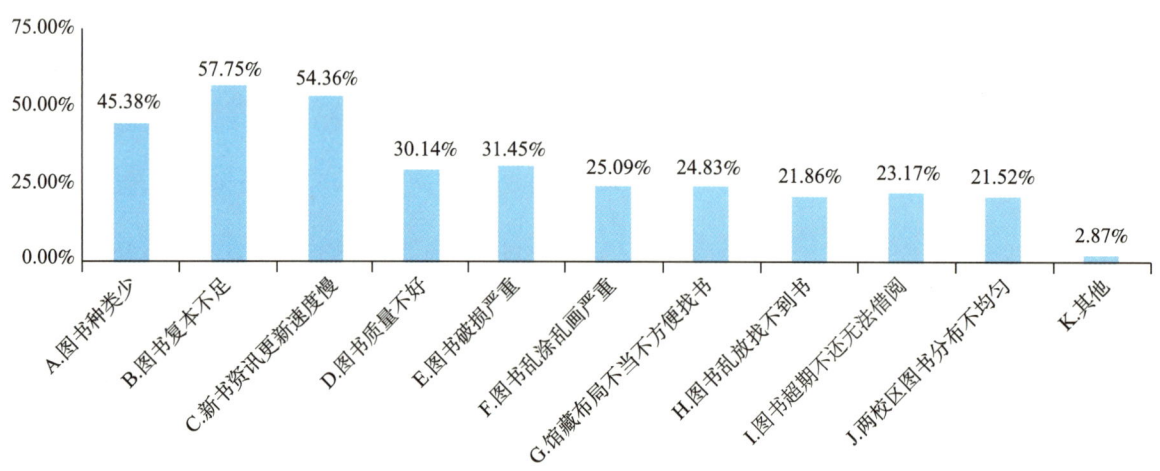

图19　学生用户认为图书馆纸本图书存在问题调查结果

从表31和图19的结果可以看出，调查对象中一半以上的学生用户认为纸质图书目前存在以下两个问题：图书复本不足、新书资讯更新速度慢；其次，有45.38%的读者认为图书馆的图书种类偏少；另外，图书破损严重、图书质量不好、图书乱涂乱画严重、馆藏布局不当不方便找书、图书乱放找不到书、图书超期不还无法借阅、两校区图书分布不均匀等方面，有两成以上的读者认为是目前馆藏纸质图书存在的问题。

6. 您认为图书馆应增加购买哪种图书？（多选题）

表32　学生用户认为图书馆应增加购买图书类型调查结果表

选项	小计	比例
A. 教学参考书	439	38.24%
B. 学习指导书	588	51.22%

选项	小计	比例
C. 学术专著	783	68.21%
D. 考试用书	439	38.24%
E. 知识拓展类图书	541	47.13%
F. 其他	44	3.83%
本题有效填写人次	1148	

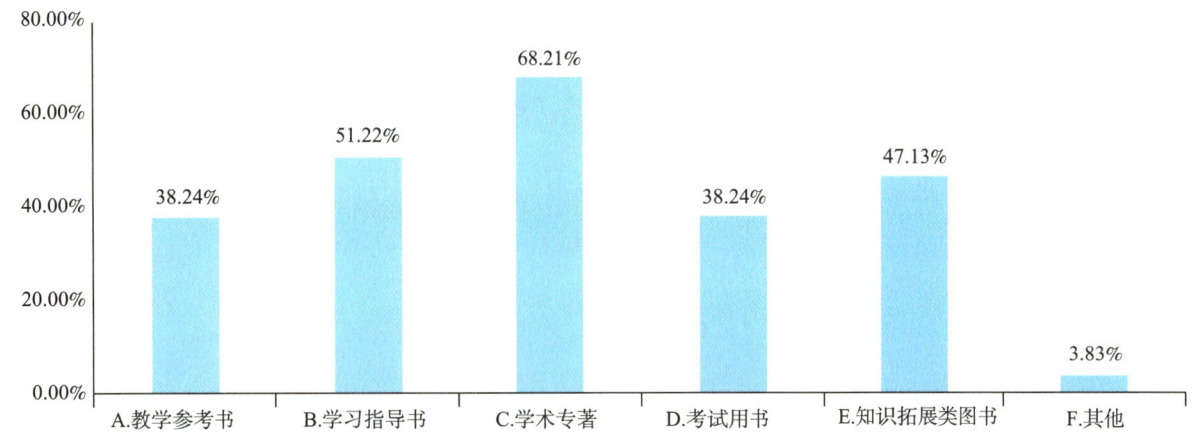

图20　学生用户认为图书馆应增加购买图书类型调查结果柱状图

通过表32和图20可见，参与调查的学生用户认为需要增加购买的5类图书中位居前三的是：学术专著类图书（68.21%）、学习指导类图书（51.22%）、知识拓展类图书（47.13%），其次是教学参考书和考试用书（均占比38.24%）。

7. 您认为图书馆应增加购买哪类电子资源？（多选题）

表33　学生用户认为图书馆应增加购买电子资源的种类调查结果表

选项	小计	比例
A. 法律类数据库	637	55.49%
B. 经济类数据库	310	27.00%
C. 人文社科类数据库	354	30.84%
D. 多媒体数据库	179	15.59%
E. 其他	199	17.33%
本题有效填写人次	1148	

如表33所示，受访的学生用户对图书馆电子资源的需求，以法律类数据库55.49%的占比最大，推荐的数据库有：万律中国、北大法宝其他资源库（外文库）、牛津数据库、威科先行、icourt数据库、律商、Lexis Japan、香港双语法例资料系统、最新案例类、德国法的相关数据库、德国法律评注、德文文献资料、英美和德日刑事判例检索、诉讼文书、无讼案例等。人文社科类数据库次之，推荐的有：爱如生古籍资料库、APA美国心理学会数据库、Elsevier、维普全文期刊数据库、外文期刊（如Wiley、Taylor & Francis等）、国际关系相关数据库、博看人文畅销期刊数据库、中华书局古籍库以及其他相关期刊阅读下

载权限等。经济类数据库排名第三，推荐了 Economist、wind 数据库、国务院发展研究中心数据库、csmar RESSET（锐思）金融研究数据库、CEIC、道琼斯数据库等。其他还推荐了计算机科学、网络安全与技术、新东方、新闻视频库等多媒体数据库，工具书类数据库、自然科学类、医学数据库等。

（三）学生对图书馆服务的需求和评价总体数据

在图书馆服务需求和评价部分，我们设计了 3 道题目，占学生版调查问卷总体比重的 23%。主要调查学生用户对图书馆各项服务的了解程度和评价，从用户的角度认为图书馆服务存在的不足之处，希望从图书馆获取资源的方式和渠道等。

1. 您对图书馆服务的了解程度如何？（矩阵量表题）

表 34　学生用户对图书馆服务了解程度调查结果表

题目/选项	非常了解	比较了解	基本了解	不太了解	完全不了解
馆际互借	379（33.01%）	188（16.38%）	216（18.82%）	246（21.43%）	119（10.37%）
原文传递	332（28.92%）	227（19.77%）	211（18.38%）	248（21.60%）	130（11.32%）
读者荐购	360（31.36%）	245（21.34%）	234（20.38%）	217（18.90%）	92（8.01%）
座位预约	435（37.89%）	271（23.61%）	225（19.60%）	158（13.76%）	59（5.14%）
自助借还	585（50.96%）	284（24.74%）	171（14.90%）	73（6.36%）	35（3.05%）
自助打印、复印、扫描	369（32.14%）	256（22.30%）	230（20.03%）	222（19.34%）	71（6.18%）
咨询服务	392（34.15%）	276（24.04%）	245（21.34%）	181（15.77%）	54（4.70%）
微信公众号服务（如馆藏查询、图书续借、座位预约等）	426（37.11%）	297（25.87%）	231（20.12%）	143（12.46%）	51（4.44%）
远程访问	357（31.10%）	235（20.47%）	196（17.07%）	233（20.30%）	127（11.06%）
图书预约	391（34.06%）	291（25.35%）	238（20.73%）	166（14.46%）	62（5.40%）
图书赔偿	368（32.06%）	258（22.47%）	251（21.86%）	197（17.16%）	74（6.45%）
赠书服务	328（28.57%）	197（17.16%）	186（16.20%）	257（22.39%）	180（15.68%）
图书架位导航	414（36.06%）	293（25.52%）	228（19.86%）	140（12.20%）	73（6.36%）
信息检索相关课程	358（31.18%）	274（23.87%）	252（21.95%）	188（16.38%）	76（6.62%）
资源与服务专题系列讲座	349（30.40%）	257（22.39%）	270（23.52%）	205（17.86%）	67（5.84%）
论文提交服务	345（30.05%）	203（17.68%）	206（17.94%）	268（23.34%）	126（10.98%）
新生培训（如视频教学、面对面入馆指导、新生闯关小游戏等）	324（28.22%）	222（19.34%）	227（19.77%）	247（21.52%）	128（11.15%）
嵌入式教学服务	314（27.35%）	212（18.47%）	201（17.51%）	257（22.39%）	164（14.29%）
阅读推广（书展、读书日等）	336（29.27%）	221（19.25%）	228（19.86%）	244（21.25%）	119（10.37%）
查收查引	329（28.66%）	224（19.51%）	191（16.64%）	249（21.69%）	155（13.50%）
移动图书馆	339（29.53%）	227（19.77%）	245（21.34%）	213（18.55%）	124（10.80%）

通过表 34 和图 21 可以看到，图书馆的所有服务中，自助借还服务最为普及，达到基本了解及以上的学生达到 90.60%（50.96% + 24.74% + 14.90%），不太了解和完全不了解的分别是 6.63% 和 3.05%。达到 80% 以上的服务有：座位预约，微信公众号服务（如馆藏查询、图书续借、座位预约等），图书预

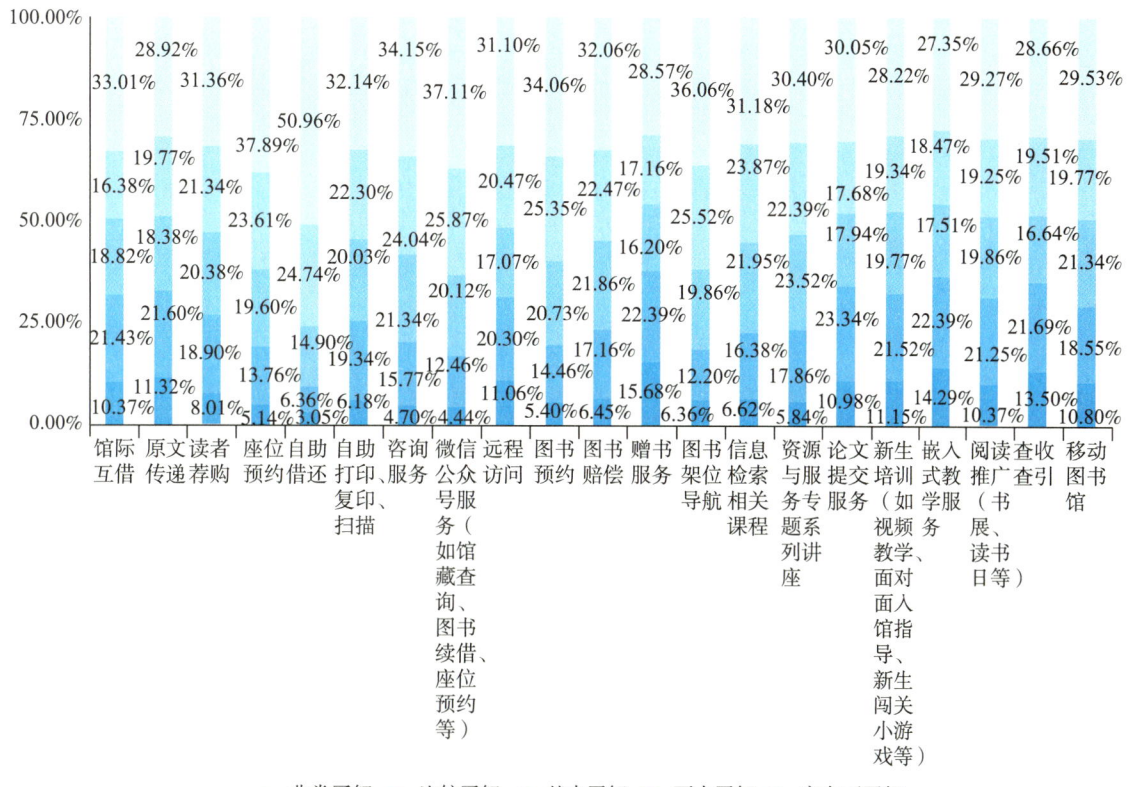

图 21　学生用户对图书馆服务了解程度调查结果

约，图书架位导航。达到 70% 以上的服务有：读者荐购，自助打印、复印、扫描，咨询服务，图书赔偿，信息检索课程，资源与服务专题系列讲座，移动图书馆。达到 60% 以上的有服务有：馆际互借，原文传递，远程访问，论文提交服务，新生培训（如视频教学、面对面入馆指导、新生闯关小游戏等），嵌入式教学服务，阅读推广（书展、读书日等），查收查引。

2. 您认为目前图书馆服务存在的主要问题是什么？（可多选）

表 35　学生用户认为图书馆服务存在问题调查结果表

选项	小计	比例
A. 服务与需求不契合	577	50.26%
B. 服务种类少	575	50.09%
C. 服务不能达到预期的效果	571	49.74%
D. 服务效率有待提高	505	43.99%
E. 不了解图书馆的服务	338	29.44%
F. 其他	37	3.22%
本题有效填写人次	1148	

通过本项调查结果，可见受访的学生用户认为图书馆服务存在的问题主要集中在四个方面，依次是：服务与需求不契合（占比 50.26%）、服务种类少（占比 50.09%）、服务不能达到预期的效果（占比 49.74%）、服务效率有待提高（占比 43.99%）；对图书馆服务不了解的百分比在 30% 以下，说明大部分的学生用户了解图书馆的服务并能够提供有效的评价和建议。

3. 图书馆宣传推广的形式和手段，您较愿意获得哪些？（多选题）

表36　学生用户对图书馆宣传推广的形式和手段偏好调查结果表

选项	小计	比例
A. 在线平台课程	554	48.26%
B. 信息检索课程小视频	603	52.53%
C. 服务说明小视频	578	50.35%
D. 图书馆微信平台	664	57.84%
E. 宣传海报	345	30.05%
F. 电子邮件	214	18.64%
G. 网站通知（学校官网、图书馆网站等）	289	25.17%
H. 短信通知	127	11.06%
I. 其他	12	1.05%
本题有效填写人次	1148	

在本项调查中，最受参与答题的学生用户推崇的宣传推广方式是图书馆微信平台（占比57.84%），其次按照百分比排序名次较为靠前的依次是：信息检索课程小视频（占比52.53%）、服务说明小视频（占比50.35%）、在线平台课程（48.26%）；百分比在30%及以下的方式是：宣传海报（占比30.05%）、网站通知（学校官网、图书馆网站等）（占比25.17%）、电子邮件（占比18.64%）、短信通知（占比11.06%）、其他（1.05%）。可见，单一地以文字或者图画等方式进行宣传推广的形式和手段不再为学生用户所欢迎，学生们更愿意接受运用多媒体手段和更为灵活的互动形式的宣传推广方式。

第二部分　需求分析

为进一步了解图书馆教师用户和学生用户对馆藏资源和服务的需求，我们对教师用户群体，根据不同学院、研究方向、工作年限、所在岗位进行区分，通过不同分类与问卷结果进行对比交叉分析，分析单独群体的教师用户对图书馆资源和服务的需求、意见和建议等；对学生用户群体，区分不同学生类型、不同专业、不同年级，并分别与其参与的问卷结果进行交叉分析，分析不同群体的学生用户对图书馆资源和服务的需求，总结其意见和建议，从而总结教师用户和学生用户中不同群体对图书馆资源与服务的个性化、深层次需求。

一、教师用户需求分析

（一）教师用户对图书馆资源的需求分析

首先，我们对参与问卷的教师用户所在岗位与专业方向进行交叉分析，获得如下结果：

表37　教师用户所在岗位与专业方向交叉分析表

X/Y	A. 法学	B. 政治学	C. 管理学	D. 哲学	E. 社会学
教学岗	203（68.12%）	49（16.44%）	23（7.72%）	3（1.01%）	5（1.68%）
科研岗	101（43.16%）	77（32.91%）	31（13.25%）	9（3.85%）	6（2.56%）

X/Y	A. 法学	B. 政治学	C. 管理学	D. 哲学	E. 社会学
教学科研岗	89（33.97%）	67（25.57%）	51（19.47%）	16（6.11%）	21（8.02%）
行政管理岗	41（35.54%）	26（20.63%）	31（24.60%）	9（9.14%）	3（2.38%）
专业技术岗	17（32.69%）	10（19.23%）	5（9.62 %）	4（7.69%）	4（7.69%）
其他	2（66.67%）	0（0.00%）	0（0.00%）	0（0.00%）	0（0.00%）

X/Y	F. 外国语	G. 经济学	H. 医学	I. 其他	小计
教学岗	7（2.35%）	5（1.68%）	2（0.67%）	1（0.34%）	298
科研岗	4（1.71%）	4（1.71%）	2（0.85%）	0（0.00%）	234
教学科研岗	5（1.91%）	6（2.29%）	0（0.00%）	7（2.67%）	262
行政管理岗	5（3.97%）	4（3.17%）	3（2.38%）	4（3.17%）	126
专业技术岗	1（1.92%）	3（5.77%）	4（7.69%）	4（7.69%）	52
其他	0（0.00%）	1（33.33%）	0（0.00%）	0（0.00%）	3

如表 37 所示，参与问卷的 975 位教师用户中，教学岗（298 人）、科研岗（234 人）、教学科研岗（262 人）的共 794 位教师占比重最大，达 81.44%，法学专业的教学岗（203 人）、科研岗（101 人）、教学科研岗（89 人）共 393 位教师参与问卷，占参与问卷教师总人数的 40.30%。对于以法学专业为优势学科的我校图书馆来说，参与调查的教师用户提供的调查结果有充分的说明力，能够较客观、真实地反映教师用户在教学、科研方面的实际需求。

通过对不同工作岗位的教师用户与其对图书馆的 8 种纸本和电子资源的使用频率进行交叉对比，得到以下结果：

1. 中文图书

表38　各岗位教师用户对中文图书的使用频率对比

X/Y	每天使用	每周至少一次使用	每月至少一次使用	每学期至少一次使用	不使用	小计
教学岗	179（60.07%）	54（18.12%）	23（7.72%）	35（11.74%）	7（2.35%）	298
科研岗	118（50.43%）	37（15.81%）	32（13.68%）	29（12.39%）	18（7.69%）	234
教学科研岗	110（41.98%）	56（21.37%）	40（15.27%）	36（13.74%）	20（7.63%）	262
行政管理岗	57（45.24%）	27（21.43%）	15（11.90%）	23（18.25%）	4（3.17%）	126
专业技术岗	22（42.31%）	7（13.46%）	8（15.38%）	8（15.38%）	7（13.46%）	52
其他	1（33.33%）	1（33.33%）	0（0.00%）	1（33.33%）	0（0.00%）	3

以条形图的形式更加直观地呈现，如下图：

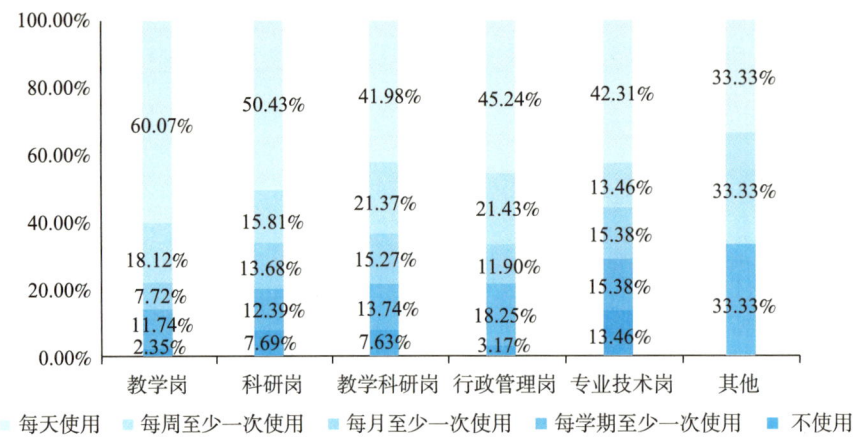

每天使用　每周至少一次使用　每月至少一次使用　每学期至少一次使用　不使用

图22　各岗位教师用户对中文图书的使用频率对比图

2. 外文图书

表39　各岗位教师用户对外文图书的使用频率对比

X/Y	每天使用	每周至少一次使用	每月至少一次使用	每学期至少一次使用	不使用	小计
教学岗	141（47.32%）	75（25.17%）	42（14.09%）	33（11.07%）	7（2.35%）	298
科研岗	98（41.88%）	54（23.08%）	38（16.24%）	36（15.38%）	8（3.42%）	234
教学科研岗	95（36.26%）	58（22.14%）	56（21.37%）	42（16.03%）	11（4.20%）	262
行政管理岗	43（34.13%）	33（26.19%）	28（22.22%）	13（10.32%）	9（7.14%）	126
专业技术岗	11（21.15%）	14（26.92%）	13（25.00%）	7（13.46%）	7（13.46%）	52
其他	0（0.00%）	1（33.33%）	1（33.33%）	1（33.33%）	0（0.00%）	3

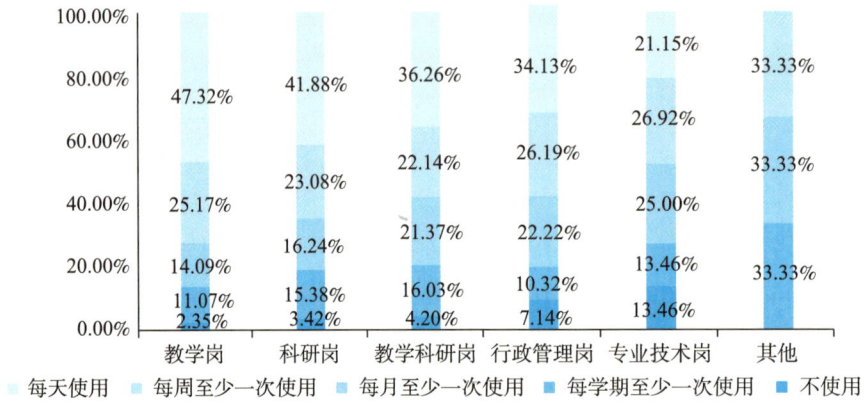

每天使用　每周至少一次使用　每月至少一次使用　每学期至少一次使用　不使用

图23　各岗位教师用户对外文图书的使用频率对比图

3. 中文报纸期刊

表40　各岗位教师用户对中文报纸期刊的使用频率对比

X/Y	每天使用	每周至少一次使用	每月至少一次使用	每学期至少一次使用	不使用	小计
教学岗	158（53.02%）	62（20.81%）	40（13.42%）	27（9.06%）	11（3.69%）	298
科研岗	112（47.86%）	46（19.66%）	35（14.96%）	32（13.68%）	9（3.85%）	234

X/Y	每天使用	每周至少一次使用	每月至少一次使用	每学期至少一次使用	不使用	小计
教学科研岗	110（41.98%）	58（22.14%）	42（16.03%）	40（15.27%）	12（4.58%）	262
行政管理岗	56（44.44%）	26（20.63%）	17（13.49%）	20（15.87%）	7（5.56%）	126
专业技术岗	17（32.69%）	12（23.08%）	9（17.31%）	9（17.31%）	5（9.62%）	52
其他	1（33.33%）	0（0.00%）	1（33.33%）	1（33.33%）	0（0.00%）	3

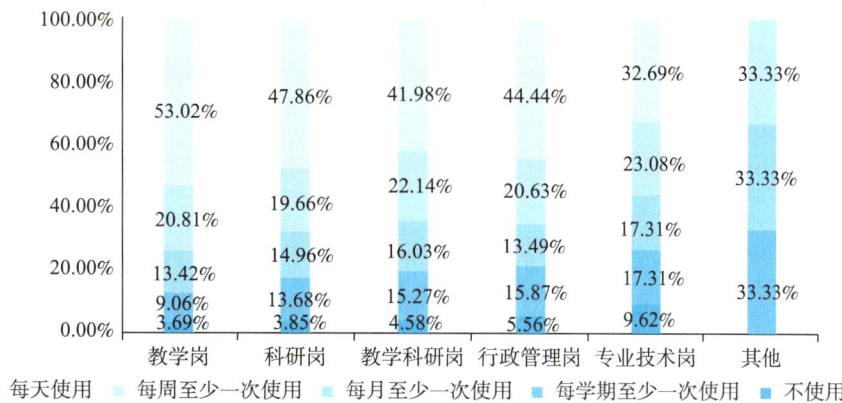

图 24　各岗位教师用户对中文报纸期刊的使用频率对比图

4. 外文及港台报纸期刊

表 41　各岗位教师用户对外文及港台报纸期刊的使用频率对比

X/Y	每天使用	每周至少一次使用	每月至少一次使用	每学期至少一次使用	不使用	小计
教学岗	145（48.66%）	69（23.15%）	46（15.44%）	29（9.73%）	9（3.02%）	298
科研岗	97（41.45%）	49（20.94%）	50（21.37%）	31（13.25%）	7（2.99%）	234
教学科研岗	94（35.88%）	61（23.28%）	50（19.08%）	40（15.27%）	17（6.49%）	262
行政管理岗	44（34.92%）	28（22.22%）	25（19.84%）	22（17.46%）	7（5.56%）	126
专业技术岗	17（32.69%）	7（13.46%）	10（19.23%）	11（21.15%）	7（13.46%）	52
其他	0（0.00%）	2（66.67%）	0（0.00%）	1（33.33%）	0（0.00%）	3

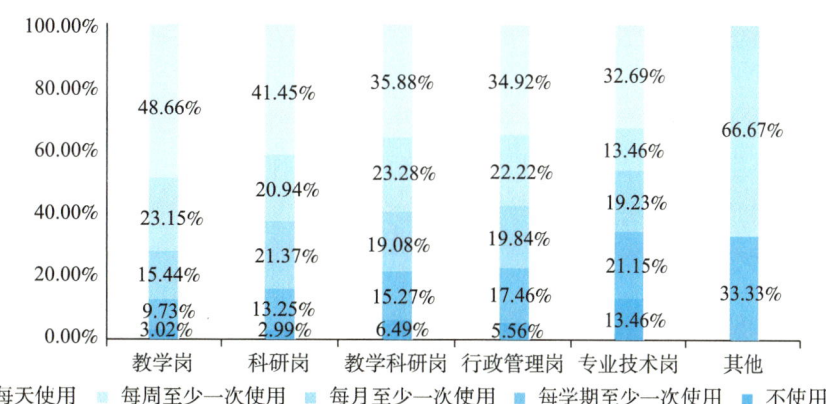

图 25　各岗位教师用户对外文及港台报纸期刊的使用频率对比图

5. 中文数据库

表 42　各岗位教师用户对中文数据库的使用频率对比

X/Y	每天使用	每周至少一次使用	每月至少一次使用	每学期至少一次使用	不使用	小计
教学岗	156（52.35%）	70（23.49%）	32（10.74%）	28（9.40%）	12（4.03%）	298
科研岗	104（44.44%）	50（21.37%）	41（17.52%）	31（13.25%）	8（3.42%）	234
教学科研岗	110（41.98%）	66（25.19%）	49（18.70%）	30（11.45%）	7（2.67%）	262
行政管理岗	59（46.83%）	22（17.46%）	23（18.25%）	20（15.87%）	2（1.59%）	126
专业技术岗	15（28.85%）	21（40.38%）	8（15.38%）	8（15.38%）	0（0.00%）	52
其他	1（33.33%）	1（33.33%）	0（0.00%）	1（33.33%）	0（0.00%）	3

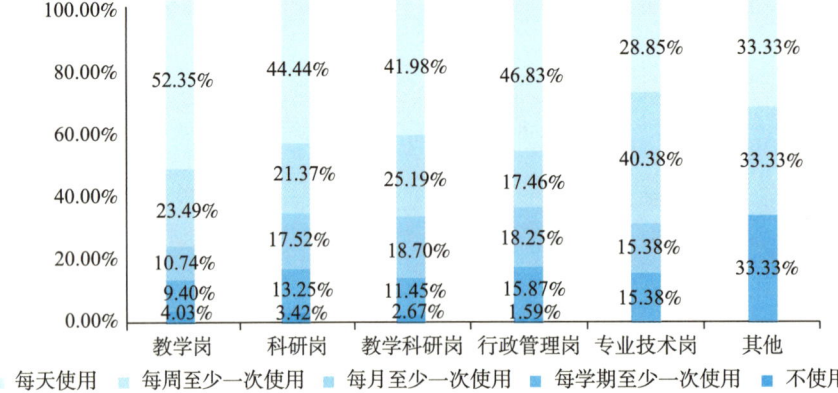

图 26　各岗位教师用户对中文数据库的使用频率对比图

6. 外文数据库

表 43　各岗位教师用户对外文数据库的使用频率对比

X/Y	每天使用	每周至少一次使用	每月至少一次使用	每学期至少一次使用	不使用	小计
教学岗	138（46.31%）	72（24.16%）	54（18.12%）	26（8.72%）	8（2.68%）	298
科研岗	94（40.17%）	64（27.35%）	46（19.66%）	22（9.40%）	8（3.42%）	234
教学科研岗	86（32.82%）	80（30.53%）	65（24.81%）	24（9.16%）	7（2.67%）	262
行政管理岗	46（36.51%）	33（26.19%）	24（19.05%）	18（14.29%）	5（3.97%）	126
专业技术岗	12（23.08%）	22（42.31%）	4（7.69%）	12（23.08%）	2（3.85%）	52
其他	0（0.00%）	1（33.33%）	1（33.33%）	1（33.33%）	0（0.00%）	3

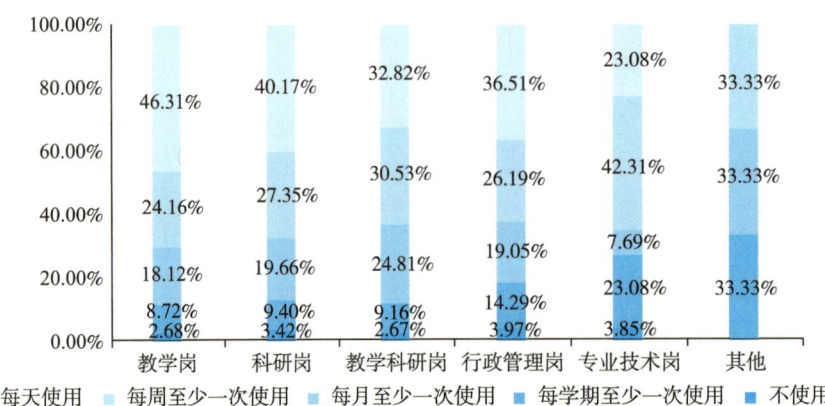

图 27　各岗位教师用户对外文数据库的使用频率对比图

7. 试用数据库

表44　各岗位教师用户对试用数据库的使用频率对比

X/Y	每天使用	每周至少一次使用	每月至少一次使用	每学期至少一次使用	不使用	小计
教学岗	148（49.66%）	69（23.15%）	43（14.43%）	27（9.06%）	11（3.69%）	298
科研岗	108（46.15%）	57（24.36%）	36（15.38%）	23（9.83%）	10（4.27%）	234
教学科研岗	94（35.88%）	72（27.48%）	56（21.37%）	27（10.31%）	13（4.96%）	262
行政管理岗	51（40.48%）	27（21.43%）	24（19.05%）	17（13.49%）	7（5.56%）	126
专业技术岗	16（30.77%）	12（23.08%）	14（26.92%）	3（5.77%）	7（13.46%）	52
其他	1（33.33%）	0（0.00%）	1（33.33%）	1（33.33%）	0（0.00%）	3

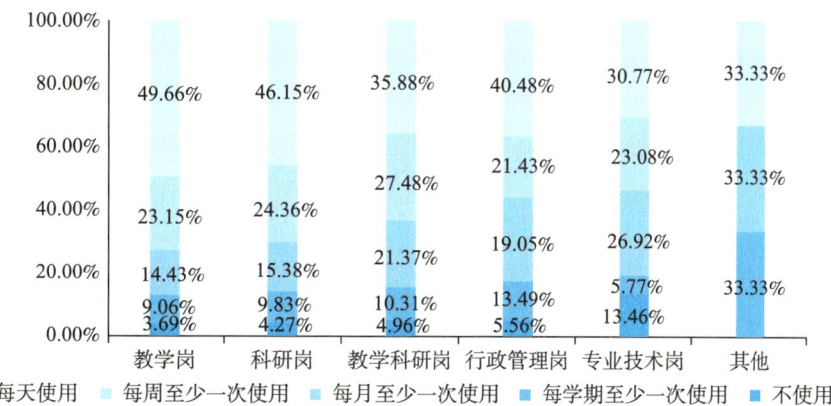

图28　各岗位教师用户对试用数据库的使用频率对比图

8. 特色资源数据库

表45　各岗位教师用户对特色资源数据库的使用频率对比

X/Y	每天使用	每周至少一次使用	每月至少一次使用	每学期至少一次使用	不使用	小计
教学岗	149（50.00%）	75（25.17%）	38（12.75%）	23（7.72%）	13（4.36%）	298
科研岗	106（45.30%）	54（23.08%）	31（13.25%）	36（15.38%）	7（2.99%）	234
教学科研岗	93（35.50%）	56（21.37%）	58（22.14%）	42（16.03%）	13（4.96%）	262
行政管理岗	45（35.71%）	28（22.22%）	28（22.22%）	17（13.49%）	8（6.35%）	126
专业技术岗	11（21.15%）	16（30.77%）	9（17.31%）	10（19.23%）	6（11.54%）	52
其他	1（33.33%）	1（33.33%）	0（0.00%）	1（33.33%）	0（0.00%）	3

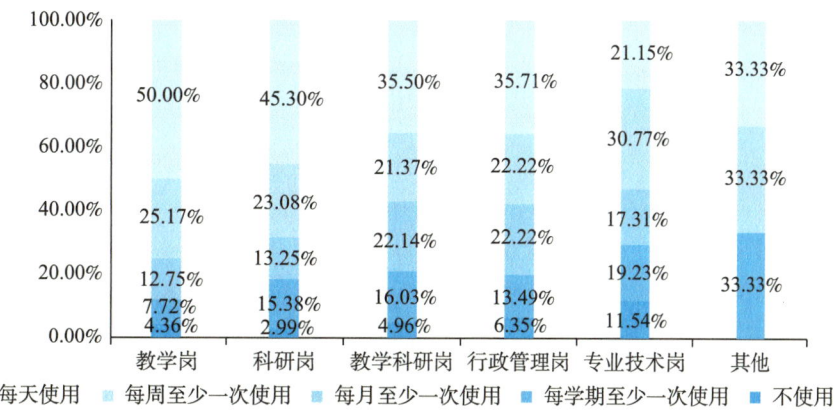

图29　各岗位教师用户对特色资源数据库的使用频率对比图

前文已述，参与问卷的我校教师用户，对图书馆资源的使用频率由高到低排序为：中文图书 > 中文报纸期刊 > 中文数据库 > 试用数据库 > 特色资源数据库 > 外文及港台报纸期刊 > 外文数据库 > 外文图书。通过上述表38～表45和图22～图29可以看出，对于每天和每周馆藏资源利用率最高的中文图书，教学岗的教师用户每周至少使用一次及以上的比例为78.19%，科研岗为66.24%，教学科研岗为63.35%，行政管理岗为66.67%，专业技术岗为55.77%。对每周馆藏利用率最低的外文数据库，教学岗的教师用户每周至少使用一次及以上的比例为72.49%，科研岗为64.96%，教学科研岗为58.4%，行政管理岗为60.32%，专业技术岗为48.07%。可以看出，不同岗位的教师对馆藏资源的利用率情况排序如下：教学岗 > 科研岗 > 行政管理岗 > 教学科研岗 > 专业技术岗。教学岗的老师对中外文馆藏资源的利用率最高，专业技术岗最低，行政管理岗位的老师较高于教学科研岗的老师。另外，试用数据库是用户很感兴趣的对象，对它的使用率高于对外文馆藏资源的使用率，图书馆在今后可以综合考虑试用数据库的质量，在争取推动正式上线使用的同时，引进更多的试用数据库资源在图书馆内进行试用实践。

图书馆资源对教师用户的满足程度如前文所述，由高到低排序为：中文图书 > 中文数据库 > 试用数据库 > 中文报纸期刊 > 特色资源数据库 > 外文图书 > 外文数据库 > 外文及港台报纸期刊。我们对排名最后的外文及港台报纸期刊与不同岗位的教师用户群体作交叉对比，得到如下结果：

表46　外文及港台报纸期刊对各岗位教师用户的获取难易度对比

X/Y	能	大多时候能	有时候能	大多时候不能	不能	小计
教学岗	150（50.34%）	70（23.49%）	47（15.77%）	22（7.38%）	9（3.02%）	298
科研岗	119（50.85%）	43（18.38%）	36（15.38%）	29（12.39%）	7（2.99%）	234
教学科研岗	90（34.35%）	66（25.19%）	54（20.61%）	39（14.89%）	13（4.96%）	262
行政管理岗	46（36.51%）	28（22.22%）	25（19.84%）	22（17.46%）	5（3.97%）	126
专业技术岗	13（25.00%）	15（28.85%）	9（17.31%）	9（17.31%）	6（11.54%）	52
其他	0（0.00%）	1（33.33%）	1（33.33%）	1（33.33%）	0（0.00%）	3

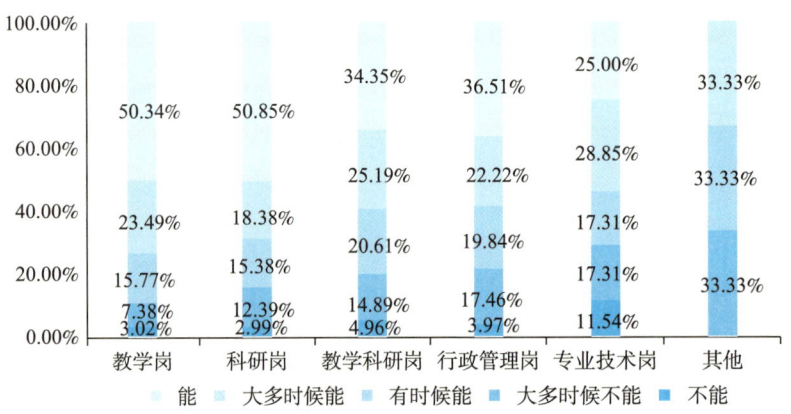

图30　外文及港台报纸期刊对各岗位教师用户的获取难易度对比图

如表46和图30所示，对外文及港台报纸期刊，参与问卷的教师用户"大多时候能"和"能"找到自己需要的，比例由高到低排序为：教学岗73.83% > 科研岗69.23% > 教学科研岗59.54% > 行政管理岗58.73% > 专业技术岗53.85%。"大多时候不能"和"不能"找到自己需要的比例由低到高排序为：教学岗 10.4% <科研岗 15.38% <教学科研岗 19.85% <行政管理岗 21.43% <专业技术岗 28.85%。说明外文及港台报纸期刊资源虽然在整体资源的获取满意度中排名较低，但是其种类的丰富程度和数据标识的明确性，能够达到教师用户需要时即可获取的标准。

对教师用户需要的资源类型，我们与不同研究方向的教师进行了交叉对比，结果如下：

表 47　不同研究方向的教师用户的资源类型需求对比

X/Y	A. 纸本图书	B. 电子图书	C. 纸本期刊	D. 电子期刊	E. 数据型资料
A. 法学	336（74.17%）	261（57.62%）	244（53.86%）	199（43.93%）	162（35.76%）
B. 政治学	135（58.95%）	134（58.52%）	121（52.84%）	107（46.72%）	82（35.81%）
C. 管理学	87（61.70%）	102（72.34%）	73（51.77%）	88（62.41%）	70（49.65%）
D. 哲学	17（41.46%）	23（56.10%）	26（63.41%）	15（36.59%）	20（48.78%）
E. 社会学	24（61.54%）	23（58.97%）	23（58.97%）	29（74.36%）	17（43.59%）
F. 外国语	12（54.55%）	18（81.82%）	8（36.36%）	15（68.18%）	11（50.00%）
G. 经济学	17（73.91%）	15（65.22%）	11（47.83%）	9（39.13%）	10（43.48%）
H. 医学	7（63.64%）	8（72.73%）	5（45.45%）	8（72.73%）	4（36.36%）
I. 其他	15（93.75%）	15（93.75%）	9（56.25%）	14（87.50%）	12（75.00%）

X/Y	F. 新闻类资料	G. 多媒体资料（如图片、音频、视频、影像等）	H. 其他	小计
A. 法学	128（28.26%）	84（18.54%）	1（0.22%）	453
B. 政治学	69（30.13%）	36（15.72%）	1（0.44%）	229
C. 管理学	45（31.91%）	37（26.24%）	0（0.00%）	141
D. 哲学	13（31.71%）	7（17.07%）	0（0.00%）	41
E. 社会学	11（28.21%）	8（20.51%）	0（0.00%）	39
F. 外国语	6（27.27%）	8（36.36%）	1（4.55%）	22
G. 经济学	6（26.09%）	7（30.43%）	0（0.00%）	23
H. 医学	4（36.36%）	4（36.36%）	1（9.09%）	11
I. 其他	3（18.75%）	3（18.75%）	0（0.00%）	16

如表 47 和图 31 所示，通过对不同研究方向的教师用户在教学科研中所需的材料类型进行交叉分析，可以看出不同研究方向的教师所需的材料类型是有差异的。对纸本图书需求最多的研究方向有：法学、政治学、社会学、经济学；对电子图书需求最多的研究方向有管理学、外国语；对纸本期刊需求最多的研究方向是哲学；对电子期刊需求最多的研究方向是社会学；医学则对电子图书和电子期刊的需求程度一样高。

前文已述，我馆能够满足教师用户 60% 以上教学科研需求的馆藏资源占比 67.53%，说明我馆大部分馆藏资源可以满足教师用户在教学和研究上的需求。满足教师用户教学科研需求 85% 以上的资源由高到低排序为：中文图书 >中文数据库 >中文报纸期刊≥特色资源库 >外文及港台报刊期刊 >试用数据库 >外文数据库 >外文图书。通过选择不同岗位和研究方向的教师用户与排名最后的外文图书进行交叉对比，得到如下结果：

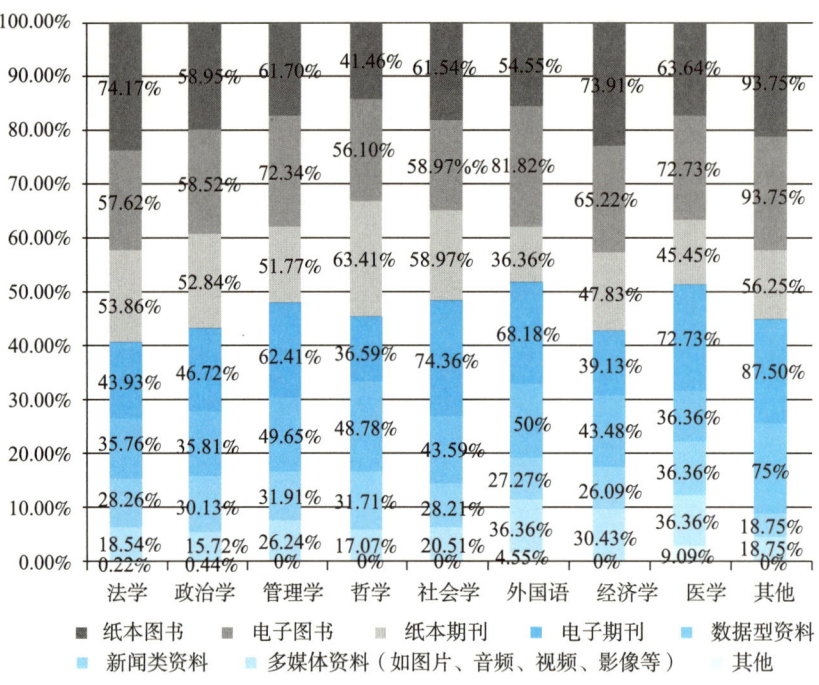

图31　不同研究方向的教师用户的资源类型需求对比图

表48　外文图书对各岗位和研究方向的教师用户满足率对比

X/Y	85%以上	60%左右	40%左右	20%左右	10%以下	小计
A. 法学/教学岗	92（45.32%）	58（28.57%）	36（17.73%）	13（6.40%）	4（1.97%）	203
A. 法学/科研岗	33（32.67%）	30（29.70%）	18（17.82%）	16（15.84%）	4（3.96%）	101
A. 法学/教学科研岗	24（26.97%）	26（29.21%）	20（22.47%）	15（16.85%）	4（4.49%）	89
A. 法学/行政管理岗	12（29.27%）	9（21.95%）	10（24.39%）	7（17.07%）	3（7.32%）	41
A. 法学/专业技术岗	4（23.53%）	7（41.18%）	5（29.41%）	0（0.00%）	1（5.88%）	17
A. 法学/其他	0（0.00%）	0（0.00%）	0（0.00%）	2（100.00%）	0（0.00%）	2
B. 政治学/教学岗	23（46.94%）	16（32.65%）	5（10.20%）	4（8.16%）	1（2.04%）	49
B. 政治学/科研岗	34（44.16%）	20（25.97%）	11（14.29%）	10（12.99%）	2（2.60%）	77
B. 政治学/教学科研岗	20（29.85%）	22（32.84%）	15（22.39%）	7（10.45%）	3（4.48%）	67
B. 政治学/行政管理岗	10（38.46%）	10（38.46%）	3（11.54%）	2（7.69%）	1（3.85%）	26
B. 政治学/专业技术岗	3（30.00%）	4（40.00%）	1（10.00%）	2（20.00%）	0（0.00%）	10
B. 政治学/其他	0（0.00%）	0（0.00%）	0（0.00%）	0（0.00%）	0（0.00%）	0
C. 管理学/教学岗	11（47.83%）	7（30.43%）	3（13.04%）	2（8.70%）	0（0.00%）	23
C. 管理学/科研岗	15（48.39%）	6（19.35%）	6（19.35%）	3（9.68%）	1（3.23%）	31
C. 管理学/教学科研岗	26（50.98%）	10（19.61%）	7（13.73%）	7（13.73%）	1（1.96%）	51
C. 管理学/行政管理岗	14（45.16%）	6（19.35%）	6（19.35%）	3（9.68%）	2（6.45%）	31
C. 管理学/专业技术岗	1（20.00%）	1（20.00%）	2（40.00%）	1（20.00%）	0（0.00%）	5
C. 管理学/其他	0（0.00%）	0（0.00%）	0（0.00%）	0（0.00%）	0（0.00%）	0

X/Y	85%以上	60%左右	40%左右	20%左右	10%以下	小计
D. 哲学/教学岗	0 (0.00%)	2 (66.67%)	1 (33.33%)	0 (0.00%)	0 (0.00%)	3
D. 哲学/科研岗	3 (33.33%)	4 (44.44%)	1 (11.11%)	1 (11.11%)	0 (0.00%)	9
D. 哲学/教学科研岗	8 (50.00%)	5 (31.25%)	2 (12.50%)	0 (0.00%)	1 (6.25%)	16
D. 哲学/行政管理岗	1 (11.11%)	3 (33.33%)	3 (33.33%)	2 (22.22%)	0 (0.00%)	9
D. 哲学/专业技术岗	0 (0.00%)	3 (75.00%)	1 (25.00%)	0 (0.00%)	0 (0.00%)	4
D. 哲学/其他	0 (0.00%)	0 (0.00%)	0 (0.00%)	0 (0.00%)	0 (0.00%)	0
E. 社会学/教学岗	0 (0.00%)	3 (60.00%)	1 (20.00%)	1 (20.00%)	0 (0.00%)	5
E. 社会学/科研岗	5 (83.33%)	1 (16.67%)	0 (0.00%)	0 (0.00%)	0 (0.00%)	6
E. 社会学/教学科研岗	10 (47.62%)	7 (33.33%)	4 (19.05%)	0 (0.00%)	0 (0.00%)	21
E. 社会学/行政管理岗	2 (66.67%)	0 (0.00%)	1 (33.33%)	0 (0.00%)	0 (0.00%)	3
E. 社会学/专业技术岗	2 (50.00%)	1 (25.00%)	1 (25.00%)	0 (0.00%)	0 (0.00%)	4
E. 社会学/其他	0 (0.00%)	0 (0.00%)	0 (0.00%)	0 (0.00%)	0 (0.00%)	0
F. 外国语/教学岗	4 (57.14%)	2 (28.57%)	1 (14.29%)	0 (0.00%)	0 (0.00%)	7
F. 外国语/科研岗	1 (25.00%)	2 (50.00%)	0 (0.00%)	1 (25.00%)	0 (0.00%)	4
F. 外国语/教学科研岗	1 (20.00%)	1 (20.00%)	1 (20.00%)	1 (20.00%)	1 (20.00%)	5
F. 外国语/行政管理岗	4 (80.00%)	0 (0.00%)	1 (20.00%)	0 (0.00%)	0 (0.00%)	5
F. 外国语/专业技术岗	0 (0.00%)	0 (0.00%)	0 (0.00%)	0 (0.00%)	1 (100.00%)	1
F. 外国语/其他	0 (0.00%)	0 (0.00%)	0 (0.00%)	0 (0.00%)	0 (0.00%)	0
G. 经济学/教学岗	4 (80.00%)	0 (0.00%)	1 (20.00%)	0 (0.00%)	0 (0.00%)	5
G. 经济学/科研岗	1 (25.00%)	1 (25.00%)	1 (25.00%)	1 (25.00%)	0 (0.00%)	4
G. 经济学/教学科研岗	3 (50.00%)	0 (0.00%)	1 (16.67%)	1 (16.67%)	1 (16.67%)	6
G. 经济学/行政管理岗	2 (50.00%)	0 (0.00%)	2 (50.00%)	0 (0.00%)	0 (0.00%)	4
G. 经济学/专业技术岗	0 (0.00%)	2 (66.67%)	1 (33.33%)	0 (0.00%)	0 (0.00%)	3
G. 经济学/其他	0 (0.00%)	0 (0.00%)	1 (100.00%)	0 (0.00%)	0 (0.00%)	1
H. 医学/教学岗	2 (100.00%)	0 (0.00%)	0 (0.00%)	0 (0.00%)	0 (0.00%)	2
H. 医学/科研岗	1 (50.00%)	0 (0.00%)	1 (50.00%)	0 (0.00%)	0 (0.00%)	2
H. 医学/教学科研岗	0 (0.00%)	0 (0.00%)	0 (0.00%)	0 (0.00%)	0 (0.00%)	0
H. 医学/行政管理岗	1 (33.33%)	2 (66.67%)	0 (0.00%)	0 (0.00%)	0 (0.00%)	3
H. 医学/专业技术岗	0 (0.00%)	2 (50.00%)	0 (0.00%)	1 (25.00%)	1 (25.00%)	4
H. 医学/其他	0 (0.00%)	0 (0.00%)	0 (0.00%)	0 (0.00%)	0 (0.00%)	0
I. 其他/教学岗	0 (0.00%)	1 (100.00%)	0 (0.00%)	0 (0.00%)	0 (0.00%)	1
I. 其他/科研岗	0 (0.00%)	0 (0.00%)	0 (0.00%)	0 (0.00%)	0 (0.00%)	0
I. 其他/教学科研岗	0 (0.00%)	0 (0.00%)	1 (14.29%)	3 (42.86%)	3 (42.86%)	7
I. 其他/行政管理岗	0 (0.00%)	3 (75.00%)	0 (0.00%)	0 (0.00%)	1 (25.00%)	4
I. 其他/专业技术岗	2 (50.00%)	1 (25.00%)	0 (0.00%)	1 (25.00%)	0 (0.00%)	4
I. 其他/其他	0 (0.00%)	0 (0.00%)	0 (0.00%)	0 (0.00%)	0 (0.00%)	0

通过表48可见，我馆外文图书对法学、政治学、管理学的教学、科研岗位教师的需求满足率较高，经济学、外国语、医学方向的教师参与问卷的人数较低，同时对外文图书的满足率评价较低，部分专业技术岗位教师的外文图书需求满足率评价也较低。

对图书馆资源无法满足教师用户的需求时各岗位教师用户解决方式这个问题，我们将调查结果与不同岗位的教师用户进行了交叉对比，结果如下图：

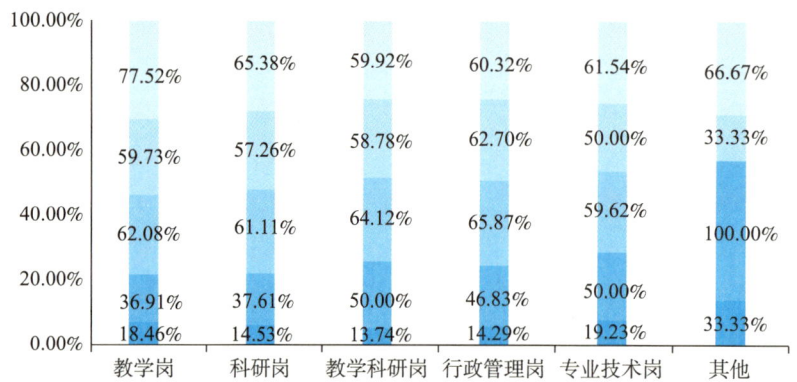

图32　图书馆资源无法满足需求时各岗位教师用户解决方式对比图

如图32所示，教学岗、科研岗的教师首选原文传递与馆际互借，其次是向师友寻求帮助，第三是资源荐购，第四是自行购买；教学科研岗的教师首选向师友寻求帮助，其次是原文传递与馆际互借，第三是资源荐购，第四是自行购买；行政管理岗教师首选也是向师友寻求帮助，其次资源荐购，第三原文传递与馆际互借，第四是自行购买；专业技术岗首选原文传递与馆际互借，其次是向师友寻求帮助，并列第三的是资源荐购和自行购买。上述排名的先后也体现了不同岗位教师用户对资源特征的不同侧重，原文传递与馆际互借的方式能够保证资源的专业性和准确性，为教学岗、科研岗、专业技术岗的教师用户更加关注；向师友求助的方式更能保证资源获取的效率，更受教学科研岗、行政管理岗教师用户的重视；图书馆提供的资源荐购方式在各个岗位教师用户的选择中排名均靠后，与资源获取周期较长有直接关系。

前文已述，参与问卷的教师用户普遍认为对图书馆的各项资源都非常了解，按照了解百分比排名，第一位是中文图书，最后一位是外文图书，我们将不同研究方向和不同岗位的教师与对外文图书的熟悉程度进行交叉对比，得到如下结果：

表49　不同研究方向和岗位教师用户对外文图书了解程度对比

X/Y	非常了解	比较了解	基本了解	不太了解	完全不了解	小计
A. 法学/教学岗	100（49.26%）	42（20.69%）	38（18.72%）	15（7.39%）	7（3.45%）	203
A. 法学/科研岗	35（34.65%）	26（25.74%）	13（12.87%）	12（11.88%）	10（9.90%）	101
A. 法学/教学科研岗	25（28.09%）	25（28.09%）	14（15.73%）	10（11.24%）	11（12.36%）	89
A. 法学/行政管理岗	9（21.95%）	10（24.39%）	8（19.51%）	9（21.95%）	5（12.20%）	41
A. 法学/专业技术岗	5（29.41%）	5（29.41%）	5（29.41%）	1（5.88%）	1（5.88%）	17
A. 法学/其他	0（0.00%）	1（50.00%）	0（0.00%）	0（0.00%）	1（50.00%）	2
B. 政治学/教学岗	30（61.22%）	12（24.49%）	3（6.12%）	3（6.12%）	1（2.04%）	49
B. 政治学/科研岗	28（36.36%）	23（29.87%）	13（16.88%）	9（11.69%）	3（3.90%）	77
B. 政治学/教学科研岗	26（38.81%）	16（23.88%）	11（16.42%）	11（16.42%）	3（4.48%）	67

续表

X/Y	非常了解	比较了解	基本了解	不太了解	完全不了解	小计
B. 政治学/行政管理岗	10（38.46%）	9（34.62%）	1（3.85%）	5（19.23%）	1（3.85%）	26
B. 政治学/专业技术岗	2（20.00%）	6（60.00%）	1（10.00%）	0（0.00%）	0（0.00%）	10
B. 政治学/其他	0（0.00%）	0（0.00%）	0（0.00%）	0（0.00%）	0（0.00%）	0
C. 管理学/教学岗	8（34.78%）	10（43.48%）	3（13.04%）	2（8.70%）	0（0.00%）	23
C. 管理学/科研岗	12（38.71%）	6（19.35%）	6（19.35%）	3（9.68%）	4（12.90%）	31
C. 管理学/教学科研岗	22（43.14%）	10（19.61%）	6（11.76%）	8（15.69%）	5（9.80%）	51
C. 管理学/行政管理岗	12（38.71%）	7（22.58%）	7（22.58%）	3（9.68%）	2（6.45%）	31
C. 管理学/专业技术岗	2（40.00%）	0（0.00%）	1（20.00%）	1（20.00%）	1（20.00%）	5
C. 管理学/其他	0（0.00%）	0（0.00%）	0（0.00%）	0（0.00%）	0（0.00%）	0
D. 哲学/教学岗	1（33.33%）	1（33.33%）	1（33.33%）	0（0.00%）	0（0.00%）	3
D. 哲学/科研岗	6（66.67%）	1（11.11%）	1（11.11%）	0（0.00%）	1（11.11%）	9
D. 哲学/教学科研岗	7（43.75%）	6（37.50%）	1（6.25%）	1（6.25%）	1（6.25%）	16
D. 哲学/行政管理岗	1（11.11%）	1（11.11%）	4（44.44%）	1（11.11%）	2（22.22%）	9
D. 哲学/专业技术岗	1（25.00%）	1（25.00%）	1（25.00%）	1（25.00%）	0（0.00%）	4
D. 哲学/其他	0（0.00%）	0（0.00%）	0（0.00%）	0（0.00%）	0（0.00%）	0
E. 社会学/教学岗	0（0.00%）	3（60.00%）	1（20.00%）	1（20.00%）	0（0.00%）	5
E. 社会学/科研岗	5（83.33%）	0（0.00%）	1（16.67%）	0（0.00%）	0（0.00%）	6
E. 社会学/教学科研岗	9（42.86%）	7（33.33%）	0（0.00%）	5（23.81%）	0（0.00%）	21
E. 社会学/行政管理岗	1（33.33%）	1（33.33%）	1（33.33%）	0（0.00%）	0（0.00%）	3
E. 社会学/专业技术岗	2（50.00%）	2（50.00%）	0（0.00%）	0（0.00%）	0（0.00%）	4
E. 社会学/其他	0（0.00%）	0（0.00%）	0（0.00%）	0（0.00%）	0（0.00%）	0
F. 外国语/教学岗	1（14.29%）	2（28.57%）	2（28.57%）	2（28.57%）	0（0.00%）	7
F. 外国语/科研岗	1（25.00%）	0（0.00%）	3（75.00%）	0（0.00%）	0（0.00%）	4
F. 外国语/教学科研岗	3（60.00%）	0（0.00%）	0（0.00%）	2（40.00%）	0（0.00%）	5
F. 外国语/行政管理岗	3（60.00%）	1（20.00%）	1（20.00%）	0（0.00%）	0（0.00%）	5
F. 外国语/专业技术岗	0（0.00%）	0（0.00%）	0（0.00%）	1（100.00%）	0（0.00%）	1
F. 外国语/其他	0（0.00%）	0（0.00%）	0（0.00%）	0（0.00%）	0（0.00%）	0
G. 经济学/教学岗	2（40.00%）	0（0.00%）	2（40.00%）	0（0.00%）	0（0.00%）	5
G. 经济学/科研岗	2（50.00%）	1（25.00%）	0（0.00%）	1（25.00%）	0（0.00%）	4
G. 经济学/教学科研岗	3（50.00%）	1（16.67%）	1（16.67%）	1（16.67%）	0（0.00%）	6
G. 经济学/行政管理岗	1（25.00%）	2（50.00%）	0（0.00%）	0（0.00%）	1（25.00%）	4
G. 经济学/专业技术岗	0（0.00%）	0（0.00%）	2（66.67%）	0（0.00%）	0（0.00%）	3
G. 经济学/其他	0（0.00%）	0（0.00%）	1（100.00%）	0（0.00%）	0（0.00%）	1
H. 医学/教学岗	1（50.00%）	0（0.00%）	1（50.00%）	0（0.00%）	0（0.00%）	2
H. 医学/科研岗	2（100.00%）	0（0.00%）	0（0.00%）	0（0.00%）	0（0.00%）	2
H. 医学/教学科研岗	0（0.00%）	0（0.00%）	0（0.00%）	0（0.00%）	0（0.00%）	0
H. 医学/行政管理岗	0（0.00%）	1（33.33%）	2（66.67%）	0（0.00%）	0（0.00%）	3

X/Y	非常了解	比较了解	基本了解	不太了解	完全不了解	小计
H. 医学/专业技术岗	0 (0.00%)	0 (0.00%)	2 (50.00%)	2 (50.00%)	0 (0.00%)	4
H. 医学/其他	0 (0.00%)	0 (0.00%)	0 (0.00%)	0 (0.00%)	0 (0.00%)	0
I. 其他/教学岗	1 (100.00%)	0 (0.00%)	0 (0.00%)	0 (0.00%)	0 (0.00%)	1
I. 其他/科研岗	0 (0.00%)	0 (0.00%)	0 (0.00%)	0 (0.00%)	0 (0.00%)	0
I. 其他/教学科研岗	0 (0.00%)	2 (28.57%)	2 (28.57%)	2 (28.57%)	1 (14.29%)	7
I. 其他/行政管理岗	0 (0.00%)	0 (0.00%)	1 (25.00%)	2 (50.00%)	1 (25.00%)	4
I. 其他/专业技术岗	1 (25.00%)	0 (0.00%)	2 (50.00%)	0 (0.00%)	1 (25.00%)	4
I. 其他/其他	0 (0.00%)	0 (0.00%)	0 (0.00%)	0 (0.00%)	0 (0.00%)	0

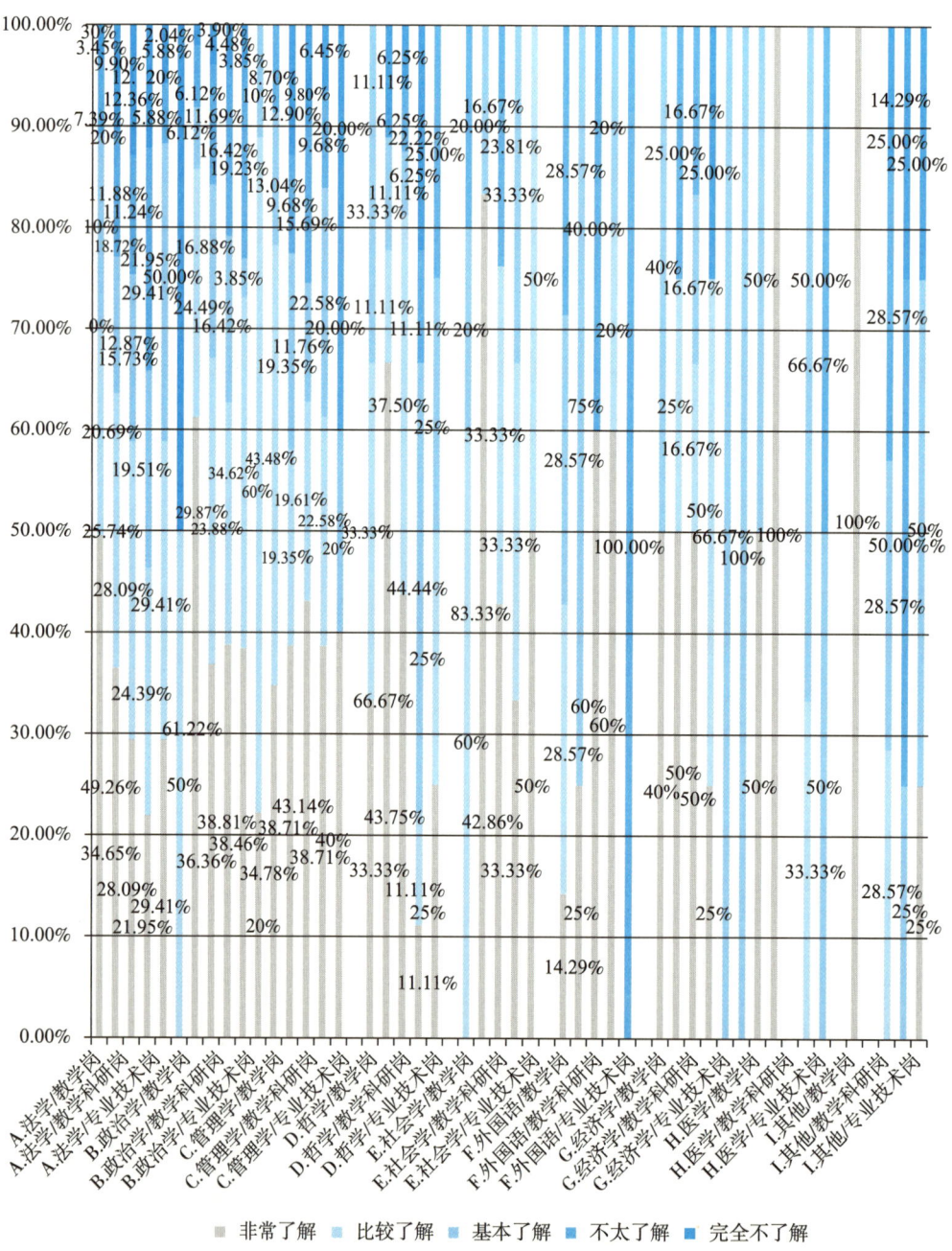

图33　不同研究方向和岗位教师用户对外文图书了解程度对比图

如表 49 和图 33 所示，我校法学、政治学、管理学各个岗位的教师用户对外文图书了解程度较高；外国语、经济学、医学方向的教学、科研岗位的教师用户对外文图书的了解程度较低，存在此种情况的原因可能有：我馆对这些专业外文图书的宣传推广程度不够；我馆为这些专业提供的外文图书资源与教师教学科研工作的需要不匹配，久而久之教师不再使用和了解；我馆无法提供这些专业教师需要的外文图书资源，教师通过其他方式获取。

为了更加直观地揭示我馆纸本图书存在的主要问题，我们对不同岗位的教师用户的选择结果进行了交叉分析，结果如下：

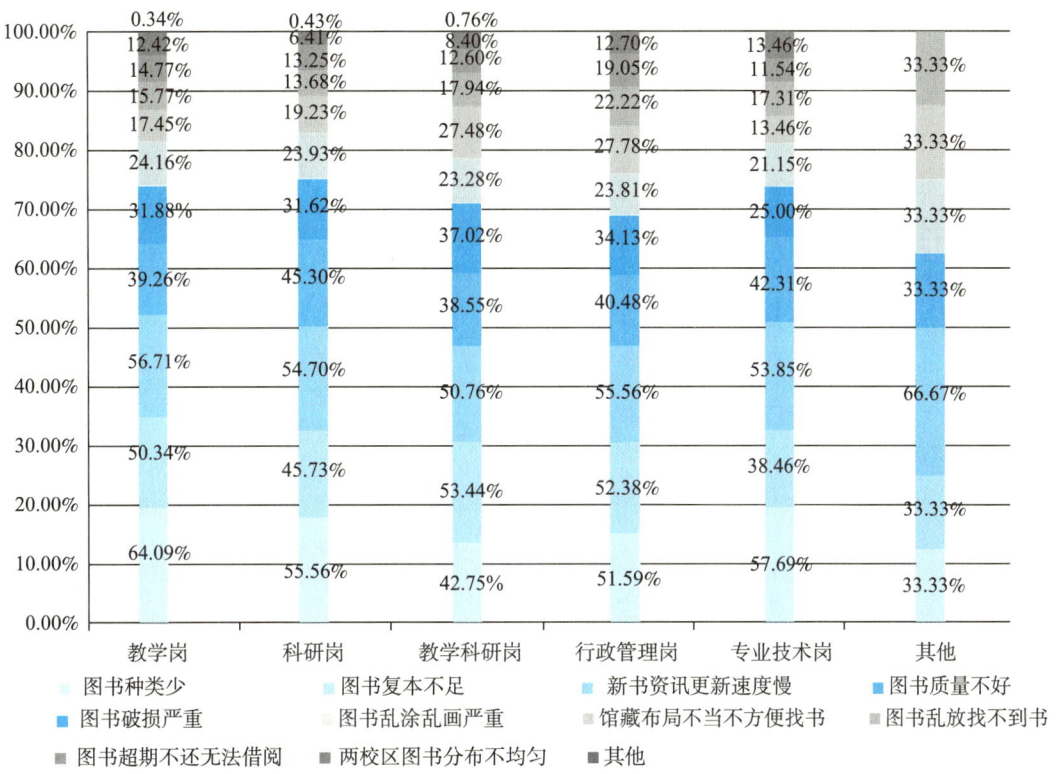

图 34　各岗位教师用户认为我馆纸本图书存在问题交叉对比图

如图 34 所示，教学岗、科研岗、专业技术岗教师认为最大的问题是图书种类少，只有行政管理岗的教师认为是新书资讯更新速度慢，教学科研岗教师则认为是图书复本不足。由此可见，教学岗、科研岗、专业技术岗教师更注重图书的全面性，而行政管理岗的教师更关心图书的时效性，教学科研岗人员更希望图书复本量能多一些，这一结果与各个岗位的工作性质不无联系。

为了更加深入地剖析教师用户需要的纸本图书，我们对不同岗位的教师用户在此项问题的答案进行了交叉对比，结果如下：

如图 35 所示，教学岗的教师用户更加倾向于图书馆增加购买教学参考书，其次是学习指导书；科研岗的教师用户的首选则为学术专著，其次是学习指导书；教学科研岗的教师用户的首选为学习指导书，其次是学术专著；行政管理岗的教师用户首选为学习指导书，其次是学术专著；专业技术岗的教师用户首选为学术专著，其次是学习指导书。由此可见，教师用户对图书馆纸本图书资源的需求情况受其职业属性的直接影响。总体来说，教学参考书、学习指导书、学术专著是各岗位人群都十分需要的，考试类书和知识拓展类图书也越来越受到各岗位教师的青睐。

通过前文阐述的教师用户使用图书馆电子资源的主要用途，可以看出电子资源在高校教师的专业研

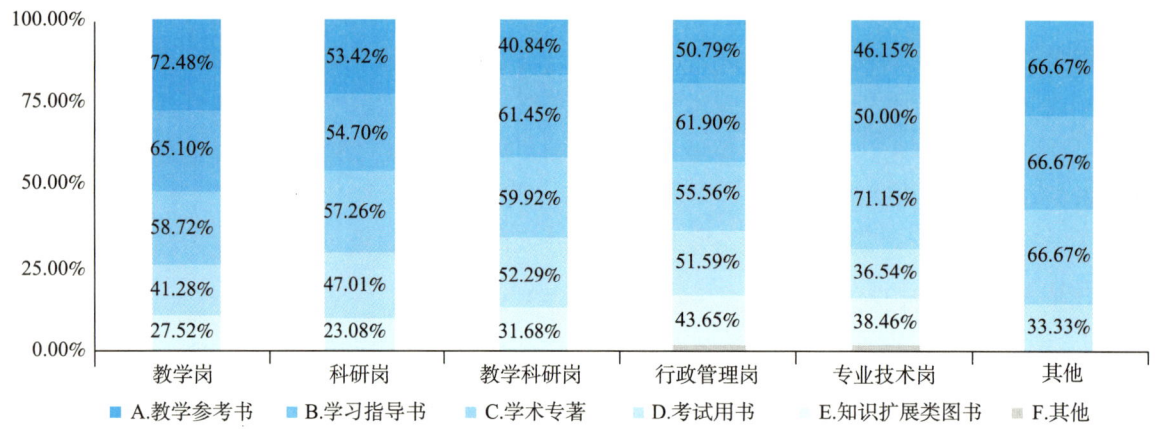

图 35　各岗位教师用户建议增加购买图书交叉对比图

究、论文写作和教学科研等活动方面都发挥着重要作用，因此我们对不同学院、不同研究方向、不同岗位的教师用户使用电子资源的用途进行交叉分析，以深入分析教师用户对电子资源的需求。首先对不同学院的教师用户使用电子资源的用途进行交叉分析，得到如下结果：

表 50　不同学院教师用户使用电子资源用途交叉分析表

X/Y	A. 掌握本专业的知识、了解本专业的前沿知识	B. 解决学习上遇到的疑惑、问题	C. 查找资料、写论文	D. 获取教学、科研相关的资源	E. 随便逛逛	小计
法学院	67（72.04%）	57（61.29%）	56（60.22%）	40（43.01%）	8（8.60%）	93
民商经济法学院	89（61.81%）	86（59.72%）	98（68.06%）	71（49.31%）	15（10.42%）	144
国际经济法学院	91（64.54%）	95（67.38%）	88（62.41%）	56（39.72%）	11（7.80%）	141
刑事司法学院	78（56.52%）	76（55.07%）	83（60.14%）	61（44.20%）	10（7.25%）	138
政治与公共管理学院	141（68.45%）	121（58.74%）	123（59.71%）	89（43.20%）	9（4.37%）	206
商学院	47（55.95%）	47（55.95%）	48（57.14%）	36（42.86%）	5（5.95%）	84
人文学院	48（73.85%）	38（58.46%）	39（60.00%）	31（47.69%）	7（10.77%）	65
法律硕士学院	12（75.00%）	11（68.75%）	9（56.25%）	9（56.25%）	1（6.25%）	16
外国语学院	9（69.23%）	8（61.54%）	9（69.23%）	9（69.23%）	0（0.00%）	13
社会学院	6（75.00%）	5（62.50%）	6（75.00%）	5（62.50%）	2（25.00%）	8
中欧法学院	0（0.00%）	0（0.00%）	0（0.00%）	0（0.00%）	0（0.00%）	0
马克思主义学院	1（100.00%）	0（0.00%）	1（100.00%）	0（0.00%）	0（0.00%）	1
光明新闻传播学院	2（100.00%）	1（50.00%）	2（100.00%）	1（50.00%）	0（0.00%）	2
国际儒学院	1（33.33%）	1（33.33%）	2（66.67%）	1（33.33%）	0（0.00%）	3
MBA 教育中心	1（100.00%）	1（100.00%）	1（100.00%）	0（0.00%）	0（0.00%）	1
MPA 教育中心	0（0.00%）	1（100.00%）	0（0.00%）	0（0.00%）	1（100.00%）	1

X/Y	A. 掌握本专业的知识、了解本专业的前沿知识	B. 解决学习上遇到的疑惑、问题	C. 查找资料、写论文	D. 获取教学、科研相关的资源	E. 随便逛逛	小计
继续教育学院	0（0.00%）	1（100.00%）	0（0.00%）	0（0.00%）	0（0.00%）	1
国际教育学院	6（100.00%）	0（0.00%）	5（83.33%）	4（66.67%）	1（16.67%）	6
法治信息管理学院	0（0.00%）	0（0.00%）	1（100.00%）	0（0.00%）	0（0.00%）	1
体育教学部	1（50.00%）	1（50.00%）	1（50.00%）	0（0.00%）	0（0.00%）	2
孔子学院	2（100.00%）	0（0.00%）	1（50.00%）	1（50.00%）	0（0.00%）	2
证据科学研究院	4（100.00%）	1（25.00%）	3（75.00%）	3（75.00%）	0（0.00%）	4
人权研究院	3（50.00%）	4（66.67%）	6（100.00%）	6（100.00%）	0（0.00%）	6
诉讼法学研究院	1（100.00%）	1（100.00%）	1（100.00%）	1（100.00%）	1（100.00%）	1
法律史学研究院	0（0.00%）	0（0.00%）	0（0.00%）	0（0.00%）	0（0.00%）	0
法治政府研究院	0（0.00%）	0（0.00%）	0（0.00%）	0（0.00%）	0（0.00%）	0
比较法学研究院	1（100.00%）	1（100.00%）	1（100.00%）	1（100.00%）	0（0.00%）	1
法与经济学研究院	2（100.00%）	1（50.00%）	1（50.00%）	0（0.00%）	0（0.00%）	2
法律古籍整理研究所	0（0.00%）	1（100.00%）	0（0.00%）	0（0.00%）	0（0.00%）	1
公司法与投资保护研究所	1（100.00%）	1（100.00%）	1（100.00%）	1（100.00%）	0（0.00%）	1
法学教育研究与评估中心	0（0.00%）	0（0.00%）	0（0.00%）	0（0.00%）	0（0.00%）	0
全球化与全球问题研究所	0（0.00%）	0（0.00%）	0（0.00%）	0（0.00%）	0（0.00%）	0
资本金融研究院	1（100.00%）	1（100.00%）	1（100.00%）	1（100.00%）	0（0.00%）	1
互联网金融法律研究院	2（100.00%）	2（100.00%）	2（100.00%）	2（100.00%）	0（0.00%）	2
仲裁研究院	0（0.00%）	1（100.00%）	0（0.00%）	1（100.00%）	0（0.00%）	1
网络法学研究院	2（50.00%）	3（75.00%）	4（100.00%）	2（50.00%）	0（0.00%）	4
校部机关	4（66.67%）	5（83.33%）	4（66.67%）	2（33.33%）	0（0.00%）	6
教辅单位	12（70.59%）	8（47.06%）	9（52.94%）	12（70.59%）	1（5.88%）	17

　　由表 50 和图 36 可以看出，参与问卷的各个学院、部门的教师用户使用电子资源的用途包括获取专业前沿知识、解决专业学习的问题、撰写学术论文、取得科研成果、获得教学科研相关资源等，且都占有很大的比例。其中占比前两位的是撰写学术论文和掌握了解本专业的前沿知识，这是因为高校对教师的科研成果制定了较为严格的数量和质量上的要求，直接反映为教师用户需要通过使用图书馆电子资源撰写论文、掌握了解本专业的前沿知识，也说明教师用户对图书馆对电子资源的需求，更多地集中在资源的前沿性和全面性方面。

　　通过教师用户的研究方向与使用电子资源的用途进行交叉对比，得到以下结果：

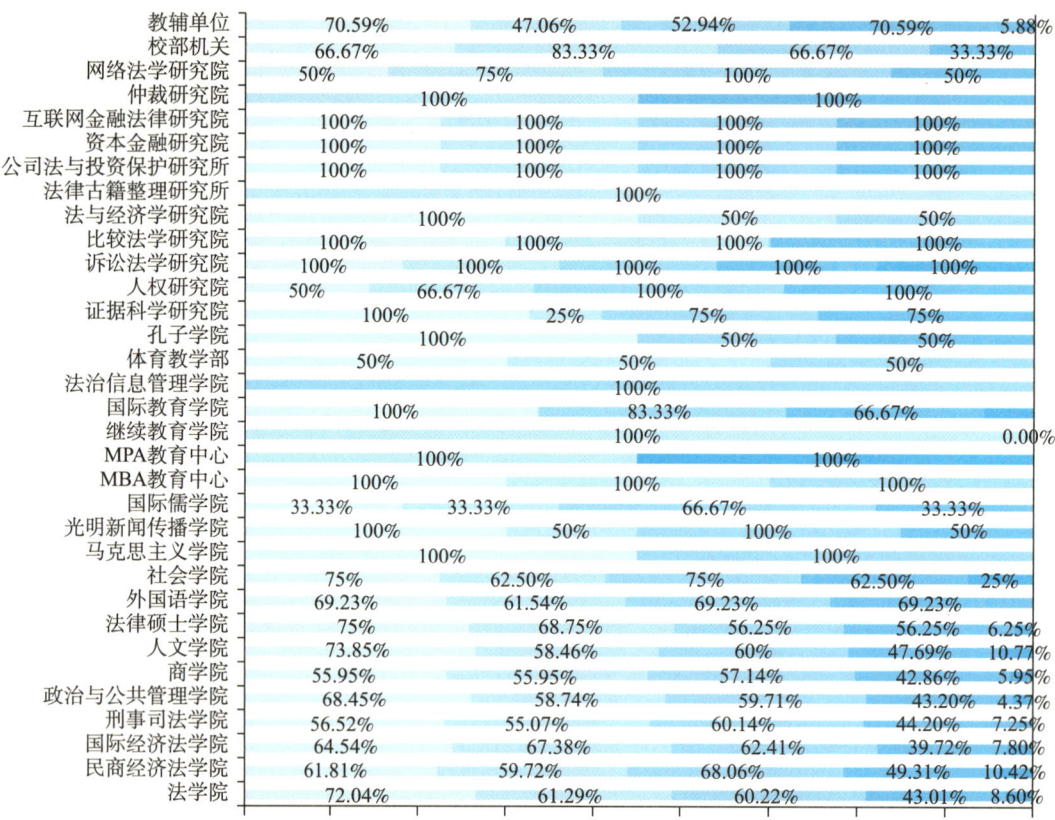

A.掌握本专业的知识、了解本专业的前沿知识　　　B.解决学习上遇到的疑惑、问题
C.查找资料、写论文　　　D.获取教学、科研相关的资源
E.随便逛逛

图36　不同学院教师用户使用电子资源用途交叉对比图

表51　不同研究方向的教师用户使用电子资源的用途交叉对比表

X/Y	A. 掌握本专业的知识、了解本专业的前沿知识	B. 解决学习上遇到的疑惑、问题	C. 查找资料、写论文	D. 获取教学、科研相关的资源	E. 随便逛逛	小计
A. 法学	307（67.77%）	261（57.62%）	275（60.71%）	192（42.38%）	38（8.39%）	453
B. 政治学	146（63.76%）	133（58.08%）	145（63.32%）	93（40.61%）	14（6.11%）	229
C. 管理学	93（65.96%）	90（63.83%）	97（68.79%）	68（48.23%）	7（4.96%）	141
D. 哲学	15（36.59%）	28（68.29%）	16（39.02%）	25（60.98%）	4（9.76%）	41
E. 社会学	24（61.54%）	29（74.36%）	25（64.10%）	23（58.97%）	3（7.69%）	39
F. 外国语	11（50.00%）	14（63.64%）	14（63.64%）	13（59.09%）	2（9.09%）	22
G. 经济学	16（69.57%）	10（43.48%）	15（65.22%）	9（39.13%）	2（8.70%）	23
H. 医学	8（72.73%）	10（90.91%）	7（63.64%）	8（72.73%）	1（9.09%）	11
I. 其他	15（93.75%）	5（31.25%）	12（75.00%）	15（93.75%）	1（6.25%）	16

以柱状图方式直观呈现如下：

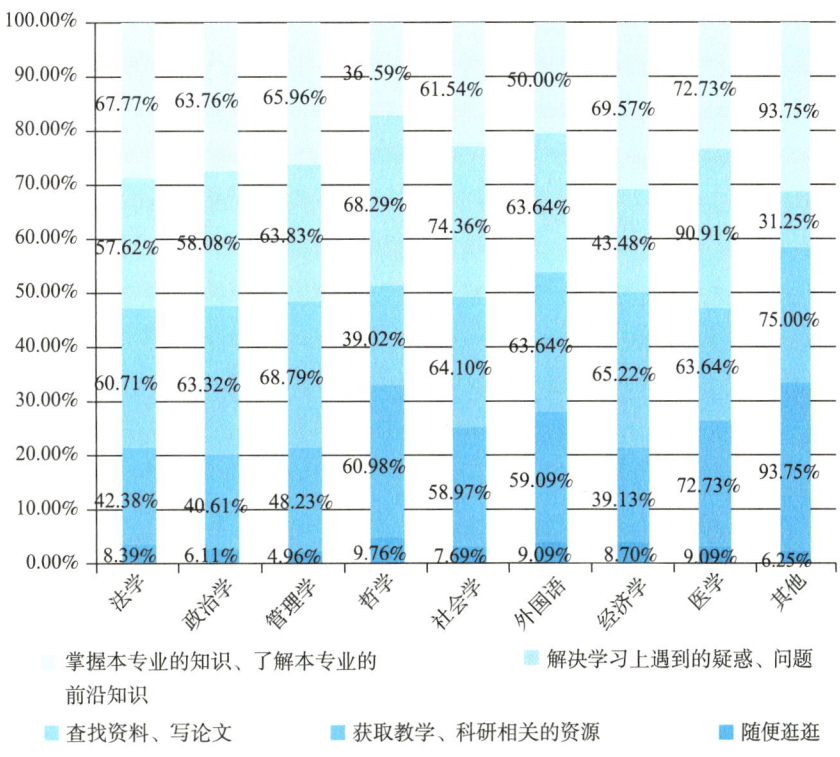

图37　不同研究方向的教师用户使用电子资源的用途交叉对比图

如表51和图37所示，参与调查的研究方向中，法学、政治学、管理学、社会学、外国语、经济学方向的教师用户使用电子资源的用途比重相似，掌握本专业前沿知识、撰写学术论文、解决学习上的问题分列前三位，获取教学、科研相关资源的比重在第四位，普遍在40%~60%之间。研究方向为哲学和医学的教师用户更需要图书馆电子资源为其解决专业学习方面的问题，其次是获取教学、科研方面的资源，掌握专业的前沿知识和撰写学术论文排在其后。

通过对不同岗位的教师用户使用电子资源的用途进行交叉对比，得到如下结果：

表52　不同岗位教师用户使用电子资源用途交叉对比表

X/Y	A. 掌握本专业的知识、了解本专业的前沿知识	B. 解决学习上遇到的疑惑、问题	C. 查找资料、写论文	D. 获取教学、科研相关的资源	E. 随便逛逛	小计
教学岗	223（74.83%）	179（60.07%）	181（60.74%）	128（42.95%）	26（8.72%）	298
科研岗	146（62.39%）	130（55.56%）	144（61.54%）	97（41.45%）	14（5.98%）	234
教学科研岗	153（58.40%）	169（64.50%）	158（60.31%）	126（48.09%）	16（6.11%）	262
行政管理岗	78（61.90%）	73（57.94%）	92（73.02%）	64（50.79%）	11（8.73%）	126
专业技术岗	34（65.38%）	28（53.85%）	29（55.77%）	30（57.69%）	4（7.69%）	52
其他	1（33.33%）	1（33.33%）	2（66.67%）	1（33.33%）	1（33.33%）	3

如表52和图38所示，各个岗位的教师用户通过使用图书馆电子资源撰写学术论文的需求较高，百分比均达到55%以上，如前文所述这是我校对教师科研成果的要求，不仅对教学科研岗位的教师，行政管理岗位、专业技术岗位和其他岗位的教师，也需要通过撰写学术论文等方式取得科研成果，这也侧面反

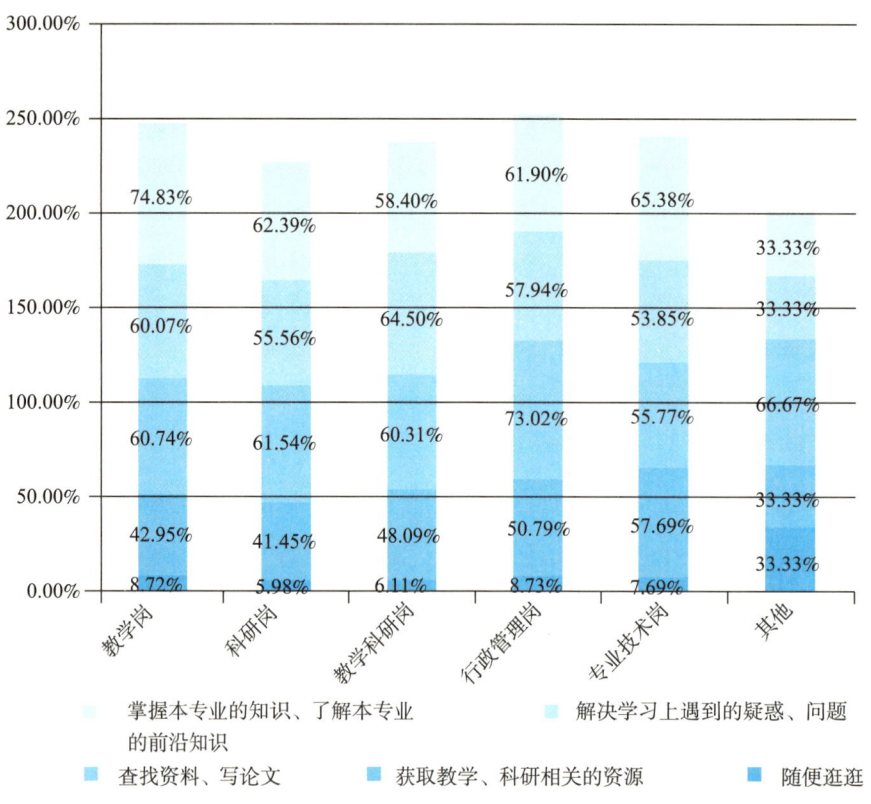

图38 不同岗位教师用户使用电子资源用途交叉对比图

映了我校较为严谨的学风。另外，各个岗位的教师用户对专业的前沿知识、教学科研相关资源和解决专业学习的问题都有较高的需求，这就要求图书馆电子资源未来的发展方向更专业、更精准。

通过对不同学院、不同研究方向、不同岗位的教师用户对图书馆提供的数据库使用的偏好进行交叉分析，进一步了解各个电子资源数据库的使用情况，以分析用户需求。首先对不同学院的教师用户使用的数据库进行交叉分析，得到如下结果：

去掉其中结果为0的学院，制作如下条形图：

通过表53和图39可以看出，不同学院和单位的教师用户使用数据库的频次，比重较高的集中在中文数据库，包括中国知网、万方数据库、北大法宝、慧科新闻、中文社会科学引文索引CSSCI数据库等。外文数据库和文献管理类数据库的使用频次普遍较低，形成此种结果的因素是多方面的，如教师用户自身使用习惯、图书馆的推广方式和力度、教师用户缺乏使用指导等，但从教学科研的长远发展来看，外文数据库的资源是教师用户研究不可或缺的资源，图书馆应重视相关问题产生的原因，帮助教师用户获得更好的使用外文数据库和文献管理类数据库的体验。

通过将教师用户的不同研究方向与经常使用的数据库进行交叉对比，得到如下结果：

如表54和图40所示，各个研究方向的教师用户使用中文数据库的频次普遍较高，法学、政治学、管理学、哲学、社会学和外国语方向的各个外文数据库使用频次较为平均，外国语方向使用外文数据库的频次高于其他研究方向。经济学和医学方向的教师用户对Sage、Ebsco两个外文数据库使用的频次较高，达到了20% ~40%之间，其他外文数据库都处于使用频次较低的水平，可以对这一群体的需求进行具体详细的调查，通过增加数据库子库或者购买新数据库来为教师用户提供更多的选择。

通过对教师用户的不同岗位与经常使用的数据库进行交叉对比，得到如下结果：

表53　不同学院的教师用户经常使用的数据库交叉对比表

X/Y	A. 中国知网	B. 万方数据库	C. 北大法宝	D. 慧科新闻	E. 中文社会科学引文索引CSSCI数据库	F. 读秀	G. 百链云	H. 元照月旦法学	I. Note Express 文献管理软件	J. WestLaw	K. Lexis Advanced	L. Hein Online	M. Sage Journals 期刊数据库	N. EBSC Ohost 全文数据库	O. 其他	小计
法学院	61 (65.59%)	50 (53.76%)	48 (51.61%)	33 (35.48%)	35 (37.63%)	18 (19.35%)	19 (20.43%)	17 (18.28%)	15 (16.13%)	14 (15.05%)	13 (13.98%)	16 (17.20%)	14 (15.05%)	14 (15.05%)	2 (2.15%)	93
民商经济法学院	65 (45.14%)	93 (64.58%)	74 (51.39%)	69 (47.92%)	52 (36.11%)	45 (31.25%)	34 (23.61%)	31 (21.53%)	29 (20.14%)	23 (15.97%)	27 (18.75%)	21 (14.58%)	22 (15.28%)	12 (8.33%)	0 (0.00%)	144
国际经济法学院	48 (34.04%)	86 (60.99%)	75 (53.19%)	66 (46.81%)	53 (37.59%)	26 (18.44%)	37 (26.24%)	17 (12.06%)	21 (14.89%)	19 (13.48%)	14 (9.93%)	18 (12.77%)	17 (12.06%)	12 (8.51%)	0 (0.00%)	141
刑事司法学院	43 (31.16%)	68 (49.28%)	65 (47.10%)	67 (48.55%)	46 (33.33%)	33 (23.91%)	28 (20.29%)	22 (15.94%)	19 (13.77%)	19 (13.77%)	15 (10.87%)	15 (10.87%)	22 (15.94%)	16 (11.59%)	1 (0.72%)	138
政治与公共管理学院	74 (35.92%)	108 (52.43%)	108 (52.43%)	101 (49.03%)	71 (34.47%)	41 (19.90%)	38 (18.45%)	37 (17.96%)	34 (16.50%)	19 (9.22%)	23 (11.17%)	26 (12.62%)	31 (15.05%)	21 (10.19%)	2 (0.97%)	206
商学院	34 (40.48%)	41 (48.81%)	44 (52.38%)	37 (44.05%)	31 (36.90%)	14 (16.67%)	14 (16.67%)	13 (15.48%)	11 (13.10%)	19 (22.62%)	9 (10.71%)	10 (11.90%)	7 (8.33%)	5 (5.95%)	1 (1.19%)	84
人文学院	35 (53.85%)	32 (49.23%)	31 (47.69%)	27 (41.54%)	15 (23.08%)	17 (26.15%)	10 (15.38%)	6 (9.23%)	8 (12.31%)	7 (10.77%)	8 (12.31%)	11 (16.92%)	6 (9.23%)	5 (7.69%)	1 (1.54%)	65
法律硕士学院	9 (56.25%)	10 (62.50%)	8 (50.00%)	8 (50.00%)	8 (50.00%)	6 (37.50%)	4 (25.00%)	4 (25.00%)	3 (18.75%)	4 (25.00%)	3 (18.75%)	5 (31.25%)	5 (31.25%)	3 (18.75%)	1 (6.25%)	16
外国语学院	9 (69.23%)	10 (76.92%)	6 (46.15%)	3 (23.08%)	7 (53.85%)	2 (15.38%)	2 (15.38%)	3 (23.08%)	4 (30.77%)	3 (23.08%)	3 (23.08%)	4 (30.77%)	4 (30.77%)	2 (15.38%)	0 (0.00%)	13

续表

X/Y	A. 中国知网	B. 万方数据库	C. 北大法宝	D. 慧科新闻	E. 中文社会科学引文索引CSSCI数据库	F. 读秀	G. 百链云	H. 元照月旦法学	I. Note Express文献管理软件	J. WestLaw	K. Lexis Advanced	L. Hein Online	M. Sage Journals期刊数据库	N. EBSCOhost全文数据库	O. 其他	小计
社会学院	5 (62.50%)	7 (87.50%)	4 (50.00%)	3 (37.50%)	5 (62.50%)	2 (25.00%)	0 (0.00%)	2 (25.00%)	2 (25.00%)	0 (0.00%)	0 (0.00%)	2 (25.00%)	1 (12.50%)	0 (0.00%)	0 (0.00%)	8
中欧法学院	0 (0.00%)	0 (0.00%)	0 (0.00%)	0 (0.00%)	0 (0.00%)	0 (0.00%)	0 (0.00%)	0 (0.00%)	0 (0.00%)	0 (0.00%)	0 (0.00%)	0 (0.00%)	0 (0.00%)	0 (0.00%)	0 (0.00%)	0
马克思主义学院	1 (100.00%)	0 (0.00%)	0 (0.00%)	0 (0.00%)	0 (0.00%)	0 (0.00%)	0 (0.00%)	0 (0.00%)	0 (0.00%)	0 (0.00%)	0 (0.00%)	0 (0.00%)	1 (100.00%)	1 (100.00%)	0 (0.00%)	1
光明新闻传播学院	2 (100.00%)	1 (50.00%)	1 (50.00%)	1 (50.00%)	1 (50.00%)	0 (0.00%)	0 (0.00%)	0 (0.00%)	0 (0.00%)	1 (50.00%)	0 (0.00%)	1 (50.00%)	0 (0.00%)	0 (0.00%)	0 (0.00%)	2
国际儒学院	1 (33.33%)	1 (33.33%)	1 (33.33%)	1 (33.33%)	1 (33.33%)	1 (33.33%)	0 (0.00%)	0 (0.00%)	0 (0.00%)	0 (0.00%)	0 (0.00%)	0 (0.00%)	0 (0.00%)	0 (0.00%)	0 (0.00%)	3
MBA教育中心	0 (0.00%)	0 (0.00%)	1 (100.00%)	1 (100.00%)	0 (0.00%)	1 (100.00%)	0 (0.00%)	0 (0.00%)	0 (0.00%)	0 (0.00%)	0 (0.00%)	0 (0.00%)	0 (0.00%)	0 (0.00%)	0 (0.00%)	1
MPA教育中心	0 (0.00%)	1 (100.00%)	1 (100.00%)	0 (0.00%)	1 (100.00%)	1 (100.00%)	1 (100.00%)	0 (0.00%)	0 (0.00%)	1 (100.00%)	0 (0.00%)	0 (0.00%)	0 (0.00%)	0 (0.00%)	0 (0.00%)	1
继续教育学院	0 (0.00%)	0 (0.00%)	1 (100.00%)	0 (0.00%)	0 (0.00%)	0 (0.00%)	0 (0.00%)	0 (0.00%)	0 (0.00%)	0 (0.00%)	0 (0.00%)	0 (0.00%)	0 (0.00%)	0 (0.00%)	0 (0.00%)	1
国际教育学院	5 (83.33%)	2 (33.33%)	3 (50.00%)	1 (16.67%)	2 (33.33%)	2 (33.33%)	0 (0.00%)	4 (66.67%)	0 (0.00%)	3 (50.00%)	1 (16.67%)	1 (16.67%)	1 (16.67%)	1 (16.67%)	0 (0.00%)	6
法治信息管理学院	0 (0.00%)	0 (0.00%)	1 (100.00%)	0 (0.00%)	0 (0.00%)	0 (0.00%)	0 (0.00%)	0 (0.00%)	0 (0.00%)	0 (0.00%)	0 (0.00%)	0 (0.00%)	0 (0.00%)	0 (0.00%)	0 (0.00%)	1

续表

X/Y	A. 中国知网	B. 万方数据库	C. 北大法宝	D. 慧科新闻	E. 中文社会科学引文索引CSSCI数据库	F. 读秀	G. 百链云	H. 元照月旦法学	I. Note Express 文献管理软件	J. WestLaw	K. Lexis Advanced	L. Hein Online	M. Sage Journals 期刊数据库	N. EBSC Ohost 全文数据库	O. 其他	小计
体育教学部	0 (0.00%)	1 (50.00%)	1 (50.00%)	0 (0.00%)	1 (50.00%)	0 (0.00%)	1 (50.00%)	0 (0.00%)	0 (0.00%)	0 (0.00%)	1 (50.00%)	1 (50.00%)	0 (0.00%)	0 (0.00%)	0 (0.00%)	2
孔子学院	0 (0.00%)	1 (50.00%)	2 (100%)	1 (50.00%)	1 (50.00%)	0 (0.00%)	2 (100.00%)	0 (0.00%)	1 (50.00%)	1 (50.00%)	1 (50.00%)	0 (0.00%)	1 (50.00%)	0 (0.00%)	0 (0.00%)	2
证据科学研究院	4 (100.00%)	2 (50.00%)	0 (0.00%)	0 (0.00%)	2 (50.00%)	1 (25.00%)	0 (0.00%)	0 (0.00%)	1 (25.00%)	0 (0.00%)	0 (0.00%)	0 (0.00%)	0 (0.00%)	0 (0.00%)	0 (0.00%)	4
人权研究院	6 (100.00%)	4 (66.67%)	5 (83.33%)	3 (50.00%)	4 (66.67%)	2 (33.33%)	2 (33.33%)	4 (66.67%)	1 (16.67%)	3 (50.00%)	2 (33.33%)	1 (16.67%)	1 (16.67%)	1 (16.67%)	0 (0.00%)	6
诉讼法学研究院	1 (100.00%)	1 (100.00%)	1 (100.00%)	1 (100.00%)	1 (100.00%)	1 (100.00%)	1 (100.00%)	1 (100.00%)	1 (100.00%)	1 (100.00%)	1 (100.00%)	1 (100.00%)	1 (100.00%)	1 (100.00%)	0 (0.00%)	1
法律史学研究院	0 (0.00%)	0 (0.00%)	0 (0.00%)	0 (0.00%)	0 (0.00%)	0 (0.00%)	0 (0.00%)	0 (0.00%)	0 (0.00%)	0 (0.00%)	0 (0.00%)	0 (0.00%)	0 (0.00%)	0 (0.00%)	0 (0.00%)	0
法治政府研究院	0 (0.00%)	0 (0.00%)	0 (0.00%)	0 (0.00%)	0 (0.00%)	0 (0.00%)	0 (0.00%)	0 (0.00%)	0 (0.00%)	0 (0.00%)	0 (0.00%)	0 (0.00%)	0 (0.00%)	0 (0.00%)	0 (0.00%)	0
比较法学研究院	1 (100.00%)	0 (0.00%)	0 (0.00%)	0 (0.00%)	0 (0.00%)	1 (100.00%)	0 (0.00%)	0 (0.00%)	0 (0.00%)	1 (100.00%)	0 (0.00%)	1 (100.00%)	0 (0.00%)	0 (0.00%)	0 (0.00%)	1
法与经济学研究院	2 (100.00%)	0 (0.00%)	1 (50.00%)	0 (0.00%)	1 (50.00%)	0 (0.00%)	0 (0.00%)	0 (0.00%)	0 (0.00%)	0 (0.00%)	0 (0.00%)	0 (0.00%)	0 (0.00%)	0 (0.00%)	0 (0.00%)	2
法律古籍整理研究所	1 (100.00%)	0 (0.00%)	1 (100.00%)	0 (0.00%)	1 (100.00%)	0 (0.00%)	0 (0.00%)	0 (0.00%)	0 (0.00%)	0 (0.00%)	0 (0.00%)	0 (0.00%)	0 (0.00%)	0 (0.00%)	0 (0.00%)	1

续表

X/Y	A. 中国知网	B. 万方数据库	C. 北大法宝	D. 慧科新闻	E. 中文社会科学引文索引CSSCI数据库	F. 读秀	G. 百链云	H. 元照月旦日法学	I. Note Express 文献管理软件	J. WestLaw	K. Lexis Advanced	L. Hein Online	M. Sage Journals 期刊数据库	N. EBSCO host 全文数据库	O. 其他	小计
公司法与投资保护研究所	1 (100.00%)	1 (100.00%)	1 (100.00%)	1 (100.00%)	0 (0.00%)	0 (0.00%)	0 (0.00%)	0 (0.00%)	0 (0.00%)	0 (0.00%)	0 (0.00%)	0 (0.00%)	0 (0.00%)	0 (0.00%)	0 (0.00%)	1
法学教育研究与评估中心	0 (0.00%)	0 (0.00%)	0 (0.00%)	0 (0.00%)	0 (0.00%)	0 (0.00%)	0 (0.00%)	0 (0.00%)	0 (0.00%)	0 (0.00%)	0 (0.00%)	0 (0.00%)	0 (0.00%)	0 (0.00%)	0 (0.00%)	0
全球化与全球问题研究所	0 (0.00%)	0 (0.00%)	0 (0.00%)	0 (0.00%)	0 (0.00%)	0 (0.00%)	0 (0.00%)	0 (0.00%)	0 (0.00%)	0 (0.00%)	0 (0.00%)	0 (0.00%)	0 (0.00%)	0 (0.00%)	0 (0.00%)	0
资本金融研究院	1 (100.00%)	1 (100.00%)	1 (100.00%)	0 (0.00%)	0 (0.00%)	0 (0.00%)	1 (100.00%)	0 (0.00%)	1 (100.00%)	0 (0.00%)	0 (0.00%)	0 (0.00%)	0 (0.00%)	1 (100.00%)	0 (0.00%)	1
互联网金融法律研究院	2 (100.00%)	2 (100.00%)	2 (100.00%)	2 (100.00%)	1 (50.00%)	1 (50.00%)	1 (50.00%)	1 (50.00%)	1 (50.00%)	1 (50.00%)	1 (50.00%)	1 (50.00%)	1 (50.00%)	1 (50.00%)	0 (0.00%)	2
仲裁研究院	1 (100.00%)	0 (0.00%)	0 (0.00%)	1 (100.00%)	0 (0.00%)	0 (0.00%)	1 (100.00%)	0 (0.00%)	0 (0.00%)	1 (100.00%)	0 (0.00%)	0 (0.00%)	0 (0.00%)	0 (0.00%)	0 (0.00%)	1
网络法学研究院	2 (50.00%)	4 (100.00%)	2 (50.00%)	2 (50.00%)	2 (50.00%)	1 (25.00%)	3 (75.00%)	1 (25.00%)	2 (50.00%)	0 (0.00%)	1 (25.00%)	1 (25.00%)	0 (0.00%)	1 (25.00%)	0 (0.00%)	4
校部机关	3 (50.00%)	2 (33.33%)	5 (83.33%)	1 (16.67%)	2 (33.33%)	2 (33.33%)	2 (33.33%)	0 (0.00%)	2 (33.33%)	0 (0.00%)	0 (0.00%)	0 (0.00%)	1 (16.67%)	1 (33.33%)	0 (0.00%)	6
教辅单位	13 (76.47%)	12 (70.59%)	7 (41.18%)	7 (41.18%)	8 (47.06%)	7 (41.18%)	6 (35.29%)	4 (23.53%)	4 (23.53%)	2 (11.76%)	3 (17.65%)	3 (17.65%)	3 (17.65%)	3 (17.65%)	0 (0.00%)	17

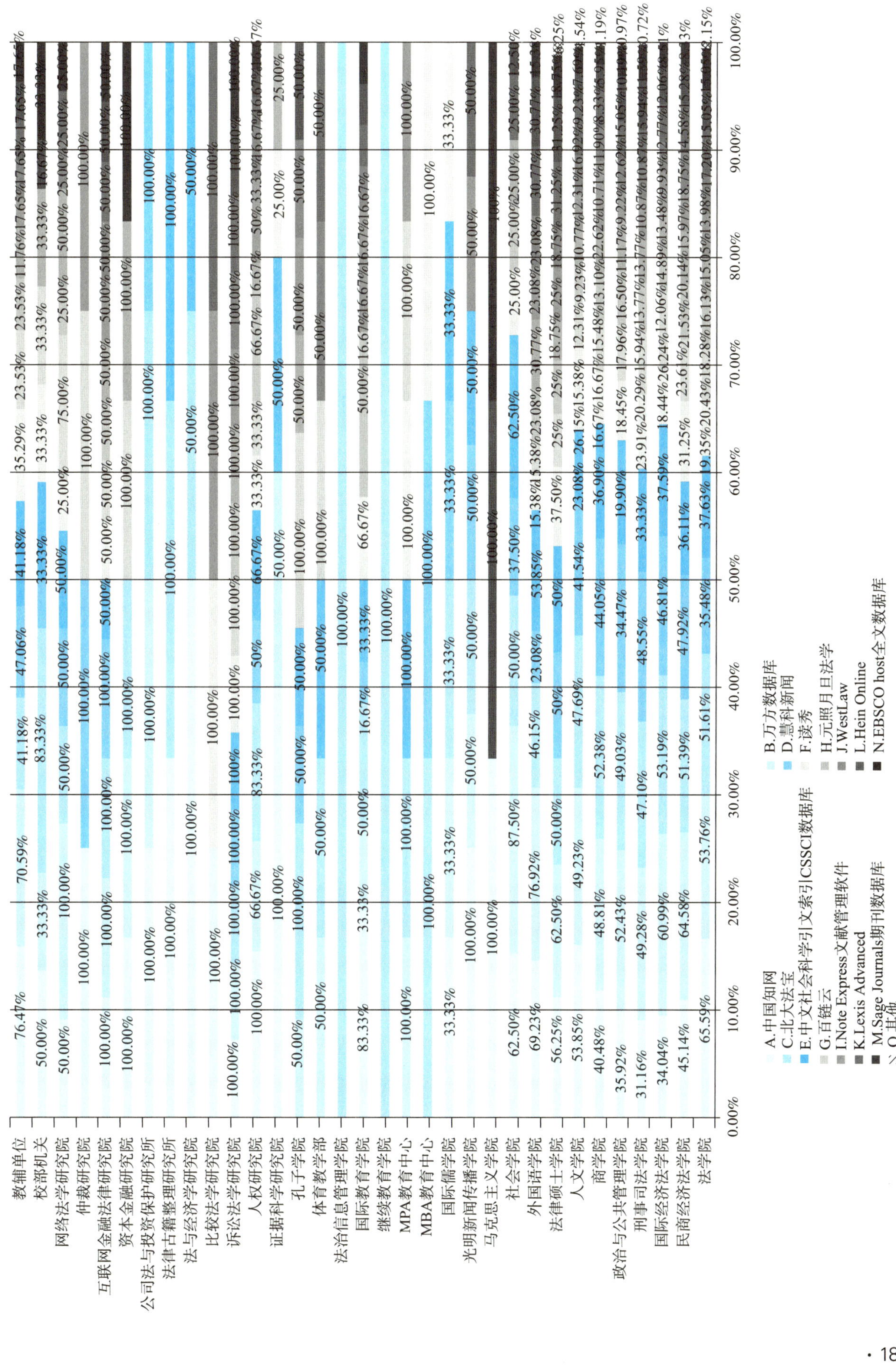

图例：
A.中国知网 B.万方数据库
C.北大法宝 D.慧科新闻
E.中文社会科学引文索引CSSCI数据库 F.读秀
G.百链云 H.元照月旦法学
I.Note Express文献管理软件 J.WestLaw
K.Lexis Advanced L.Hein Online
M.Sage Journals期刊全文数据库 N.EBSCO host全文数据库
O.其他

图39 不同学院和单位的教师用户经常使用数据库交叉对比图

表54 不同研究方向的教师用户经常使用的数据库交叉对比表

X/Y	A. 中国知网	B. 万方数据库	C. 北大法宝	D. 慧科新闻	E. 中文社会科学引文索引CSSCI数据库	F. 读秀	G. 百链云	H. 元照月旦法学	I. Note Express 文献管理软件	J. WestLaw	K. Lexis Advanced	L. Hein Online	M. Sage Journals 期刊数据库	N. EBSC Ohost 全文数据库	O. 其他	小计
A. 法学	205 (45.25%)	260 (57.40%)	229 (50.55%)	193 (42.60%)	143 (31.57%)	89 (19.65%)	98 (21.63%)	68 (15.01%)	67 (14.79%)	61 (13.47%)	53 (11.70%)	62 (13.69%)	56 (12.36%)	46 (10.15%)	4 (0.88%)	453
B. 政治学	87 (37.99%)	118 (51.53%)	124 (54.15%)	107 (46.72%)	76 (33.19%)	56 (24.45%)	46 (20.09%)	45 (19.65%)	42 (18.34%)	29 (12.66%)	28 (12.23%)	29 (12.66%)	33 (14.41%)	23 (10.04%)	2 (0.87%)	229
C. 管理学	63 (44.68%)	86 (60.99%)	77 (54.61%)	71 (50.35%)	63 (44.68%)	35 (24.82%)	27 (19.15%)	22 (15.60%)	26 (18.44%)	28 (19.86%)	23 (16.31%)	25 (17.73%)	25 (17.73%)	14 (9.93%)	1 (0.71%)	141
D. 哲学	7 (17.07%)	18 (43.90%)	24 (58.54%)	19 (46.34%)	22 (53.66%)	12 (29.27%)	11 (26.83%)	7 (17.07%)	3 (7.32%)	9 (21.95%)	4 (9.76%)	4 (9.76%)	5 (12.20%)	2 (4.88%)	0 (0.00%)	41
E. 社会学	19 (48.72%)	17 (43.59%)	24 (61.54%)	16 (41.03%)	17 (43.59%)	12 (30.77%)	9 (23.08%)	6 (15.38%)	4 (10.26%)	4 (10.26%)	5 (12.82%)	8 (20.51%)	4 (10.26%)	2 (5.13%)	0 (0.00%)	39
F. 外国语	10 (45.45%)	14 (63.64%)	8 (36.36%)	10 (45.45%)	11 (50.00%)	5 (22.73%)	4 (18.18%)	7 (31.82%)	6 (27.27%)	6 (27.27%)	6 (27.27%)	5 (22.73%)	5 (22.73%)	3 (13.64%)	0 (0.00%)	22
G. 经济学	15 (65.22%)	11 (47.83%)	9 (39.13%)	10 (43.48%)	7 (30.43%)	4 (17.39%)	5 (21.74%)	5 (21.74%)	4 (17.39%)	0 (0.00%)	3 (13.04%)	2 (8.70%)	5 (21.74%)	6 (26.09%)	0 (0.00%)	23
H. 医学	8 (72.73%)	8 (72.73%)	3 (27.27%)	8 (72.73%)	6 (54.55%)	3 (27.27%)	5 (45.45%)	5 (45.45%)	5 (45.45%)	2 (18.18%)	1 (9.09%)	1 (9.09%)	4 (36.36%)	2 (18.18%)	0 (0.00%)	11
I. 其他	16 (100.00%)	9 (56.25%)	3 (18.75%)	3 (18.75%)	7 (43.75%)	9 (56.25%)	2 (12.50%)	2 (12.50%)	3 (18.75%)	3 (18.75%)	3 (18.75%)	3 (18.75%)	2 (12.50%)	4 (25.00%)	1 (6.25%)	16

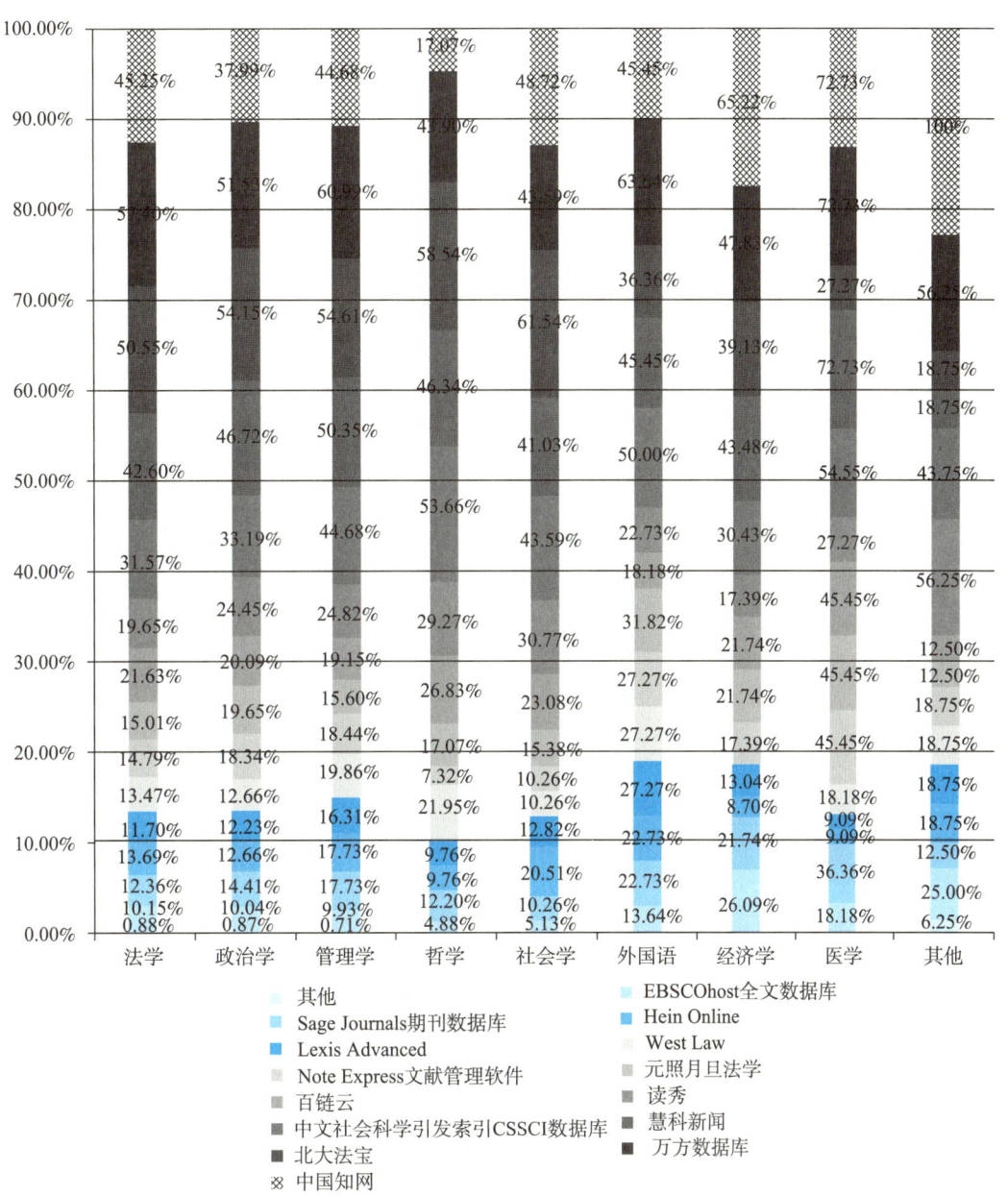

图 40　不同研究方向的教师用户经常使用的数据库交叉对比图

表55 不同岗位的教师用户经常使用数据库交叉对比表

X/Y	A. 中国知网	B. 万方数据库	C. 北大法宝	D. 慧科新闻	E. 中文社会科学引文索引CSSCI数据库	F. 读秀	G. 百链云	H. 元照月旦法学	I. Note Express文献管理软件	J. WestLaw	K. Lexis Advanced	L. Hein Online	M. Sage Journals期刊数据库	N. EBSCOhost全文数据库	O. 其他	小计
教学岗	178 (59.73%)	179 (60.07%)	162 (54.36%)	138 (46.31%)	106 (35.57%)	65 (21.81%)	72 (24.16%)	59 (19.80%)	57 (19.13%)	45 (15.10%)	41 (13.76%)	50 (16.78%)	48 (16.11%)	39 (13.09%)	3 (1.01%)	298
科研岗	80 (34.19%)	120 (51.28%)	123 (52.56%)	92 (39.32%)	86 (36.75%)	52 (22.22%)	39 (16.67%)	41 (17.52%)	33 (14.10%)	32 (13.68%)	28 (11.97%)	24 (10.26%)	24 (10.26%)	16 (6.84%)	1 (0.43%)	234
教学科研岗	98 (37.40%)	139 (53.05%)	130 (49.62%)	121 (46.18%)	94 (35.88%)	55 (20.99%)	57 (21.76%)	34 (12.98%)	43 (16.41%)	35 (13.36%)	28 (10.69%)	38 (14.50%)	41 (15.65%)	30 (11.45%)	3 (1.15%)	262
行政管理岗	53 (42.06%)	73 (57.94%)	63 (50.00%)	64 (50.79%)	43 (34.13%)	38 (30.16%)	26 (20.63%)	22 (17.46%)	19 (15.08%)	20 (15.87%)	24 (19.05%)	20 (15.87%)	16 (12.70%)	12 (9.52%)	0 (0.00%)	126
专业技术岗	20 (38.46%)	30 (57.69%)	21 (40.38%)	20 (38.46%)	21 (40.38%)	15 (28.85%)	12 (23.08%)	11 (21.15%)	7 (13.46%)	10 (19.23%)	4 (7.69%)	7 (13.46%)	10 (19.23%)	5 (9.62%)	1 (1.92%)	52
其他	1 (33.33%)	0 (0.00%)	2 (66.67%)	2 (66.67%)	2 (66.67%)	0 (0.00%)	1 (33.33%)	0 (0.00%)	1 (33.33%)	0 (0.00%)	1 (33.33%)	0 (0.00%)	0 (0.00%)	0 (0.00%)	0 (0.00%)	3

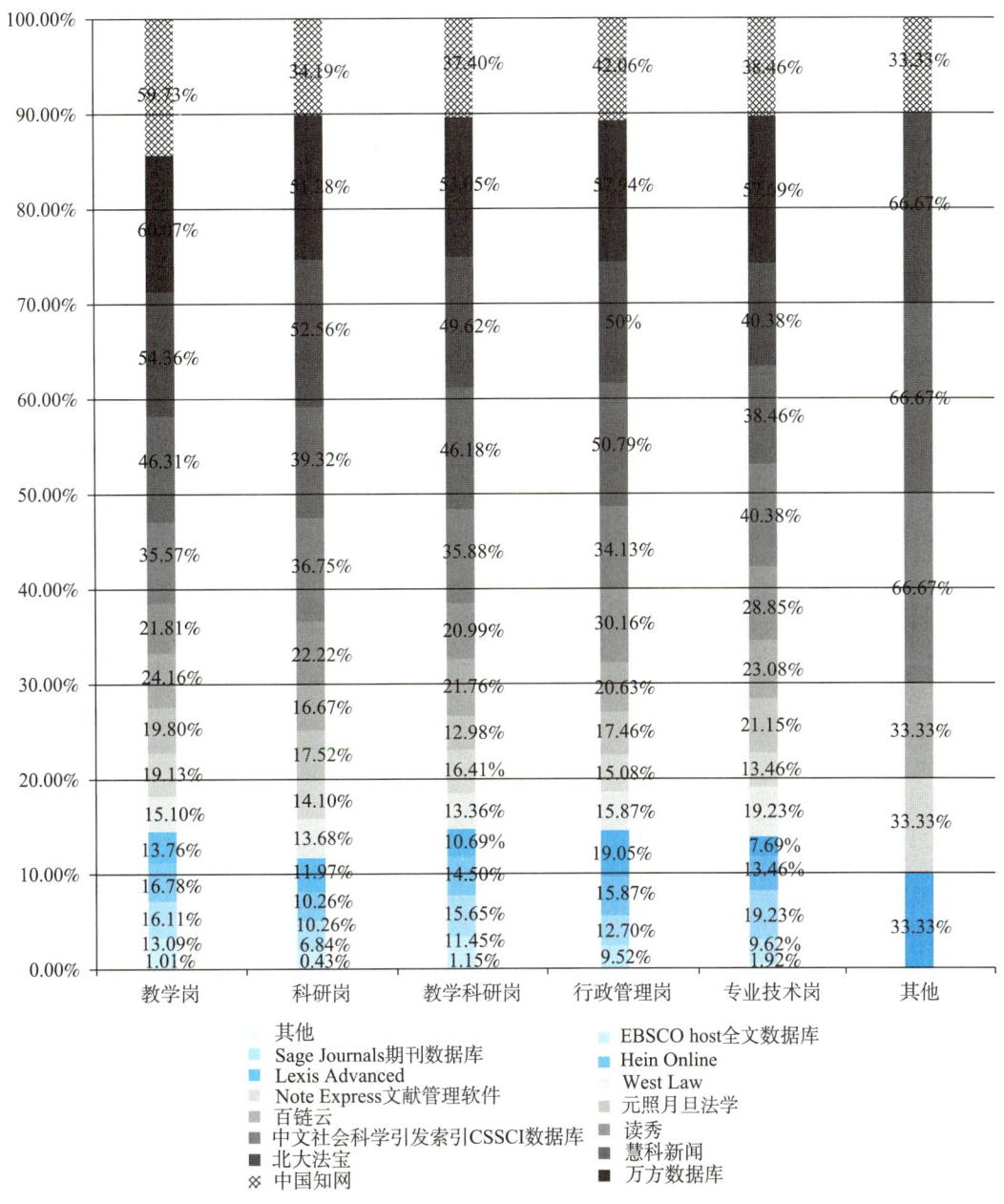

图41　不同岗位的教师用户经常使用数据库交叉对比图

如表55和图41所示，各个岗位的教师用户对中文数据库的使用频次较高，在外文数据库的使用方面，各个岗位的百分比也较为平均，处于10%～20%之间，教学和科研岗位的教师使用频次并未高出行政管理岗和专业技术岗过多，这需要深入调查外文数据库对教师的教学、科研帮助的不足之处以及时增加符合教师教学科研需要的外文数据库资源。

从用户的角度揭示图书馆电子资源使用存在的问题，能够更加直观地指导图书馆的电子资源的采购和服务，通过比较不同学院、不同研究方向、不同岗位教师用户的意见，可以深入分析教师用户需要何种资源和服务方式。

首先对教师用户所在的不同学院和单位与其认为电子资源使用存在的主要问题进行交叉分析，得到如下结果：

表56　不同学院和单位教师认为电子资源使用存在主要问题交叉对比表

X/Y	A. 不能获取满意的文献资源（资源数量、资源质量、专业面覆盖）	B. 不能熟练且专业地使用，缺乏专业人员的指导	C. 不习惯使用	D. 网页响应慢	E. 数据更新不及时	F. 不了解学校有哪些数字资源	小计
法学院	61（65.59%）	56（60.22%）	35（37.63%）	35（37.63%）	25（26.88%）	9（9.68%）	93
民商经济法学院	81（56.25%）	96（66.67%）	61（42.36%）	68（47.22%）	43（29.86%）	12（8.33%）	144
国际经济法学院	77（54.61%）	91（64.54%）	68（48.23%）	56（39.72%）	39（27.66%）	11（7.80%）	141
刑事司法学院	73（52.90%）	92（66.67%）	66（47.83%）	53（38.41%）	37（26.81%）	8（5.80%）	138
政治与公共管理学院	112（54.37%）	126（61.17%）	109（52.91%）	84（40.78%）	44（21.36%）	16（7.77%）	206
商学院	41（48.81%）	49（58.33%）	38（45.24%）	30（35.71%）	17（20.24%）	3（3.57%）	84
人文学院	32（49.23%）	39（60.00%）	26（40.00%）	24（36.92%）	25（38.46%）	6（9.23%）	65
法律硕士学院	13（81.25%）	9（56.25%）	4（25.00%）	5（31.25%）	6（37.50%）	4（25.00%）	16
外国语学院	11（84.62%）	8（61.54%）	8（61.54%）	3（23.08%）	4（30.77%）	4（30.77%）	13
社会学院	5（62.50%）	4（50.00%）	4（50.00%）	5（62.50%）	4（50.00%）	0（0.00%）	8
中欧法学院	0（0.00%）	0（0.00%）	0（0.00%）	0（0.00%）	0（0.00%）	0（0.00%）	0
马克思主义学院	1（100.00%）	0（0.00%）	0（0.00%）	1（100.00%）	0（0.00%）	0（0.00%）	1
光明新闻传播学院	2（100.00%）	1（50.00%）	0（0.00%）	0（0.00%）	0（0.00%）	0（0.00%）	2
国际儒学院	1（33.33%）	0（0.00%）	3（100.00%）	1（33.33%）	0（0.00%）	0（0.00%）	3
MBA教育中心	1（100.00%）	1（100.00%）	1（100.00%）	0（0.00%）	0（0.00%）	0（0.00%）	1
MPA教育中心	1（100.00%）	1（100.00%）	1（100.00%）	0（0.00%）	0（0.00%）	0（0.00%）	1
继续教育学院	0（0.00%）	0（0.00%）	1（100.00%）	0（0.00%）	0（0.00%）	0（0.00%）	1
国际教育学院	2（33.33%）	4（66.67%）	2（33.33%）	4（66.67%）	0（0.00%）	1（16.67%）	6
法治信息管理学院	0（0.00%）	1（100.00%）	0（0.00%）	0（0.00%）	0（0.00%）	0（0.00%）	1
体育教学部	0（0.00%）	1（50.00%）	1（50.00%）	1（50.00%）	0（0.00%）	1（50.00%）	2
孔子学院	0（0.00%）	0（0.00%）	1（50.00%）	1（50.00%）	2（100.00%）	0（0.00%）	2
证据科学研究院	3（75.00%）	1（25.00%）	0（0.00%）	1（25.00%）	0（0.00%）	0（0.00%）	4
人权研究院	4（66.67%）	3（50.00%）	3（50.00%）	3（50.00%）	2（33.33%）	1（16.67%）	6
诉讼法学研究院	1（100.00%）	1（100.00%）	1（100.00%）	1（100.00%）	1（100.00%）	1（100.00%）	1
法律史学研究院	0（0.00%）	0（0.00%）	0（0.00%）	0（0.00%）	0（0.00%）	0（0.00%）	0
法治政府研究院	0（0.00%）	0（0.00%）	0（0.00%）	0（0.00%）	0（0.00%）	0（0.00%）	0

续表

X/Y	A. 不能获取满意的文献资源（资源数量、资源质量、专业面覆盖）	B. 不能熟练且专业地使用，缺乏专业人员的指导	C. 不习惯使用	D. 网页响应慢	E. 数据更新不及时	F. 不了解学校有哪些数字资源	小计
比较法学研究院	1（100.00%）	0（0.00%）	0（0.00%）	0（0.00%）	0（0.00%）	0（0.00%）	1
法与经济学研究院	2（100.00%）	1（50.00%）	0（0.00%）	1（50.00%）	0（0.00%）	0（0.00%）	2
法律古籍整理研究所	0（0.00%）	0（0.00%）	0（0.00%）	1（100.00%）	1（100.00%）	0（0.00%）	1
公司法与投资保护研究所	1（100.00%）	0（0.00%）	0（0.00%）	0（0.00%）	0（0.00%）	0（0.00%）	1
法学教育研究与评估中心	0（0.00%）	0（0.00%）	0（0.00%）	0（0.00%）	0（0.00%）	0（0.00%）	0
全球化与全球问题研究所	0（0.00%）	0（0.00%）	0（0.00%）	0（0.00%）	0（0.00%）	0（0.00%）	0
资本金融研究院	1（100.00%）	1（100.00%）	0（0.00%）	0（0.00%）	1（100.00%）	0（0.00%）	1
互联网金融法律研究院	2（100.00%）	2（100.00%）	2（100.00%）	2（100.00%）	1（50.00%）	0（0.00%）	2
仲裁研究院	1（100.00%）	1（100.00%）	0（0.00%）	1（100.00%）	1（100.00%）	0（0.00%）	1
网络法学研究院	2（50.00%）	3（75.00%）	3（75.00%）	3（75.00%）	2（50.00%）	0（0.00%）	4
校部机关	2（33.33%）	5（83.33%）	2（33.33%）	2（33.33%）	1（16.67%）	0（0.00%）	6
教辅单位	11（64.71%）	7（41.18%）	4（23.53%）	6（35.29%）	4（23.53%）	3（17.65%）	17

去掉调查结果为 0 的学院和单位，制作条形图如下：

通过表 56 和图 42 可以看出，"不能熟练且专业地使用，缺乏专业人员的指导"这一选项在各个学院和单位的教师用户的选择中占很大的比重，我馆开展的"嵌入式"教学课程和电子资源的讲座等，主要面向校内学生，实际上教师用户对这些课程和讲座也存在极大的需求，教师用户需要专业的图书馆员帮助其提高信息素养能力。另外，教师用户需要的电子资源是及时的、专业的、全面的、最新的，即在其需要教学、科研的相关电子资源时，图书馆的数据库应快速、高效地予以反馈，并保证反馈结果的专业和全面，如此才能达到教师用户的需求。

通过参与问卷的教师用户的不同研究方向与其认为电子资源使用存在的主要问题进行交叉对比，得到如下结果：

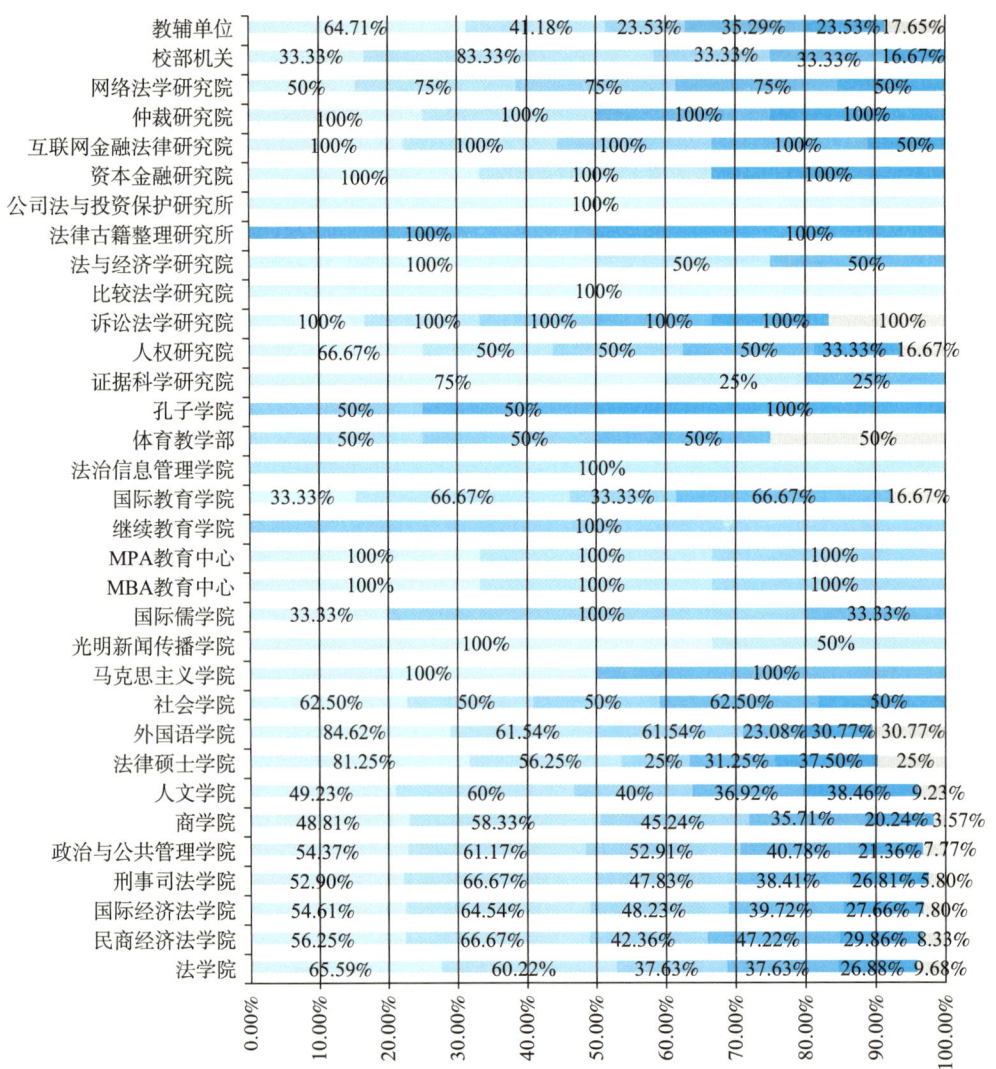

A.不能获取满意的文献资源（资源数量、资源质量、专业面覆盖）
B.不能熟练且专业地使用,缺乏专业人员的指导
C.不习惯使用
D.网页响应慢
E.数据更新不及时
F.不了解学校有哪些数字资源

图42　不同学院和单位的教师用户认为电子资源使用存在主要问题交叉对比图

表57　不同研究方向的教师用户认为电子资源存在的主要问题交叉对比表

X/Y	A. 不能获取满意的文献资源（资源数量、资源质量、专业面覆盖）	B. 不能熟练且专业地使用，缺乏专业人员的指导	C. 不习惯使用	D. 网页响应慢	E. 数据更新不及时	F. 不了解学校有哪些数字资源	小计
A. 法学	258（56.95%）	292（64.46%）	204（45.03%）	162（35.76%）	115（25.39%）	36（7.95%）	453
B. 政治学	124（54.15%）	132（57.64%）	102（44.54%）	88（38.43%）	59（25.76%）	11（4.80%）	229
C. 管理学	76（53.90%）	93（65.96%）	74（52.48%）	71（50.35%）	44（31.21%）	11（7.80%）	141
D. 哲学	18（43.90%）	22（53.66%）	21（51.22%）	21（51.22%）	12（29.27%）	4（9.76%）	41

续表

X/Y	A. 不能获取满意的文献资源（资源数量、资源质量、专业面覆盖）	B. 不能熟练且专业地使用，缺乏专业人员的指导	C. 不习惯使用	D. 网页响应慢	E. 数据更新不及时	F. 不了解学校有哪些数字资源	小计
E. 社会学	22（56.41%）	24（61.54%）	17（43.59%）	18（46.15%）	12（30.77%）	6（15.38%）	39
F. 外国语	12（54.55%）	17（77.27%）	10（45.45%）	10（45.45%）	7（31.82%）	6（27.27%）	22
G. 经济学	13（56.52%）	13（56.52%）	9（39.13%）	11（47.83%）	7（30.43%）	1（4.35%）	23
H. 医学	9（81.82%）	6（54.55%）	5（45.45%）	7（63.64%）	4（36.36%）	3（27.27%）	11
I. 其他	13（81.25%）	5（31.25%）	2（12.50%）	4（25.00%）	0（0.00%）	2（12.50%）	16

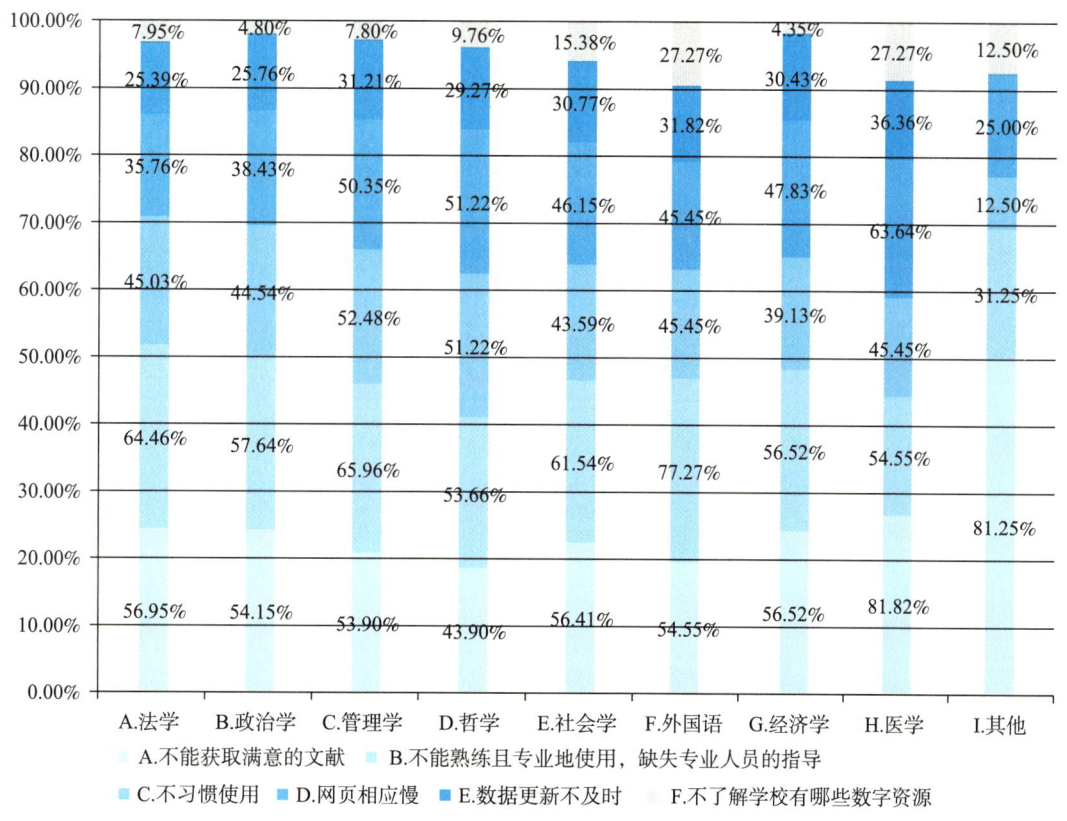

图 43　不同研究方向的教师用户认为电子资源使用存在的主要问题交叉对比图

如表 57 和图 43 所示，"不能获取满意的文献资源"和"不能熟练且专业地使用，缺乏专业人员的指导"在各个研究方向的教师用户的选择中占据前列。我校法学是一级 A＋学科，政治学是一级学科和北京市重点学科，社会学是国家级特色专业，另外一些专业和学科在全国也保持着较好的成绩，而这些研究方向的教师用户对电子资源的数量、质量和专业性都指出了不足，需要图书馆提供更加专业、全面的电子资源以及专业的指导才能满足其需求。

通过教师用户所在的不同岗位与其认为电子资源使用存在的主要问题进行交叉分析，得到如下结果：

表58 不同岗位的教师用户认为电子资源存在的主要问题交叉对比表

X/Y	A. 不能获取满意的文献资源（资源数量、资源质量、专业面覆盖）	B. 不能熟练且专业地使用，缺乏专业人员的指导	C. 不习惯使用	D. 网页响应慢	E. 数据更新不及时	F. 不了解学校有哪些数字资源	小计
教学岗	192（64.43%）	193（64.77%）	130（43.62%）	108（36.24%）	80（26.85%）	26（8.72%）	298
科研岗	126（53.85%）	134（57.26%）	105（44.87%）	99（42.31%）	63（26.92%）	18（7.69%）	234
教学科研岗	138（52.67%）	170（64.89%）	114（43.51%）	108（41.22%）	76（29.01%）	22（8.40%）	262
行政管理岗	61（48.41%）	75（59.52%）	72（57.14%）	55（43.65%）	28（22.22%）	9（7.14%）	126
专业技术岗	28（53.85%）	29（55.77%）	22（42.31%）	21（40.38%）	12（23.08%）	4（7.69%）	52
其他	0（0.00%）	3（100.00%）	1（33.33%）	1（33.33%）	1（33.33%）	1（33.33%）	3

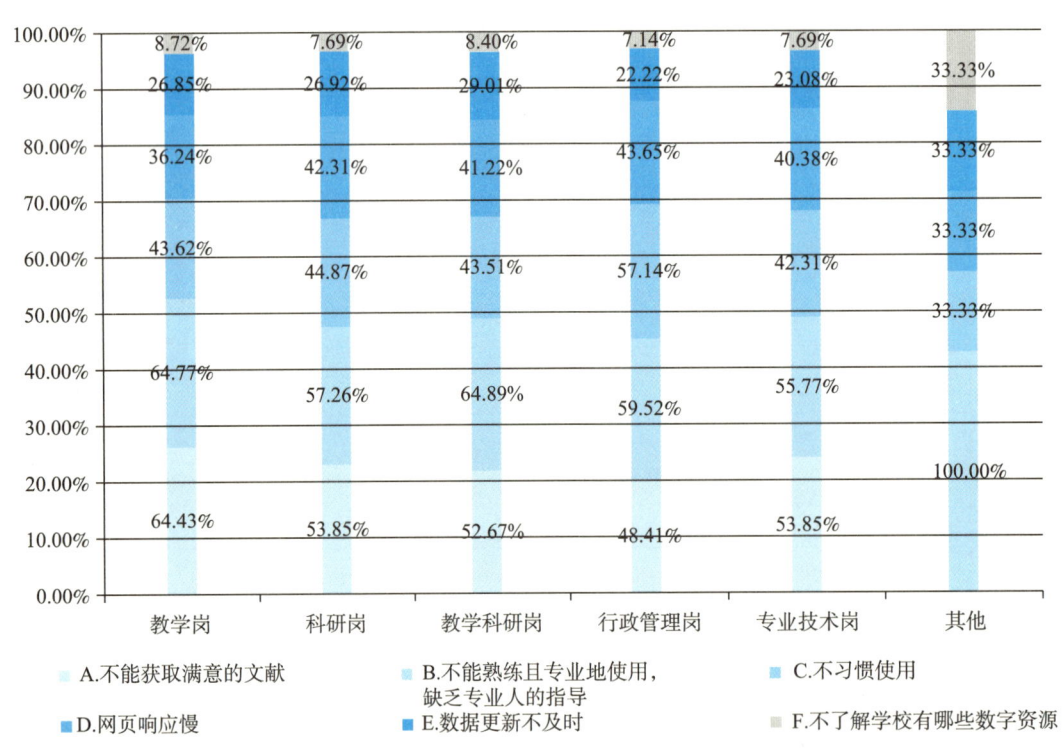

图44 不同岗位的教师用户认为电子资源存在的主要问题交叉对比图

如表58和图44所示，教学、科研类和专业技术类四个岗位的教师用户需求主要集中在电子资源的专业性和全面性以及专业人员指导使用方面，行政管理岗的教师用户的需求在于需要专业人员进行指导以及使用习惯性问题，其他岗位的教师用户需要专业人员指导如何使用电子资源，其他的问题较为平均。

从教师用户的角度建议图书馆增加购买电子资源，可以更好地了解教师用户对电子资源的实际需求。首先对不同学院和单位的教师用户认为应购买哪些电子资源进行交叉分析，得到如下结果：

表 59 不同学院和单位的教师用户认为应增加购买的电子资源交叉对比表

X/Y	A. 法律类电子资源	B. 政治类电子资源	C. 哲学类电子资源	D. 管理类电子资源	E. 语言类电子资源	F. 其他	小计
法学院	70（75.27%）	36（38.71%）	23（24.73%）	23（24.73%）	25（26.88%）	18（19.35%）	93
民商经济法学院	103（71.53%）	54（37.50%）	37（25.69%）	26（18.06%）	29（20.14%）	11（7.64%）	144
国际经济法学院	108（76.60%）	61（43.26%）	33（23.40%）	31（21.99%）	23（16.31%）	13（9.22%）	141
刑事司法学院	101（73.19%）	51（36.96%）	30（21.74%）	24（17.39%）	17（12.32%）	11（7.97%）	138
政治与公共管理学院	151（73.30%）	81（39.32%）	48（23.30%）	41（19.90%）	27（13.11%）	14（6.80%）	206
商学院	55（65.48%）	40（47.62%）	27（32.14%）	22（26.19%）	20（23.81%）	13（15.48%）	84
人文学院	40（61.54%）	24（36.92%）	20（30.77%）	15（23.08%）	12（18.46%）	10（15.38%）	65
法律硕士学院	11（68.75%）	5（31.25%）	4（25.00%）	4（25.00%）	2（12.50%）	1（6.25%）	16
外国语学院	7（53.85%）	4（30.77%）	3（23.08%）	1（7.69%）	6（46.15%）	1（7.69%）	13
社会学院	2（25.00%）	2（25.00%）	0（0.00%）	3（37.50%）	3（37.50%）	0（0%）	8
中欧法学院	0（0.00%）	0（0.00%）	0（0.00%）	0（0.00%）	0（0.00%）	0（0.00%）	0
马克思主义学院	0（0.00%）	0（0.00%）	0（0.00%）	0（0.00%）	0（0.00%）	1（100.00%）	1
光明新闻传播学院	1（50.00%）	0（0.00%）	0（0.00%）	0（0.00%）	0（0.00%）	1（50.00%）	2
国际儒学院	2（66.67%）	1（33.33%）	1（33.33%）	0（0.00%）	0（0.00%）	0（0.00%）	3
MBA 教育中心	0（0.00%）	1（100.00%）	0（0.00%）	0（0.00%）	0（0.00%）	0（0.00%）	1
MPA 教育中心	0（0.00%）	0（0.00%）	1（100.00%）	0（0.00%）	0（0.00%）	0（0.00%）	1
继续教育学院	1（100.00%）	0（0.00%）	0（0.00%）	0（0.00%）	0（0.00%）	0（0.00%）	1
国际教育学院	4（66.67%）	3（50.00%）	1（16.67%）	1（16.67%）	3（50.00%）	1（16.67%）	6
法治信息管理学院	1（100.00%）	0（0.00%）	0（0.00%）	0（0.00%）	0（0.00%）	0（0.00%）	1
体育教学部	0（0.00%）	0（0.00%）	0（0.00%）	0（0.00%）	0（0.00%）	2（100.00%）	2
孔子学院	1（50.00%）	2（100.00%）	1（50.00%）	1（50.00%）	2（100.00%）	0（0.00%）	2
证据科学研究院	1（25.00%）	1（25.00%）	1（25.00%）	2（50.00%）	1（25.00%）	3（75.00%）	4
人权研究院	4（66.67%）	1（16.67%）	0（0.00%）	1（16.67%）	0（0.00%）	0（0.00%）	6
诉讼法学研究院	0（0.00%）	0（0.00%）	0（0.00%）	1（100.00%）	0（0.00%）	0（0.00%）	1
法律史学研究院	0（0.00%）	0（0.00%）	0（0.00%）	0（0.00%）	0（0.00%）	0（0.00%）	0
法治政府研究院	0（0.00%）	0（0.00%）	0（0.00%）	0（0.00%）	0（0.00%）	0（0.00%）	0
比较法学研究院	1（100.00%）	0（0.00%）	0（0.00%）	0（0.00%）	0（0.00%）	0（0.00%）	1
法与经济学研究院	2（100.00%）	1（50.00%）	0（0.00%）	0（0.00%）	0（0.00%）	0（0.00%）	2
法律古籍整理研究所	0（0.00%）	0（0.00%）	0（0.00%）	0（0.00%）	0（0.00%）	1（100.00%）	1
公司法与投资保护研究所	1（100.00%）	1（100.00%）	1（100.00%）	1（100.00%）	1（100.00%）	1（100.00%）	1
法学教育研究与评估中心	0（0.00%）	0（0.00%）	0（0.00%）	0（0.00%）	0（0.00%）	0（0.00%）	0
全球化与全球问题研究所	0（0.00%）	0（0.00%）	0（0.00%）	0（0.00%）	0（0.00%）	0（0.00%）	0

X/Y	A. 法律类电子资源	B. 政治类电子资源	C. 哲学类电子资源	D. 管理类电子资源	E. 语言类电子资源	F. 其他	小计
资本金融研究院	1（100.00%）	1（100.00%）	0（0.00%）	0（0.00%）	0（0.00%）	0（0.00%）	1
互联网金融法律研究院	1（50.00%）	1（50.00%）	1（50.00%）	1（50.00%）	1（50.00%）	1（50.00%）	2
仲裁研究院	1（100.00%）	1（100.00%）	1（100.00%）	1（100.00%）	1（100.00%）	1（100.00%）	1
网络法学研究院	3（75.00%）	1（25.00%）	1（25.00%）	2（50.00%）	1（25.00%）	0（0.00%）	4
校部机关	4（66.67%）	2（33.33%）	1（16.67%）	1（16.67%）	5（83.33%）	2（33.33%）	6
教辅单位	7（41.18%）	4（23.53%）	1（5.88%）	4（23.53%）	3（17.65%）	4（23.53%）	17

去掉结果为 0 的学院和单位，制作条形图如下：

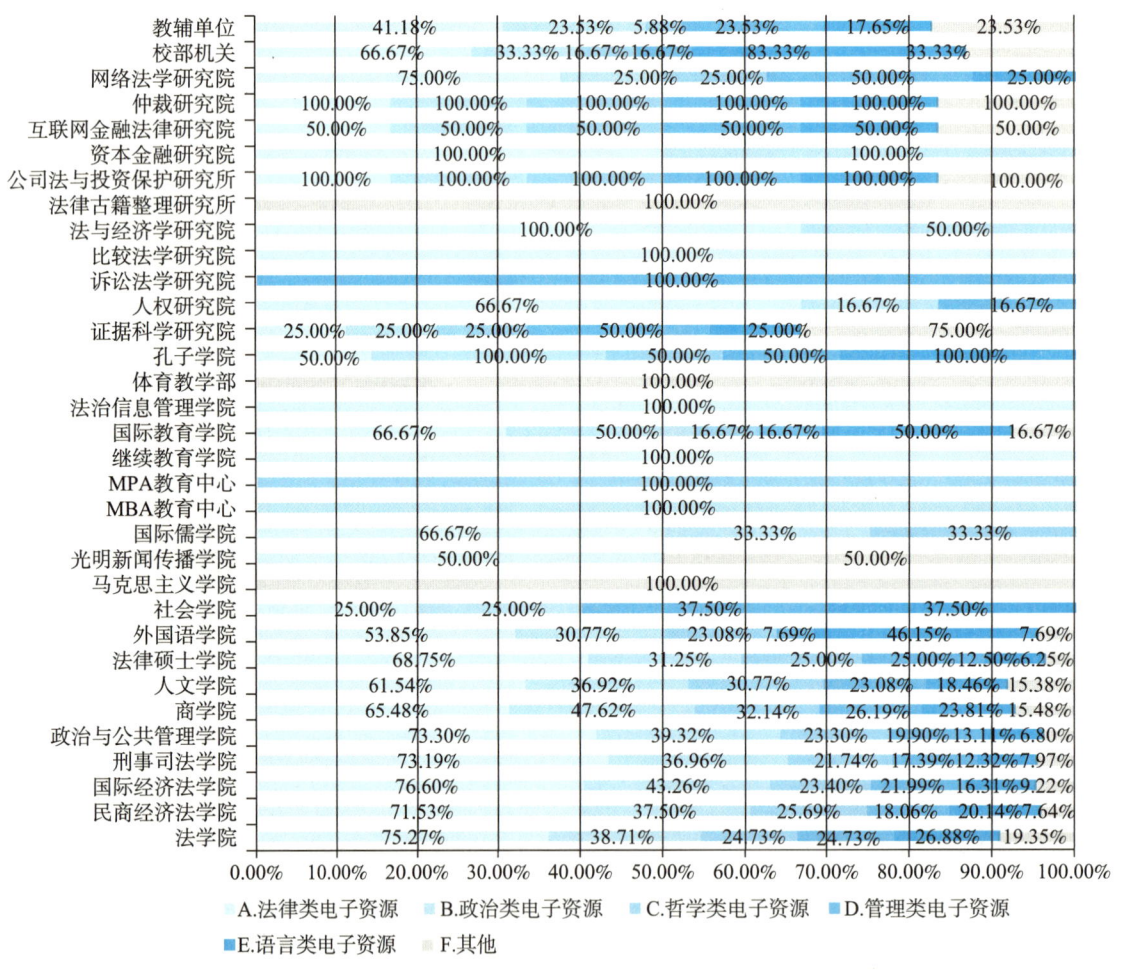

图 45　不同学院和单位教师用户认为应增加购买电子资源交叉对比图

如表 59 和图 45 所示，各个学院和单位的教师用户对法律类、政治类电子资源的需求较高，哲学类、管理类、语言类电子资源排在其后，比例较为平均。可见，各个学院和单位的教师对目前法律类和政治类电子资源的数量并不满意，需要图书馆增加购买此类电子资源以满足其需求。

通过对教师用户的不同研究方向与其认为应增加购买的电子资源进行交叉对比，得到如下结果：

表60　不同研究方向的教师用户认为应增加购买的电子资源交叉对比表

X/Y	A. 法律类电子资源	B. 政治类电子资源	C. 哲学类电子资源	D. 管理类电子资源	E. 语言类电子资源	F. 其他	小计
A. 法学	341（75.28%）	174（38.41%）	103（22.74%）	82（18.10%）	77（17.00%）	44（9.71%）	453
B. 政治学	165（72.05%）	102（44.54%）	61（26.64%）	53（23.14%）	38（16.59%）	17（7.42%）	229
C. 管理学	92（65.25%）	53（37.59%）	36（25.53%）	35（24.82%）	31（21.99%）	16（11.35%）	141
D. 哲学	27（65.85%）	20（48.78%）	15（36.59%）	6（14.63%）	6（14.63%）	7（17.07%）	41
E. 社会学	26（66.67%）	13（33.33%）	7（17.95%）	9（23.08%）	9（23.08%）	5（12.82%）	39
F. 外国语	11（50.00%）	5（22.73%）	5（22.73%）	6（27.27%）	10（45.45%）	2（9.09%）	22
G. 经济学	12（52.17%）	8（34.78%）	6（26.09%）	9（39.13%）	5（21.74%）	7（30.43%）	23
H. 医学	8（72.73%）	4（36.36%）	3（27.27%）	4（36.36%）	3（27.27%）	2（18.18%）	11
I. 其他	2（12.50%）	0（0.00%）	0（0.00%）	2（12.50%）	3（18.75%）	10（62.50%）	16

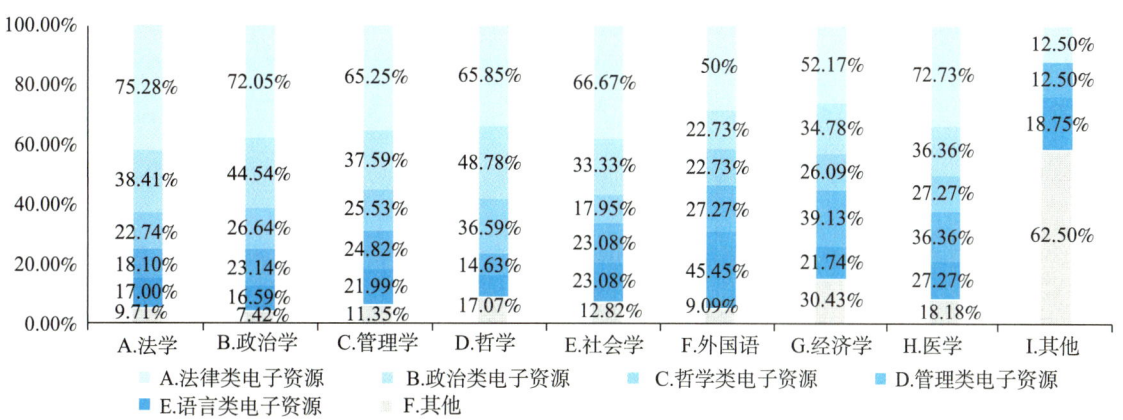

图46　不同研究方向的教师用户认为应增加购买的电子资源交叉对比图

如表60和图46所示，各个研究方向的教师用户普遍认为应增加购买法律类电子资源，我校的法学是国家一级A＋学科，校内其他研究方向的教师在教学、科研的过程中会将自身研究方向与法学相结合形成交叉学科研究，因此教师用户对法学类电子资源的需求由满足单一法学研究扩展为满足交叉学科的研究需求，需要图书馆从更加全面的角度去考虑电子资源的采购与补充。

通过对教师用户所在的不同岗位与其认为应增加购买的电子资源进行交叉对比，得到如下结果：

表61　不同岗位的教师用户认为应增加购买的电子资源交叉对比表

X/Y	A. 法律类电子资源	B. 政治类电子资源	C. 哲学类电子资源	D. 管理类电子资源	E. 语言类电子资源	F. 其他	小计
教学岗	229（76.85%）	114（38.26%）	65（21.81%）	61（20.47%）	59（19.80%）	26（8.72%）	298
科研岗	161（68.80%）	83（35.47%）	51（21.79%）	47（20.09%）	33（14.10%）	25（10.68%）	234

续表

X/Y	A. 法律类电子资源	B. 政治类电子资源	C. 哲学类电子资源	D. 管理类电子资源	E. 语言类电子资源	F. 其他	小计
教学科研岗	175（66.79%）	108（41.22%）	68（25.95%）	49（18.70%）	43（16.41%）	28（10.69%）	262
行政管理岗	80（63.49%）	52（41.27%）	33（26.19%）	34（26.98%）	34（26.98%）	18（14.29%）	126
专业技术岗	38（73.08%）	20（38.46%）	17（32.69%）	14（26.92%）	12（23.08%）	12（23.08%）	52
其他	1（33.33%）	2（66.67%）	2（66.67%）	1（33.33%）	1（33.33%）	1（33.33%）	3

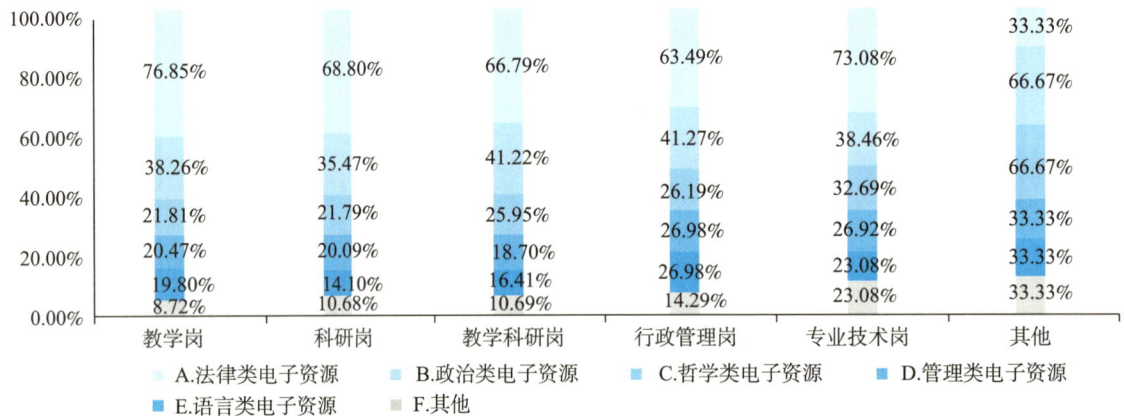

图47 不同岗位的教师用户认为应增加购买的电子资源交叉对比图

如表61和图47所示，教学、科研类、行政管理类、专业技术类五个岗位的教师用户普遍认为应增加法律类电子资源，百分比均达到60%以上。其次是政治类电子资源，百分比在35%～42%之间，哲学类、管理类、语言类电子资源的需求较为平均，基本在30%以下。在需求率最大的法律类电子资源中，教学、科研岗的教师用户选择比例达到65%以上，说明现有的法律类电子资源的数量极其不能满足教师用户的需求，这与我校法学国家一级 A＋学科的水平也是极不匹配的，加大法律类电子资源的采购投入势在必行。

为了了解各学院和单位的教师用户对不同种类的电子资源需求重点，我们对各学院和单位与其教师用户认为应购买的电子资源种类进行了交叉对比，具体结果如下：

如表62所示，教师群体在电子资源的需求上基本呈现平均分布，对图书、期刊、会议论文、学位论文等信息新资源都存在一定的需求。同时，依据研究领域以及人数的不同，教师用户的信息需求也呈现出更加专业化和极端化的趋势，图书馆应对教师用户的这一需求变化加以重视。

（二）教师用户对图书馆服务的需求分析

前文中教师用户对我馆各项服务的了解程度的结果显示，我馆服务的宣传推广效果较好，教师用户对各项服务的了解程度较高。在众多服务中，远程访问服务帮助教师用户摆脱了空间和时间的限制，提供了更具有灵活性、即时性的服务方式。在总体数据部分的结果显示，教师用户对我馆提供的两种远程访问方式的偏好并无太大差别。为进一步了解教师用户对远程访问服务的需求，我们将远程访问问题的选项作为自变量，我馆目前服务存在问题的选项内容为因变量，进行了交叉研究，结果如下图：

表62　不同学院和单位的教师用户认为应购买电子资源类型交叉对比表

X/Y	A. 图书	B. 期刊	C. 会议论文	D. 学位论文	E. 事实类数据	F. 多媒体	G. 报纸	H. 其他	小计
法学院	55 (59.14%)	42 (45.16%)	41 (44.09%)	39 (41.94%)	33 (35.48%)	25 (26.88%)	18 (19.35%)	1 (1.08%)	93
民商经济法学院	63 (43.75%)	67 (46.53%)	69 (47.92%)	63 (43.75%)	64 (44.44%)	42 (29.17%)	24 (16.67%)	2 (1.39%)	144
国际经济法学院	63 (44.68%)	63 (44.68%)	74 (52.48%)	74 (52.48%)	51 (36.17%)	41 (29.08%)	22 (15.60%)	2 (1.42%)	141
刑事司法学院	50 (36.23%)	53 (38.41%)	59 (42.75%)	55 (39.86%)	56 (40.58%)	33 (23.91%)	20 (14.49%)	1 (0.72%)	138
政治与公共管理学院	77 (37.38%)	96 (46.60%)	95 (46.12%)	81 (39.32%)	89 (43.20%)	55 (26.70%)	29 (14.08%)	1 (0.49%)	206
商学院	37 (44.05%)	29 (34.52%)	49 (58.33%)	25 (29.76%)	27 (32.14%)	17 (20.24%)	12 (14.29%)	0 (0.00%)	84
人文学院	26 (40.00%)	30 (46.15%)	23 (35.38%)	27 (41.54%)	26 (40.00%)	18 (27.69%)	13 (20.00%)	1 (1.54%)	65
法律硕士学院	11 (68.75%)	8 (50.00%)	8 (50.00%)	6 (37.50%)	8 (50.00%)	4 (25.00%)	2 (12.50%)	0 (0.00%)	16
外国语学院	8 (61.54%)	11 (84.62%)	9 (69.23%)	4 (30.77%)	4 (30.77%)	3 (23.08%)	1 (7.69%)	0 (0.00%)	13
社会学院	3 (37.50%)	4 (50.00%)	4 (50.00%)	5 (62.50%)	3 (37.50%)	3 (37.50%)	3 (37.50%)	0 (0.00%)	8
马克思主义学院	1 (100.00%)	1 (100.00%)	0 (0.00%)	1 (100.00%)	0 (0.00%)	0 (0.00%)	0 (0.00%)	0 (0.00%)	1
光明新闻传播学院	2 (100.00%)	2 (100.00%)	0 (0.00%)	0 (0.00%)	0 (0.00%)	0 (0.00%)	0 (0.00%)	0 (0.00%)	2
国际儒学院	0 (0.00%)	1 (33.33%)	1 (33.33%)	1 (33.33%)	1 (33.33%)	1 (33.33%)	0 (0.00%)	0 (0.00%)	3
MBA 教育中心	0 (0.00%)	1 (100.00%)	1 (100.00%)	0 (0.00%)	1 (100.00%)	0 (0.00%)	0 (0.00%)	0 (0.00%)	1
MPA 教育中心	0 (0.00%)	1 (100.00%)	1 (100.00%)	1 (100.00%)	0 (0.00%)	0 (0.00%)	0 (0.00%)	0 (0.00%)	1
继续教育学院	0 (0.00%)	0 (0.00%)	0 (0.00%)	1 (100.00%)	0 (0.00%)	0 (0.00%)	0 (0.00%)	0 (0.00%)	1
国际教育学院	3 (50.00%)	3 (50.00%)	2 (33.33%)	4 (66.67%)	4 (66.67%)	3 (50.00%)	0 (0.00%)	0 (0.00%)	6
法治信息管理学院	0 (0.00%)	1 (100.00%)	0 (0.00%)	0 (0.00%)	0 (0.00%)	0 (0.00%)	0 (0.00%)	0 (0.00%)	1
体育教学部	1 (50.00%)	0 (0.00%)	0 (0.00%)	0 (0.00%)	0 (0.00%)	1 (50.00%)	0 (0.00%)	1 (50.00%)	2
孔子学院	1 (50.00%)	1 (50.00%)	1 (50.00%)	1 (50.00%)	0 (0.00%)	1 (50.00%)	0 (0.00%)	0 (0.00%)	2
证据科学研究院	2 (50.00%)	4 (100.00%)	1 (25.00%)	0 (0.00%)	2 (50.00%)	1 (25.00%)	0 (0.00%)	0 (0.00%)	4
人权研究院	5 (83.33%)	6 (100.00%)	4 (66.67%)	2 (33.33%)	2 (33.33%)	1 (16.67%)	2 (33.33%)	0 (0.00%)	6
诉讼法学研究院	1 (100.00%)	1 (100.00%)	1 (100.00%)	1 (100.00%)	1 (100.00%)	1 (100.00%)	1 (100.00%)	0 (0.00%)	1
比较法学研究院	1 (100.00%)	1 (100.00%)	0 (0.00%)	0 (0.00%)	0 (0.00%)	0 (0.00%)	0 (0.00%)	0 (0.00%)	1
法与经济学研究院	2 (100.00%)	1 (50.00%)	0 (0.00%)	0 (0.00%)	0 (0.00%)	0 (0.00%)	0 (0.00%)	0 (0.00%)	2

续表

X/Y	A. 图书	B. 期刊	C. 会议论文	D. 学位论文	E. 事实类数据	F. 多媒体	G. 报纸	H. 其他	小计
法律古籍整理研究所	1 (100.00%)	0 (0.00%)	0 (0.00%)	0 (0.00%)	1 (100.00%)	0 (0.00%)	0 (0.00%)	0 (0.00%)	1
公司法与投资保护研究所	1 (100.00%)	1 (100.00%)	0 (0.00%)	1 (100.00%)	0 (0.00%)	0 (0.00%)	0 (0.00%)	0 (0.00%)	1
资本金融研究院	0 (0.00%)	0 (0.00%)	1 (100.00%)	0 (0.00%)	1 (100.00%)	0 (0.00%)	0 (0.00%)	0 (0.00%)	1
互联网金融法律研究院	2 (100.00%)	2 (100.00%)	2 (100.00%)	2 (100.00%)	2 (100.00%)	2 (100.00%)	1 (50.00%)	0 (0.00%)	2
仲裁研究院	0 (0.00%)	1 (100.00%)	0 (0.00%)	1 (100.00%)	0 (0.00%)	1 (100.00%)	0 (0.00%)	0 (0.00%)	1
网络法学研究院	2 (50.00%)	3 (75.00%)	2 (50.00%)	3 (75.00%)	1 (25.00%)	0 (0.00%)	0 (0.00%)	0 (0.00%)	4
校部机关	4 (66.67%)	4 (66.67%)	4 (66.67%)	2 (33.33%)	2 (33.33%)	2 (33.33%)	0 (0.00%)	0 (0.00%)	6
教辅单位	13 (76.47%)	10 (58.82%)	5 (29.41%)	8 (47.06%)	5 (29.41%)	6 (35.29%)	3 (17.65%)	0 (0.00%)	17

表63 远程访问方式与服务存在问题交叉对比表

X/Y	A. 服务与需求不契合	B. 服务种类少	C. 服务不能达到预期的效果	D. 服务效率有待提高	E. 不了解图书馆的服务	F. 其他	小计
A. 网页版：上图书馆网站，点远程访问登录	163（31.47%）	104（20.08%）	131（25.29%）	94（18.15%）	26（5.02%）	0（0.00%）	518
B. MotionPro 客户端：安装了 MotionPro 客户端，通过 Motion-Pro 登录	47（11.30%）	80（19.23%）	134（32.21%）	111（26.68%）	42（10.10%）	2（0.48%）	416
C. 不知道有 Motion-Pro 客户端	9（21.95%）	8（19.51%）	10（24.39%）	9（21.95%）	5（12.20%）	0（0.00%）	41

为直观显示对比结果，以柱状图形式进行了对比，结果如下：

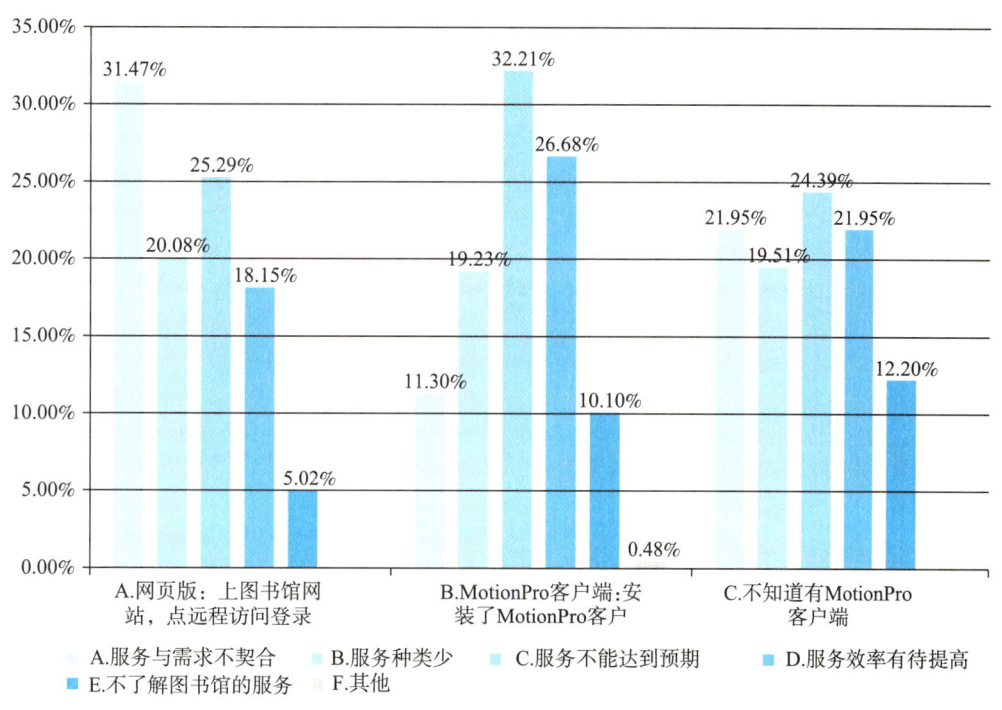

图48 远程访问方式与服务存在问题交叉对比图

如表63和图48所示，在使用网页版的教师用户中，认为图书馆服务存在的问题前三位是：服务与需求不契合、服务达不到预期以及服务种类少。在使用客户端的教师用户中，认为图书馆服务存在的问题前三位是：服务不能达到预期、服务效率有待提高以及服务种类少。在不知道有客户端的群体中，问题出现的频率差异不大，其中不了解图书馆服务的频率与使用客户端的群体相似，分别为12.20%和10.10%，但是网页版用户仅为5.02%。

为进一步分析图书馆服务与教师用户的需求不契合的问题，我们以学院和单位为自变量进行了交叉分析，去掉结果为0的数据，结果如下：

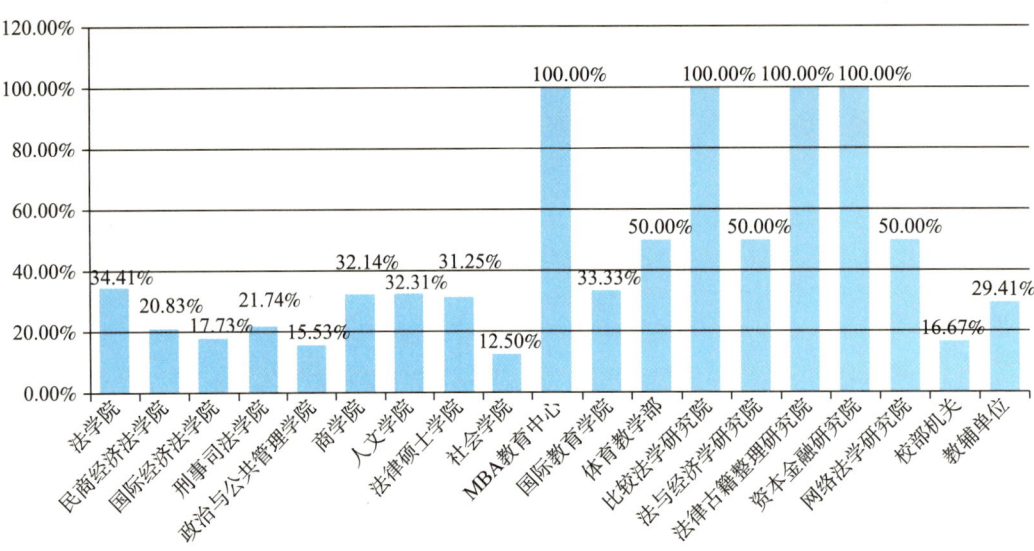

图49　"服务与需求不契合"的院系单位统计图

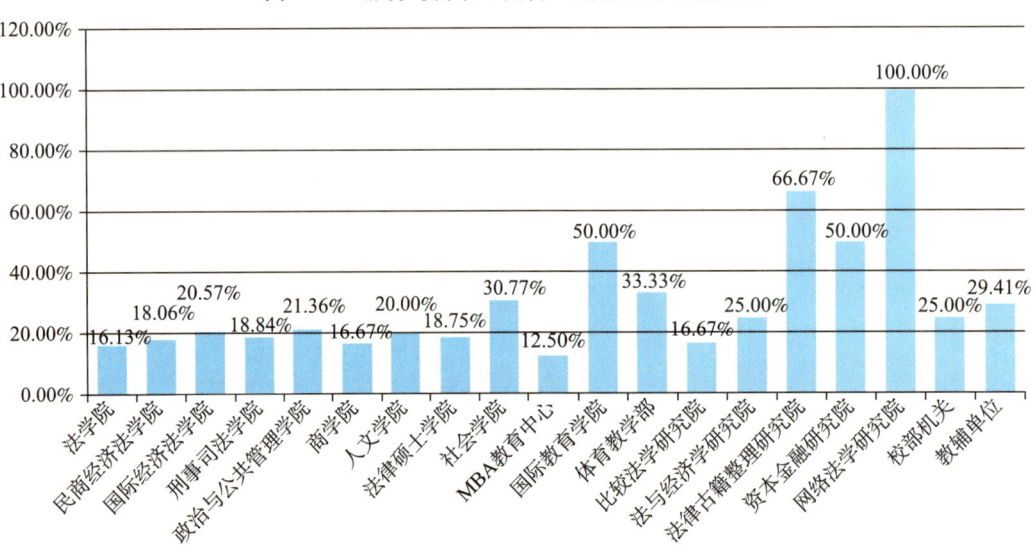

图50　"服务种类少"的院系单位统计图

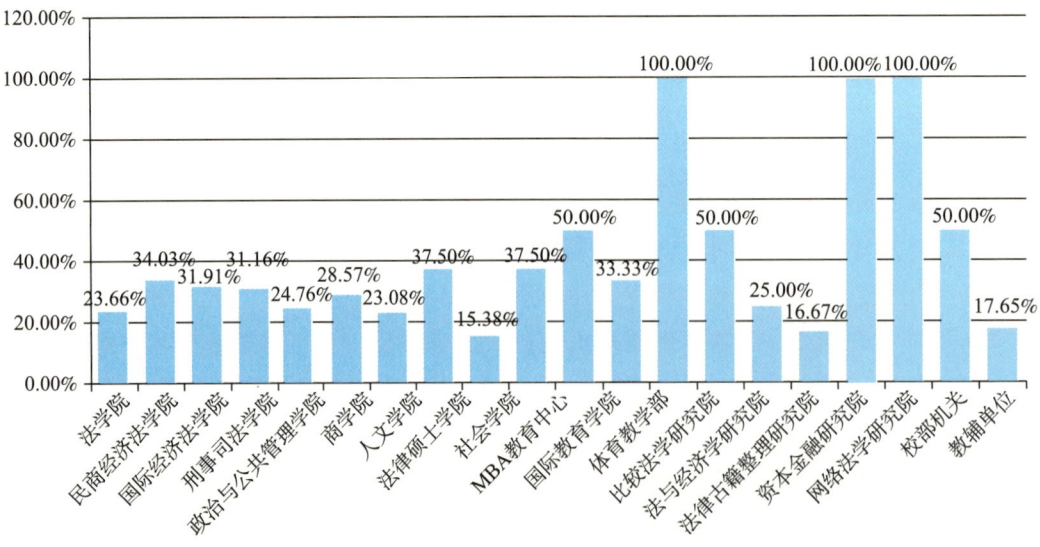

图51　"服务不能达到预期效果"的院系单位统计图

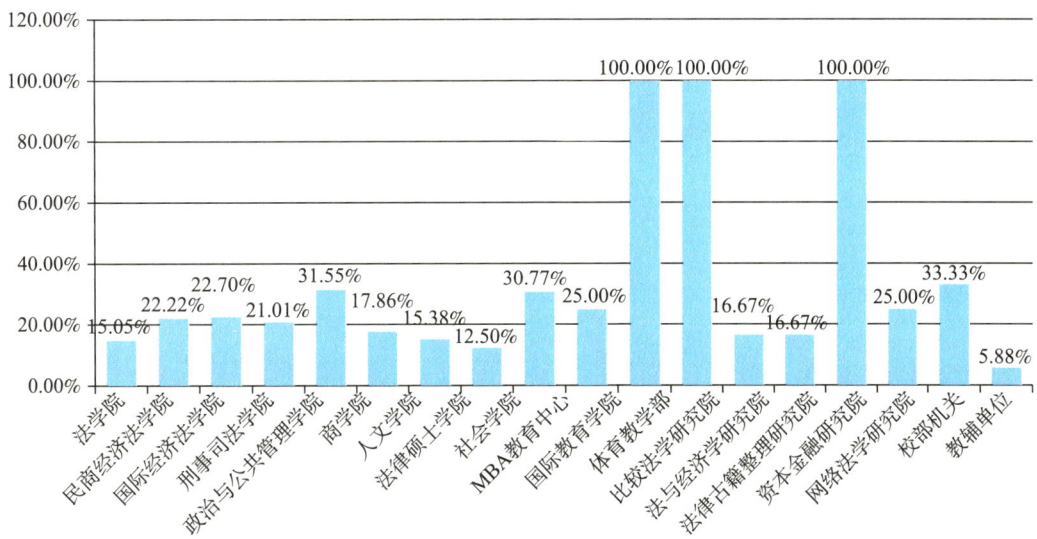

图 52　"服务效率有待提高"的院系单位统计图

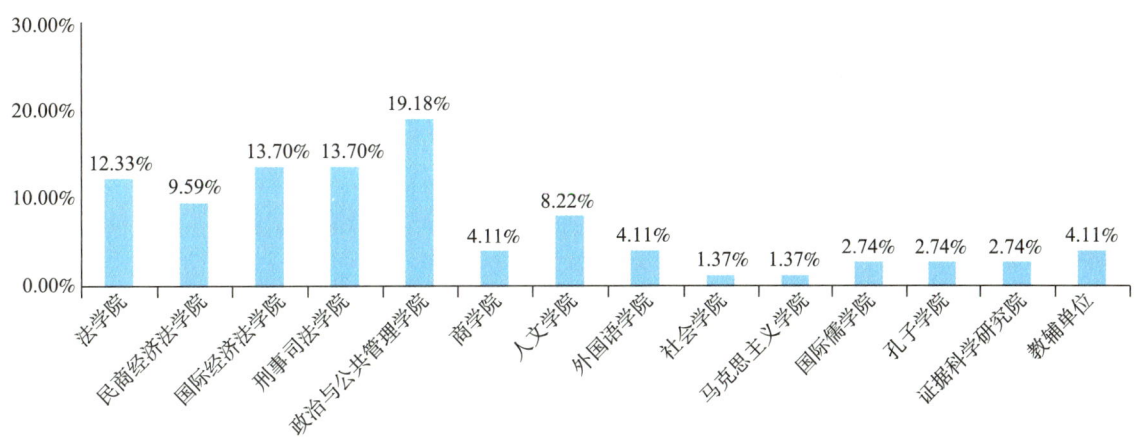

图 53　"不了解图书馆服务"的院系单位统计图

如图 49～图 53 所示，综合各项学院所占比例，排名前四位的为：法学院、政治与公共管理学院、国际经济法学院以及刑事司法学院，排名略有浮动。这与整体问卷的院系占比基本符合。其中，法学院不满意的比例较为突出。法学院填写问卷的数量仅为第四位，但认为服务与需求不契合的比例最高，为14.61%。在不了解图书馆服务选项中，排名前四位的学院为：政治与公共管理学院、国际经济法学院、刑事司法学院、法学院。

对于向图书馆提供教学参考数目或资料，用以建设教学参考资料数据库，各个学院、单位和岗位的教师用户都表示了积极的肯定意愿。对于教师用户表达的对于信息素养教育的需求，我们通过交叉分析的方式，更为具体地了解了各学院和单位、研究方向和岗位的教师用户的需求，具体结果如下：

表 64　不同学院和单位教师用户参与信息素养教育需求交叉分析表

X/Y	A. 立项前的文献调研讲座	B. 特定主题的文献信息检索与获取	C. 文献管理软件使用技巧	D. 特定数据库的使用技巧	E. 其他	小计
法学院	65（69.89%）	48（51.61%）	46（49.46%）	29（31.18%）	1（1.08%）	93
民商经济法学院	92（63.89%）	80（55.56%）	82（56.94%）	46（31.94%）	2（1.39%）	144

X/Y	A. 立项前的文献调研讲座	B. 特定主题的文献信息检索与获取	C. 文献管理软件使用技巧	D. 特定数据库的使用技巧	E. 其他	小计
国际经济法学院	84 (59.57%)	86 (60.99%)	76 (53.90%)	41 (29.08%)	0 (0.00%)	141
刑事司法学院	61 (44.20%)	89 (64.49%)	76 (55.07%)	42 (30.43%)	3 (2.17%)	138
政治与公共管理学院	112 (54.37%)	131 (63.59%)	114 (55.34%)	66 (32.04%)	1 (0.49%)	206
商学院	45 (53.57%)	41 (48.81%)	43 (51.19%)	23 (27.38%)	1 (1.19%)	84
人文学院	40 (61.54%)	36 (55.38%)	31 (47.69%)	17 (26.15%)	2 (3.08%)	65
法律硕士学院	13 (81.25%)	8 (50.00%)	10 (62.50%)	7 (43.75%)	0 (0.00%)	16
外国语学院	9 (69.23%)	11 (84.62%)	6 (46.15%)	6 (46.15%)	0 (0.00%)	13
社会学院	6 (75.00%)	7 (87.50%)	4 (50.00%)	1 (12.50%)	0 (0.00%)	8
中欧法学院	0 (0.00%)	0 (0.00%)	0 (0.00%)	0 (0.00%)	0 (0.00%)	0
马克思主义学院	0 (0.00%)	0 (0.00%)	1 (100.00%)	0 (0.00%)	0 (0.00%)	1
光明新闻传播学院	2 (100.00%)	2 (100.00%)	2 (100.00%)	1 (50.00%)	0 (0.00%)	2
国际儒学院	1 (33.33%)	3 (100.00%)	1 (33.33%)	1 (33.33%)	0 (0.00%)	3
MBA 教育中心	1 (100.00%)	0 (0.00%)	1 (100.00%)	0 (0.00%)	0 (0.00%)	1
MPA 教育中心	1 (100.00%)	0 (0.00%)	1 (100.00%)	0 (0.00%)	0 (0.00%)	1
继续教育学院	0 (0.00%)	1 (100.00%)	0 (0.00%)	0 (0.00%)	0 (0.00%)	1
国际教育学院	4 (66.67%)	4 (66.67%)	4 (66.67%)	2 (33.33%)	0 (0.00%)	6
法治信息管理学院	0 (0.00%)	0 (0.00%)	1 (100.00%)	0 (0.00%)	0 (0.00%)	1
体育教学部	1 (50.00%)	1 (50.00%)	1 (50.00%)	0 (0.00%)	0 (0.00%)	2
孔子学院	1 (50.00%)	0 (0.00%)	1 (50.00%)	1 (50.00%)	0 (0.00%)	2
证据科学研究院	2 (50.00%)	3 (75.00%)	2 (50.00%)	2 (50.00%)	0 (0.00%)	4
人权研究院	5 (83.33%)	3 (50.00%)	5 (83.33%)	4 (66.67%)	0 (0.00%)	6
诉讼法学研究院	1 (100.00%)	1 (100.00%)	1 (100.00%)	1 (100.00%)	0 (0.00%)	1
法律史学研究院	0 (0.00%)	0 (0.00%)	0 (0.00%)	0 (0.00%)	0 (0.00%)	0
法治政府研究院	0 (0.00%)	0 (0.00%)	0 (0.00%)	0 (0.00%)	0 (0.00%)	0
比较法学研究院	0 (0.00%)	0 (0.00%)	1 (100.00%)	1 (100.00%)	0 (0.00%)	1
法与经济学研究院	1 (50.00%)	1 (50.00%)	0 (0.00%)	1 (50.00%)	0 (0.00%)	2
法律古籍整理研究所	0 (0.00%)	1 (100.00%)	1 (100.00%)	0 (0.00%)	0 (0.00%)	1
公司法与投资保护研究所	1 (100.00%)	0 (0.00%)	1 (100.00%)	0 (0.00%)	0 (0.00%)	1
法学教育研究与评估中心	0 (0.00%)	0 (0.00%)	0 (0.00%)	0 (0.00%)	0 (0.00%)	0
全球化与全球问题研究所	0 (0.00%)	0 (0.00%)	0 (0.00%)	0 (0.00%)	0 (0.00%)	0
资本金融研究院	1 (100.00%)	1 (100.00%)	0 (0.00%)	0 (0.00%)	0 (0.00%)	1
互联网金融法律研究院	2 (100.00%)	2 (100.00%)	2 (100.00%)	1 (50.00%)	0 (0.00%)	2
仲裁研究院	0 (0.00%)	1 (100.00%)	1 (100.00%)	1 (100.00%)	0 (0.00%)	1
网络法学研究院	3 (75.00%)	4 (100.00%)	3 (75.00%)	2 (50.00%)	0 (0.00%)	4
校部机关	2 (33.33%)	3 (50.00%)	6 (100.00%)	0 (0.00%)	0 (0.00%)	6
教辅单位	9 (52.94%)	8 (47.06%)	8 (47.06%)	7 (41.18%)	0 (0.00%)	17

如表 64 所示，立项前的文献调研讲座、特定主题的文献信息检索与获取和文献管理软件使用技巧在各学院和单位的选择比重都较高，出于完成教学任务、科研项目和自身学习和工作的需要，教师用户对这三项信息素养教育活动和讲座有较高的需求。

为了解各个研究方向的教师用户对信息素养教育的需求，我们进行了交叉对比，结果如下：

表 65 不同研究方向教师用户对信息素养教育需求交叉对比表

X/Y	A. 立项前的文献调研讲座	B. 特定主题的文献信息检索与获取	C. 文献管理软件使用技巧	D. 特定数据库的使用技巧	E. 其他	小计
A. 法学	279（61.59%）	256（56.51%）	226（49.89%）	130（28.70%）	7（1.55%）	453
B. 政治学	120（52.40%）	136（59.39%）	122（53.28%）	63（27.51%）	0（0.00%）	229
C. 管理学	79（56.03%）	92（65.25%）	95（67.38%）	52（36.88%）	1（0.71%）	141
D. 哲学	20（48.78%）	20（48.78%）	22（53.66%）	16（39.02%）	0（0.00%）	41
E. 社会学	20（51.28%）	31（79.49%）	26（66.67%）	13（33.33%）	0（0.00%）	39
F. 外国语	16（72.73%）	12（54.55%）	13（59.09%）	9（40.91%）	0（0.00%）	22
G. 经济学	13（56.52%）	10（43.48%）	12（52.17%）	6（26.09%）	0（0.00%）	23
H. 医学	6（54.55%）	9（81.82%）	6（54.55%）	4（36.36%）	1（9.09%）	11
I. 其他	12（75.00%）	10（62.50%）	10（62.50%）	10（62.50%）	1（6.25%）	16

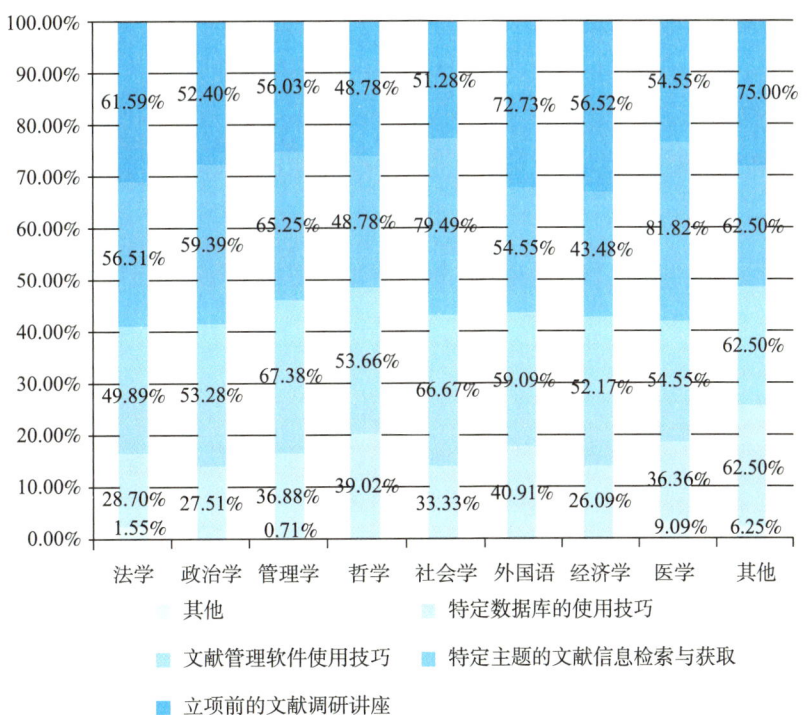

图 54 不同研究方向的教师用户参与信息素养教育需求交叉对比图

如表 65 和图 54 所示，各个研究方向的教师用户选择比重最高的仍是立项前的文献调研讲座、特定主题的文献信息检索与获取和文献管理软件使用技巧这三项，虽然不同研究方向的侧重略有不同，但是这揭示了教师用户对文献调研、信息检索和文献管理技巧的需求是图书馆未来工作需要特别关注的重点之一。

为了解不同岗位教师用户对信息素养教育的需求，我们进行了交叉分析，具体结果如下：

表66　不同岗位的教师用户信息素养教育需求交叉对比表

X/Y	A. 立项前的文献调研讲座	B. 特定主题的文献信息检索与获取	C. 文献管理软件使用技巧	D. 特定数据库的使用技巧	E. 其他	小计
教学岗	210（70.47%）	161（54.03%）	165（55.37%）	81（27.18%）	2（0.67%）	298
科研岗	135（57.69%	136（58.12%）	119（50.85%）	62（26.50%）	2（0.85%）	234
教学科研岗	122（46.56%）	170（64.89%）	147（56.11%）	94（35.88%）	5（1.91%）	262
行政管理岗	71（56.35%）	76（60.32%）	71（56.35%）	48（38.10%）	1（0.79%）	126
专业技术岗	27（51.92%）	31（59.62%）	29（55.77%）	17（32.69%）	0（0.00%）	52
其他	0（0.00%）	2（66.67%）	1（33.33%）	1（33.33%）	0（0.00%）	3

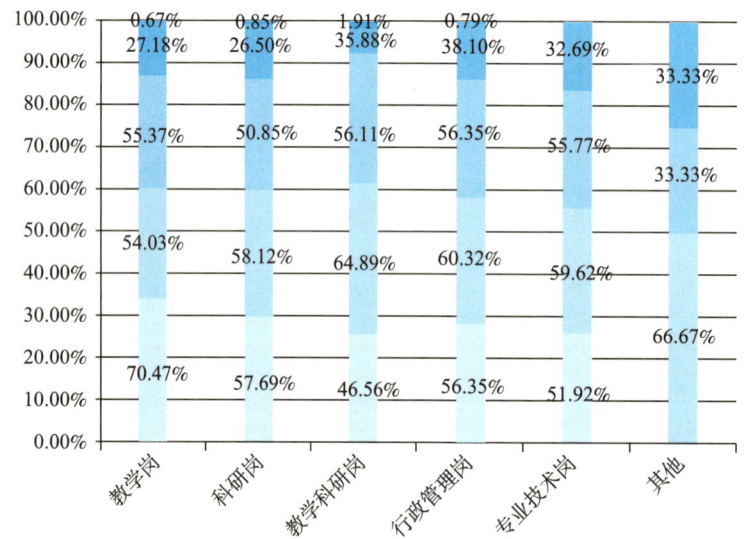

图55　不同岗位的教师用户信息素养教育需求交叉对比图

如表66和图55所示，教学岗的教师用户需求的首位是立项前的文献调研讲座，其次为文献管理软件使用技巧，第三为特定主题的文献信息检索与获取；科研岗的教师用户需求的首位是特定主题的文献信息检索与获取，其次是立项前的文献调研讲座，第三位是文献管理软件使用技巧；教学科研岗、行政管理岗和专业技术岗的需求排名相同，首位为特定主题的文献信息检索与获取，其次是文献管理软件使用技巧，第三位为立项前的文献调研讲座，更侧重于文献信息的检索、获取与管理。

为进一步了解教师用户对于学科信息快报的需求，我们对不同研究方向和不同岗位的教师用户进行了交叉分析，具体结果如下：

表67　不同研究方向的教师用户希望获得的学科信息快报交叉分析

X/Y	A. 核心期刊最新发文	B. 官方权威机构网站信息	C. 知名学者的最新成果	D. 会议信息的最新动态	E. 其他	小计
A. 法学	286（63.13%）	271（59.82%）	245（54.08%）	129（28.48%）	1（0.22%）	453
B. 政治学	122（53.28%）	127（55.46%）	148（64.63%）	66（28.82%）	0（0.00%）	229

续表

X/Y	A. 核心期刊 最新发文	B. 官方权威 机构网站信息	C. 知名学者 的最新成果	D. 会议信息 的最新动态	E. 其他	小计
C. 管理学	82（58.16%）	96（68.09%）	99（70.21%）	56（39.72%）	0（0.00%）	141
D. 哲学	19（46.34%）	26（63.41%）	25（60.98%）	12（29.27%）	1（2.44%）	41
E. 社会学	23（58.97%）	26（66.67%）	28（71.79%）	13（33.33%）	0（0.00%）	39
F. 外国语	15（68.18%）	12（54.55%）	15（68.18%）	8（36.36%）	0（0.00%）	22
G. 经济学	11（47.83%）	14（60.87%）	14（60.87%）	7（30.43%）	0（0.00%）	23
H. 医学	9（81.82%）	7（63.64%）	6（54.55%）	3（27.27%）	1（9.09%）	11
I. 其他	12（75.00%）	9（56.25%）	8（50.00%）	10（62.50%）	0（0.00%）	16

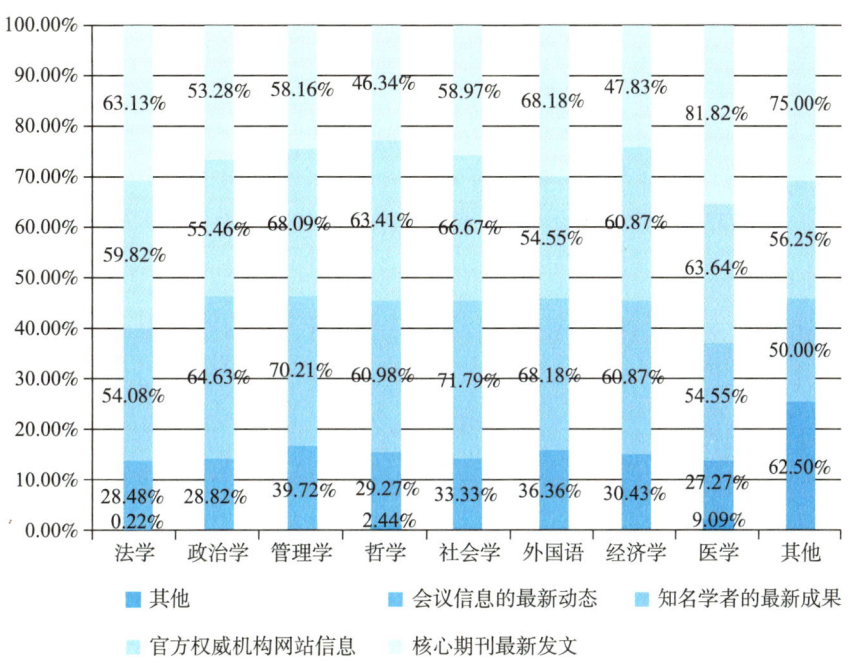

图56　不同研究方向教师用户希望获得的学科信息快报交叉分析

如表67和图56所示，各研究方向的教师用户对核心期刊最新发文、官方权威机构网站信息、知名学者的最新成果较为关注，即教师用户最重视的是学科信息快报的权威性、专业性和前沿性。

为了解各个岗位的教师用户对学科信息快报的需求，我们进行了交叉分析，具体结果如下：

表68　不同岗位的教师用户希望获得的学科信息快报交叉对比表

X/Y	A. 核心期刊 最新发文	B. 官方权威 机构网站信息	C. 知名学者 的最新成果	D. 会议信息 的最新动态	E. 其他	小计
教学岗	218（73.15%）	176（59.06%）	161（54.03%）	90（30.20%）	0（0.00%）	298
科研岗	121（51.71%）	147（62.82%）	143（61.11%）	59（25.21%）	2（0.85%）	234
教学科研岗	141（53.82%）	154（58.78%）	165（62.98%）	87（33.21%）	1（0.38%）	262
行政管理岗	68（53.97%）	79（62.70%）	81（64.29%）	51（40.48%）	0（0.00%）	126
专业技术岗	31（59.62%）	30（57.69%）	37（71.15%）	16（30.77%）	0（0.00%）	52
其他	0（0.00%）	2（66.67%）	1（33.33%）	1（33.33%）	0（0.00%）	3

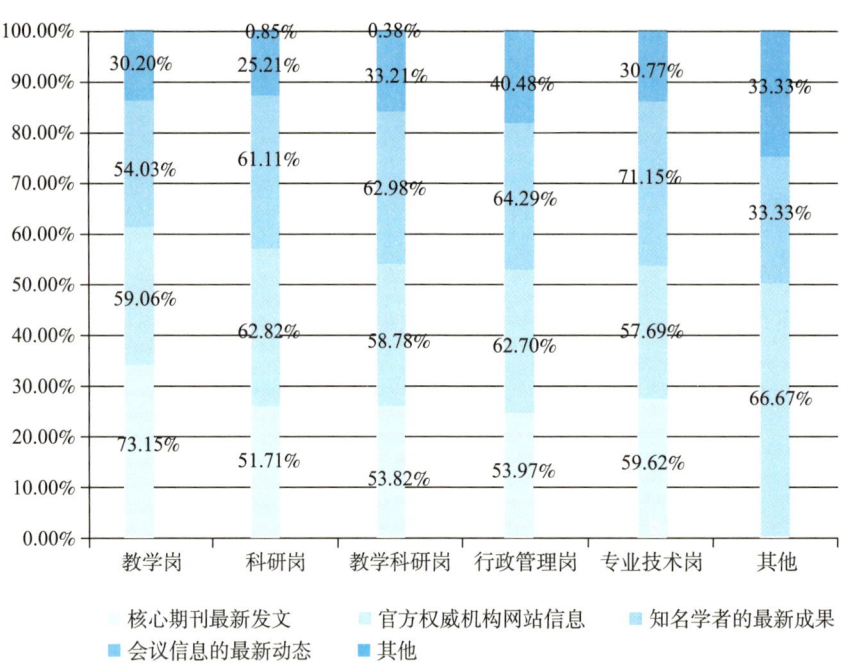

图 57　不同岗位的教师用户希望获得的学科信息快报交叉对比图

通过表 68 和图 57 可以看出，教学岗的教师用户最注重核心期刊的最新发文，科研岗的教师用户更关注官方权威机构网站信息，教学科研岗、行政管理岗和专业技术岗的教师用户需求最高的学科信息快报相同，是知名学者的最新成果，图书馆在对不同岗位的教师用户提供服务时，需考虑到个性化需求。

为深入了解教师用户希望获得图书馆信息和服务的渠道，为图书馆改善未来的服务方式提供可靠依据，我们对不同研究方向和岗位的教师用户进行了交叉分析，具体结果如下：

表 69　不同研究方向的教师用户希望获得图书馆资源和服务渠道交叉对比表

X/Y	A. 图书馆微信平台	B. 图书馆讲座培训	C. 宣传海报	D. 学科馆员咨询	E. 电子邮件
A. 法学	225（49.67%）	256（56.51%）	198（43.71%）	181（39.96%）	143（31.57%）
B. 政治学	100（43.67%）	130（56.77%）	117（51.09%）	99（43.23%）	63（27.51%）
C. 管理学	63（44.68%）	96（68.09%）	77（54.61%）	71（50.35%）	60（42.55%）
D. 哲学	14（34.15%）	22（53.66%）	22（53.66%）	18（43.90%）	17（41.46%）
E. 社会学	19（48.72%）	20（51.28%）	25（64.10%）	19（48.72%）	14（35.90%）
F. 外国语	15（68.18%）	10（45.45%）	11（50.00%）	8（36.36%）	12（54.55%）
G. 经济学	10（43.48%）	11（47.83%）	11（47.83%）	10（43.48%）	7（30.43%）
H. 医学	5（45.45%）	7（63.64%）	3（27.27%）	7（63.64%）	7（63.64%）
I. 其他	14（87.50%）	7（43.75%）	5（31.25%）	5（31.25%）	8（50.00%）
X/Y	F. 短信通知	G. 网站通知（学校官网、图书馆网站等）	H. 其他	小计	
A. 法学	77（17.00%）	47（10.38%）	5（1.10%）	453	
B. 政治学	30（13.10%）	22（9.61%）	1（0.44%）	229	

X/Y	F. 短信通知	G. 网站通知（学校官网、图书馆网站等）	H. 其他	小计	
C. 管理学	30（21.28%）	17（12.06%）	2（1.42%）	141	
D. 哲学	7（17.07%）	8（19.51%）	0（0.00%）	41	
E. 社会学	9（23.08%）	6（15.38%）	1（2.56%）	39	
F. 外国语	5（22.73%）	5（22.73%）	0（0.00%）	22	
G. 经济学	6（26.09%）	4（17.39%）	0（0.00%）	23	
H. 医学	4（36.36%）	2（18.18%）	1（9.09%）	11	
I. 其他	3（18.75%）	7（43.75%）	0（0.00%）	16	

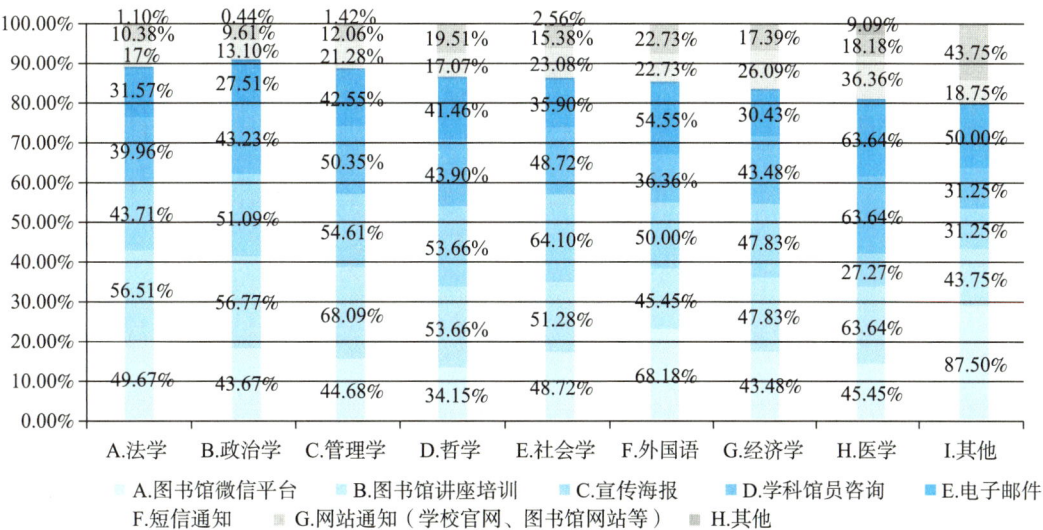

图58　不同研究方向的教师用户希望获得图书馆资源和服务渠道交叉对比图

表70　不同岗位的教师用户希望获得图书馆资源和服务渠道交叉对比表

X/Y	A. 图书馆微信平台	B. 图书馆讲座培训	C. 宣传海报	D. 学科馆员咨询	E. 电子邮件
教学岗	171（57.38%）	175（58.72%）	131（43.96%）	120（40.27%）	93（31.21%）
科研岗	102（43.59%）	131（55.98%）	120（51.28%）	101（43.16%）	74（31.62%）
教学科研岗	106（40.46%）	159（60.69%）	118（45.04%）	121（46.18%）	101（38.55%）
行政管理岗	56（44.44%）	64（50.79%）	75（59.52%）	57（45.24%）	49（38.89%）
专业技术岗	30（57.69%）	27（51.92%）	25（48.08%）	19（36.54%）	12（23.08%）
其他	0（0.00%）	3（100.00%）	0（0.00%）	0（0.00%）	2（66.67%）

X/Y	F. 短信通知	G. 网站通知（学校官网、图书馆网站等）	H. 其他	小计	
教学岗	46（15.44%）	37（12.42%）	2（0.67%）	298	
科研岗	46（19.66%）	17（7.26%）	2（0.85%）	234	
教学科研岗	47（17.94%）	43（16.41%）	4（1.53%）	262	
行政管理岗	25（19.84%）	13（10.32%）	0（0.00%）	126	
专业技术岗	7（13.46%）	8（15.38%）	2（3.85%）	52	
其他	0（0.00%）	0（0.00%）	0（0.00%）	3	

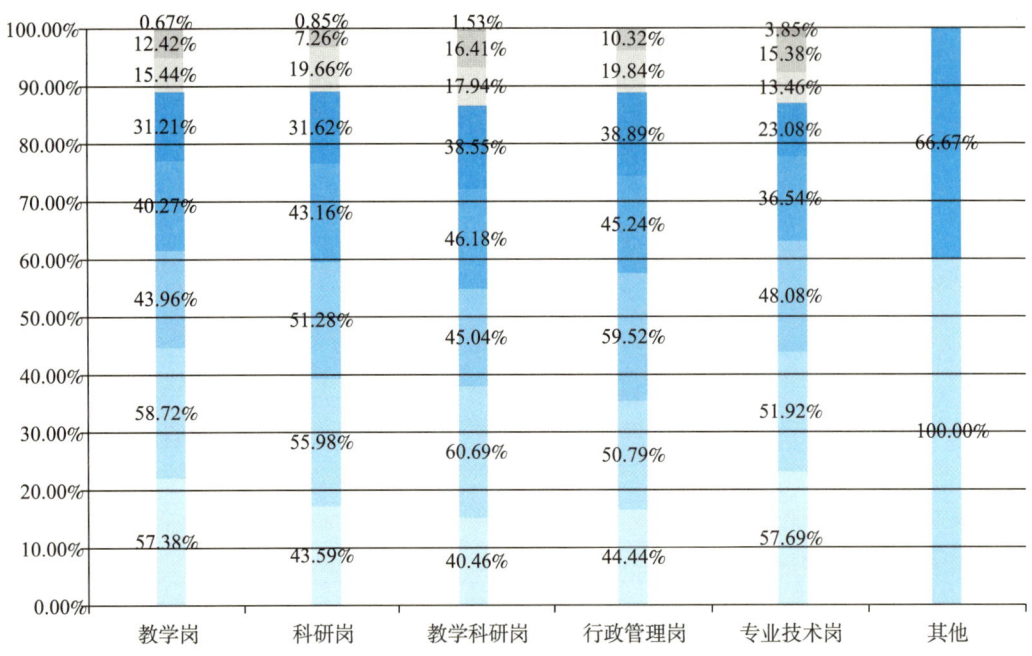

图59 不同岗位的教师用户希望获得图书馆资源和服务渠道交叉对比图

依据表69~表70和图58~图59可知,在智能化时代,智能手机成为人们不可或缺的必备品,通过手机就能够获得的资讯受到用户的广泛肯定,因此图书馆微信平台这一渠道在不同研究方向和不同岗位的教师用户的选择中都占较高的比重;另外,通过讲座培训、宣传海报、学科馆员咨询的渠道来获得图书馆的资源和服务,教师用户选择的比例也较高,这是由于这些渠道所采用的宣传方式通过文字、图画、语言等形式,将资源和服务的相关信息具象化,能够更加直观地帮助教师用户及时获取所需资讯;随之是电子邮件的渠道,教师用户普遍有每天检查邮件的习惯,通过邮件进行宣传推送也是受到肯定的方式。短信和网页宣传排名较为靠后,不太受到教师用户的推崇。

二、学生用户需求分析

(一)学生用户对图书馆资源的需求分析

根据前文阐述的学生总体需求情况,我们对不同年级、不同类型的学生进行交叉分析,借以进一步分析其深层需求。在图书馆提供的众多资源中,中文数据库的使用频率最高,我们首先对不同年级的学生使用中文数据库的频次进行交叉分析,具体结果如下:

表71 不同年级学生用户利用馆藏资源中文数据库的频次交叉对比表

X/Y	每天使用	每周至少一次使用	每月至少一次使用	每学期至少一次使用	不使用	小计
A. 一年级	105 (38.75%)	79 (29.15%)	33 (12.18%)	27 (9.96%)	27 (9.96%)	271
B. 二年级	182 (40.27%)	129 (28.54%)	76 (16.81%)	49 (10.84%)	16 (3.54%)	452
C. 三年级	136 (44.30%)	76 (24.76%)	49 (15.96%)	33 (10.75%)	13 (4.23%)	307
D. 四年级	56 (47.46%)	22 (18.64%)	19 (16.10%)	17 (14.41%)	4 (3.39%)	118

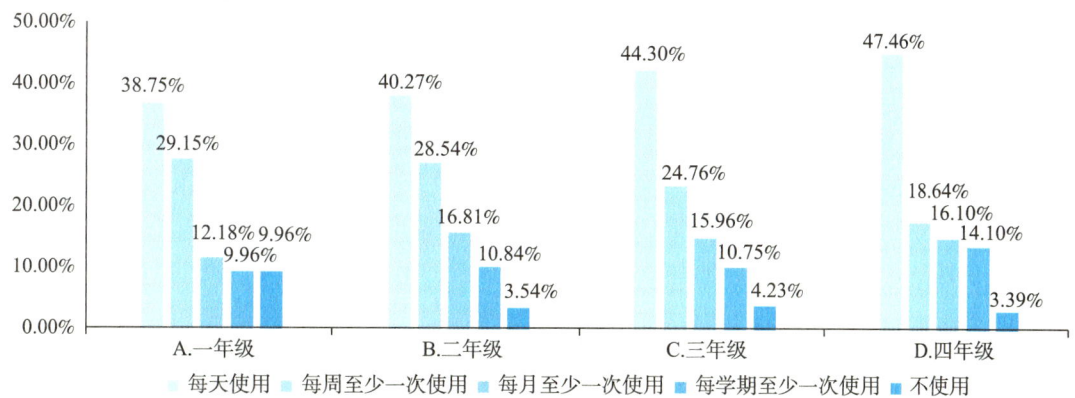

图 60　不同年级学生用户利用馆藏资源中文数据库的频次交叉对比图

如表 71 和图 60 所示，对于每天和每周馆藏资源利用率最高的中文数据库，通过与不同年级的学生的使用情况进行交叉分析后，可以看出，高年级对中文数据库的利用率高于低年级，每天的使用情况按年级递增而递增，从来不使用的情况随着年级的递增而下降。

通过不同学生类型与中文数据库的使用频次进行交叉对比，得到如下结果：

表 72　不同类型学生用户利用馆藏资源中文数据库的频次交叉对比表

X/Y	每天使用	每周至少一次使用	每月至少一次使用	每学期至少一次使用	不使用	小计
A. 博士研究生	143（58.61%）	39（15.98%）	21（8.61%）	26（10.66%）	15（6.15%）	244
B. 硕士研究生	149（46.42%）	96（29.91%）	43（13.40%）	26（8.10%）	7（2.18%）	321
C. 本科生	187（32.08%）	171（29.33%）	113（19.38%）	74（12.69%）	38（6.52%）	583

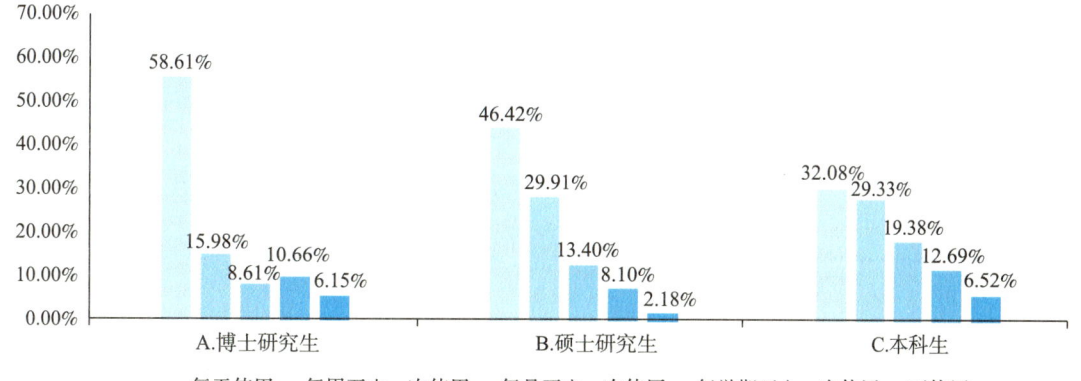

图 61　不同类型学生用户利用馆藏资源中文数据库的频次交叉对比图

如表 72 和图 61 所示，对于每天和每周馆藏资源利用率最高的中文数据库，通过与不同学历的学生的使用情况进行交叉分析后，可以看出，博士对中文数据库的利用率高于硕士研究生，从而远远高于本科生，每天的使用情况按学历递增而递增，从来不使用的情况随着学历的递增而递减。

在前文中我们提到，学生用户中，56.54% 的用户认为大多时候能找到自己需要的图书馆馆藏资源。其中，大多数时候不能或者完全不能找到所需馆藏资源类型所占比例最大的为外文及港台报纸期刊，因此，我们选择外文及港台报纸期刊与不同年级、不同类型的学生用户进行交叉对比分析，揭示单独群体的获取能力及需求。首先，对不同年级的学生用户获取外文及港台报纸期刊进行交叉对比，具体结果如下：

表73 不同年级学生用户获取外文及港台报纸期刊交叉对比表

X/Y	能	大多时候能	有时候能	大多时候不能	不能	小计
A. 一年级	57（21.03%）	44（16.24%）	73（26.94%）	49（18.08%）	48（17.71%）	271
B. 二年级	137（30.31%）	115（25.44%）	98（21.68%）	66（14.60%）	36（7.96%）	452
C. 三年级	112（36.48%）	59（19.22%）	71（23.13%）	35（11.40%）	30（9.77%）	307
D. 四年级	41（34.75%）	23（19.49%）	20（16.95%）	21（17.80%）	13（11.02%）	118

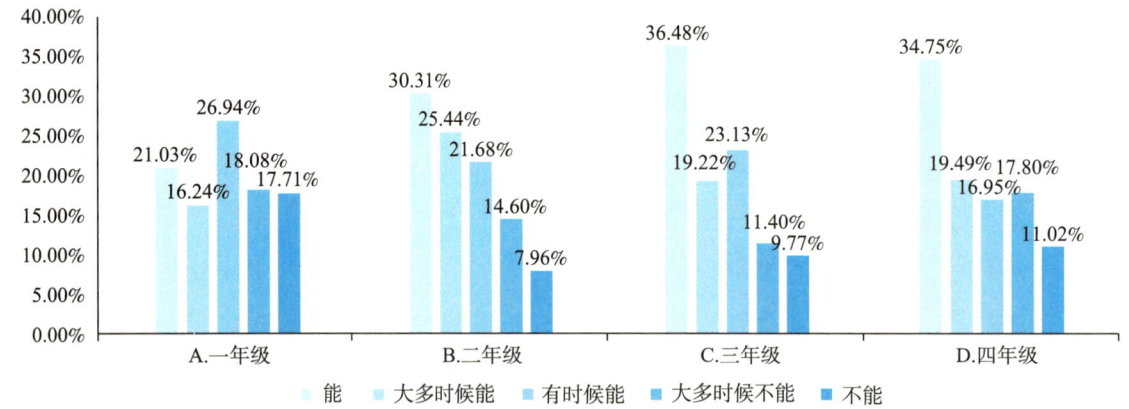

图62 不同年级学生用户获取外文及港台报纸期刊交叉对比图

如表73和图62所示，对用户认为满意度最低的外文及港台报纸期刊，通过与不同年级学生使用情况进行交叉分析后，可以看出，一年级的学生对外文及港台报纸期刊的满意度最低，二、三、四年级学生的满意度基本持平。

通过对不同类型的学生用户获取外文及港台报纸期刊进行交叉对比，得到如下结果：

表74 不同类型学生用户获取外文及港台报纸期刊交叉对比表

X/Y	能	大多时候能	有时候能	大多时候不能	不能	小计
A. 博士研究生	105（43.03%）	43（17.62%）	44（18.03%）	27（11.07%）	25（10.25%）	244
B. 硕士研究生	100（31.15%）	65（20.25%）	67（20.87%）	54（16.82%）	35（10.90%）	321
C. 本科生	142（24.36%）	133（22.81%）	151（25.90%）	90（15.44%）	67（11.49%）	583

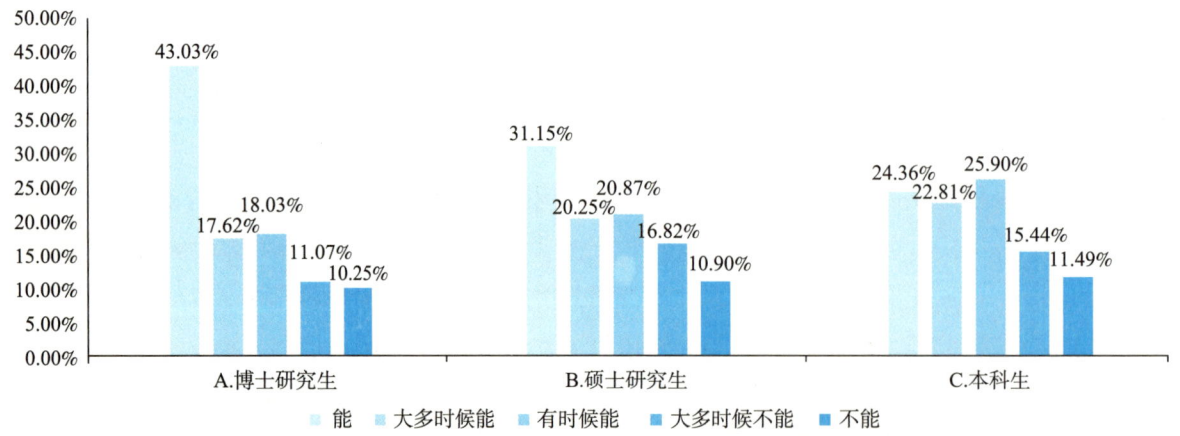

图63 不同类型学生用户获取外文及港台报纸期刊交叉对比图

如表74和图63所示，对用户认为满意度最低的外文及港台报纸期刊，通过与不同学历学生使用情况进行交叉分析后，可以看出，学生对外文及港台报纸期刊的满意度随着学历程度的提高而提高。

在前文中我们看到，当图书馆的资源无法满足需求时，学生用户会采取的方式占比最重的两项为"自行购买"和"原文传递与馆际互借"，二者是对图书馆资源的放弃使用和继续使用截然相反的选择，我们通过不同学生用户类型对这个问题进行交叉分析，具体结果如下：

表75 不同类型学生用户获取图书馆短缺资源方式交叉对比表

X/Y	A. 原文传递与馆际互借	B. 资源荐购	C. 找其他学校同学帮忙	D. 自行购买	E. 寻找其他可替代资源	小计
A. 博士研究生	152（62.30%）	130（53.28%）	135（55.33%）	108（44.26%）	55（22.54%）	244
B. 硕士研究生	149（46.42%）	134（41.74%）	177（55.14%）	174（54.21%）	122（38.01%）	321
C. 本科生	298（51.11%）	262（44.94%）	285（48.89%）	351（60.21%）	269（46.14%）	583

由表75可以看出，博士生群体选择继续利用图书馆资源占比很大，包括原文传递与馆际互借方式（62.30%）及资源荐购方式（53.28%），而硕士生及本科生此两项比重却未占优势，两项平均起来，也不到50%。相反，后两个群体更多选择的是放弃使用图书馆资源如自行购买（硕士生54.21%，本科生60.21%），甚至放弃此项需求寻找其他资源代替（硕士生38.01%，本科生46.14%）。形成以上数据结构的根本原因是不同群体所需资源获取的难易程度导致了群体选择的差异。博士研究生群体专业需求度高，所需资源难以替代，如馆藏特色资源与绝版资源，市面并不容易获取，就会选择借助馆内服务提出其他高校的原文传递与馆际互借方式；而本科生除了专业书外，有更多如考试用书、知识拓展类图书等需求，这些需求可以被其他资源替代，容易自行获取，获取反映周期短，所以更多的本科生放弃利用图书馆资源。

由于信息获取能力的不同也会造成用户选择方式的不同，我们通过将用户对图书馆资源了解程度与用户能否总能找到图书馆资源进行交叉对比，得到如下结果：

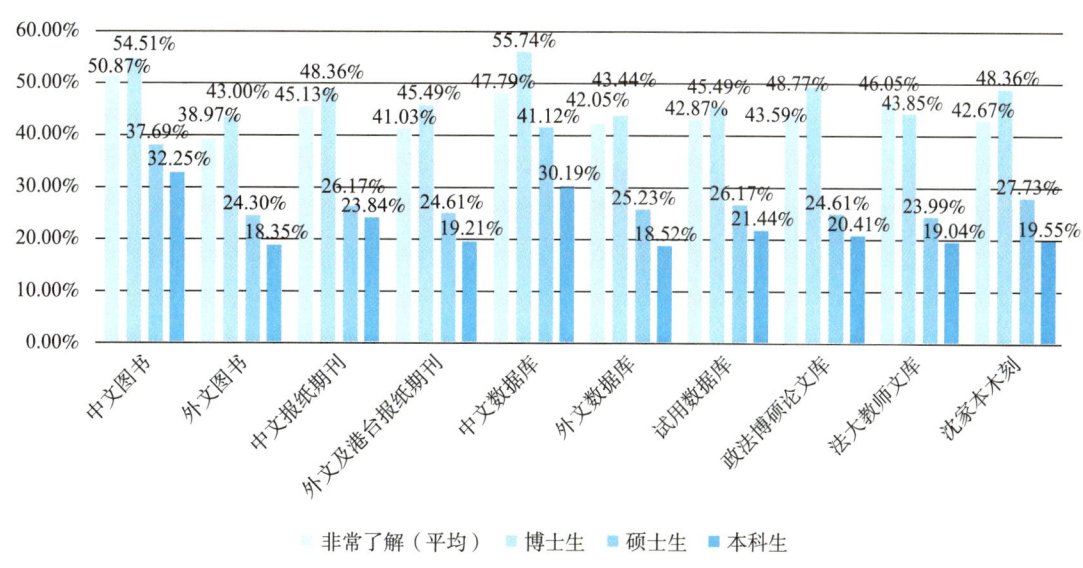

图64 不同类型的学生用户对图书馆资源的了解程度交叉对比图

根据图64、图65中的肯定结果，即"图书馆的资源非常了解项"和"能找到需要的图书馆资源项"，比较数据可见，图64中各类学生用户对馆藏各类资源的了解程度排序为：博士生＞硕士生＞本科生，且

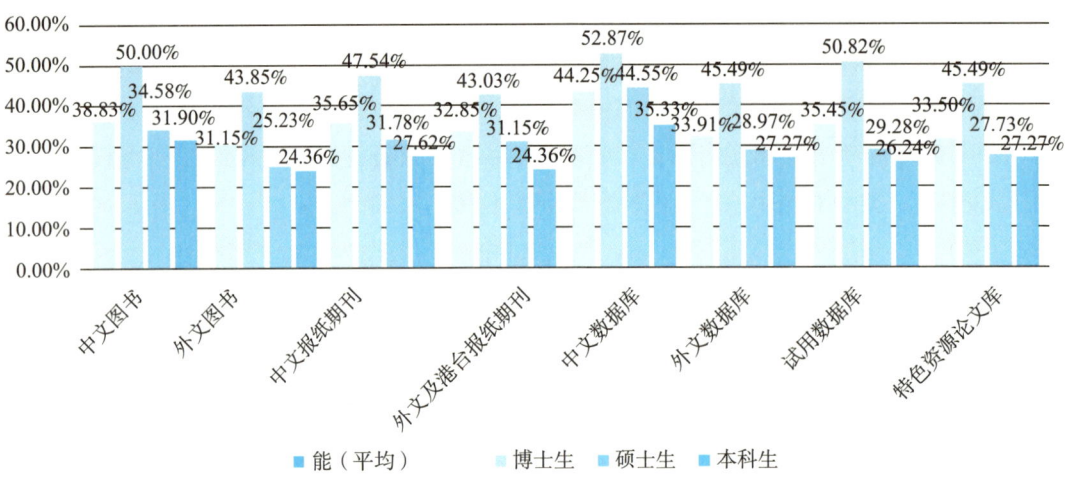

图65　不同类型学生获取图书馆资源交叉对比图

博士生与本科生相差明显。图65与图64结果类似，只是相差区间略有缩小。由此我们可以推论对馆藏资源不了解、搜索能力不强也导致了用户选择不同方式来寻求馆内无法获取的资源。

另外，我们对不同学科的学生用户与资源了解程度进行了交叉对比，得到如下结果：

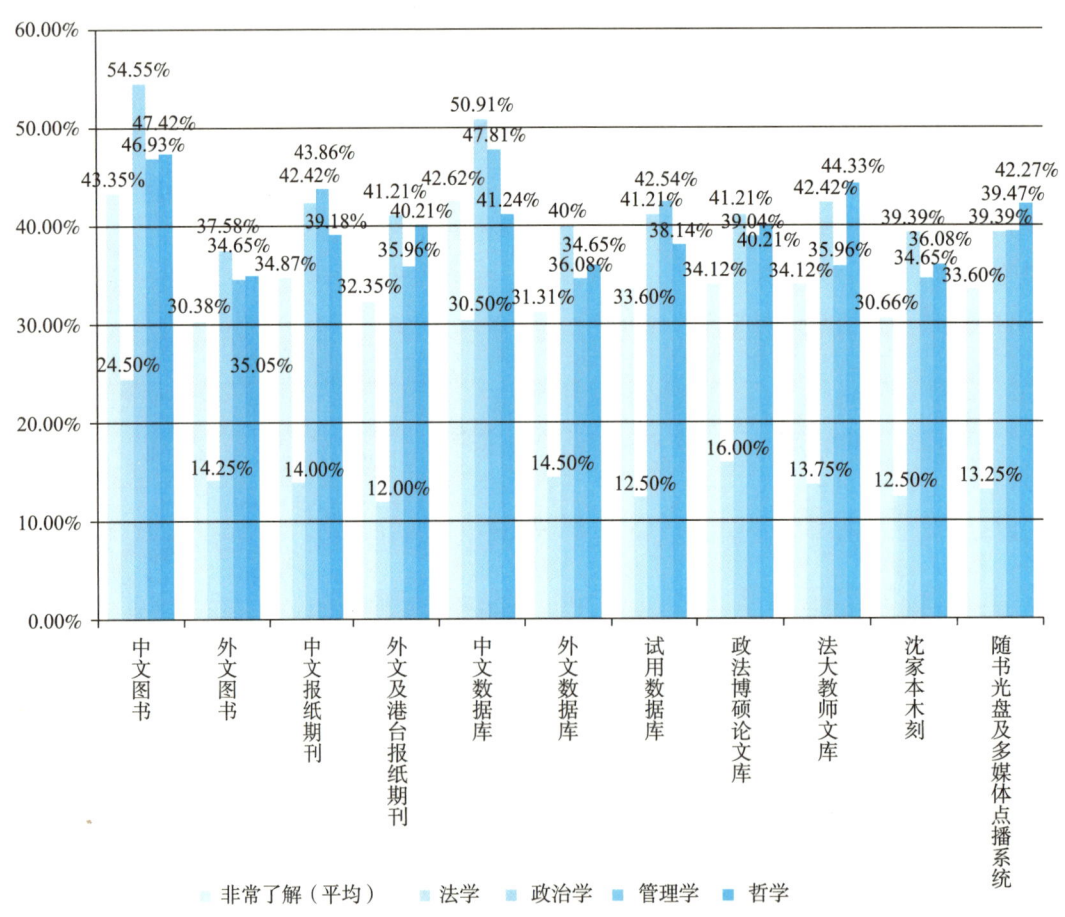

图66　不同学科学生用户对图书馆资源了解程度交叉对比图

如图66所示，在我校重点且用户较多的四个学科中，对馆藏各类资源的了解程度排序为：政治学＞哲学＞管理学＞法学，其中政治学、管理学、哲学差距并不明显，而法学则明显低于其他学科，除了

"外文图书"资源和"中文数据库"资源，其他九项资源都比平均比低20%左右，而其他三大学科的学生对资源的了解率都明显高于法学学生。

从学生用户的角度出发，探索图书馆纸本图书存在的主要问题，有助于我们了解学生用户的需求，弥补资源方面存在的不足，我们将不同学科、不同年级的学生用户与其认为纸本图书存在的问题进行交叉对比，得到如下结果：

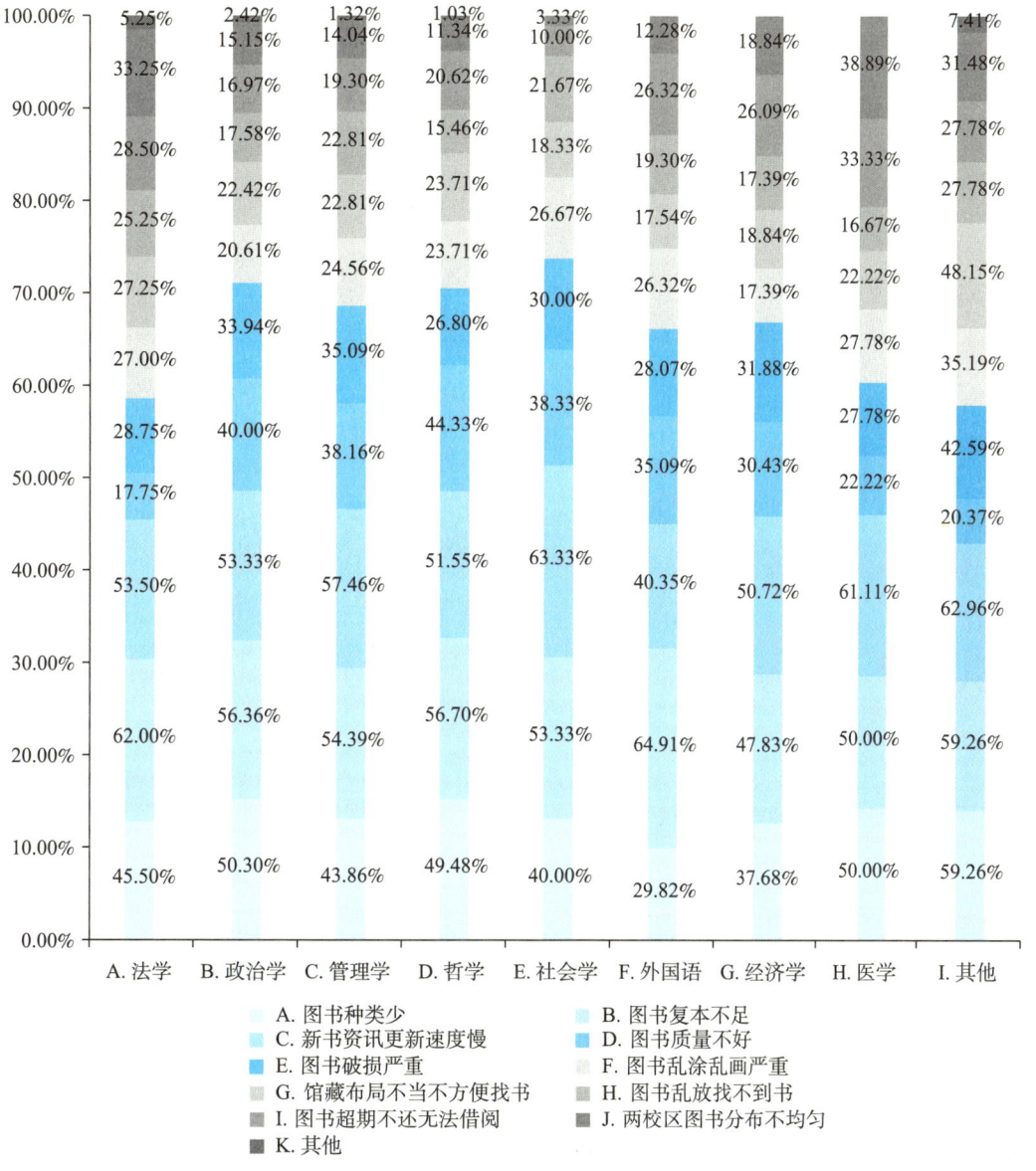

图67 不同专业的学生用户认为纸本图书存在主要问题交叉对比图

如图67、图68所示，不同专业、不同年级对纸本图书存在的主要问题反映较为接近，其中法学、政治学、哲学、外国语专业的学生反映纸本图书存在最大的问题在于图书复本不足，新书资讯更新速度慢、图书种类的问题位居第二和第三；而管理学、社会学、经济学、医学专业的学生反映纸本图书存在最大的问题是新书资讯更新速度慢。从这个结果可以看出，管理学、社会学、经济学、医学等专业对于新书新资讯的需求量较大。

从学生用户的角度揭示其认为图书馆应该购买的图书类型，可以更加直观地体现学生用户的需求，

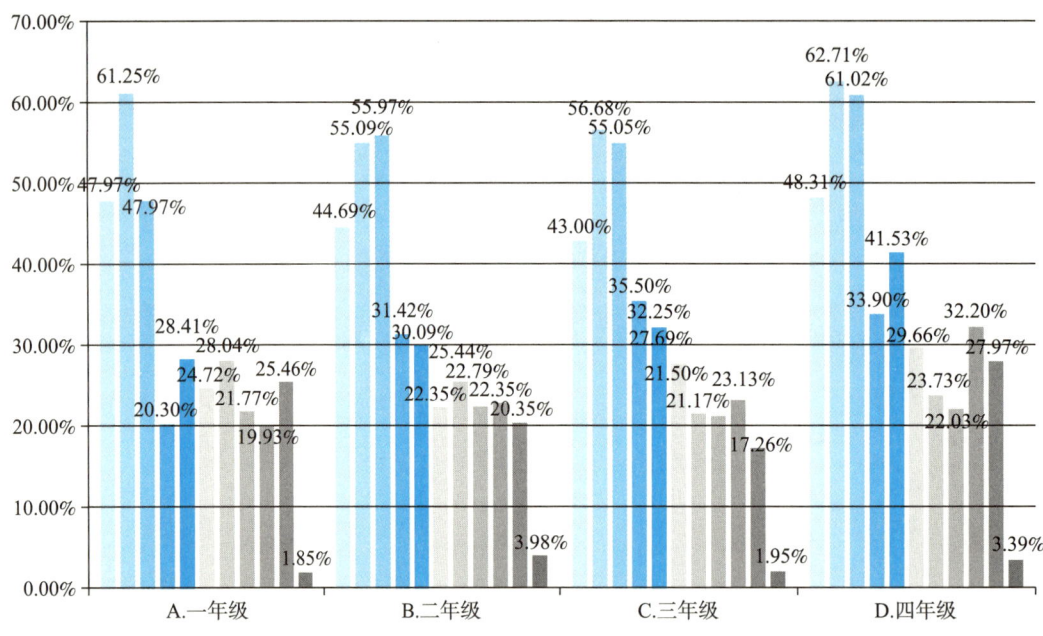

图68 不同年级的学生用户认为纸本图书存在主要问题交叉对比图

我们对不同专业、不同年级的学生用户与其认为图书馆应购图书类型进行交叉对比，得到如下结果：

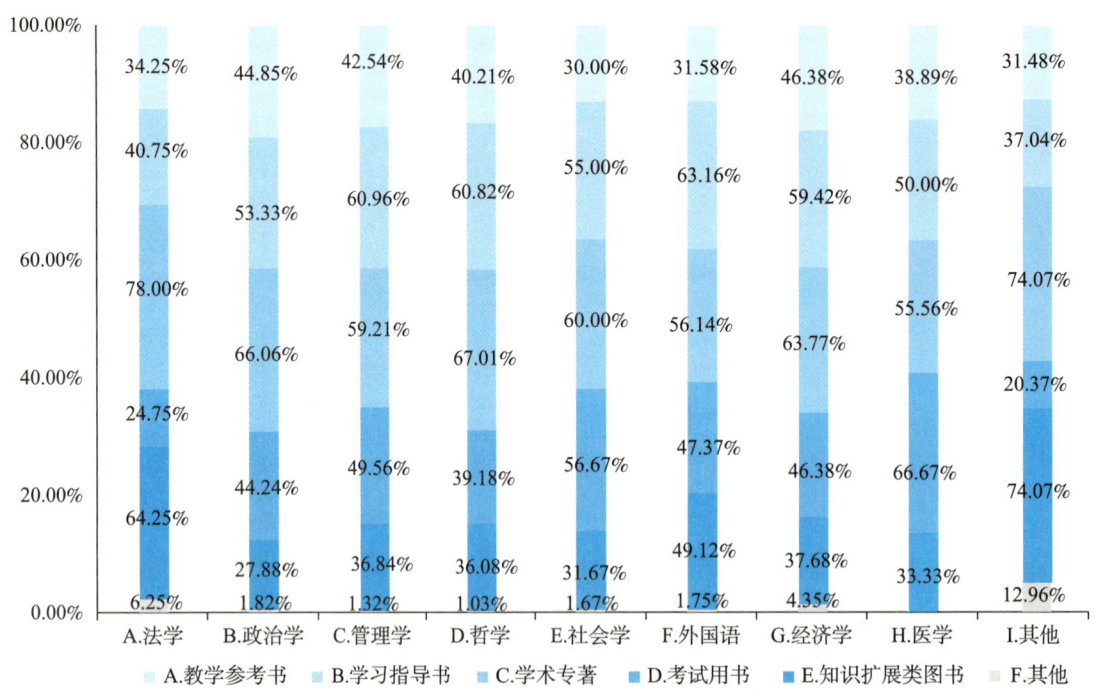

图69 不同专业的学生用户认为图书馆应购买图书类型交叉对比图

如图69、图70所示，学术专著类图书和学习指导书是各个年级和专业的学生用户需求比重最高的两类；考试用书在三年级和四年级的学生用户中需求更高，知识拓展类图书在一年级、四年级的学生和法学、外国语等专业的学生中的需求占比较高。

电子资源在学生用户的学习和研究活动中承担着越来越重的资源角色，我们对学生用户认为图书馆

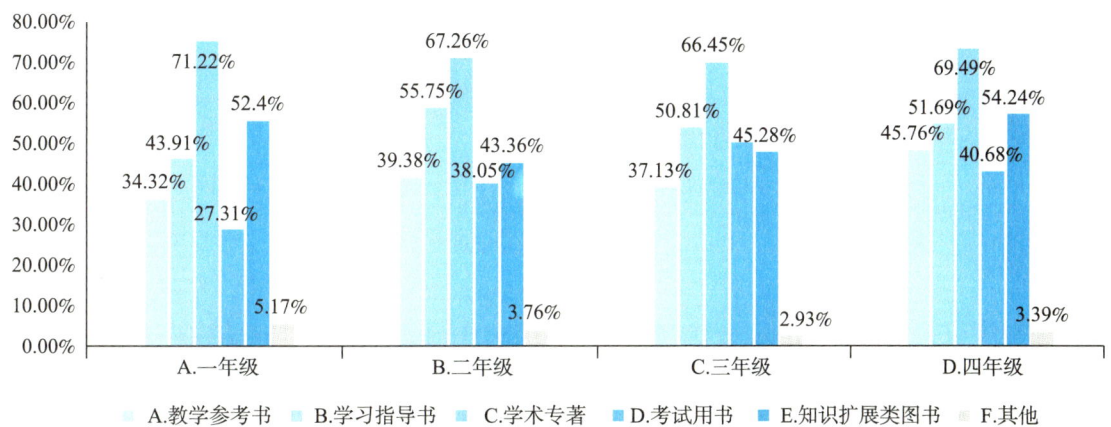

图70 不同年级的学生用户认为图书馆应购买图书类型交叉对比图

应该购买的电子资源进行了调查，并将结果与不同类型、不同专业的学生用户进行交叉对比，得到如下结果：

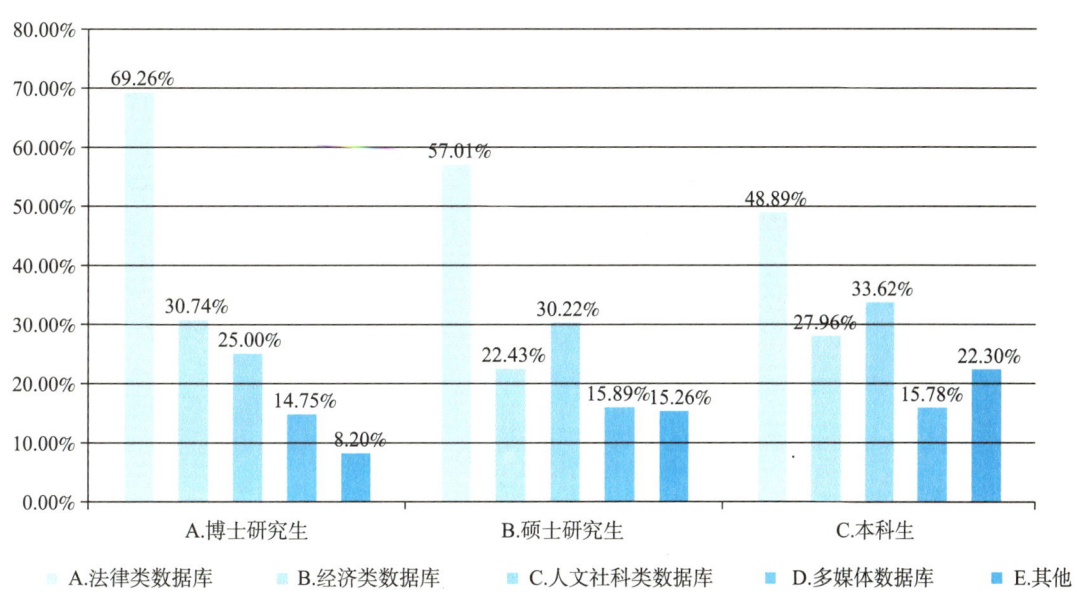

图71 不同类型的学生用户认为图书馆应购买电子资源类型交叉对比图

如图71、图72所示，学生用户中无论博士生、硕士生和本科生，对法律类数据库的需求最大，对法律数据库的多样性要求最高。其中，博士、硕士对法律类数据库的需求相较于本科生更为显著。占比最低的是多媒体数据库和其他。由于本校兼有文学、历史、哲学、理学、工学等学科，为进一步了解各个专业对图书馆电子资源的需求，调查以各个专业为自变量，数据库类型为因变量进行了统计。调查结果发现，除了经济学专业和其他如心理学、新闻学、历史学、汉语言文学、网络与新媒体等专业的学生对法律类数据库需求比例较低外，本校学生对法律类数据库的需求最为普遍。

（二）学生用户对图书馆服务的需求分析

在图书馆提供的众多服务中，学生用户了解程度相对低一些的主要有原文传递、论文提交服务、新生培训、嵌入式教学服务和查收查引服务。其中，论文提交服务的主要对象为博士、硕士毕业生，其他学生对该服务了解程度低是正常合理的，在此不作赘述。我们将其他几类服务与不同学生类型进行交叉对比，借以深入挖掘学生用户的服务需求。首先对不同类型的学生用户与原文传递服务进行交叉对比，

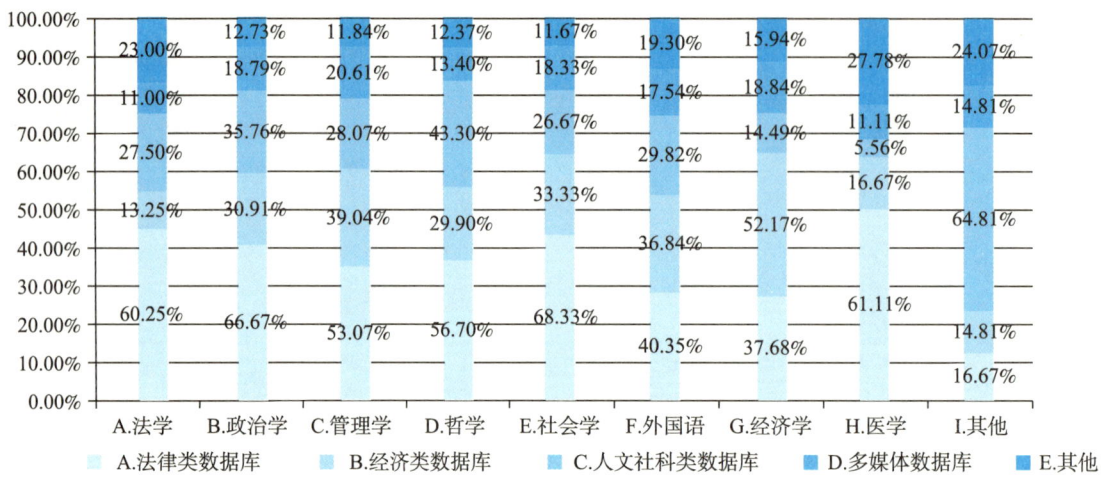

图72 不同专业的学生用户认为图书馆应购买电子资源类型交叉对比图

得到如下结果：

表76 不同类型学生对原文传递服务了解程度交叉对比表

X/Y	非常了解	比较了解	基本了解	不太了解	完全不了解	小计
A. 博士研究生	114（46.72%）	46（18.85%）	32（13.11%）	36（14.75%）	16（6.56%）	244
B. 硕士研究生	95（29.60%）	67（20.87%）	61（19.00%）	68（21.18%）	30（9.35%）	321
C. 本科生	123（21.10%）	114（19.55%）	118（20.24%）	144（24.70%）	84（14.41%）	583

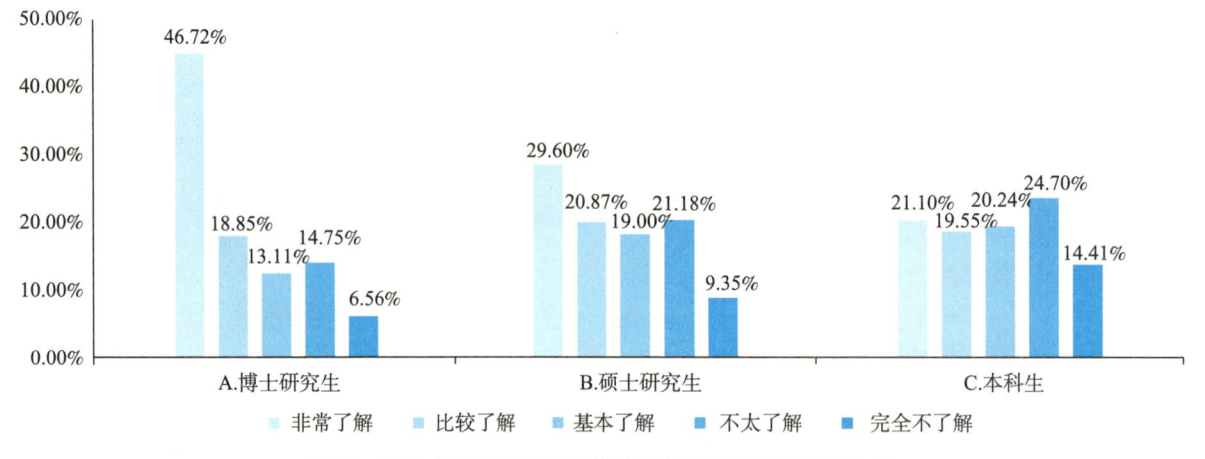

图73 不同类型学生对原文传递服务了解程度交叉对比图

通过表76和图73可以看出，对原文传递服务的了解程度，博士研究生＞硕士研究生＞本科生，其中虽然博士研究生参与问卷的人数少于硕士研究生和本科生，但是其对原文传递服务了解程度的百分比是最高的，说明博士研究生日常使用该项服务的频率也较高。随着硕士研究生、博士研究生专业研究的不断深入，其对资源的精准度要求也更高，因此当他们无法从图书馆现有资源获取所需时，原文传递服务可以很好地满足其需求。

学生用户心中的图书馆形象定位和功能角色是从其作为新生首次接触图书馆开始的，在调查中新生培训服务占比较低，我们通过对不同学生类型与该服务进行交叉分析，得到结果如下：

表 77　不同类型学生用户与新生培训服务交叉对比表

X/Y	非常了解	比较了解	基本了解	不太了解	完全不了解	小计
A. 博士研究生	112（45.90%）	47（19.26%）	40（16.39%）	28（11.48%）	17（6.97%）	244
B. 硕士研究生	82（25.55%）	62（19.31%）	62（19.31%）	72（22.43%）	43（13.40%）	321
C. 本科生	130（22.30%）	113（19.38%）	125（21.44%）	147（25.21%）	68（11.66%）	583

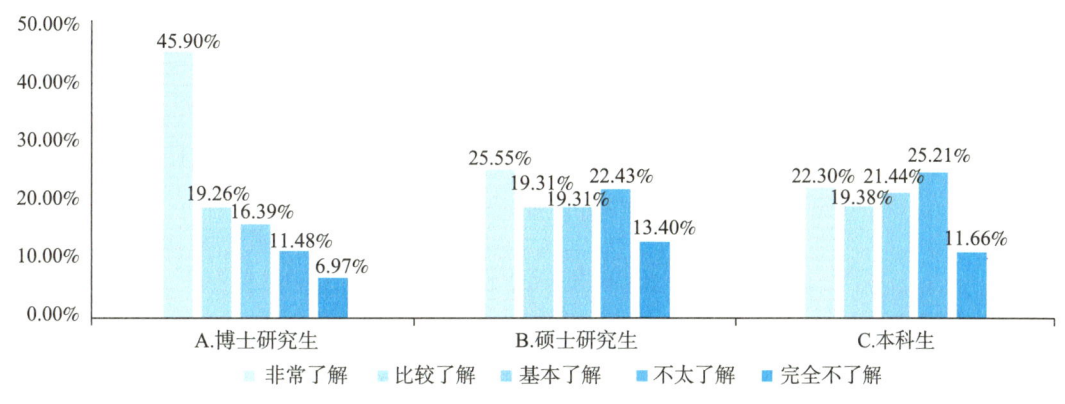

图 74　不同类型学生用户与新生培训服务交叉对比图

图书馆的新生培训主要包括：视频教学、面对面入馆指导以及2018年我馆馆员自主开发的新生闯关小游戏等，我校硕士、博士研究生中的部分学生是本校毕业继续深造的，对图书馆的新生培训服务了解程度较高，也形成了上面两图中博士、硕士毕业生的了解比例高于本科生的结果，而新生培训的主要群体本科生用户的了解比例不高，需要图书馆反思服务方式和渠道，以更好地帮助本科生用户快速熟悉并享受图书馆的服务。

嵌入式教学服务是图书馆开展的与专业课程内容相关的资源推荐、文献检索、资料搜集等方面的教学，通过对不同类型的学生用户与该服务进行交叉对比，得到如下结果：

表 78　不同类型的学生用户与嵌入式教学服务交叉对比表

X/Y	非常了解	比较了解	基本了解	不太了解	完全不了解	小计
A. 博士研究生	113（46.31%）	40（16.39%）	43（17.62%）	35（14.34%）	13（5.33%）	244
B. 硕士研究生	83（25.86%）	55（17.13%）	57（17.76%）	75（23.36%）	51（15.89%）	321
C. 本科生	118（20.24%）	117（20.07%）	101（17.32%）	147（25.21%）	100（17.15%）	583

从表78和图75可以看出，博士研究生对嵌入式教学服务的了解程度较高，说明图书馆该项服务在博士研究生群体中开展效果较好，硕士研究生和本科生的了解情况并不乐观，这就要求图书馆在保证博士研究生的嵌入式教学服务的同时，积极推进对硕士研究生和本科生嵌入式教学的服务，深入挖掘这两类用户群体的专业学习需求，随之开展有效的服务加以应对满足。

随着学生用户的学习和研究的不断拓展，查收查引服务被各类型的学生用户所需要，将学生类型与该项服务进行交叉对比，得到以下结果：

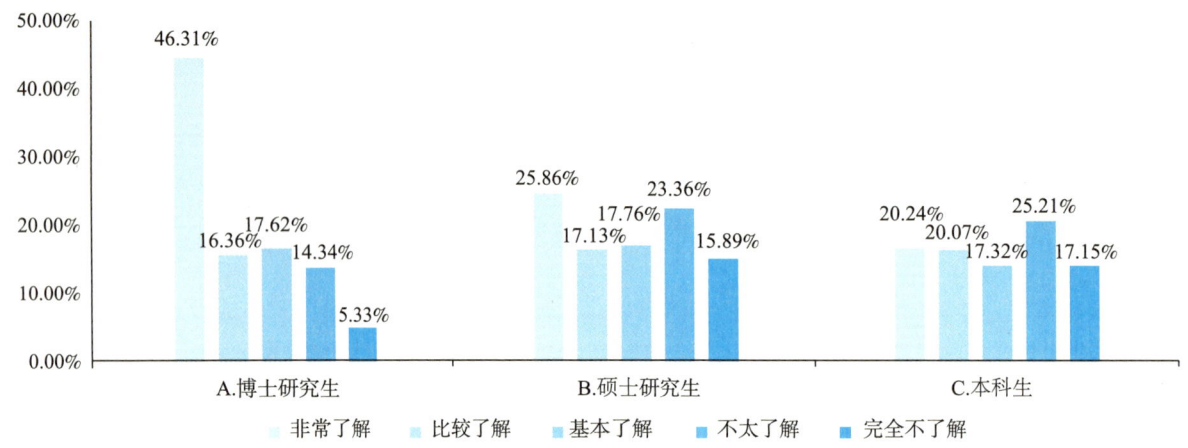

图75　不同类型的学生用户与嵌入式教学服务交叉对比图

表79　不同类型学生用户与查收查引服务交叉对比表

X/Y	非常了解	比较了解	基本了解	不太了解	完全不了解	小计
A. 博士研究生	115（47.13%）	41（16.80%）	33（13.52%）	39（15.98%）	16（6.56%）	244
B. 硕士研究生	87（27.10%）	62（19.31%）	53（16.51%）	72（22.43%）	47（14.64%）	321
C. 本科生	127（21.78%）	121（20.75%）	105（18.01%）	138（23.67%）	92（15.78%）	583

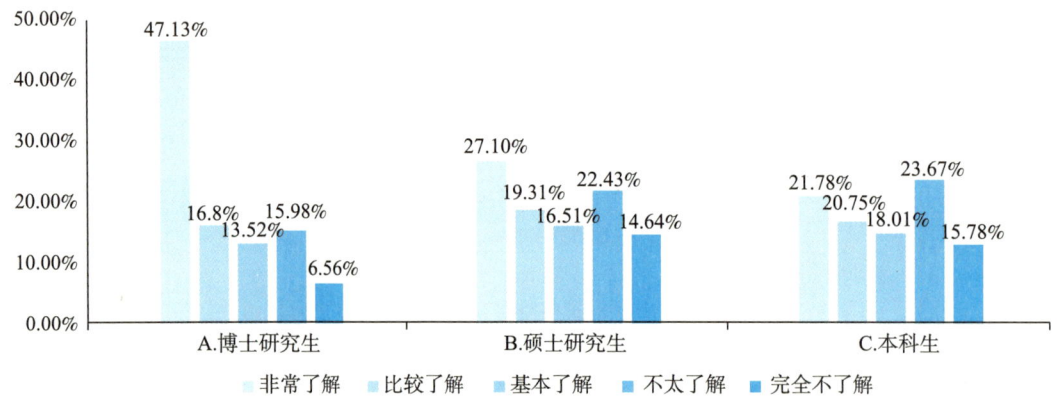

图76　不同类型学生用户与查收查引服务交叉对比图

如表79和图76所示，对查收查引服务了解程度较高的是博士研究生，硕士研究生与本科生不太了解和完全不了解的百分比近似，需要图书馆具体了解这两类群体在该服务方面的需求，从而提供更好、更全面的服务。

从学生用户的角度揭示图书馆服务存在的主要问题，有助于图书馆摆脱职业盲点，更清晰地了解用户需求，完善服务。我们对不同学生类型、不同年级和不同专业的学生用户与其认为图书馆服务存在的主要问题进行交叉对比，得到如下结果：

表80　不同类型的学生用户认为图书馆服务存在的主要问题交叉对比表

X/Y	A. 服务与需求不契合	B. 服务种类少	C. 服务不能达到预期的效果	D. 服务效率有待提高	E. 不了解图书馆的服务	F. 其他	小计
A. 博士研究生	147（60.25%）	116（47.54%）	122（50.00%）	105（43.03%）	45（18.44%）	4（1.64%）	244

续表

X/Y	A. 服务与需求不契合	B. 服务种类少	C. 服务不能达到预期的效果	D. 服务效率有待提高	E. 不了解图书馆的服务	F. 其他	小计
B. 硕士研究生	151（47.04%）	165（51.40%）	155（48.29%）	142（44.24%）	88（27.41%）	11（3.43%）	321
C. 本科生	279（47.86%）	294（50.43%）	294（50.43%）	258（44.25%）	205（35.16%）	22（3.77%）	583

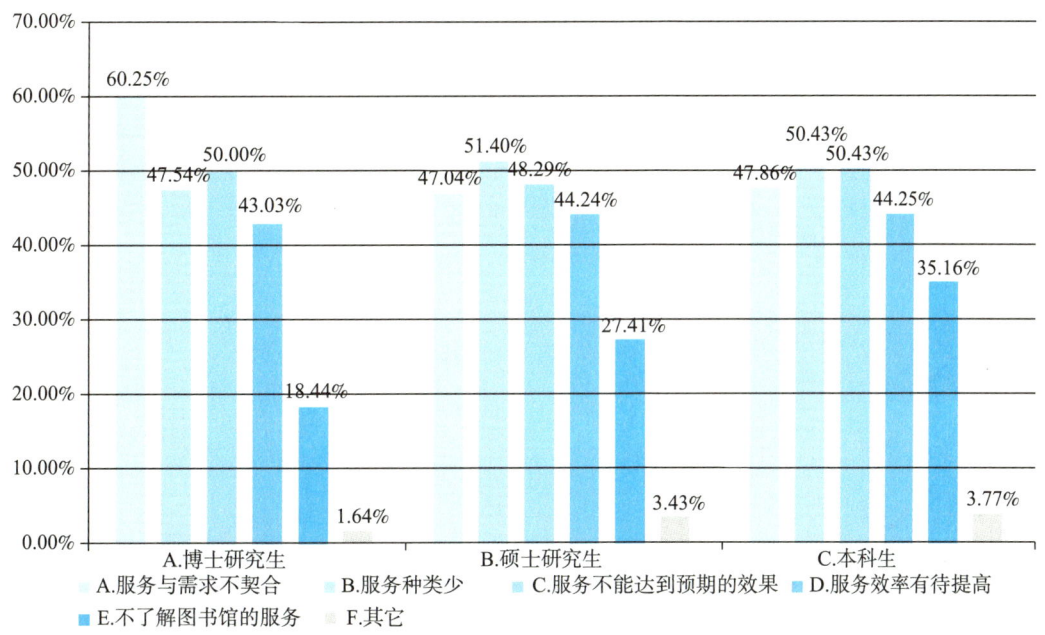

图 77　不同类型的学生用户认为图书馆服务存在的主要问题交叉对比图

表 81　不同年级的学生用户认为图书馆服务存在的主要问题交叉对比表

X/Y	A. 服务与需求不契合	B. 服务种类少	C. 服务不能达到预期的效果	D. 服务效率有待提高	E. 不了解图书馆的服务	F. 其他	小计
A. 一年级	130（47.97%）	133（49.08%）	116（42.8%）	88（32.47%）	114（42.07%）	7（2.58%）	271
B. 二年级	225（49.78%）	243（53.76%）	238（52.65%）	203（44.91%）	114（25.22%）	17（3.76%）	452
C. 三年级	155（50.49%）	148（48.21%）	162（52.77%）	152（49.51%）	71（23.13%）	5（1.63%）	307
D. 四年级	67（56.78%）	51（43.22%）	55（46.61%）	62（52.54%）	39（33.05%）	8（6.78%）	118

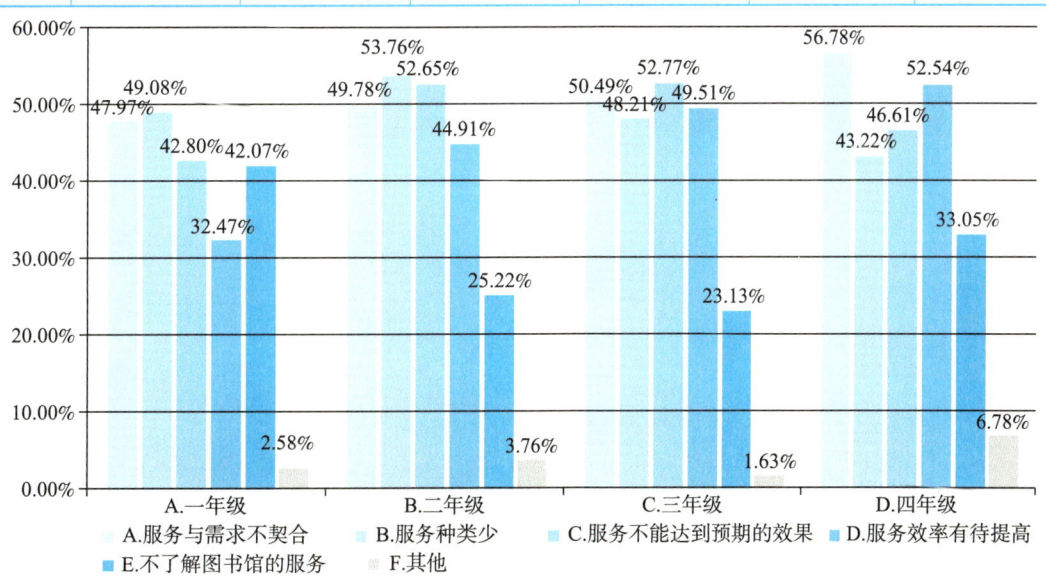

图 78　不同年级的学生用户认为图书馆服务存在的主要问题交叉对比图

表82　不同专业的学生用户认为图书馆服务存在的主要问题交叉对比表

X/Y	A. 服务与需求不契合	B. 服务种类少	C. 服务不能达到预期的效果	D. 服务效率有待提高	E. 不了解图书馆的服务	F. 其他	小计
A. 法学	180（45.00%）	177（44.25%）	168（42.00%）	143（35.75%）	146（36.50%）	17（4.25%）	400
B. 政治学	104（63.03%）	85（51.52%）	97（58.79%）	78（47.27%）	37（22.42%）	1（0.61%）	165
C. 管理学	120（52.63%）	114（50.00%）	140（61.40%）	118（51.75%）	52（22.81%）	2（0.88%）	228
D. 哲学	55（56.70%）	58（59.79%）	46（47.42%）	47（48.45%）	23（23.71%）	2（2.06%）	97
E. 社会学	34（56.67%）	37（61.67%）	31（51.67%）	26（43.33%）	16（26.67%）	2（3.33%）	60
F. 外国语	24（42.11%）	33（57.89%）	24（42.11%）	27（47.37%）	19（33.33%）	1（1.75%）	57
G. 经济学	34（49.28%）	37（53.62%）	33（47.83%）	38（55.07%）	13（18.84%）	4（5.80%）	69
H. 医学	7（38.89%）	8（44.44%）	11（61.11%）	9（50.00%）	4（22.22%）	0（0.00%）	18
I. 其他	19（35.19%）	26（48.15%）	21（38.89%）	19（35.19%）	28（51.85%）	8（14.81%）	54

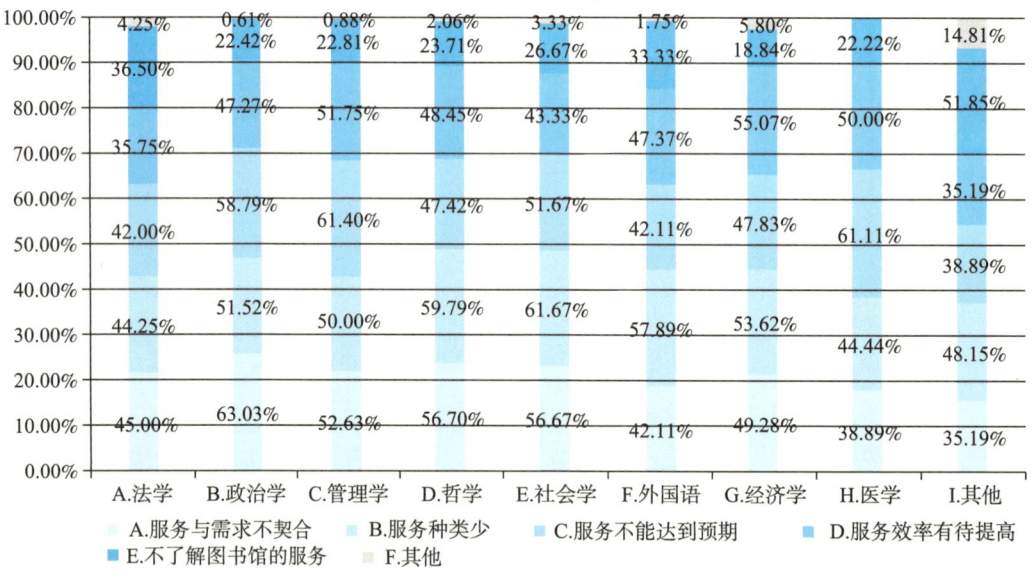

图79　不同专业的学生用户认为图书馆服务存在的主要问题交叉对比图

综合表80～表82和图77～图79呈现的交叉分析结果可以看出，服务与需求不契合、服务种类少、服务不能达到预期效果、服务效率有待提高这四类问题是各类型、各年级和各专业的学生用户普遍认为的图书馆服务中存在的主要问题。另外，还有相当一部分同学不了解图书馆的服务，这说明在图书馆不断扩大宣传推广的情况下，宣传的实际效果并不乐观，因此需要图书馆反思宣传推广的方式，落实推广效果，使学生用户实际受益。

针对前述情形，我们对图书馆的宣传推广的形式和手段向学生用户进行调查，并分别对不同学生类型、不同年级和不同专业的学生用户进行交叉分析，得到如下结果：

表83　不同类型的学生用户希望图书馆宣传推广的形式和手段交叉对比表

X/Y	A. 在线平台课程	B. 信息检索课程小视频	C. 服务说明小视频	D. 图书馆微信平台	E. 宣传海报
A. 博士研究生	120（49.18%）	119（48.77%）	125（51.23%）	110（45.08%）	67（27.46%）
B. 硕士研究生	139（43.30%）	171（53.27%）	156（48.60%）	186（57.94%）	112（34.89%）
C. 本科生	295（50.60%）	313（53.69%）	297（50.94%）	368（63.12%）	166（28.47%）

续表

X/Y	F. 电子邮件	G. 网站通知（学校官网、图书馆网站等）	H. 短信通知	I. 其他	小计
A. 博士研究生	46（18.85%）	40（16.39%）	24（9.84%）	1（0.41%）	244
B. 硕士研究生	64（19.94%）	80（24.92%）	37（11.53%）	2（0.62%）	321
C. 本科生	104（17.84%）	169（28.99%）	66（11.32%）	9（1.54%）	583

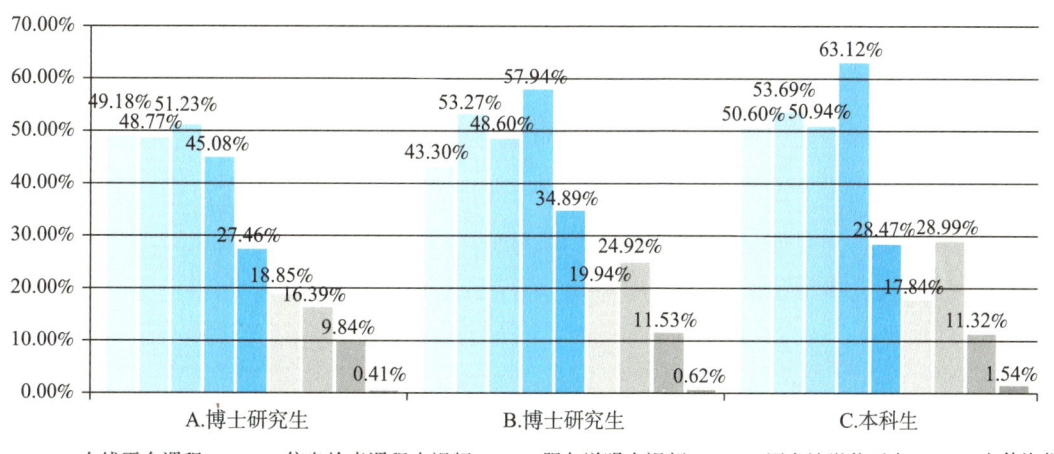

图 80　不同类型的学生用户希望图书馆宣传推广的形式和手段交叉对比图

表 84　不同年级的学生用户希望图书馆宣传推广的形式和手段交叉对比表

X/Y	A. 在线平台课程	B. 信息检索课程小视频	C. 服务说明小视频	D. 图书馆微信平台	E. 宣传海报
A. 一年级	139（51.29%）	146（53.87%）	136（50.18%）	158（58.30%）	70（25.83%）
B. 二年级	211（46.68%）	248（54.87%）	225（49.78%）	262（57.96%）	142（31.42%）
C. 三年级	141（45.93%）	153（49.84%）	161（52.44%）	173（56.35%）	89（28.99%）
D. 四年级	63（53.39%）	56（47.46%）	56（47.46%）	71（60.17%）	44（37.29%）

X/Y	F. 电子邮件	G. 网站通知（学校官网、图书馆网站等）	H. 短信通知	I. 其他	小计
A. 一年级	46（16.97%）	84（31.00%）	43（15.87%）	4（1.48%）	271
B. 二年级	80（17.70%）	100（22.12%）	40（8.85%）	4（0.88%）	452
C. 三年级	59（19.22%）	70（22.80%）	31（10.10%）	2（0.65%）	307
D. 四年级	29（24.58%）	35（29.66%）	13（11.02%）	2（1.69%）	118

表 85　不同专业的学生用户希望图书馆宣传推广的形式和手段交叉对比表

X/Y	A. 在线平台课程	B. 信息检索课程小视频	C. 服务说明小视频	D. 图书馆微信平台	E. 宣传海报
A. 法学	217（54.25%）	211（52.75%）	187（46.75%）	271（67.75%）	100（25.00%）
B. 政治学	85（51.52%）	94（56.97%）	90（54.55%）	93（56.36%）	58（35.15%）
C. 管理学	99（43.42%）	124（54.39%）	119（52.19%）	120（52.63%）	71（31.14%）

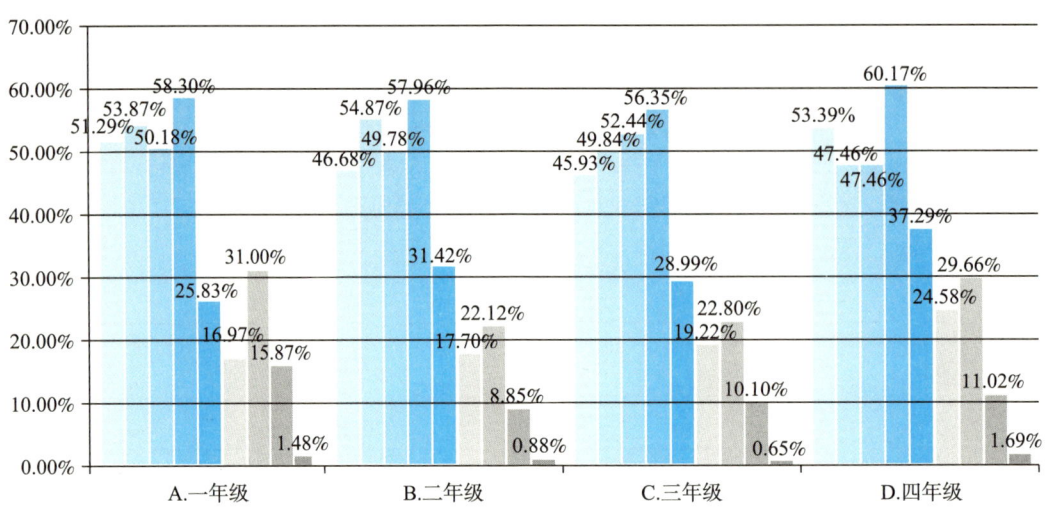

图81　不同年级的学生用户希望图书馆宣传推广的形式和手段交叉对比图

A.在线平台课程　　B.信息检索课程小视频　　C.服务说明小视频　　D.图书馆微信平台　　E.宣传海报
F.电子邮件　　G.网站通知（学校官网）、图书馆网站等　　H.短信通知　　I.其他

续表

X/Y	A. 在线平台课程	B. 信息检索课程小视频	C. 服务说明小视频	D. 图书馆微信平台	E. 宣传海报
D. 哲学	42（43.30%）	51（52.58%）	53（54.64%）	47（48.45%）	34（35.05%）
E. 社会学	25（41.67%）	30（50.00%）	33（55.00%）	27（45.00%）	23（38.33%）
F. 外国语	21（36.84%）	23（40.35%）	30（52.63%）	32（56.14%）	16（28.07%）
G. 经济学	31（44.93%）	39（56.52%）	34（49.28%）	28（40.58%）	20（28.99%）
H. 医学	10（55.56%）	11（61.11%）	7（38.89%）	10（55.56%）	4（22.22%）
I. 其他	24（44.44%）	20（37.04%）	25（46.30%）	36（66.67%）	19（35.19%）

X/Y	F. 电子邮件	G. 网站通知（学校官网、图书馆网站等）	H. 短信通知	I. 其他	小计
A. 法学	76（19.00%）	144（36.00%）	61（15.25%）	4（1.00%）	400
B. 政治学	26（15.76%）	29（17.58%）	11（6.67%）	1（0.61%）	165
C. 管理学	41（17.98%）	47（20.61%）	21（9.21%）	2（0.88%）	228
D. 哲学	24（24.74%）	13（13.40%）	5（5.15%）	0（0.00%）	97
E. 社会学	7（11.67%）	6（10.00%）	5（8.33%）	0（0.00%）	60
F. 外国语	17（29.82%）	12（21.05%）	5（8.77%）	2（3.51%）	57
G. 经济学	13（18.84%）	14（20.29%）	7（10.14%）	1（1.45%）	69
H. 医学	2（11.11%）	3（16.67%）	1（5.56%）	0（0.00%）	18
I. 其他	8（14.81%）	21（38.89%）	11（20.37%）	2（3.70%）	54

综合表83~表85和图80~图82呈现的交叉分析结果，在线平台课程、信息检索课程小视频、服务说明小视频、图书馆微信平台四种方式受到各类型、各年级、各专业的学生用户的推崇，即在智能化发展时代，智能化、可视化、不受时间和空间限制的宣传推广方式更为学生用户所需要。

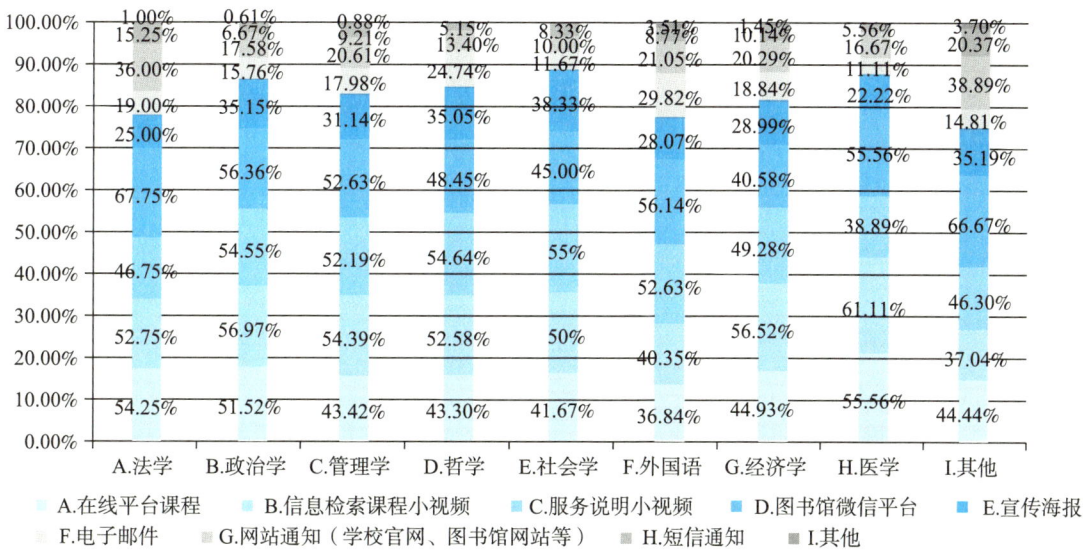

图82　不同专业的学生用户希望图书馆宣传推广的形式和手段交叉对比图

第三部分　建议与展望

通过教师用户和学生用户参与问卷调查的总体结果和交叉分析结果，我们对两大用户群体对图书馆资源和服务的需求取得了较为深入的了解，并由此对图书馆未来的资源建设和服务开展进行了思考，在此提出一些建议，希望对图书馆的未来发展、满足用户需求有积极的帮助。

一、对图书馆资源建设方面的建议

（一）对高利用率的资源应做到保"质"保"量"

对教师用户和学生用户利用率较高的资源，如中文图书和中文数据库，应保证此类资源的前沿性、全面性和权威性，及时更新资源并向教师、学生用户推送，使更新资源接受用户的审阅、利用、批判，最大限度地实现价值。

选择合理的图书副本量是图书馆馆藏资源建设的核心，也是服务读者、提高读者满足率的具体前提。在本次问卷调查中，教师用户和学生用户也反映了图书副本量不足的问题。图书馆目前采用的是两校区统一副本量的模式，未来的图书资源建设可以将图书馆目前各类馆藏文献的复本量统计与读者对各类图书的需求进行分析对比：例如对借阅率和预约率高的图书增加复本量，通过数据分析调整部分需求率低的图书的复本量，合理采购图书，满足读者需求。另外，针对学生反映的新书更新慢、图书种类少等问题，我们可以对管理学、社会学、经济学、医学专业专著类图书、学习指导类图书以及法学、外国语等专业知识拓展类图书加大新书采购比例。

（二）提高外文资源的利用率

目前，高校图书馆外文资源利用率低在我国是一个普遍现象，在本次问卷调查中，图书馆的外文图书、外文及港台报纸期刊、外文数据库资源均呈现出利用率较低的结果，但是我们应该充分认识到提高外文资源利用率的必要性和迫切性。我校图书馆在承受巨大的经费压力的同时，又面临外文馆藏资源利用率过低而造成资源浪费的困窘，呈现出"有书无人看"和"有人无书看"的资料闲置和文献需求断档的现象。首先，应明确学校教师和学生对外文馆藏资源利用率不高的几个原因。读者方面的原因包括：①缺乏重视，利用意识薄弱；②专业性强，语言障碍难以逾越；③缺乏培训，检索过程受限。图书馆方面的因素包括：①图书馆推介、宣传不够；②馆员服务意识、水平不高；③馆藏资源采购、调研脱节。

确定了具体原因之后，针对目前外文文献资源"有书无人看"和"有人无书看"的资料闲置和文献需求断档的供需矛盾现象，图书馆应基于学科建设的实际需求，最大限度地开展有针对性的外文文献采购。一方面深入各个院系向广大师生开展大量的调研活动，调查他们的外文文献需求，同时加大外文馆藏资源的宣传力度，培养师生信息意识，强化检索水平；另一方面征询本馆外文馆藏资源负责工作人员的意见，因为他们处在为读者服务的第一线。同时，要更好地实现引导读者利用外文资源，提供高效参考咨询服务，要求外文阅览室的工作人员不仅要提供热情、耐心、细致的服务，还需要具备一定的图情基本理论知识、计算机检索知识及较高的外语水平，甚至要对学校的某些学科有一定的了解与认识，才能胜任此项工作。

（三）优化馆藏资源结构，科学建设纸本和数字资源

馆藏结构是图书馆纸质资源与数字资源的比例。目前，国内各大高校经过多年的发展，都积累了丰富的馆藏，但是大都面临着馆藏图书陈旧，且数量大、利用率低的问题。我校图书馆同样面临这样的问题，陈旧、破损、借阅率低的图书占据了大量的空间，造成了馆藏空间严重紧张的局面。为解决此类问题，可以将陈旧、利用率低的图书下架保存至密集书库，节省出足够的空间补充读者借阅率高的新版图书，使纸本馆藏充分发挥作用；同时，加强对读者利用率高的文献的数字化采购和建设，增加读者获取资源的方式和途径。

高校图书馆的数字资源配比一定要符合读者的要求，满足读者的需求，如果购买了利用率低的数据库，就会浪费资金，也会减少其他有用户需求的数据库的购买机会。因此要从学科、专业、学生、教师及科研人员的层次等多个方面进行全方位的分析，使传统纸质资源与现代的数字资源相互结合，使馆藏结构更加合理化，真正做到为师生服务，提高读者满意度。

（四）丰富资源采购模式，设计个性化采购方案

图书馆进行馆藏资源采购时，应根据不同的研究方向来采购不同类型的馆藏资源，这样才能在满足教师在教学、科研工作中需要的同时，也提高了采购的精准度。另外，图书馆的资源建设还需要加大力度，创建更符合教师需求的资源体系。在问卷调查过程中，我们发现教师群体的信息需求呈现更加专业化和极端化的趋势。依据研究领域以及人数的不同，资源的具体需求和类型更加个性化，这对资源采购提出了更高、更难的要求，需要图书馆加大人员和资金的投入。同时，专业的图书馆员更是需要走近教师群体，深入地了解其教学科研需求后，制定满足其个性化需求的采购方案，尤其是人数不占优势的院系，这样才能全方面地实现资源采购的精准、全面、专业。除此以外，还可以在图书馆微信公众号平台增加图书荐购等模块，拓展师生用户的荐购途径。同时推出新书推荐等栏目，让全校师生及时获取新书资讯，以此提高新采购图书的利用率。

（五）重视图书馆用户对资源的特殊需求

通过调查发现，教师用户在电子资源的需求上基本呈现平均分布的态势，对图书、期刊、会议论文、学位论文等信息资源都存在一定的需求，这是由于教师用户主要以教研任务为主，科学研究对文献资源类别的专业性、权威性、前沿性和多样性有更高的要求；学生用户对专业用书和知识拓展类图书都存在需求，其对馆藏资源的利用率随着年级的递增而递增、随着学历的递增而递增。低年级本科生主要以学

习为主，更倾向于到图书馆阅览室学习，通过阅读拓展知识。高年级本科生主要以毕业论文为主，而硕士研究生和博士研究生以科研任务为主，更倾向于利用图书馆的专业资源深入研究取得成果。针对不同用户群体的特殊要求，图书馆员应了解其确切需求，为其提供所需资源。

另外，教师用户和学生用户对试用数据库的兴趣和利用率都较高，应对试用数据库加以重视，在未来的资源建设过程中，综合考虑试用数据库的质量，在争取推动正式上线使用的同时，引进更多的试用数据库资源在全校范围内进行试用。

二、对图书馆服务开展方面的建议

（一）注重用户的个性化需求，深度开展嵌入式服务

通过本次问卷调查的结果可以看出，教师用户和学生用户对图书馆服务的类型及认知已经达到基本满意和了解的程度。图书馆的数字化建设得到用户的积极反馈，图书馆员专业团队的影响力也在不断上升，服务推广等活动效果良好。同时，不同用户群体的个性化需求也有较为深刻的体现，如在本次问卷调查中，政治与公共管理学院反映的问题比较突出，在各项选择中，该学院的教师用户对图书馆的了解程度及服务满意度比较低，其中最为突出的是选择"不了解图书馆服务"选项的较多。可见，针对类似该学院这样的用户，图书馆应该有针对性地开展嵌入式教育及宣传推广活动。

图书馆应将工作重点布置在深入了解不同用户的个性化需求，深度开展嵌入式服务，使本馆资源、服务更好地贴合用户在教学科研活动中的个性化需求。不仅要重视教学科研岗位教师和学生用户群体，对专业技术、行政岗位教师的需求也应给予相当的重视，虽然他们不直接参与教学、科研等工作，但是他们对教学科研工作有极大的辅助作用，对这部分群体的需求应重视起来，制定专业化的服务方案，有针对性地满足不同用户群体的独特需求。

（二）大力开发智能化、移动化服务模式

在智能化发展时代，用户对智能化、移动化的服务更为青睐，这一趋势在本次用户需求调查结果中也非常突出。用户需求的变化趋势为图书馆未来的数字化服务方式的发展指明了方向，图书馆应将数字化服务方式的重点放在移动化、智能化技术手段的引进和开发上，比如积极拓展图书馆微信公众号平台的功能，使用户随手、随时可以享受图书馆的服务。还可以开发智慧图书馆客户端，在设计上实现"一端多能"，开发契合师生用户需求的图书馆服务种类的程序和项目，全方位实现用户获取资源和服务的便捷化、智能化以及图书馆员办公的移动化和简洁化。

另外，虽然图书馆网页版服务方式在师生用户的需求中并不高，但是网页版的建设也不能够因此而停止。在未来的图书馆数字化的建设中，网页版建设应集中在建立多方位即时通讯联系方式方面，或者可以在网页提供更加直接有效的信息解决服务，快速为用户提供其需要的信息和服务。

（三）拓展服务宣传渠道，推广多样化宣传教育方式

通过分析用户需求，我们发现不仅是学生用户，教师用户对信息素养的提升和数据管理技能的掌握也存在着极高的需求，这两类服务也是图书馆提供科研支撑非常重要的两个方面。但图书馆传统的宣传推广方式和渠道过于狭窄，用户对这两类服务的了解和使用率较低。为应对这种局面，图书馆应转变传统方式，以更贴近用户生活习惯的形式，运用和拓展移动化时代的用户更易接受的灵活、便捷的宣传推广方式和渠道，多角度、多渠道地开展宣传推广活动和信息教育课程。

图书馆的宣传推广和信息教育，应从新生入学和新教师入职开始，打造高校科研信息支撑中心的形

象，通过MOOC课程、在线视频讲座、资源与服务说明视频等，运用一切可以通过移动设备端展示的图片、音频、动画、视频等方式和手段，全方位地展示图书馆的能力，提高图书馆服务的读者知晓度、利用率，从而进一步提高图书馆的校园知名度、影响力。

（四）加大图书馆员人才培养投入，打造专业全面型人才

图书馆为高校教学科研活动提供专业化的信息服务，既需要丰富的资源和先进的技术设备，又需要具备专业实力的团队来完成。因此，在图书馆全面扩充馆内资源、提升硬件设备的同时，图书馆员这一"软实力"群体也应得到全面的提升。这需要图书馆加强专业团队的建设和投入，首先要吸收多学科、多层次的专业化人才，其次应对现有图书馆员进行专业化培训，增加其知识储备和对外交流的机会，帮助其掌握行业前沿信息，实现图书馆人才创新价值。另外，图书馆可以根据用户需求创建组合服务团队，形成人才的优势整合，提供更高层次的科研辅助力量。

（五）加强图书馆与其他部门的沟通合作

图书馆立足于高校这一整体机构，运行和发展都不是孤立的，需要其他部门的协调和合作。如果图书馆与高校其他部门的沟通机制不畅通，图书馆的相关服务内容和规定未向各部门宣传到位，那么就会严重影响图书馆的服务效果和评价。建立好图书馆与其他部门的合作机制，及时交流、推送、更新资讯，有助于其他部门了解图书馆，更有助于图书馆了解全校用户的需求，从而设计开展符合教学科研活动需要的嵌入式服务，实现教学科研支撑的目标。

第四部分　结语

"不积跬步，无以至千里；不积小流，无以成江海。"为将图书馆建设成为高校教学科研创新支撑中心的一座"大厦"，图书馆的服务需要从点滴做起，从细节抓起，切实了解用户的个性化需求，通过不断提高服务水平和服务技能来满足用户的需求，一点一滴地努力汇聚出建设的砖瓦。本次用户需求问卷调查是建设"大厦"过程中的一次尝试和探索，得到了校内很多学院和部门教师、学生的积极支持，相较于去年的问卷，教师用户的参与程度大大提高，因此获得了大量具有科研价值的元数据，为深入分析图书馆教师和学生用户的不同需求、对图书馆未来发展和完善提出建议提供了科学合理的依据。

本报告中的用户需求研究分析主要针对图书馆的资源和服务展开，对图书馆存在的其他问题难免未有涉及，报告中部分问题的分析也存在不够深入之处。在未来的工作和研究中，我们将更加认真地聆听用户的需求，努力将图书馆的每一项服务进行改进和完善，全力打造图书馆教学科研创新支撑中心的形象。

附件一　图书馆用户需求调查问卷（教师版）

1. 请问您所在的学院是？

A. 法学院

B. 民商经济法学院

C. 国际经济法学院

D. 刑事司法学院

E. 政治与公共管理学院

F. 商学院

G. 人文学院

H. 法律硕士学院

I. 外国语学院

J. 社会学院

K. 中欧法学院

L. 马克思主义学院

M. 光明新闻传播学院

N. 国际儒学院

O. MBA 教育中心

P. MPA 教育中心

Q. 继续教育学院

R. 国际教育学院

S. 法治信息管理学院

T. 体育教学部

U. 孔子学院

V. 证据科学研究院

W. 人权研究院

X. 诉讼法学研究院

Y. 法律史学研究院

Z. 法治政府研究院

AA. 比较法学研究院

BB. 法与经济学研究院

CC. 法律古籍整理研究所

DD. 公司法与投资保护研究所

EE. 法学教育研究与评估中心

FF. 全球化与全球问题研究所

GG. 资本金融研究院

HH. 互联网金融法律研究院

II. 仲裁研究院

JJ. 网络法学研究院

KK. 校部机关

LL. 教辅单位

2. 您在法大工作了多少年？ _____

3. 您的研究方向是？

A. 法学

B. 政治学

C. 管理学

D. 哲学

E. 社会学

F. 外国语

G. 经济学

H. 医学

I. 其他_____

4. 您所在的岗位是？

A. 教学岗

B. 科研岗

C. 教学科研岗

D. 行政管理岗

E. 专业技术岗

F. 其他_____

5. 您对图书馆资源的使用频率是？（矩阵量表题）

	每天使用	每周至少一次使用	每月至少一次使用	每学期至少一次使用	不使用
中文图书					
外文图书					
中文报纸期刊					
外文及港台报纸期刊					
中文数据库					
外文数据库					
试用数据库					
特色资源数据库					

6. 您能否总能找到需要的图书馆资源？（矩阵量表题）

	能	大多时候能	有时候能	大多时候不能	不能
中文图书					
外文图书					
中文报纸期刊					
外文及港台报纸期刊					
中文数据库					
外文数据库					
试用数据库					
特色资源数据库					

7. 您在教学或科研的过程中所需要的资料类型有哪些？（可多选）

A. 纸本图书

B. 电子图书

C. 纸本期刊

D. 电子期刊

E. 数据型资料

F. 新闻类资料

G. 多媒体资料（如图片、音频、视频、影像等）

H. 其他_____

8. 图书馆提供的资源能够满足您教学科研所需资料的比例是？（矩阵量表题）

	85.00% 以上	60.00% 左右	40.00% 左右	20.00% 左右	10.00% 以下
中文图书					
外文图书					
中文报纸期刊					
外文及港台报纸期刊					
中文数据库					
外文数据库					
试用数据库					
特色资源数据库					

9. 当图书馆资源无法满足您的需求时，您会通过哪些方式解决？（可多选）

A. 原文传递与馆际互借

B. 资源荐购

C. 向师友寻求帮助

D. 自行购买

E. 寻找其他可替代资源

10. 您对图书馆的资源了解程度和评价如何？（矩阵量表题）

	非常了解	比较了解	基本了解	不太了解	完全不了解	评分（满分5分）
中文图书						
外文图书						
中文报纸期刊						
外文及港台报纸期刊						
中文数据库						
外文数据库						
试用数据库						
政法博硕论文库						
法大教师文库						

续表

	非常了解	比较了解	基本了解	不太了解	完全不了解	评分（满分5分）
沈家本木刻						
随书光盘及多媒体点播系统						

11. 您认为图书馆纸本图书存在的主要问题是？（可多选）

A. 图书种类少

B. 图书复本不足

C. 新书资讯更新速度慢

D. 图书质量不好

E. 图书破损严重

F. 图书乱涂乱画严重

G. 馆藏布局不当不方便找书

H. 图书乱放找不到书

I. 图书超期不还无法借阅

J. 两校区图书分布不均匀

K. 其他_____

12. 您认为图书馆应增加购买哪种图书？（可多选）

A. 教学参考书

B. 学习指导书

C. 学术专著

D. 考试用书

E. 知识拓展类图书

F. 其他_____

13. 您使用电子资源的主要用途是？（可多选）

A. 掌握本专业的知识、了解本专业的前沿知识

B. 解决学习上遇到的疑惑、问题

C. 查找资料、写论文

D. 获取教学、科研相关的资源

E. 随便逛逛

14. 您经常使用哪些数据库？（可多选）

A. 中国知网

B. 万方数据库

C. 北大法宝

D. 慧科新闻

E. 中文社会科学引文索引 CSSCI 数据库

F. 读秀

G. 百链云

H. 元照月旦法学

I. NoteExpress 文献管理软件

J. WestLaw

K. LexisAdvanced

L. HeinOnline

M. Sage Journals 期刊数据库

N. EBSCOhost 全文数据库

O. 其他_____

15. 您认为图书馆电子资源使用存在的主要问题是？（可多选）

A. 不能获取满意的文献资源（资源数量、资源质量、专业面覆盖）

B. 不能熟练且专业地使用，缺乏专业人员的指导

C. 不习惯使用

D. 网页响应慢

E. 数据更新不及时

F. 不了解学校有哪些数字资源

16. 您认为图书馆应增加购买哪些学科的电子资源？（可多选）

A. 法律类电子资源，如_____

B. 政治类电子资源，如_____

C. 哲学类电子资源，如_____

D. 管理类电子资源，如_____

E. 语言类电子资源，如_____

F. 其他_____

17. 您认为图书馆应增加购买哪些类型的电子资源？（可多选）

A. 图书

B. 期刊

C. 会议论文

D. 学位论文

E. 事实类数据

F. 多媒体

G. 报纸

H. 其他_____

18. 您对图书馆服务的了解程度和评价如何？（矩阵量表题）

	非常了解	比较了解	基本了解	不太了解	完全不了解	评分（满分5分）
馆际互借						

	非常了解	比较了解	基本了解	不太了解	完全不了解	评分（满分5分）
原文传递						
读者荐购						
自助借还						
自助打印、复印、扫描						
咨询服务						
微信公众号服务（如馆藏查询、图书续借、座位预约等）						
远程访问						
赠书服务						
图书架位导航						
信息检索相关课程						
资源与服务专题系列讲座						
嵌入式教学服务（嵌入教学的信息检索课程）						
查收查引						
定题服务						
移动图书馆						

19. 为了满足教师读者校外使用图书馆电子资源的需求，图书馆开设了远程访问服务，您觉得使用网页版和 MotionPro 客户端登录远程访问，哪种方式更顺利？

A、网页版：上图书馆网站，点远程访问登录

B、MotionPro 客户端：安装了 MotionPro 客户端，通过 MotionPro 登录

C、不知道有 MotionPro 客户端

20. 您认为目前图书馆服务存在的主要问题是什么？

A. 服务与需求不契合

B. 服务种类少

C. 服务不能达到预期的效果

D. 服务效率有待提高

E. 不了解图书馆的服务

F. 其他_____

21. 如果建设教学参考资料数据库，您是否愿意提供教学参考书目或资料？

A. 愿意

B. 不愿意

22. 如果图书馆面向教师开展以下信息素养方面的讲座，哪些您较愿意参加？（可多选）

A. 立项前的文献调研讲座

B. 特定主题的文献信息检索与获取

C. 文献管理软件使用技巧

D. 特定数据库的使用技巧

E. 其他＿＿＿＿＿＿＿＿＿＿

23. 您希望获得哪些方面的学科信息快报？（可多选）

A. 核心期刊最新发文

B. 官方权威机构网站信息

C. 知名学者的最新成果

D. 会议信息的最新动态

E. 其他＿＿＿＿＿＿＿＿＿＿

24. 您希望通过哪些渠道获得图书馆的资源和服务信息？（可多选）

A. 图书馆微信平台

B. 图书馆讲座培训

C. 宣传海报

D. 学科馆员咨询

E. 电子邮件

F. 短信通知

G. 网站通知（学校官网、图书馆网站等）

H. 其他＿＿＿＿＿＿＿＿＿＿

25. 您需要的资源哪些不能在图书馆资源中获得满足？

＿＿

26. 为了更好地为您的教学或科研服务，您希望图书馆未来能增加哪些服务？

＿＿

附件二　图书馆用户需求调查2018（学生版）

1. 请问您是？

A. 博士研究生

B. 硕士研究生

C. 本科生

2. 您所在的年级是？

A. 一年级

B. 二年级

C. 三年级

D. 四年级

3. 您学习的专业是？

A. 法学

B. 政治学

C. 管理学

D. 哲学

E. 社会学

F. 外国语

G. 经济学

H. 医学

I. 其他_____

4. 您对图书馆资源的使用频率是？（矩阵量表题）

	每天使用	每周至少一次使用	每月至少一次使用	每学期至少一次使用	不使用
中文图书					
外文图书					
中文报纸期刊					
外文及港台报纸期刊					
中文数据库					
外文数据库					
试用数据库					
特色资源数据库					

5. 您能否总能找到需要的图书馆资源？（矩阵量表题）

	能	大多时候能	有时候能	大多时候不能	不能
中文图书					
外文图书					
中文报纸期刊					
外文及港台报纸期刊					
中文数据库					
外文数据库					
试用数据库					
特色资源数据库					

6. 当图书馆资源无法满足您的需求时，您会通过哪些方式解决？（可多选）

A. 原文传递与馆际互借

B. 资源荐购

C. 找其他学校同学帮忙

D. 自行购买

E. 寻找其他可替代资源

7. 对一个新的研究课题或研究方向，您一般会采用什么方式了解？（可多选）

A. 搜索引擎（如百度、谷歌等）

B. 期刊杂志

C. 图书

D. 向老师同学请教

E. 其他＿＿＿＿＿＿＿＿

8. 在检索文献资料的过程中，您觉得哪些方面有困难？

A. 提取检索关键词

B. 检索结果太多，不知如何精简

C. 检索结果不够精确

D. 不知道如何选择下载哪些文献

9. 您常用以下哪些途径评估信息的可靠性、正确性、权威性？〔可多选〕

A. 请教老师同学

B. 信息被他人引用次数

C. 建立机构是否权威

D. 是否是正式出版物

E. 自己阅读评判

10. 您对图书馆的资源了解程度如何？（矩阵量表题）

	非常了解	比较了解	基本了解	不太了解	完全不了解
中文图书					
外文图书					
中文报纸期刊					
外文及港台报纸期刊					
中文数据库					
外文数据库					
试用数据库					
政法博硕论文库					
法大教师文库					
沈家本木刻					
随书光盘及多媒体点播系统					

11. 您通常采取何种方式在书架上找到纸本图书？

A. 索书号

B. 图书架位导航

C. 咨询图书馆馆员

D. 其他＿＿＿＿＿＿＿＿

12. 您在查阅并获取图书馆纸本文献的过程中遇到的主要问题是？

A. 不会使用馆藏书目检索系统

B. 不了解馆藏布局

C. 不懂索书号的含义

D. 不会使用图书导航系统

E. 其他＿＿＿＿＿＿＿＿＿

13. 您认为纸本图书存在的主要问题是？（可多选）

A. 图书种类少

B. 图书复本不足

C. 新书资讯更新速度慢

D. 图书质量不好

E. 图书破损严重

F. 图书乱涂乱画严重

G. 馆藏布局不当不方便找书

H. 图书乱放找不到书

I. 图书超期不还无法借阅

J. 两校区图书分布不均匀

K. 其他＿＿＿＿＿＿＿＿＿

14. 您认为图书馆应增加购买哪种图书？（可多选）

A. 教学参考书

B. 学习指导书

C. 学术专著

D. 考试用书

E. 知识拓展类图书

F. 其他＿＿＿＿＿＿＿＿＿

15. 您使用电子资源的主要用途是？（可多选）

A. 掌握本专业的知识、了解本专业的前沿知识

B. 解决学习上遇到的疑惑、问题

C. 查找资料，写论文

D. 获取教学、科研相关的资源

E. 随便逛逛

16. 您经常使用以下几种方式对所获得信息进行有效的组织管理？

A. 专业文献管理软件（如 NoteExpress，EndNote 等）

B. 文件夹

C. 从不管理

D. 其他＿＿＿＿＿＿＿＿＿

17. 在科研学习过程中，当引用他人学术成果时，您会按引用规则逐一标注吗？

A. 总是

B. 经常

C. 偶尔

D. 很少

E. 从不

18. 您认为需要学习或加强以下哪些方面的信息知识与技能？［可多选］

A. 网络信息搜索技巧

B. 数据库检索与利用

C. 计算机操作技能

D. 不需要

E. 其他＿＿＿＿＿＿＿＿

19. 您在使用电子资源的过程中遇到的主要问题是？（可多选）

A. 不能获取满意的文献资源（资源数量、资源质量、专业面覆盖）

B. 不能熟练且专业地使用，缺乏专业人员的指导

C. 不习惯使用

D. 网页响应慢

E. 数据更新不及时

F. 不了解学校有哪些数字资源

20. 您认为图书馆应增加购买哪类电子资源？（可多选）

A. 法律类数据库，如＿＿＿＿＿＿＿＿

B. 经济类数据库，如＿＿＿＿＿＿＿＿

C. 人文社科类数据库，如＿＿＿＿＿＿＿＿

D. 多媒体数据库，如＿＿＿＿＿＿＿＿

E. 其他＿＿＿＿＿＿＿＿

21. 您对图书馆服务的了解程度如何？（矩阵量表题）

	非常了解	比较了解	基本了解	不太了解	完全不了解
馆际互借					
原文传递					
读者荐购					
座位预约					
自助借还					
自助打印、复印、扫描					
咨询服务					
微信公众号服务（如馆藏查询、图书续借、座位预约等）					
远程访问					
图书预约					

续表

	非常了解	比较了解	基本了解	不太了解	完全不了解
图书赔偿					
赠书服务					
图书架位导航					
信息检索相关课程					
资源与服务专题系列讲座					
论文提交服务					
新生培训（如视频教学、面对面入馆指导、新生闯关小游戏等）					
嵌入式教学服务					
阅读推广（书展、读书日等）					
查收查引					
移动图书馆					

22. 您认为目前图书馆服务存在的主要问题是什么？

A. 服务与需求不契合

B. 服务种类少

C. 服务不能达到预期的效果

D. 服务效率有待提高

E. 不了解图书馆的服务

F. 其他＿＿＿＿＿＿＿＿

23. 图书馆宣传推广的形式和手段，您较愿意获得哪些？（可多选）

A. 在线平台课程

B. 信息检索课程小视频

C. 服务说明小视频

D. 图书馆微信平台

E. 宣传海报

F. 电子邮件

G. 网站通知（学校官网、图书馆网站等）

H. 短信通知

I. 其他＿＿＿＿＿＿＿＿

24. 图书馆开设的课程和讲座，您希望增加哪方面的内容？

_____

25. 为了更好地为您的学习或科研服务，您希望图书馆增加哪些服务？

_____